CAUSERIES
DU LUNDI

PARIS. — IMPRIMERIE E. CAPIOMONT ET Cie
6, RUE DES POITEVINS, 6

CAUSERIES
DU LUNDI

PAR

C.-A. SAINTE-BEUVE

DE L'ACADÉMIE FRANÇAISE

TROISIÈME ÉDITION

—

TOME ONZIÈME

—

PARIS

GARNIER FRÈRES, LIBRAIRES-ÉDITEURS

6, RUE DES SAINTS-PÈRES, 6

CAUSERIES DU LUNDI.

Lundi, 25 septembre 1854.

JOURNAL

DU

MARQUIS DE DANGEAU[1]

Dangeau est un nom depuis longtemps en circulation, un de ces personnages à qui on ne demande plus : Qui êtes-vous ? *La noblesse, Dangeau, n'est pas une chimère,* nous en a laissé l'idée dès l'enfance. Si Boileau avait voulu faire une épigramme, il n'aurait pas choisi autrement son texte ; mais, quand Boileau écrivit cette satire ou ce lieu commun sur la *Noblesse,* il était jeune, il avait besoin d'appui et de protection en cour : Dangeau s'offrait, brillant, fastueux, obligeant, bon prince, aimant les lettres, faisant de mauvais vers et goûtant les bons ; Boileau le prit sur l'étiquette et le caressa même par son faible ; il le traita tout net de grand seigneur et d'*homme issu d'un sang fécond en demi-dieux* :

---

[1] Publié en entier pour la première fois par MM. Soulié, Dussieux, de Chennevières, Mantz, de Montaiglon ; avec les additions inédites du duc de Saint-Simon, publiées par M. Feuillet de Conches ; — à la librairie de MM. Didot. — J'ai eu sous les yeux les deux premiers volumes, en écrivant ces articles.

« Les plus satiriques et les plus misanthropes, a remarqué à ce propos Fontenelle, sont assez maîtres de leur bile pour se ménager adroitement des protecteurs. » Vingt ans plus tard, La Bruyère, qui n'avait pas, il est vrai, besoin de Dangeau, et qui avait pour lui la maison de Condé, n'était pas si facile ni si complaisant ; le portrait de *Pamphile*, de l'Homme de cour qui se pique avant tout de l'être et qui se guinde, s'étale et se rengorge avec complaisance, est en grande partie celui de Dangeau. La Bruyère en fait un type de toute l'espèce : « Un *Pamphile* est plein de lui-même, ne se perd pas de vue, ne sort point de l'idée de sa grandeur, de ses alliances, de sa charge, de sa dignité; il ramasse, pour ainsi dire, toutes ses pièces, s'en enveloppe pour se faire valoir. Il dit : *Mon ordre, mon cordon bleu;* il l'étale ou il le cache par ostentation ; un *Pamphile*, en un mot, veut être grand; il croit l'être, il ne l'est pas, il est d'après un grand. » Puis vient Saint-Simon, qui profite beaucoup du Journal de Dangeau pour établir ses Mémoires, pour en fixer bien des faits et en rajuster des souvenirs, mais qui se moque constamment et de l'œuvre et du personnage ; il achève de nous peindre Dangeau en charge, en caricature, tant il donne de relief à ses ridicules et tant il efface ses bonnes qualités : « C'était le meilleur homme du monde, dit-il, mais à qui la tête avait tourné d'être seigneur; cela l'avait chamarré de ridicules, et madame de Montespan avait fort plaisamment, mais très-véritablement dit de lui qu'on ne pouvait s'empêcher de l'aimer ni de s'en moquer. Ce fut bien pis après sa charge et ce mariage (avec mademoiselle de Loewenstein) : sa fadeur naturelle, entée sur la bassesse du courtisan et recrépie de l'orgueil du seigneur postiche, fit un composé que combla la grande maîtrise de l'Ordre de Saint-Lazare que le roi lui donna. » Saint-Simon rappelle le mot de La Bruyère et en donne hautement la clef, si on l'avait pu ignorer : « C'était un plaisir, dit-il, de voir avec quel enchantement Dangeau se pavanait en portant le deuil des parents de sa femme et en débitait les grandeurs. Enfin, à force de revêtements l'un sur l'autre, voilà un seigneur, et qui en affectait toutes les manières, à faire mourir de rire. Aussi La Bruyère disait-il, dans ses excellents Caractères de Théophraste, que Dangeau n'était pas un seigneur, mais *d'après un seigneur.* » Il y revient en toute occasion, et toujours avec jubilation et délices; il l'appelle en un endroit *une espèce de personnage en détrempe :* « C'était un grand homme, fort bien fait, devenu gros avec l'âge, ayant toujours le visage agréable, mais qui promettait ce qu'il tenait, une fadeur à faire vomir. » Lui reconnaissant des qualités mondaines, des manières, de la douceur, de la probité même et de l'honneur, il cite de nouveau et commente ce mot de madame de Montespan sur lui, qu'on ne pouvait s'empêcher de l'aimer ni de s'en moquer : Saint-Simon aimait donc assez Dangeau, mais quelle manière d'aimer ! « On l'aimait parce qu'il ne lui échappait jamais rien contre personne; qu'il était doux, complaisant, sûr dans le commerce, fort honnête homme, obligeant, honorable; mais d'ailleurs si plat, si fade, si grand admirateur de riens, pourvu que ces riens tinssent au roi, ou aux gens en place ou en faveur; si bas adulateur des mêmes, et, depuis qu'il s'éleva, si bouffi d'orgueil et de fadaises, sans toutefois manquer à personne, ni être moins bas, si occupé de faire entendre et valoir ses prétendues distinctions, qu'on ne pouvait s'empêcher d'en rire. » On voit que les deux parts, chez Saint-Simon, sont fort inégales, et que, pendant qu'il est en train, il va chargeant involontairement et de plus en plus fort un des plateaux de la balance.

Au fait, Dangeau était son opposé et son antipathique

en tout. Quand Louis XIV fut mort, que ses dernières volontés eurent été cassées et les têtes les plus chères au feu roi compromises dans des conspirations où étaient impliqués des parents de Dangeau lui-même, madame de Maintenon, écrivant un jour à madame de Dangeau, lui disait : « Comment M. de Dangeau se tire-t-il de l'état présent du monde, lui qui ne veut rien blâmer ? » Un homme *qui ne veut rien blâmer*, mettez ce trait en regard du trait dominant de Saint-Simon, l'onctueuse fadeur en regard de l'amertume qui s'épanche et de l'ardente causticité : c'est le combat des éléments.

Le même Saint-Simon, qu'on va trouver attaché, acharné sans trêve à Dangeau comme pour le mortifier, et qui annotera d'un bout à l'autre son Journal, a jugé ce Journal d'une manière à la fois bien sévère et singulièrement favorable : « Dangeau, dit-il, écrivait depuis plus de trente ans tous les soirs jusqu'aux plus fades nouvelles de la journée. Il les dictait toutes sèches, plus encore qu'on ne les trouve dans la Gazette de France. Il ne s'en cachait point, et le roi l'en plaisantait quelquefois... La fadeur et l'adulation de ses Mémoires sont encore plus dégoûtantes que leur sécheresse quoiqu'il fût bien à souhaiter que, tels qu'ils sont, on en eût de pareils de tous les règnes. » Ici j'arrête Saint-Simon, et je crois qu'il n'est pas juste pour un écrit dont il a beaucoup usé et profité, et dont tous profiteront. Ce Journal unique en effet, et dans lequel durant plus de trente ans Dangeau écrivit ou dicta tous les soirs ce qui s'était fait ou passé à la Cour dans la journée, n'est qu'une gazette, mais exacte et d'un prix qui augmente avec le temps. Oui, il serait à souhaiter qu'on en eût une pareille de tous les règnes, au moins de tous les grands règnes ; car ces Mémoires « représentent avec la plus désirable précision, Saint-Simon le reconnaît un peu plus loin, le tableau extérieur de la Cour, de tout ce qui la compose, les occupations, les amusements, le partage de la vie du roi, le gros de celle de tout le monde. » Ce n'est pas l'histoire, mais c'est la matière de l'histoire, j'entends celle des mœurs. Tandis qu'un peintre comme Saint-Simon commande l'opinion du lecteur par ses tableaux et ne laisse pas toujours de liberté au jugement, un narrateur plat, mais véridique et sans projet comme Dangeau, permet à cette impression du lecteur de naître, de se fortifier et de parler quelquefois aussi énergiquement toute seule qu'elle le ferait à la suite d'un plus éloquent. Quels que soient d'ailleurs les points de supériorité de Saint-Simon sur Dangeau, et qui sautent aux yeux, il en est sur lesquels il a aussi ses ridicules et ses travers. Dans les Notes qu'il ajoute à Dangeau, Saint-Simon ne prend pas toujours sa revanche, et il y a des cas où il abonde dans des petitesses sur lesquelles Dangeau avait glissé plus uniment. Saint-Simon, en ces moments, renchérit sur Dangeau même, et, à force de vouloir entrer dans des explications de préséance et d'étiquette, il l'embrouille au lieu de l'éclaircir. Saint-Simon, qu'on le sache bien, c'est un grand écrivain et un merveilleux moraliste, mais qui a une difformité. Enfin, pour tout dire, la postérité, cette suprême indifférente, profite de tout ce qu'elle trouve d'utile et à sa convenance en chacun : trop heureux ceux en qui elle trouve quelque chose ! et elle se prête peu à ces égorgements d'un homme par un autre, ce dernier eût-il tous les talents du monde. Il suffit donc que Dangeau, quelques plaisanteries qu'on fasse de lui, soit d'une utilité réelle à la postérité et qu'il la serve, pour qu'elle lui en tienne compte et ne souffre pas qu'on le sacrifie.

Après la mort de Louis XIV, madame de Maintenon, retirée à Saint-Cyr, et vivant dans le passé, lisait le Journal manuscrit de Dangeau, et elle en disait à madame de Caylus : « Je lis avec plaisir le Journal de M. de Dangeau : j'y apprends bien des choses dont j'ai été témoin, mais que j'ai oubliées. » Et un autre jour, après avoir marqué le désir d'en faire prendre des extraits sur ce qui la concerne : « Remerciez bien M. de Dangeau de la permission qu'il me donnera sur ses Mémoires ; ils sont si agréables que j'ai tout lu : vous entendez ce que cela veut dire (cela veut dire qu'il y a des choses qu'on passe de temps en temps). Ne s'est-il point trompé quand il dit que feu M. le Duc tenait une boutique ? Je ne me souviens point de lui dans nos plaisirs ; mais, comme il a écrit tous les jours, il est plus aisé que je me trompe que lui. Il m'écrit quatre mots fort galants : il y a longtemps que je n'avais ouï parler de la beauté de mes yeux... » Dangeau, qui touchait à quatre-vingts ans, trouvait encore à faire son compliment galant à une autre octogénaire ; c'est bien de l'homme. Mais en ce qui est du Journal, ce qui amusait véritablement madame de Maintenon (elle le dit et ce devait être, elle flatte peu, même ses amis), ce qui lui rappelait ce qu'elle avait oublié et qui l'obligeait parfois à rectifier quelques-uns de ses souvenirs, n'est-ce donc rien pour nous, et ne devons-nous pas savoir gré à celui qui nous met à même d'avoir comme vécu à notre tour en ce temps-là ?

J'ai souvent pensé qu'un homme de notre âge qui a vu le premier Empire, la Restauration, le règne de Louis-Philippe, qui a beaucoup causé avec les plus vieux des contemporains de ces diverses époques, qui, de plus, a beaucoup lu de livres d'histoire et de Mémoires qui traitent des derniers siècles de la monarchie, peut avoir en soi, aux heures où il rêve et où il se reporte vers le passé, des souvenirs presque continus qui remontent à cent cinquante ans et au delà. Pour mon compte, sans être un M. de Saint-Germain, c'est l'illusion que je me fais quelquefois, quand les yeux fermés je rouvre les scènes et les perspectives de ma mémoire : car enfin ce temps qui a précédé notre naissance, ce dix-huitième siècle tout entier, nous le savons, avec un peu de bonne volonté et de lecture, tout autant que si nous y avions assisté en personne et réellement vécu : madame d'Épinay, Marmontel, Duclos, tant d'autres nous y ont introduits ; nous pourrions entrer à toute heure dans un salon quelconque et n'y être pas trop dépaysés ; et même, après quelques instants de silence pour nous mettre au fait de l'entretien, nous pourrions risquer notre mot sans nous trahir et sans être regardés en étrangers. Mais cette continuité d'usage et de ton dans la société cesse vers le moment où Louis XIV finit : au dix-septième siècle, en remontant, c'est tout un ancien, tout un nouveau monde. Avec quelque effort pourtant, et grâce à l'abondance des Mémoires, on peut s'y naturaliser et s'imaginer encore y avoir vécu. Que de précautions toutefois pour que cette imagination soit juste et non chimérique ni impertinente ! Que de choses indispensables, de particularités à apprendre sur les usages, les habitudes, les circonstances journalières de la vie ! Et à la Cour, car pour faire tant que de se figurer avoir vécu sous Louis XIV, c'est à la Cour qu'il faut aller, — à ce Versailles donc que d'embarras pour un nouveau venu du dix-neuvième siècle, que d'ignorances et de faux pas à éviter, que de piéges ! Qui ne suivrait que Saint-Simon aurait quelquefois l'éblouissement et le vertige, ou bien il lui prendrait des accès de témérité qui lui feraient faire bien des fautes. Pour un genre de souvenirs tout vrais, tels que ceux que je voudrais acquérir, Dangeau m'est utile, il est inappréciable ; il fait cheminer jour par jour et entrer dans le manége d'un pas sûr ; on s'y accoutume bientôt et l'on en est. Il meuble insensiblement tous les coins de notre idée sans y laisser de vide. Sur ce fond tout uni et qui s'est dessiné en nous sans qu'on y pense, se viendront ensuite placer les scènes piquantes des divers témoins, les anecdotes et les aventures ; mais le *tous-les-jours*, ce qui fait qu'on se souvient d'une époque non par saillie et fantaisie, mais par cette imagination positive qu'on appelle la mémoire, c'est à lui plus qu'à tout autre qu'on l'aura dû. Ainsi, tous liseurs et rêveurs comme moi lui auront l'obligation de pouvoir vivre en idée une trentaine d'années de plus en arrière, et sous Louis XIV encore ; est-ce donc si peu ?

Il n'est que juste de remercier tout d'abord les jeunes érudits et antiquaires, MM. Soulié, Dussieux, de Chennevières, Mantz, de Montaiglon, qui, par une coalition désintéressée et fraternelle, se sont entendus pour nous donner cette fois, avec l'aide d'une honorable maison de librairie, une édition complète du Journal de Dangeau. Précédemment, pour les publications partielles qui s'en étaient faites, on n'y avait puisé que dans tel ou tel esprit, Madame de Genlis dans un sens, Lémontey dans un autre ; or, ce qui caractérise le Journal de Dangeau, ce qui en fait le cachet et le mérite, c'est précisément qu'il n'y a pas tel ou tel esprit, ni même d'esprit du tout : il y a ce qu'il voit, enregistré jour par jour, et mis bout à bout. En fait de Dangeau, pour en tirer le bon profit historique, il faut tout ou rien. Dans une Introduction biographique très-copieuse et très-bien travaillée, les éditeurs se sont attachés à justifier Dangeau et à le réhabiliter contradictoirement à Saint-Simon. Je ne les en blâmerai pas, c'est leur droit et presque leur devoir d'éditeurs. Ils n'ont pas eu de peine à montrer que Saint-Simon exagère, en les résumant, les défauts du personnage ; nos jeunes auteurs vont trop loin toutefois quand ils font de Saint-Simon un *ennemi* de Dangeau : on n'est pas ennemi de ceux dont on voit les ridicules, et le seul tort de Saint-Simon est de trop voir et d'être doué par la nature d'un organe qui est comme un verre grossissant, et d'une parole de feu irrésistible: de là tant de portraits ressemblants, outrés, vrais à les bien entendre, et en tout cas ineffaçables. Les éditeurs se sont beaucoup servis, et avec raison, du charmant Éloge de Dangeau par Fontenelle; car Dangeau, qui était de la Cour et de tant de choses, y compris l'Académie française, était aussi membre honoraire de l'Académie des sciences. Fontenelle y explique, de cette manière distinguée et fine qui est la sienne, les sources de la fortune de Dangeau, sa bonne mine, son attention à plaire, son art et son savoir-faire au jeu sans jamais déroger à la probité. Dangeau possédait cette algèbre rapide qu'on appelle l'esprit du jeu; il gagnait presque à coup sûr et sans que cette attention intérieure l'empêchât d'être à la conversation et de paraître aimable: tout en combinant et en gagnant, il ne laissait pas de divertir les reines et d'*égayer leur perte*. Les mœurs étaient telles dans la jeunesse de Dangeau que tous ceux qui ont parlé de lui et qui ont relevé son adresse et son bonheur, l'ont presque loué de n'avoir pas triché et volé au jeu. Dangeau avait de la littérature; il rimait en homme du monde, faisait des impromptus au moment où on le croyait tout occupé ailleurs, et gagnait des gageures par des tours de force d'esprit: ce sont là des mérites bien minces de loin, mais qui sont comptés de près; et lorsque l'on voit dans la Notice des éditeurs tous ses talents divers, un peu à la guerre, un peu dans la diplomatie, sa manière de s'acquitter de bien des emplois avec convenance, ses assiduités surtout, ses complaisances bien placées, sa sûreté de commerce et son secret, on n'est pas étonné de sa longue faveur, et on est obligé de convenir qu'il la méritait ou la justifiait. Il sut être, somme toute, courtisan et honnête homme. Lui et son frère l'abbé, qui fut également de l'Académie française et très-bon grammairien, ils étaient au fond et par le cœur des gens de lettres plus qu'il ne semblerait (1). Dangeau fut constamment l'organe et l'introducteur ou maître des cérémonies de l'Académie française auprès du roi; il ne perdit aucune occasion de la servir et de lui montrer qu'il tenait à honneur d'en être. Quand le roi l'eut fait grand'maître de l'Ordre de Saint-Lazare, en même temps qu'il s'adonna beaucoup au cérémonial et prêta à jaser aux railleurs, Dangeau conçut une idée utile, honorable : il fonda une pension à l'usage des jeunes gentilshommes de l'Ordre, et qui visait à être dans son genre un pendant de Saint-Cyr. Cet homme de représentation, de jeu et de carrousels, n'était pas tout entier à la vanité. Écoutons là-dessus Duclos qui, dans son enfance, fut admis à cette pension de Saint-Lazare parmi les surnuméraires, car on en admettait pour plus d'émulation :

« Cette pension, très-célèbre autrefois, dit-il en ses fragments de Mémoires, mérite que j'en parle. Le marquis de Dangeau, à qui Boileau a dédié sa cinquième Satire, forma cet établissement. Comme il était grand'maître de l'Ordre de Saint-Lazare, il se chargea généralement de l'entretien et de l'éducation de vingt jeunes gentilshommes, qu'il fit chevaliers de cet Ordre, et les rassembla dans une maison de la rue de Charonne, en bon air, avec un jardin, mur mi-

(1) Dangeau, nommé ambassadeur en Suède, s'adressait à Chapelain pour lui demander s'il ne connaîtrait pas « quelque homme de bien et d'érudition qui pût, à des conditions honorables, lui tenir compagnie pendant son voyage de Suède, et lui servir soit par la conversation, soit par la lecture des bons livres anciens et modernes, à le divertir des objets désagréables, etc. » C'est ce qu'on apprend d'une lettre (manuscrite) de Chapelain au marquis de Dangeau, datée d'avril 1671. Chapelain lui procura un jeune homme de mérite, nommé Falaiseau, qui l'accompagna également dans son ambassade près des princes de l'Empire (octobre 1672). Ce besoin qu'il avait de l'entretien habituel d'un homme instruit, fait honneur à Dangeau et nous est un témoignage de plus de ses goûts littéraires.

toyen du couvent de Bon-Secours. Il y établit un principal instituteur qui choisissait les autres, ce qui n'empêchait pas le marquis et l'abbé de Dangeau, son frère, de venir de temps en temps inspecter la manutention et l'ordre de la maison. Les enfants qu'il y plaçait étant trop jeunes pour les armes et l'équitation, la base des exercices était la lecture, l'écriture, le latin, l'histoire, la géographie et la danse. On imagine bien que la sublime science du blason n'était pas oubliée dans une éducation destinée à des gentilshommes dont chacun l'aurait inventée, si elle ne l'était pas. C'était aussi, avec la grammaire, ce que l'abbé de Dangeau affectionnait le plus. Il a été un très-bon académicien, un fort grammairien, et a porté dans cette partie beaucoup de sagacité. *Lui et son frère étaient véritablement des gens de lettres*; j'en parle comme je le dois dans l'Histoire de l'Académie. Quoique la maison que le marquis de Dangeau avait établie fût originairement et particulièrement destinée à des élèves chevaliers, il avait permis qu'on y admît d'autres enfants dont les parents payaient la pension, ne fût-ce que pour exciter l'émulation commune. »

Tout cela n'était pas si ridicule, et Duclos, le mordant esprit, parle ici de cette institution, trop tôt déchue, d'un ton reconnaissant. — Enfin, c'était aussi une idée d'homme de lettres chez Dangeau que de tenir registre chaque soir de tout ce qu'il avait vu dans la journée, sans y manquer jamais, et en comblant soigneusement les lacunes quand il faisait de rares absences. Journal de *valet de chambre*, dit Voltaire, journal d'*huissier*; tant que l'on voudra ! il y avait mieux, il y avait de l'exactitude du physicien, du statisticien qui prend note chaque jour de certaines variations du temps et de ce qui se passe dans l'atmosphère. Dangeau n'a pas la curiosité remuante comme Saint-Simon et ceux qui veulent tout pénétrer, il s'en tient à la face des choses, à l'écorce; mais il s'attache à être complet là-dessus, et il ne dort tranquille que quand il a mis son registre au courant. Il régnait dans la famille un esprit d'exactitude, de cérémonial et de purisme. Il est très-vrai que ces notes, prises sur quantité de faits et de points de régularité et d'étiquette, pouvaient lui être utiles, à lui courtisan, pour être prêt à répondre à tout, pour être bien informé sur tout ; mais je crois qu'il entrait aussi dans ce projet, exécuté d'une manière si constante et si suivie, de cette pensée plus longue et plus honorable d'être utile un jour à la postérité par une multitude d'informations qui aideraient à connaître la Cour et le monarque : et en cela il ne s'est point si fort trompé.

Ouvrons donc ce Journal de Dangeau, et apprenons à le lire en y mettant de cet esprit historique que l'auteur n'avait pas, mais qu'il sert si bien. Le Journal commence le dernier jour du carême de 1684 :

« Samedi 1er avril. — Le roi fit ses dévotions et donna plusieurs abbayes. (Suit l'énumération des abbayes données.)

« Dimanche 2, jour de Pâques. — M. d'Agen (l'évêque d'Agen, Mascaron), qui avait prêché tout le carême, acheva ses prédications par un des plus beaux sermons et un des plus beaux compliments au roi qu'on puisse faire ; c'est toujours ce jour-là que les prédicateurs font leur compliment d'adieu au roi.

« Lundi 3. — Le roi à son lever parla fort sur les courtisans qui ne faisaient point leurs Pâques, et dit qu'il estimait fort ceux qui les faisaient bien, et qu'il les exhortait tous à y songer bien sérieusement, ajoutant même qu'il leur en saurait bon gré. »

Nous voilà avertis dès le commencement que nous sommes dans les années régulières et déjà plus strictes de Louis XIV, dans celles de madame de Maintenon et de l'étroite vertu ; ce sont ces trente dernières années que Dangeau notera dans toute leur suite et leur teneur. Il aurait fait toute une introduction pour nous le dire qu'il ne nous le montrerait pas mieux.

On se demande d'abord comment il a l'idée de noter de pareilles choses, des minuties telles que celles qu'il enregistre : « Monseigneur prit médecine et me donna deux petits tableaux de sa propre main, etc. — Le roi alla tirer dans son parc ; madame la Dauphine se fit saigner et garda le lit tout le jour. Monseigneur prit médecine, etc. — Monseigneur 'educ de Bourgogne fut considérablement malade d'une dent qui lui perçait. Il était presque guéri quand le roi partit (pour Chambord), etc. » Et dans ces voyages de Chambord il n'oubliera pas de dire combien il y avait de carrosses, et comment on était placé dans celui du roi et dans les suivants : « Voici comme on était placé dans le carrosse du roi en venant : le roi et madame la Dauphine au derrière, Monseigneur à une portière, madame de Maintenon à l'autre et dans le devant madame la princesse de Conti, Mademoiselle, et madame d'Arpajon. — Dans le second carrosse, etc. » Il y a du trop, il y a de la futilité, diront les plus curieux lecteurs. Ne chicanons point Dangeau ; passons-lui les défauts qui lui ont fait faire son Journal, et sans lesquels il ne l'eût point mené à fin. Ces petits événements, ces particularités à peu près insignifiantes qu'il constate étaient la nouvelle et la curiosité du jour où il écrit, cela lui suffit. Et d'ailleurs, dans ce genre de statistique et de chronique, si l'auteur se permet de choisir et d'élaguer une fois à son gré, il n'y a plus de garantie. Laissons donc Dangeau dresser son procès-verbal *comme il l'entend, prenons ses carnets comme ils sont* : à nous de faire le choix et de raisonner après coup.

Et il y a lieu vraiment, il n'est que de faire attention et de savoir le lire. Nous sommes au moment où madame de Montespan décline ou plutôt est déjà tombée; où madame de Maintenon va régner ou règne déjà. Dangeau, tout lié qu'il est avec celle-ci, ne parle point de la sorte; il se garde bien d'être indiscret, il ne dit que ce qu'il voit, ce que tout le monde a vu comme lui. Le roi, malade d'une tumeur et qui s'est fait opérer une première fois, n'est pas entièrement guéri et projette un voyage à Baréges; il annonce ce voyage, qui d'ailleurs ne se fera pas :

« Mardi 21 (mai 1686), à Versailles. — Sur les sept heures (du soir), le roi entra dans le cabinet de Madame la Dauphine et lui déclara sa résolution sur le voyage. Sa Majesté a envoyé un ordinaire à Monsieur pour lui mander cette nouvelle. Le roi partira le lendemain des fêtes de la Pentecôte. — Le soir il y eut comédie italienne, où tout le monde était fort triste à cause de la nouvelle que le roi venait de dire. — Madame de Montespan eut des vapeurs très-violentes en apprenant que la santé du roi n'était pas entièrement rétablie. On ne sait si elle sera du voyage. »

Ici Dangeau est presque malin. Ces vapeurs de madame de Montespan lui viennent-elles de ce qu'elle apprend que le roi est encore malade, ou de ce qu'elle ignore encore si elle sera du voyage, grand écueil pour elle aux yeux de tous? Dangeau est trop circonspect et trop poli pour le dire, il vous laisse le plaisir de le deviner. — Quelques jours après, les choses se dessinent; il devient moins sûr que jamais qu'elle soit du voyage, et on lit à la date du samedi 25 mai : « Madame de Montespan, chez qui le roi était allé au sortir de la messe comme à son ordinaire, s'en alla le soir toute seule à Rambouillet; elle n'a voulu prendre congé du roi ni de personne. » On aura d'autres nouvelles encore de madame de Montespan, mais seulement au fur et à mesure et au jour la journée. Une fois, à Marly, lundi 23 septembre, « Madame de Montespan dit au roi, l'après-dînée, qu'elle avait une grâce à lui demander durant le séjour de Marly, qui était de lui laisser le soin d'entretenir les gens du second carrosse et de divertir l'antichambre. » C'était une ironie sous forme de gaieté : elle jouait sur sa disgrâce. Le dit-elle d'un ton piqué? le dit-elle d'un ton de raillerie plaisante et de cet air dont on dit quelque chose d'impossible? Saint-Simon dans une note commente, explique; Dangeau rapporte le mot purement et simplement, et passe outre. Entendez-le comme vous voudrez (1).

(1) M. de Vivonne, madame de Montespan et ses sœurs avaient dans l'esprit un tour inimitable, ce qu'on a pu appeler l'*esprit Mor-*

Chez Dangeau, Monseigneur (le Dauphin) chasse toujours. Ces chasses au loup perpétuelles finissent même par être si ennuyeuses que les nouveaux éditeurs de Dangeau, par une sorte de respect humain, ont cru devoir leur trouver une cause finale, et ont remarqué que c'est à ces chasses de Monseigneur sans doute qu'on doit la destruction des loups aux environs de Paris (1). « Le roi, au sortir de la messe, alla tirer dans son parc; Monseigneur courut le loup; madame la Dauphine prit médecine. Monseigneur alla le soir à sa comédie. » Quantité de journées commencent et se terminent de la sorte. Nous savons à point nommé le jour où Monseigneur a pris le plus grand loup qu'il ait pris de sa vie (jeudi 24 octobre 1686, à Fontainebleau). Il est si amoureux de cette chasse au loup qu'un jour qu'il est malade et ne peut sortir de sa chambre à Versailles, il fait faire dans le parterre de l'Amour la curée du loup que les chiens avaient pris : « Il la voyait de son lit. » Il est homme à *courre* le cerf le jour même où la Dauphine sa femme accouche. Elle accouche un peu avant midi, et il est en chasse à une heure. Ces chasses continuelles exterminent tellement son monde et mettent si fort ses officiers sur les dents, qu'il est obligé un jour de prendre la résolution de ne plus *courre* que deux fois la semaine, une fois le loup et une fois le cerf. Vers le temps où Monseigneur prend cette résolution, on remarque chez Dangeau une phrase qui revient presque constamment chaque jour, par exemple : « Monseigneur se promena à pied dans

---

temart, le don de dire « des choses plaisantes et singulières, toujours neuves et auxquelles personne ni eux-mêmes, en les disant, ne s'attendaient. » (Saint-Simon.)

(1) Ils ne le disent, au reste, que d'après le *Mercure* de janvier 1688, lequel lui-même disait : « En France, on ne voit que des loups pour tous animaux féroces : il n'y en a plus guère présentement aux environs de Paris; Monseigneur le Dauphin les en a purgés. »

les jardins avec madame la princesse de Conti et les filles. — Madame la Dauphine passa l'après-dînée chez mademoiselle Bezzola; elle y va les jours que mademoiselle Bezzola n'a point eu la fièvre. » Mademoiselle Bezzola était une femme que la Dauphine avait amenée d'Allemagne, son intime confidente, et à laquelle elle était très-attachée. Mais, chose singulière! il devient sensible que Monseigneur, même les jours où il chasse, chasse moins longtemps; il se promène plus volontiers à pied dans les jardins : « Jeudi 2 (mai 1686), à Versailles. — Monseigneur alla courre le loup dans la forêt de Livry, d'où il vint d'assez bonne heure pour se promener avec les dames. — Madame la Dauphine passa l'après-dînée chez mademoiselle Bezzola. » Et le samedi 4, deux jours après : « Madame la Dauphine se devait embarquer sur le canal avec Monseigneur, qui lui avait fait préparer une grande collation à la Ménagerie; la pluie rompit cette promenade-là; Monseigneur ne laissa pas d'y aller avec madame la princesse de Conti. » Et toujours le refrain de chaque jour : « Madame la Dauphine passa l'après-dînée chez mademoiselle Bezzola. »

Eh bien, tout cela veut dire : Monseigneur, qui n'était jusqu'alors qu'un farouche Hippolyte et un chasseur de bêtes sauvages, s'est apprivoisé; il y a auprès de la princesse de Conti et dans sa suite quelque beauté qui a opéré le miracle; la Dauphine, qui est maussade, et qui vit trop seule, enfermée avec sa mademoiselle Bezzola, a contribué peut-être à cet éloignement, et, comme elle en est triste, elle va en parler plus que jamais avec cette même mademoiselle Bezzola. Dangeau, qui est menin de Monseigneur d'une part, et qui, de l'autre, est chevalier d'honneur de madame la Dauphine, se garde bien d'écrire de ces crudités-là, il n'écrit que ce que tout le monde a vu et peut lire : mais son narré même, en ces endroits, devient malin à force de réticence et de fidélité, et cette phrase qui termine tant de journées comme une ritournelle : « Madame la Dauphine passa l'après-dînée chez mademoiselle Bezzola, » pourrait sembler un refrain de couplet satirique. Dangeau ne prête aucun esprit aux choses, mais il est si exact qu'elles en ont quelquefois d'elles-mêmes.

Lundi, 2 octobre 1854.

JOURNAL

DU

MARQUIS DE DANGEAU

(FIN)

Il est bon de se proposer quelques points de vue, et de se tracer quelques perspectives déterminées, dans ce Journal de Dangeau qui offre au premier aspect l'apparence d'une foule mouvante et confuse : c'est le moyen de s'y reconnaître et d'y prendre de l'intérêt. La partie littéraire, sans y tenir plus de place qu'elle n'en avait réellement à cette Cour et dans ce monde de magnificence et de plaisirs, n'y est jamais oubliée. Ainsi, au samedi 1er juillet 1684, après le détail de la journée de Monseigneur, du dîner, de la promenade : « — Le roi tira ce jour-là dans son parc. — Despréaux prit sa place à l'Académie, et fit une fort belle harangue. » Dans un voyage de la Cour, de Chambord à Fontainebleau (octobre 1684), le roi fait en plus d'une étape le trajet de l'une à l'autre résidence : le 12 il couche à Notre-Dame-de-Cléry, le 13 à Pluviers : « Le samedi 14, il arriva à Fontainebleau à sept heures du soir. — On apprit à Chambord la mort du bonhomme Corneille, fameux par ses comédies ; il laisse une place vacante dans l'Académie. » Le bonhomme Corneille ou le grand Corneille, cela revient au même ; Dangeau avait été du jeune monde, et, comme nous dirions, de la jeune école. Autrefois confident de l'inclination de Madame (Henriette d'Angleterre) pour Louis XIV, c'était lui qu'elle avait chargé d'engager secrètement Corneille et Racine à traiter le sujet de *Bérénice* dans lequel elle retrouvait quelque chose de sa situation, et où elle espérait voir exprimés quelques-uns de ses sentiments. Dangeau fit si bien que Corneille se mit à cette pièce de *Bérénice*, sans soupçonner la concurrence de Racine, et qu'il tomba dans le piége : aussi était-ce bien le bonhomme Corneille. Deux jours après, à Fontainebleau, on apprend la mort de M. de Cordemoy, qui laisse une seconde place vacante dans l'Académie. Il s'agit de remplacer M. de Cordemoy et Corneille. Pour Corneille il n'y a nulle difficulté : c'est son frère Thomas qui est nommé tout d'une voix. Pour la place de M. de Cordemoy, il y eut plus de partage : Bergeret, secrétaire du Cabinet du roi, avait à combattre un concurrent qui se présentait avec bien des titres : « Il y avait une grande brigue pour Ménage, nous dit Dangeau, mais Bergeret eut dix-sept voix, et Ménage n'en eut que douze. Le soir même le roi dit à Racine, directeur de l'Académie, qu'il approuvait l'élection. »

L'Académie française tient ainsi sa place et a son coin dans le Journal de Dangeau à côté des chasses, des promenades royales, des loteries et des jeux de Marly, des nouvelles de guerre et d'église ; elle a son importance sociale.

Racine directeur fit un fort beau Discours pour cette séance solennelle où furent reçus Thomas Corneille et M. Bergeret. Ce Discours de Racine, qui est un modèle du genre, commence par un éloge du grand Corneille, qui remplit toute la première moitié; et presque toute l'autre moitié est consacrée, sous prétexte de M. Bergeret, secrétaire du Cabinet, à célébrer Louis XIV, ses guerres, ses conquêtes, le triomphe de sa diplomatie impérieuse :

« Heureux, disait en terminant Racine (et cette péroraison n'est pas la plus délicate partie de son Discours), heureux ceux qui, comme vous, Monsieur, ont l'honneur d'approcher de près ce grand prince, et qui, après l'avoir contemplé, avec le reste du monde, dans ces importantes occasions où il fait le destin de toute la terre, peuvent encore le contempler dans son particulier, et l'étudier dans les moindres actions de sa vie, non moins grand, non moins héros, non moins admirable, que plein d'équité, plein d'humanité, toujours tranquille, toujours maître de lui, sans inégalité, sans faiblesse, et enfin le plus sage et le plus parfait de tous les hommes! »

Cette harangue fut prononcée le 2 janvier 1685; et le vendredi 5, à Versailles, on lit dans le Journal de Dangeau : « Le roi ne fit point les Rois, il soupa en famille à l'ordinaire; mais, après souper, il fit porter un gâteau chez madame de Montespan. — Le matin il se fit réciter par Racine la harangue qu'il avait faite à l'Académie le jour de la réception de Bergeret et du jeune Corneille, et les courtisans trouvèrent la harangue aussi belle qu'elle avait été trouvée belle à l'Académie. Racine la récita dans le cabinet du roi. » Ces éloges à plein visage n'embarrassaient jamais Louis XIV : il était comme le soleil et ne s'éblouissait pas lui-même. Le mardi 20 mars, à Versailles, on lit dans le même Journal : « Madame la Dauphine fit dire dans son cabinet à Racine la harangue qu'il fit à la réception de Corneille et de Bergeret. »

Ce moment est celui de Racine et de Despréaux tout à fait établis en cour et sur le pied d'historiographes : le 31 décembre, veille du jour de l'an 1685, madame de Montespan fit présent au roi, le soir après souper, d'un livre relié d'or et plein de tableaux de miniature, qui sont toutes les villes de Hollande que le roi prit en 1672.

Ce livre lui coûte quatre mille pistoles, à ce qu'elle nous dit. Racine et Despréaux en ont fait tous les discours et y ont joint un Éloge historique de Sa Majesté. Ce sont les étrennes que madame de Montespan donne au roi. On ne saurait rien voir de plus riche, de mieux travaillé et de plus agréable. » Il serait curieux de retrouver ce volume, ce magnifique *keepsake* en l'honneur de Louis XIV, maintenant surtout qu'on sait à qui l'on en devait le texte et les explications.

J'ai nommé madame de Montespan : on ne peut s'empêcher de remarquer, chez Dangeau, de quelle sorte et dans quelle nuance fut sa rupture avec Louis XIV ; il y aurait eu pour un provincial de quoi s'y méprendre. Longtemps encore après l'installation intime et sous le règne réel de madame de Maintenon, madame de Montespan avait le même pied et quelque chose de la même attitude en cour. Ainsi il est dit comme indifféremment à la date du mardi 21 septembre 1688, à Versailles : « Le roi en sortant de la messe alla chez madame de Montespan à son ordinaire. Il lui dit qu'il donnait à M. le duc du Maine la charge de général des galères, etc. » Ainsi encore, à la date du samedi 28 février 1690 : « Le roi après son dîner à Marly y joua aux portiques et au lansquenet jusqu'à six heures. Madame de Montespan y vint passer l'après-dîner et joua avec le roi. » La retraite et la chute de madame de Montespan était donc imposante encore, et digne, sinon menaçante. Les dehors étaient observés.

C'est chez madame de Montespan, le mercredi 16 mai 1685, à Versailles, que Quinault apporte et montre au roi trois *livres* ou *libretti* d'opéra « pour cet hiver, nous dit Dangeau : l'un était Malaric, fils d'Hercule ; le second Céphale et Procris ; le troisième Armide et Renaud. Le roi les trouva tous trois à son gré, et choisit celui d'*Armide*. »

Racine et Despréaux écrivent l'Histoire du roi ; le monarque s'y intéresse ; dans les loisirs auxquels l'oblige sa convalescence après l'opération qu'il eut à subir, il s'en fait lire des passages : « Mercredi 20 mars 1686, à Versailles. — Le roi se porte toujours de mieux en mieux ; il s'est fait lire, dans ses dernières après-dînées, l'Histoire que font Racine et Despréaux, et en paraît fort content. — Monseigneur a couru le loup, etc. » Le 22 avril 1688, le roi témoigne sa satisfaction aux deux historiens par une gratification de 1,000 pistoles à chacun. Des pièces de Racine qui sont de sa première manière, Dangeau nous apprend laquelle Louis XIV préférait : « Le soir (dimanche 5 novembre 1684, à Fontainebleau), il y eut comédie française ; le roi y vint, et l'on choisit *Mithridate*, parce que c'est la comédie qui lui plaît le plus. » Mais quand Racine eut fait *Esther*, ce fut certainement la pièce de prédilection de Louis XIV, si l'on en juge par le nombre de fois qu'il y assista. Dangeau n'en omet aucune, et il nous dit aussi quel jour Racine eut la faveur si recherchée d'un Marly : « Le roi a fait venir ici M. Racine à ce voyage-ci (28 septembre 1689), et lui a donné une chambre. » Venir à Marly était beaucoup, mais y avoir une chambre et y coucher, c'était la clef de l'Olympe.

Le théâtre est ordinairement la littérature des gens du monde qui n'ont pas le temps de lire. Bien souvent le soir, à la Cour, il y avait comédie : c'étaient des farces italiennes ou des opéras français, et quelquefois aussi de vraies comédies. Dancourt s'y essayait. Baron y eut ses meilleurs succès. Sur *l'Homme à bonnes fortunes*, sur *la Coquette*, sur *le Jaloux* de Baron, Dangeau, en les mentionnant, glisse un jugement favorable ; il nous indique en même temps celui du roi. A propos de cette nouvelle comédie du *Jaloux*, qu'on joua à Marly le 28 janvier 1688 : « Le roi la trouva fort jolie ; mais il a ordonné qu'on y changeât quelque chose sur les duels, et quelque autre chose qui lui parut trop libre. » Louis XIV goûte moins une autre pièce de Baron qui se jouait également à Marly en même temps qu'on y dansait le ballet : « Le roi le vit (le ballet) de la chambre de Joyeux ; mais il n'y demeura pas toujours, parce qu'il ne trouva pas la comédie trop à son gré ; c'était *l'Homme à bonnes fortunes*. » En revanche, Louis XIV assistera peut-être trente fois à *Esther*, et toujours avec plaisir. Tel était le goût de ce roi.

Comme singularité, je remarque qu'en février 1688 on jouait à Versailles *Jodelet ou le Maître-valet*, de Scarron, et la Dauphine y assistait, sans qu'on prît garde aux origines, et que cette pièce était du premier mari de madame de Maintenon : de telles idées ne venaient pas à l'esprit, ou du moins on les gardait pour soi.

Les Comédiens du roi étaient alors sous la surveillance directe de la Cour, et, ce semble, de madame la Dauphine elle-même : « Dimanche, 22 avril 1685, à Versailles. — Madame la Dauphine, mécontente de quelques sots procédés des comédiens, pria le roi de casser Baron et Raisin, les deux meilleurs comédiens de la troupe, l'un pour le sérieux et l'autre pour le comique. » Et, 3 novembre 1684 : « On choisit trois nouvelles comédiennes pour être mises dans la troupe du roi, et Madame la Dauphine leur fit une exhortation sur leur bonne conduite à l'avenir. »

Une des affaires qu'il est le plus intéressant de suivre chez Dangeau, qui ne fait de rien des affaires, mais de simples nouvelles, c'est la révocation de l'Édit de Nantes et ses suites. Nulle part on ne voit mieux de quelle façon les choses se passèrent, quelle fut l'illusion de Louis XIV et la connivence plus ou moins involontaire de tout ce qui l'entourait. Notez que Dangeau était lui-même un ancien protestant converti dès sa jeunesse ; il ne paraît jamais s'en ressouvenir. On commence à employer les troupes pour aider aux conversions : « Samedi, 11 août 1685, à Versailles. — J'appris qu'Asfeld, brigadier des dragons, était allé en Poitou commander les troupes qui y sont, et dont les intendants ont quelquefois tiré des secours pour de bons effets. » Ce qui est immédiatement suivi de la nouvelle du dimanche 12 : « Le roi envoya force faisandeaux à Monseigneur, et Monseigneur lui renvoya force perdreaux, se faisant part l'un à l'autre de leurs chasses. » — Tout cela vient *ex æquo*.

« Mercredi 22 août, à Versailles. — J'appris que Saint-Ruth allait commander les troupes qu'on envoie dans les Cévennes et dans le Dauphiné, comme Asfeld commande celles qui sont en Poitou; ce sera apparemment avec beaucoup de succès des deux côtés. »

Quinze jours après, pendant un voyage à Chambord et sur la route, jeudi 6 septembre : « On dîna au bois de Fougère, et l'on vint coucher à Châteaudun. — Le roi apprit qu'il y avait eu plus de cinquante mille Huguenots convertis dans la généralité de Bordeaux, et nous dit cette bonne nouvelle-là avec grand plaisir, espérant même que beaucoup d'autres gens suivront un si bon exemple. » — C'est une émulation, une passion de convertir les gens en masse, comme s'il n'y avait qu'à y prêter la main : « Dimanche 16 septembre, à Chambord. — La Trousse fut nommé pour aller commander les troupes en Dauphiné, et tâcher de faire aussi bien en ce pays-là que Bouflers a fait en Béarn, en Guyenne et en Saintonge. » Quelquefois on se passe de dragons, et c'est mieux : « Jeudi 27 septembre, à Chambord. — On sut que les diocèses d'Embrun et de Gap, et les vallées de Pragelas, qui sont dépendantes de l'abbaye de Pignerol, s'étaient toutes converties sans que les dragons y aient été. » — « Samedi 29, à Pithiviers. — Le roi nous dit que M. de Duras, revenant de ses terres, l'avait assuré ce matin à Cléry, au sortir de la messe, que tous les Huguenots de ses terres s'étaient convertis. » — « Mardi 2 octobre, à Fontainebleau. — Le roi eut nouvelle, à son lever, que toute la ville de Castres s'était convertie. » — « Vendredi 5, à Fontainebleau. — On apprit que Montpellier et tout son diocèse s'étaient convertis. Lunel et Mauguio en sont. Aigues-Mortes s'est converti aussi; il est du diocèse de Nîmes. — Il y eut le soir comédie italienne; Monseigneur y alla. » Les nouvelles pareilles se succèdent coup sur coup et arrivent par chaque courrier : comment Louis XIV, qui croyait si aisément en lui-même et en son ascendant, en aurait-il douté? « Samedi 6 octobre, à Fontainebleau. — M. de Noailles manda au roi que toute la ville de Nîmes s'était convertie. » — « Samedi 13, à Fontainebleau. — On sut au lever du roi que presque tout le Poitou s'était converti, entre autres Châtellerault, Thouars et Loudun. On a appris aussi qu'à Grenoble tous les Huguenots avaient abjuré. » — « Mardi 16, à Fontainebleau. — On apprit que tous les Huguenots de la ville de Lyon s'étaient convertis par une délibération prise à la maison de ville, les ministres et tout le consistoire y étant; les dragons n'y étaient point encore arrivés. » On s'était tant dit qu'on vivait sous un règne de prodiges que rien n'étonnait plus. Thomas Corneille succédant à son frère à l'Académie avait dit, en parlant de la conquête de la Franche-Comté : « Louis le Grand a soumis une province entière en huit jours, dans la plus forte rigueur de l'hiver. En vingt-quatre heures il s'est rendu maître de quatre villes assiégées tout à la fois. Il a pris soixante places en une seule campagne... » Ici il ne s'agissait que de consciences, et ces autres places fortes cédaient au même ascendant de Louis le Grand. Cela paraissait tout simple et au roi et aux courtisans, et à Dangeau qui enregistre ces succès avec une parfaite bonne foi, de telle sorte que lorsqu'il écrit dans son Journal, à la date du 19 octobre de cette année 1685 : « Outre la cassation de l'Édit de Nantes de 1598, on casse l'Édit de Nîmes de 1629, et tous les édits et déclarations donnés en faveur de ceux de la religion prétendue réformée ; ordre à tous les ministres de sortir du royaume dans quinze jours ; les enfants qui naîtront seront baptisés et élevés dans la religion catholique, etc., etc.; » et que lorsqu'à la date du 22, il ajoute. « Ce jour-là on enregistra dans tout le royaume la cassation de l'Édit de Nantes, et l'on commença à raser tous les temples qui restaient ; » en prenant note de ces actes considérables, il semble ne faire que constater un fait accompli et que rendre compte d'une formalité dernière.

Toutefois, comme il est fidèle à dire ce qu'il sait, on a bientôt chez lui la suite et les conséquences : il ne les donne pas comme une conséquence, mais avec un peu de logique le lecteur rétablit aisément la chaîne. On a d'abord toute la série des récompenses et des pensions accordées par le roi aux nouveaux convertis de quelque importance : « 13 février 1686, à Versailles. — Je sus que M. Dacier, homme fort fameux par son érudition et ses ouvrages, qui a épousé mademoiselle Le Fèvre, plus fameuse encore que lui par sa profonde science, avait eu une pension du roi de 500 écus ; ils se sont tous deux convertis depuis quelques mois. » Bien plus, c'étaient M. et madame Dacier qui avaient décidé la conversion entière de la ville de Castres. — « Dimanche, 17 février. — J'appris que le roi donnait à Foran 1,500 francs de pension en faveur de sa conversion, outre celle de 2,000 francs que le roi leur donna, à Villette et à lui, il y a quelque temps, comme chefs d'escadre ; ils sont tous deux nouveaux convertis, et le roi répand volontiers ses grâces sur ceux qu'il croit convertis de bonne foi. » — « 10 mars. — Le roi donne au marquis de Villette, cousin-germain de madame de Maintenon et chef d'escadre, une pension de 3,000 fr.; il s'est converti depuis peu. » Ces sortes de pensions et de faveurs sont à l'infini: elles sont décernées hautement, données de bon cœur et de bonne foi, non pas comme motif de la conversion, mais après la conversion et comme marque de satisfaction du prince pour un retour à la règle. Quelques-unes, plus rarement, prennent un caractère odieux : « Vendredi, 13 septembre 1686, à Versailles. — Le roi a donné à Lostange la confiscation des biens de son frère, qui est en fuite pour la religion (1). »

Puis, tout à côté, chez Dangeau, et sans qu'il y insiste, on a aussi l'idée des pertes que fait le royaume, et des résistances qu'on trouve en plus d'une âme : « Jeudi, 24 janvier 1686, à Versailles. — On eut nouvelles que du Bordage avait été arrêté auprès de Trelon, entre Sambre et Meuse : il voulait sortir du royaume avec sa famille. Sa femme a été blessée d'un coup de fusil ; ce sont les paysans qui l'ont arrêté et qui faisaient la garde pour empêcher les gens de la religion qui veulent sortir du royaume... » — « Vendredi 25. — On mène du Bordage dans la citadelle de Lille, sa femme dans celle de Cambray, et mademoiselle de La Moussaye, sa belle-sœur, dans celle de Tournay. On fait revenir les enfants à Paris, et ils seront élevés dans notre religion. » — « Samedi 26. — Le roi monta en calèche au sortir de la messe, et alla avec les dames voir voler ses oiseaux. »

Ce vol des oiseaux, disons-le en passant, était une

(1) En parlant d'*odieux*, je rends la première impression que nous fait cette confiscation dont profite un frère ; mais en réalité c'était une moindre injustice de laisser où de rendre à la famille et aux prochains héritiers les biens dont on dépouillait les membres qui étaient en fuite.

grande affaire et un des plaisirs ordinaires du roi. Il y avait un Chef du vol du Cabinet, qui suivait le roi dans tous ses voyages et même à l'armée, et dont la charge ne dépendait point de celle du grand Fauconnier. Ces locutions reviennent continuellement chez Dangeau : « Le roi alla *voler* l'après-dînée. — Le roi revint l'après-dînée de Marly, et *vola* en chemin. »

Cependant (pour en rester aux choses sérieuses) des hommes considérables d'entre les réformés obtiennent de sortir du royaume. M. de Ruvigny a permission de se retirer en Angleterre avec sa femme et ses deux fils : « Le roi lui laisse son bien et lui conserve même ses pensions. » Le maréchal de Schomberg eut également permission de se retirer en Portugal « avec madame sa femme et M. le comte Charles son fils ; il conservera, dit Dangeau, son bien et les pensions que sa Majesté lui donne. » Duquesne, lieutenant général de la mer, eut permission de se retirer en Suisse avec sa famille ; mais, avant d'en pouvoir profiter, il mourut subitement à Paris. Schomberg pourtant ne mourut pas si vite ni sans s'être vengé à sa manière ainsi que la cause à laquelle il restait fidèle. Il ne demeura point en Portugal, et s'inquiéta peu de garder ses pensions en France. Après s'être attaché d'abord à l'Électeur de Brandebourg dont il commanda l'armée, il lia partie avec le prince d'Orange, l'accompagna dans son expédition d'Angleterre, l'y soutint de son épée, et ne périt que dans la victoire, après avoir tout fait pour lui assurer la couronne. « Ne trouvez-vous pas bien extraordinaire, disait Louis XIV au duc de Villeroy, que M. de Schomberg, qui est né Allemand, se soit fait naturaliser Hollandais, Anglais, Français et Portugais ? » Louis XIV remarquait là une chose assez piquante : il eût été digne de son esprit judicieux (s'il eût été plus étendu) de se dire que Schomberg était avant tout un réformé, le soldat européen de sa cause religieuse et politique, et que c'était lui seulement, Louis XIV, qui vers la fin, et quand le vieux soldat s'était cru Français, l'avait trop fait ressouvenir de cette patrie antérieure.

Les conversions, données comme si faciles chez Dangeau en 1685, ont leur contre-coup quelques années après, lorsqu'à la reprise de la guerre et quand toute l'Europe liguée est en armes contre Louis XIV, les protestants français y jouent leur rôle et sur les frontières et au dedans du royaume : « Lundi, 28 février 1689, à Versailles. — Hier, M. de Barbezieux vint dire au roi, comme il sortait du sermon, qu'il s'était fait quelques assemblées de mauvais convertis séditieux en Languedoc. Folleville, qui est en ce pays-là avec son régiment, a marché à eux et avait mis des milices derrière les endroits où ils se retiraient d'ordinaire. Il les attaqua en tête avec quelques dragons, joints à six compagnies de son régiment, les fit fuir, et ils donnèrent dans l'embuscade, où il y en eut trois cents de tués. Il y en avait déjà eu qui s'étaient assemblés auprès de Castres et auprès de Privas, et qu'on avait dissipés. Ces mouvements ont obligé le roi à demander au Languedoc quatre mille hommes de milice dont on fera des régiments. » — Et mercredi, 5 octobre 1689, à Versailles : « Il y a quelques jours que M. le marquis de Vins est parti pour aller commander à Bourg-en-Bresse ; on lui donne quelques troupes, avec lesquelles il contiendra les mauvais convertis et empêchera qu'on n'entre dans le pays. » Ces *mauvais convertis*, ce sont précisément ceux des conversions en masse et si expéditives, dont les nouvelles survenant en 1685, à chaque lever à Versailles, donnaient tant de joie et de contentement au roi. On ferait tout un chapitre impartial, équitable, convaincant de vérité, et sans injure pour personne : *De la Révocation de l'Edit de Nantes et de ses suites, étudiées dans le Journal de Dangeau,* c'est-à-dire considérées à la Cour et vues de Versailles comme dans un miroir. Il suffirait de rapprocher et de marquer à l'encre rouge sur un exemplaire les faits éloignés ; cette série seule, établie par de simples nouvelles de Dangeau, et sans y mêler aucune réflexion étrangère, deviendrait presque, par les considérations qui en ressortiraient en la lisant, un chapitre de Montesquieu. Il n'y manquerait que l'expression : le bon sens y jaillirait de lui-même.

C'est vers le temps où il accomplissait ou croyait accomplir cette destruction de l'hérésie à l'intérieur, que Louis XIV, incommodé depuis assez longtemps d'une tumeur à laquelle on avait d'abord appliqué inutilement la pierre, se fit faire ce qu'on appelait un peu fastueusement *la grande opération*. L'inquiétude de tous, non-seulement à la Cour, mais dans Paris et dans le royaume, fut extrême ; et, comme la guérison marcha à souhait, la joie aussi devint universelle. Le Père Bourdaloue, qui avait prêché l'Avent à Versailles, termina son sermon du jour de Noël (25 décembre 1686) en faisant « un compliment au roi sur le rétablissement de sa santé, le plus touchant et le plus pathétique que j'aie jamais entendu, » nous dit Dangeau. Guidé par lui, nous retrouvons cette péroraison de Bourdaloue, et, en la remettant en son lieu et à sa date, nous en comprenons en effet le touchant et l'onction :

« Mais encore une fois, ô mon Dieu ! s'écriait l'orateur sacré en terminant, c'est pour cela même que vous multiplierez les jours de cet auguste monarque, et que vous le conserverez, non-seulement pour nous, mais pour vous-même ; car, avec une âme aussi grande, avec une religion aussi pure, une religion aussi éclairée, avec une autorité aussi absolue que la sienne, que ne fera-t-il pas pour vous, après ce que vous avez fait pour lui ; et par quels retours ne reconnaîtra-t-il pas les grâces immenses que vous avez versées et que vous versez encore tous les jours sur lui? Qu'il me soit donc permis, Seigneur, de finir ici en le félicitant de votre protection divine, et en lui disant à lui-même ce qu'un de vos Prophètes dit à un prince bien moins digne d'un tel souhait : *Rex, in æternum vive!* Vivez, Sire, vivez sous cette main de Dieu bienfaisante et toute-puissante, qui ne vous a jamais manqué et qui ne vous manquera jamais. Vivez pour la consolation de vos sujets, et pour mettre le comble à votre gloire : ou plutôt, puisque vous êtes l'homme de la droite de Dieu, vivez, Sire, pour la gloire et pour les intérêts de Dieu... Vivez pour consommer ce grand dessein de la réunion de l'Église de Dieu... »

Et comment, en entendant de telles paroles proférées par une telle bouche, en ces heures propices et attendries de la convalescence, le cœur de Louis XIV aurait-il douté, et n'aurait-il pas cru marcher dans la voie droite, dans la voie commandée et nécessaire?

Je suis très-frappé dès les premières pages du Journal, et de plus en plus, à mesure qu'on avance dans cette lecture, de l'état de santé de Louis XIV, et je m'explique ainsi bien des changements qui survinrent alors dans son régime et dans ses mœurs. Le roi, bien qu'il n'ait pas encore à cette date la cinquantaine, n'est plus jeune et n'a plus rien de la jeunesse. Je ne parle pas seulement de cette tumeur qu'on opère, et à laquelle il faut revenir deux fois ; mais, même après, il a souvent la goutte, la fièvre, et Dangeau est continuellement occupé à nous dire que le roi va mieux. Louis XIV, à cette époque, et dût sa santé ensuite se rétablir, est donc entré décidément dans cette seconde et dernière moitié de la vie, et il ne serait pas juste de prétendre juger uniquement par là de ce qu'il a pu être dans la première. Le Louis XIV de madame de Maintenon n'a que des restes du Louis XIV de La Vallière. Il est pourtant magnifique toujours, et galant avec libéralité. C'est à Marly de préférence qu'il réserve ces surprises aux hôtes favorisés qu'il y convie :

« Mercredi, 28 janvier 1688, à Marly. — Sur les six heures du soir, madame la Dauphine y arriva et y amena dans ses carrosses trente dames, qui y soupèrent toutes. Un peu après que madame la Dauphine fut arrivée, le roi lui dit, en lui montrant un grand coffre de la Chine, qu'il était demeuré là quelques nippes de la dernière loterie qu'il avait faite, et qu'il la priait de se donner la peine de l'ouvrir. Elle y trouva d'abord des étoffes magnifiques, et puis un coffre nouveau dans lequel il y avait force rubans, et puis un autre coffre avec de fort belles cornettes, et enfin, après avoir trouvé sept ou huit coffres ou paniers différents, et tous plus jolis les uns que les autres, elle ouvrit le dernier qui était un coffre de pierreries fort joli, et dedans il y avait un bracelet de perles, et, dans un secret, au milieu du coffre, un coulant de diamants et une croix de diamants magnifique. Madame la Dauphine distribua les rubans, les manchons et les tabliers aux demoiselles qui l'avaient suivie. »

Et encore, mercredi, 3 mars 1688 :

« L'après-dînée, le roi partit de bonne heure et alla à Saint-Germain voir sortir du parc quantité de cerfs et de daims qu'on en ôte, et ensuite revint à Marly. En arrivant, il mena les dames dans son appartement, où il y avait un cabinet magnifique avec trente tiroirs pleins chacun d'un bijou d'or et de diamants. Il fit jouer toutes les dames à la rafle, et chacune eut son lot. Le cabinet vide fut pour la trente et unième dame. Dans chaque lot, il y avait un secret, et, dans chaque secret, des pierreries qui augmentaient fort la valeur du lot. Il n'y a pas eu une dame qui n'ait été très-contente. »

Suivent les noms de ceux et celles qui ont tiré.

Les quatre années de loisir et de paix, depuis la trêve de Ratisbonne jusqu'à la guerre qui sort de la ligue d'Augsbourg (1684-1688), sont vite écoulées. Louis XIV, cette fois, va se trouver seul en face de l'Europe, alarmée de ses airs de monarchie universelle et coalisée contre lui. Il aura à combattre l'Empire et l'Espagne, les princes d'Allemagne protestants, la Hollande; il perd ses alliés, la Suède, le Danemark; il perd l'Angleterre dont le prince d'Orange va saisir le gouvernail en renversant Jacques II. Il a même contre lui le pape et l'excommunication romaine. On ne doit s'attendre à trouver chez Dangeau aucune considération politique, ni à découvrir aucun dessous de cartes : on n'a que les dehors, ce qui se voit et se dit en public. Quand le roi Jacques II réfugié en France et Louis XIV qui lui donne l'hospitalité s'enferment dans le cabinet à Versailles ou se parlent bas dans l'embrasure d'une croisée, on sait par Dangeau qu'ils ont conféré et parlé bas, mais il se garde bien de vouloir deviner ce qui s'est dit. Peu nous importe. On a, dis-je, les apparences, le mouvement extérieur de la Cour et du monde, l'attitude et l'aspect des personnes, le courant des nouvelles, ce flux et reflux de chaque jour. La guerre s'ouvre avec vigueur ; le fils du roi, Monseigneur, est mis à la tête de l'armée du Rhin : « Le roi et Monseigneur se sont fort attendris en se séparant (25 septembre 1688). » Louis XIV dit à son fils une belle parole : « En vous envoyant commander mon armée, je vous donne des occasions de faire connaître votre mérite ; allez le montrer à toute l'Europe, afin que quand je viendrai à mourir, on ne s'aperçoive pas que le roi soit mort. » Monseigneur se conduit bien et vaillamment ; il a un éclair d'ardeur : cela même lui donne une étincelle d'esprit ; il écrit à son père devant Philisbourg : « Nous sommes fort bien, Vauban et moi, parce que je fais tout ce qu'il veut. » — « Mais Vauban pourtant, ajoute Dangeau qui s'anime et s'aiguillonne à son tour, n'est pas si content de Monseigneur, qui va trop à la tranchée et y demeure trop longtemps. » On prend Philisbourg, on prend Manheim et Frankendal : après quoi Monseigneur revient. Le roi va au-devant de lui jusqu'au bois de Boulogne ; on lui fait un opéra pour fêter son retour ; et puis il y a un grand ralentissement : il ne fera pas la campagne suivante. Ce ne sera pas trop d'un intervalle de dix-huit mois avant qu'il reparaisse dans les camps. Avec l'activité qui nous a été donnée dès l'ouverture de ce siècle-ci et à laquelle l'impulsion napoléonienne a accoutumé le monde, nous sommes étonnés des lenteurs qui paraissaient toutes naturelles en ce siècle-là. L'hiver et l'année suivante se passent pour Louis XIV à aider Jacques II dans son infructueuse expédition d'Irlande : d'ailleurs on ne voit pas qu'il songe à rien de décisif sur le Rhin ni qu'il veuille frapper aucun coup pour déconcerter la ligue ennemie. Loin de là, il semble qu'on n'ait conquis des places à la précédente campagne que pour se mettre en état de les rendre de sang-froid à la campagne suivante (1689). On perd donc tout ce qu'on a gagné ; la seule question est de le perdre le plus lentement possible. Le marquis d'Uxelles capitule et rend Mayence, un peu trop tôt cependant, à ce qu'il parut ; mais il n'avait plus de poudre et tous ses mousquets étaient crevés : « Jeudi, 29 septembre 1689. — M. le marquis d'Uxelles est venu à Marly. Le roi l'a fait entrer chez madame de Maintenon, où il lui a fait rendre compte du siége de Mayence ; il paraît que le roi est content du compte qu'il lui a rendu. » Le baron d'Asfeld se défend avec bien plus d'opiniâtreté et avec gloire dans Bonn, qu'il finit par rendre également. Le roi se montre satisfait en somme de toutes ces redditions, suffisamment honorables, mais que l'on n'a presque rien fait d'ailleurs pour empêcher. Ce qu'on voulait surtout à Versailles pour cette année, c'était un répit, et on l'a eu. Oh ! que l'on sent bien que si Louvois est un ordonnateur habile, il manque ici un génie supérieur pour le diriger lui-même et lui donner l'ordre ! C'est lui alors qui, pour mettre entre l'ennemi et nous plus d'espace, a l'idée sauvage d'incendier le Palatinat. Dangeau raconte simplement le fait en ces termes : « Vendredi, 3 juin 1689, à Versailles. — On a fait brûler Spire, Worms et Oppenheim pour empêcher que les ennemis ne s'y établissent et n'en tirassent des secours et des commodités, en cas qu'ils veuillent attaquer quelqu'une des places que nous avons de ces côtés-là. On en a fait avertir les habitants quelques jours auparavant, afin qu'ils aient le loisir de transporter leurs effets et leurs meubles les plus considérables... » En lisant Dangeau jour par jour, on éprouve de l'impatience de cette lenteur à se mettre en campagne dans l'année 1689. Monseigneur semble avoir épuisé tout son feu l'année précédente, et il n'en veut plus qu'au sanglier et au loup. On se prépare cependant ; les armées s'assemblent, s'organisent, et une vaste lutte s'engage à toutes les frontières. Les villes de toutes parts s'imposent et offrent des sommes au roi. On crée des rentes viagères ; on crée des charges nouvelles qui se vendent. Le roi fait fondre résolûment son argenterie : « Samedi, 3 décembre 1689. — Le roi veut que dans tout son royaume on fasse fondre et porter à la Monnaie toute l'argenterie qui servait dans les chambres, comme miroirs, chenets, girandoles, et toutes sortes de vases ; et pour en donner l'exemple, il fait fondre toute sa belle argenterie, malgré la richesse du travail, fait fondre même les filigranes ; les toilettes de toutes les dames seront fondues aussi, sans en excepter celle de Madame la Dauphine. » Jusque dans les églises, on ne devra garder que l'argenterie convenable et nécessaire aux saints offices. Ce mélange de sacrifice à la Cour et de faste encore persistant, de chasses, de jeux de toutes sortes, dont on sait le nom et chaque partie soir et matin, tout ce train habituel et détaillé de Versailles, dont le côté frivole disparaît dans la haute tranquillité du monarque, compose une lecture qui n'est pas du tout désagréable, du moment qu'on y entre, et je me suis surpris à en désirer la suite. — C'est en avoir assez dit, je crois, et c'est rendre assez de justice à l'homme qui ressemble le moins à Tacite, mais qui cependant a son prix.

Lundi, 9 octobre 1854.

ŒUVRES

DE

CHAPELLE ET DE BACHAUMONT [1]

C'est une association consacrée que celle de Chapelle et de Bachaumont; c'est une bagatelle qui a pris rang après les chefs-d'œuvre, et qui est réputée classique en son genre, que leur joli *Voyage*. En voici cette fois une édition très-soignée, très-agréable à l'œil, jouant l'Elzévir à s'y méprendre, et pour laquelle un libraire homme de goût n'a rien négligé. Un littérateur et bibliophile distingué, M. Tenant de Latour, l'a enrichie d'une Notice et surtout a rectifié le texte d'après une édition meilleure de 1732, qui avait toujours été négligée depuis, on ne sait pourquoi. S'il s'agissait de quelque poëme de Catulle, rectifié d'après un manuscrit, cette restitution ferait peut-être quelque bruit parmi les savants; bornons-nous à remercier M. Tenant de Latour de ses soins, et, relisant couramment ce petit volume,

[1] Nouvelle édition revue et corrigée sur les meilleurs textes, précédée d'une Notice par M. Tenant de Latour, et faisant partie de la Bibliothèque elzevirienne : chez Jannet, libraire, rue des Bons-Enfants, 28. (1854.)

disons quelques-unes des idées littéraires et autres qu'il nous suggère.

Premièrement, il ne faut point faire fi de ces choses agréables qui ont été universellement goûtées en leur temps et dans le siècle où elles sont nées, dussent-elles avoir perdu de leur sel pour nous aujourd'hui : c'est un léger effort et un bon travail pour un esprit cultivé que de se remettre au point de vue convenable pour en bien juger. Ainsi ferons-nous pour le *Voyage* de Chapelle et Bachaumont. Mais en même temps qu'on se rendra mieux compte de la circonstance et du tour d'esprit naturel qui l'ont fait naître, il s'y joindra un regret : c'est qu'il soit arrivé à cette jolie pièce d'esprit un malheur qui arrive à toute chose nouvelle qui réussit, elle est devenue le point de départ d'une mode et d'un genre. On a eu des Voyages en vers et en prose sur le même ton et d'après le même patron ; La Fontaine, Regnard, Hamilton, Le Franc de Pompignan, Desmahis, Voltaire, Boufflers, Bertin, Parny (j'en oublie encore), se sont mis à voyager en vers et en prose en se ressouvenant plus ou moins du premier modèle, et il en est résulté un genre artificiel et factice. Et pourquoi aussi un genre s'avise-t-il de sortir d'une boutade heureuse ?

Il ne manque donc au *Voyage* de Chapelle et Bachaumont que d'être resté unique. Je rappellerai en deux mots ce qu'étaient les auteurs. Bachaumont était le fils d'un président à mortier au Parlement de Paris, et il fut quelque temps conseiller clerc au même Parlement, homme d'esprit avant tout et de plaisir, frondeur durant la Fronde, chansonnier sans prétention, et qui se convertit dans sa vieillesse. Chapelle est, des deux, le personnage le plus littéraire, et qui joue son rôle parmi les illustres du grand siècle. Il appartenait à la même bourgeoisie parlementaire, étant le fils, mais le fils naturel, d'un maître des comptes appelé L'Huillier. Il vint au monde en 1626 à La Chapelle, près de Saint-Denis, d'où on lui donna son nom. Son père, homme riche, amateur de philosophie et de savoir, grand et intime ami de Gassendi, au point qu'on pouvait dire à celui-ci que M. L'Huillier était *un autre lui-même*, s'attacha à donner à son fils la meilleure éducation; Chapelle étudia au collége des Jésuites de la rue Saint-Jacques, où il rencontra Bernier et Molière, et il introduisit auprès de Gassendi ces deux condisciples : tous trois profitèrent diversement des leçons particulières du philosophe, mais ils en restèrent marqués. Le père de Chapelle aurait voulu qu'il entrât dans l'Église; ses inclinations, en éclatant de bonne heure, s'y opposèrent. On sait qu'il fut enfermé quelque temps à Saint-Lazare pour inconduite : la sévérité de deux tantes, sœurs de son père et moins indulgentes que lui, y entra pour beaucoup. Il fit peu après un voyage en Italie, et il commit à Rome je ne sais quelles imprudences qui l'obligèrent à brûler ses papiers et ses chansons. Son père ne tarda pas à voir que ce fils n'était bon qu'à être un homme d'esprit en toute liberté, tantôt dans la bonne compagnie, tantôt dans la mauvaise. A cette époque d'ailleurs, être de *bonne compagnie*, c'était se montrer avant tout d'une gaieté franche, spirituelle et amusante (d'où est resté le mot de *bon compagnon*). Chapelle fut donc réputé encore de bonne compagnie, tout en fréquentant beaucoup les cabarets. Il nous a laissé les noms de ceux qu'il hantait le plus (1) : il y installait Molière, La Fontaine, Racine dans sa jeunesse, Despréaux. C'est au milieu d'eux, c'est

---

(1) On peut voir, sur Chapelle et ses endroits d'habitude, le tome second (pages 299-302) de la curieuse *Histoire des Hôtelleries, Cabarets, Courtilles, et des anciennes Communautés et Confréries d'hôteliers, de taverniers,* etc., pour laquelle M. Francisque Michel et M. Édouard Fournier ont réuni bien des recherches érudites et d'ingénieuses conjectures (1851).

dans ces joyeux repas à la *Croix-de-Lorraine* ou dans la maison de Molière à Auteuil, qu'il nous apparaît de loin le convive indispensable, le boute-en-train de la bande, tutoyant même Despréaux. Les anecdotes où Chapelle figure avec celui-ci et avec Molière sont devenues une sorte de légende ; on aimerait à savoir quelques-uns des mots gais, piquants, naïfs, qui composaient le sel de Chapelle et le faisaient tant estimer des illustres, comme étant lui-même une manière de génie. Il faut lui savoir gré du moins d'être un personnage aussi essentiel dans le groupe de son temps : à côté de Boileau, c'est une figure réjouissante, c'est un interlocuteur qui le contrarie, l'excite, et quelquefois le déconcerte et l'entraîne jusqu'à l'enivrer ; à côté de Molière, c'est un confident de ses chagrins, et qui, même par ses consolations incomplètes, oblige le grand homme à se déclarer tout entier devant lui et devant nous dans ses tendresses jalouses et dans ses passions. Car des quatre grands hommes, c'était Molière surtout qui aimait à le consulter non-seulement dans ses ennuis de cœur, mais dans ses embarras de directeur de théâtre (deux sortes de peines qui se mêlaient en lui volontiers) : il avait dans sa troupe trois principales actrices entre lesquelles il s'agissait de distribuer les rôles et dont il importait de mener à bien les rivalités ; et Chapelle, de la campagne, lui écrivait : « Il faut être à Paris pour en résoudre ensemble, et, tâchant de faire réussir l'application de vos rôles à leur caractère, remédier à ce démêlé qui vous donne tant de peine. En vérité, grand homme, vous avez besoin de toute votre tête en conduisant les leurs, et je vous compare à Jupiter pendant la guerre de Troie... »

Le groupe des quatre grands poëtes du dix-septième siècle ne serait donc pas complet sans Chapelle, bien qu'il n'y ait eu que le moins beau rôle ; il est immortel grâce à eux; tout aviné qu'il est et chancelant, il se voit, bon gré mal gré, reconduit à la postérité d'où il s'écarte, donnant un bras à Molière, l'autre à Despréaux.

Nous l'avons déjà remarqué à propos de La Fare : il n'y a guère que les premières années qui comptent et qui soient dignes de souvenir, dans ces carrières épicuriennes qui vont sans règle et en s'abandonnant. Chapelle avait quelquefois des remords; il faisait, le matin, de beaux projets, de grands serments; il se proposait de revenir à l'étude, aux leçons savantes de son maître Gassendi, de s'appliquer à quelque ouvrage sérieux et qui lui fît honneur, qui lui donnât rang dans l'avenir. Une lettre très-curieuse à lui adressée par son ami le médecin Bernier, alors voyageant en Perse, et datée de Chiras, le 10 juin 1668, fait foi de ces résolutions ou de ces velléités philosophiques de Chapelle, qui ne tinrent pas :

« Mon très-cher, lui écrit Bernier, j'avais toujours bien cru ce que disait M. L'Huillier, que ce ne serait qu'un emportement de jeunesse, que vous laisseriez cette vie qui déplaisait tant à vos amis, et que vous retourneriez enfin à l'étude avec plus de vigueur que jamais. J'ai appris dès l'Indoustan, par les dernières lettres de mes amis, que c'est à présent tout de bon, et qu'on vous va voir prendre l'essor avec Démocrite et Épicure, bien loin au-delà de leurs flamboyantes murailles du monde, dans leurs espaces infinis, pour voir et nous rapporter, victorieux, ce qui se peut et ne se peut pas :

. . . . Et extra
Processit longe flammantia mœnia mundi. »

Les sujets auxquels Chapelle méditait de s'appliquer n'étaient rien moins que la nature même des choses au physique et au moral, la structure du monde et la composition de l'homme, le libre arbitre, la Fortune, le Destin, la Providence, la nature de l'âme; il voulait, d'après Épicure, Lucrèce et Gassendi, reprendre et couler à fond toutes ces matières : il n'avait peut-être pas tout à fait cuvé son dernier vin de la veille le jour où il avait conçu ce grand projet, dont la nouvelle était allée à Bernier jusqu'aux confins de l'Indoustan.

Quoi qu'il en soit, la lettre de Bernier est des plus intéressantes. La phrase y peut paraître longue, traînante, et c'est là une lettre persane qui ne ressemble en rien assurément pour la forme à celles de Montesquieu ; mais le fond est d'un grand sens, et consulté par Chapelle, il lui répond en le mettant de son mieux en garde contre les principaux défauts auxquels il le sait bien sujet, et aussi contre les conclusions où va trop volontiers la philosophie de Gassendi, leur maître commun. Si Bernier, dans cette lettre, ne se réconcilie pas nettement avec Descartes qu'il continue de considérer comme un philosophe trop affirmatif en ses solutions, il y rétracte du moins aussi formellement que possible les doctrines de Lucrèce et d'Épicure et toutes les assertions purement matérialistes nées de la théorie des atomes; il y insiste particulièrement sur l'impossibilité d'expliquer par la matière seule et par le mouvement de corpuscules, si petits qu'on les fasse, des opérations d'un ordre aussi élevé que celles qui constituent l'intelligence, le raisonnement, la perception de certaines idées, la conscience qu'on a d'avoir ces idées, la volonté, le choix dans les déterminations, etc.; en un mot, il y combat au long et avec détail l'épicuréisme, auquel il sait bien que Chapelle incline et est d'humeur, soit en théorie, soit en pratique, à s'abandonner :

« Je me promets, lui dit-il, que vous donnerez bien ceci à ma prière, qui est de repasser un moment sur ces pensées si ingénieuses et si agréablement tournées qu'on a su tirer de vos Mémoires (apparemment quelques écrits et cahiers de philosophie et de littérature de Chapelle), sur tant d'autres fragments de même force que je sais qui y ont resté, et généralement sur tous ces enthousiasmes et emportements poétiques de votre Homère, Virgile et Horace, qui semblent tenir quelque chose de divin. Et vous ne me refuserez pas, dans cette netteté d'esprit et humeur philosophiques où vous vous trouvez quelquefois le matin, de faire réflexion sur trois ou quatre choses qui me semblent très dignes de l'attention d'un philosophe. »

Ces trois ou quatre points, sur lesquels il veut attirer son attention d'homme à jeun, sont précisément les divers degrés d'impression et de sensation, puis de jugement et de raisonnement, de réflexions générales; la conception que nous avons du passé, du présent et de l'avenir; la faculté de retour et de considération interne sur nous-mêmes; l'invention et la découverte des hautes vérités; tant de sublimes imaginations des beaux génies, « une infinité de pensées enfin, si grandes et si vastes, et si éloignées de la matière qu'on ne sait presque par quelle porte elles sont entrées dans notre esprit, » toutes choses qui restent à jamais inexplicables pour une philosophie atomistique et tout épicurienne.

On ne s'attendait guère que Chapelle dût nous introduire dans ces considérations philosophiques et qu'on peut lire plus au long dans la lettre datée de Chiras : c'est lui pourtant qui, par ses questions à Bernier, les avait provoquées. Bernier le sait volontiers paresseux, obstiné dans ce qu'il a appris dans sa jeunesse, ne se renouvelant pas, et penchant par ses mœurs à se donner un appui dans certaines doctrines. Or, Bernier, homme de sens, qui a beaucoup vu, et qui, en vertu même d'un sage scepticisme, est devenu plus ouvert à des doctrines supérieures, croit devoir avertir son ami et camarade, qui, en passant par le cabaret, est resté plus qu'il ne croit dans l'école; le voyant prêt à vouloir s'enfoncer dans une philosophie abstruse et prétendre à expliquer physiquement la nature des choses et celle même de l'âme, il lui rappelle que c'est là une présomption et une vanité d'esprit fort; mais si cette explication directe est impossible, et si connaître en cette manière son propre principe n'est pas accordé à l'homme dans cet état mortel, « néanmoins, ajoute-t-il en terminant, nous devons prendre une plus haute idée de nous-mêmes et ne faire pas notre âme de si basse étoffe que ces grands philosophes, trop corporels en ce point; nous devons croire pour certain que nous sommes infiniment plus nobles et plus parfaits qu'ils ne veulent, et soutenir hardiment que, si bien nous ne pouvons pas savoir au vrai ce que nous sommes, du moins savons-nous très-bien et très-assurément ce que nous ne sommes pas; que nous ne sommes pas ainsi entièrement de la boue et de la fange, comme ils prétendent. — Adieu. »

Chapelle profita trop peu de cette leçon. A la duchesse de Bouillon, qui lui demandait un jour s'il n'avait jamais eu l'envie de se marier, il répondait: « Oui, quelquefois le matin. » Il n'eut jamais aussi que le matin cette idée de revenir à l'étude, de se mettre aux choses sérieuses. Il laissa bientôt pour toujours les longs projets de travail, garda seulement les conclusions pratiques d'Épicure, et s'oublia de plus en plus.

Ici toutefois, nous le retrouvons rendant à Bernier le même service qu'à Molière; il le force à donner une réplique qui vaut mieux que la question. Il est cause que Bernier a écrit les considérations les plus spiritualistes qu'on puisse désirer, et qu'il a réfuté par les raisons les plus plausibles l'école dans laquelle les historiens de la philosophie l'ont jusqu'ici rangé. *Bernier Cartésien sans le vouloir*, — M. Bouillier, dans sa récente et excellente *Histoire de la Philosophie Cartésienne*, aurait eu le droit de faire un coin de chapitre ainsi intitulé (1).

(1) Il est rare que dans un groupe, dans un parti philosophique, politique ou autre, il n'y ait pas quelque esprit sensé, parmi les adhérents mêmes, qui fasse tôt ou tard les objections : ainsi Mélanchthon parmi les Luthériens, Nicole parmi les Jansénistes, le président Jeannin parmi les Ligueurs; ainsi, dans le cas présent, Bernier parmi

Chapelle disparaît et semble s'éteindre dans les dernières années de sa vie. On le voit fréquentant Anet et la maison des Vendôme, où il devait être parfaitement à l'aise par ses bons comme par ses mauvais côtés, et pour le délicat comme pour le grossier. Il y rencontra Chaulieu à qui il apprit l'art de faire non difficilement des vers faciles, ainsi que lui-même l'avait appris de Blot et des chansonniers de la Fronde, et comme on l'apprendrait bien tout seul sans tant de mystère. Il mourut en septembre 1686, à l'âge d'environ soixante ans. Il était mort depuis longtemps pour l'agrément de la société et pour l'influence (s'il en avait eu jamais). Son beau moment, qui date de son *Voyage* en 1656, ne s'étend guère au delà de la jeunesse de Boileau, de Racine, et n'entre pas avant dans le règne de Louis XIV. Il eut pour lui une douzaine d'années de vogue (1).

---

les Gassendistes : tous ces hommes, et d'autres que nous ignorons, savaient très-bien les côtés faibles, et disaient à l'intérieur bien de bonnes raisons et des vérités à l'oreille de leurs amis.

(1) Un critique spirituel du *Journal des Débats*, M. H. Rigault, dans un article sur Chapelle (18 mai 1855), me semble lui avoir beaucoup prêté quand il a dit : « Partout, dans le monde et dans l'intimité, parmi les grands seigneurs et les grands esprits, à Chantilly avec M. le Prince, à Auteuil avec Boileau, Racine et Molière, Chapelle plaît à tout le monde par l'enjouement de son caractère, par l'agrément de son esprit naturel et cultivé, et par *cette finesse de goût* qui est peut-être la première de ses qualités, et le *trait caractéristique* de son mérite. Chapelle, qui a si peu écrit et dont l'opinion avait *une telle autorité* sur les plus grands hommes de son temps, me représente assez bien une classe d'esprits peu nombreuse parce qu'elle est *très-distinguée* : c'est celle des hommes d'un goût *singulièrement fin*, délicat, difficile, *qui ont tout lu, qui savent toutes choses*, et qui n'écrivent rien ou presque rien, parce que la volupté du repos est bien grande et que *le sentiment très-vif de la perfection* décourage de produire. Ils ont l'œil si clairvoyant qu'ils aperçoivent le faible de toutes les idées et de tous les styles : aucun prestige ne les éblouit, aucune renommée ne les abuse ; leur goût est un crible qui ne laisse passer que le pur froment; c'est une de ces balances d'une sensibilité infinie qui ne pèsent que l'or. Ils sont paresseux, mais surtout

Voyons maintenant en quoi son *Voyage* mérita sa réputation.

En 1656, c'est-à-dire dix ans avant que Boileau publiât ses premières Satires, et trois ans avant *les Précieuses ridicules* de Molière, on était dans la pleine littérature des Scudery, des Sarasin, des Pellisson, Scarron, Chapelain, Gilles Boileau, Ménage, et de tous ces beaux esprits dont le goût n'était pas également sain et pur. Chapelle et son camarade de voyage, âgés l'un et l'autre de trente à trente-deux ans, se mettent en route pour faire un tour dans le Midi, et dans le compte-rendu léger de leur voyage qu'ils envoient à leurs amis de Paris, ils trouvent moyen de faire avec un naturel parfait une charmante satire littéraire : de là le grand succès et cette vivacité de faveur qu'on ne s'expliquerait pas autrement aujourd'hui. Voltaire, adressant à sa nièce madame Denis une lettre en vers et en prose qu'on intitule son *Voyage à Berlin*, disait : « N'allez pas vous imaginer que je veuille égaler Chapelle, qui s'est fait, je ne sais comment, tant de réputation pour avoir été de Paris à Montpellier et en terre papale, et en avoir rendu compte à un gourmand. » Le cadre n'y fait trop

par délicatesse, pour ne pas profaner par une œuvre incomplète leur rêve de perfection exquise, ou s'ils consentent à laisser tomber une esquisse de leurs mains, c'est avec une négligence sincère qui ne permet pas de les juger. Tel je me représente Chapelle, qu'on ne mettrait pas à son rang si l'on voulait le classer d'après ses vers. » — Le spirituel critique parle là de Chapelle comme il ferait d'un M. de Tréville, d'un M. Joubert ou d'un Doudan, d'un de ces « esprits délicats nés sublimes, » nés du moins pour tout concevoir, et à qui la force seule et la patience d'exécution ont manqué, tandis que Chapelle n'est qu'un paresseux trop souvent ivre, un homme de beaucoup d'esprit naturel, mais sans élévation et sans idéal ; et c'est précisément cet idéal trop haut placé qui décourage les autres, les suprêmes délicats. En un mot, dans une classification (si elle est possible) des esprits, Chapelle me paraît appartenir à une tout autre famille, et à une famille moins noble.

rien, et c'est par d'heureux détails que le joli *Voyage* réussit.

Le début, à parler vrai, ne nous agrée plus guère; ce mélange de vers et de prose, ces enfilades de rimes redoublées pouvaient sembler neuves alors; aujourd'hui, c'est usé, et quand on lit au dix-huitième siècle les lettres de Voltaire, par exemple, on est souvent étonné que cette même plume qui vient de dire très-gentiment les choses en prose se mette tout d'un coup à les redire moins bien en assez mauvaises rimes. Dans le *Voyage* de Chapelle et Bachaumont, on mange beaucoup; on mange dès le Bourg-la-Reine, et ainsi à chaque étape; on se *gorge*, on s'*empiffre*, ce sont les termes, et c'est le plaisir; la gourmandise rabelaisienne s'y montre dans tout son plein. Il ne faut point s'attendre à y trouver rien de la nature ni d'une description réelle. L'évocation de la Garonne et du dieu du fleuve est du genre burlesque et n'est qu'une parodie qui put paraître agréable à ceux que ne rebutait point Scarron :

> Il (*le fleuve*) se moucha, cracha, toussa,
> Puis en ces mots il commença...

N'oublions point cette différence essentielle entre les Modernes et les Anciens. Les Anciens ont commencé par observer et par peindre directement la pure nature. Dans Homère, même du temps de cette Grèce à demi sauvage, quelle beauté simple de lignes! quel dessin harmonieux des rivages! quelle grande vue des horizons et des contours! Lorsque Télémaque monte sur le vaisseau et s'en va d'Ithaque à Pylos à la recherche de son père, quelle navigation souriante et gracieuse! Chez les Anciens, dans ce Midi, la nature, dès le premier jour, était plus belle; et puis la mer, en découpant les continents de toutes parts, leur faisait une élégante ceinture et les rendait plus accessibles, même dans leur primitive horreur. Chez les Modernes, notre Gaule compacte, druidique, fut longtemps hérissée et impénétrable. Les Ausone, les Numatianus commençaient pourtant à la décrire avec amour, quand la barbarie survint, refermant les communications, ramenant les périls; et avec le moyen âge cette nature redevint toute repoussante et pleine de laideur ou d'effroi. Le *vilain*, qui était proprement le nom donné à l'habitant des campagnes, exprime l'impression même que faisait d'ordinaire le lieu qu'il habitait; en général, et sauf quelques rares éclaircies au soleil du printemps, ces portions défrichées et non désertes de la contrée étaient les plus pleines de boue, de fumier et de misères. Aussi les beaux-esprits eurent-ils fort à faire lorsqu'il fut question pour eux de reconquérir à la littérature et à la poésie la nature. « Les *esprits doux*, amateurs de belles-lettres, disait madame de Rambouillet, ne trouvent jamais leur compte à la campagne. » *Esprit doux* (*mite ingenium*) était un terme qui correspondait en éloge pour les hommes à ce qu'était primitivement le nom de *Précieuse* pour les femmes. Ces voyages de beaux-esprits, qui s'aventurent hors de leur cercle, hors d'un salon de la Place-Royale et du Marais, sont donc moins des découvertes que des travestissements et des parodies de la nature; ils la masquent, ils l'enluminent pour s'en amuser. Ils portent avec eux leur mythologie toute faite, leurs habitudes et leur ton de société, leur jargon. Je dis moins cela encore de Chapelle que de tous ceux qui l'ont imité pour son *Voyage*, de La Fontaine tout d'abord s'en allant à Limoges, de Regnard allant au Havre, comme plus tard de Boufflers voyageant en Suisse, ou de Bertin en Bourgogne. C'est depuis la barrière de Paris et le premier village un parti pris de plaisanterie et d'agrément. Ce sont tous gens qui se mettent en chemin non pour regarder et voir les choses comme elles sont, mais pour y porter leur esprit, leur manière de dire, et en égayer leur coterie de la ville. Seulement La Fontaine y est naturel, même dans le parti pris; Regnard y est gai, Pompignan plus lourd et provincial, Bertin sec et vif, Bouflers espiègle. Chapelle, le premier entré dans la voie, y va rondement et d'une touche large et facile. Il me semble voir les gens de la société du Marais qui attendent son récit en se disant : « Le bel esprit! comment va-t-il s'en tirer? » Il s'en tire en soutenant son renom par mille choses singulières, et en les faisant rire, fût-ce même aux dépens les uns des autres.

Un seul endroit est purement gracieux et sentimental : c'est l'endroit du bosquet dans le parc de Graulhez, chez le comte d'Aubijoux :

> Sous ce berceau qu'Amour exprès
> Fit pour toucher quelque inhumaine, etc.

Dans le temps on a dû faire de ce passage un air à chanter sur le luth, comme de certains couplets de Maucroix. Sur ce point même, les auteurs ne dérogeaient pas du tout à le caractère de francs Gaulois : un vif et très-rapide éclair de sentiment, à côté de beaucoup de bombance et de médisance.

Mais la jolie scène qui l'est pour nous encore, et où le meilleur du sel est rassemblé, c'est la scène des Précieuses de Montpellier; elle est encadrée assez dramatiquement dans l'histoire du poëte d'Assoucy, que je ne fais qu'indiquer; le milieu se peut citer sans manquer au goût :

« Dans cette même chambre, disent les voyageurs, nous trouvâmes grand nombre de dames qu'on nous dit être les plus polies, les plus qualifiées et les plus spirituelles de la ville, quoique pourtant elles ne fussent ni trop belles ni trop bien mises. A leurs petites mignardises, leur parler gras et leurs discours extraordinaires, nous crûmes (*vîmes?*) bientôt que c'était une assemblée des Précieuses de Montpellier; mais, bien qu'elles fissent de nouveaux efforts à cause de nous, elles ne paraissaient que des Précieuses de campagne et n'imitaient que faiblement les nôtres de Paris. Elles se mirent exprès sur le chapitre des beaux esprits, afin de nous faire voir ce qu'elles valaient, par le commerce qu'elles ont avec eux. Il se commença donc une conversation assez plaisante :

> Les unes disaient que Ménage
> Avait l'air et l'esprit galant ;
> Que Chapelain n'était pas sage,
> Que Costar n'était pas pédant.

Les autres croyaient Monsieur de Scudery

> Un homme de fort bonne mine,
> Vaillant, riche et toujours bien mis;
> Sa sœur une beauté divine,
> Et Pellisson un Adonis. »

Pellisson, de qui l'on a dit qu'il abusait de la permission qu'ont les hommes, particulièrement les gens d'esprit, d'être laids! — La conversation continue ainsi par une suite de contre-vérités les plus piquantes, et dont chacune portait coup à Paris. C'est à l'avance une scène de Molière, c'est surtout une scène qui nous rappelle celle du dîner de la troisième Satire de Boileau, *quand un des campagnards, relevant sa moustache*, se met à dire des impertinences sur tous les auteurs et à affirmer le contraire de ce qui revient à chacun :

> *La Pucelle* est encore une œuvre bien galante...
> A mon gré, le Corneille est joli quelquefois...

Chapelle procède de même, et dix ans avant Boileau il fait une délicate et naturelle satire de tous ces auteurs alors en pleine vogue, de ces romans et poëmes en renom. Ce sont toujours les Précieuses de Montpellier qui sont censées parler au rebours du bon sens et du goût : « Dans l'*Alaric* et dans le *Moïse*, on ne loua que le jugement et la conduite; et dans *la Pucelle* rien du tout. » Ici il y a une politesse et une faiblesse pour Chapelain, ami des auteurs, ancien ami surtout de M. L'Huillier, et qui se trouve loué précisément par cette absence de toute louange des Précieuses. « Dans Sarasin on n'estima que la lettre de M. Ménage, et la préface de M. Pellisson fut traitée de ridicule. Voiture même passa pour un homme grossier. » On sent tout le piquant dont cela devait être. Chapelle et Bachaumont ne se posent point en législateurs du Parnasse; ce sont deux beaux-esprits naturels qui se permettent de rire des beaux-esprits maniérés. A qui lira de près cet endroit du *Voyage* en regard de la Satire de Boileau, il paraîtra même qu'il y a ici quelque avantage sur cette Satire; outre le mérite d'être antérieur par la date et d'avoir indiqué le tour, c'est plus finement venu et moins composé. Chapelle, en cette rencontre, est l'original que Boileau a imité, comme il a imité en tant d'autres endroits Horace et les Anciens. — Il est dommage cependant que le tout se termine par cette histoire désagréable et indécente de d'Assoucy, sur laquelle l'auteur revient encore plus loin et insiste avant de finir : ici Boileau retrouverait toute sa supériorité de bon goût et de bonnes mœurs. On sent trop par ce coin que Chapelle est de la Régence, c'est-à-dire d'un monde où l'on n'a pas toujours le ton de plaisanterie des honnêtes gens, et qu'il n'est pas digne d'atteindre jusqu'au goût sérieux de Louis XIV : il ne saura jamais s'y encadrer.

Ferai-je maintenant une revue rapide des imitateurs de Chapelle? Ils ont tous cela de commun, de ne pas prendre la nature au sérieux, et de ne la regarder en sortant du cabaret ou du salon que pour y mettre une grimace et de l'enluminure. Oh! que les Anciens ne faisaient point ainsi! J'ai beau parcourir les itinéraires en vers qu'ils nous ont laissés : Horace, dans ce *Voyage à Brindes*, est assez sec, mais élégamment sérieux et sans rien de cette mascarade (1). Ausone, dans sa *Moselle*, n'est qu'un descriptif appliqué et consciencieux, qui a du talent avec recherche. Rutilius Numatianus est un autre descriptif ému et religieux, exact, avec des ressouvenirs classiques et de l'Odyssée; ses digressions sont toutes historiques et graves. Il a bien pu y avoir dans le monde byzantin quelque bel-esprit qui se soit avisé d'un voyage mythologique, mais je m'imagine qu'en y prodiguant les dieux et les nymphes il n'y plaisantait pas, quoiqu'on ne puisse absolument répondre de ce qui passe à certain jour dans ces sortes d'esprits, tels qu'un Lucien ou un Apulée.

La boutade de Chapelle et Bachaumont est bien celle d'auteurs modernes. L'ouvrage est ou a été joli, le genre reste faux. Le voyage n'était que le prétexte et le cadre à la raillerie et à la satire : les imitateurs ont fait du cadre la chose essentielle. Il y a eu de leur part un quiproquo. Ces imitateurs, au dix-huitième siècle, deviennent moins excusables parce qu'avec Rousseau on est revenu, péniblement il est vrai, mais on est revenu enfin à voir et à décrire la nature en elle-même, dans ses beautés et dans son caractère. Bouflers, voyageant en Suisse (1764), est déjà un disciple de Rousseau; il cache son nom, il déguise sa condition, c'est un peintre de portraits, et qui fait semblant de chercher des pratiques pour vivre; les honnêtes gens qui le prennent au mot se donnent de la peine pour lui en procurer; en un mot, il joue à l'Émile de Jean-Jacques, et avec cela il imite à sa manière Chapelle et Bachaumont. Dans ses *Lettres à madame sa mère* il ne sait que badiner avec les

---

(1) On m'écrit (et ce sont deux officiers d'Afrique qui se souviennent d'Horace et qui lisent au bivouac) pour me rappeler certains traits du *Voyage à Brindes*, qui ne sont point précisément sérieux et graves, ni même élégants : mais je n'ai entendu parler que du sérieux dans les descriptions de la nature ou dans les indications des sites.

choses et être irrévérent le plus qu'il peut avec les œuvres de Dieu : « C'est une belle chose que le Lac de Genève. Il semble que l'Océan ait voulu donner à la Suisse son portrait en miniature. Imaginez une jatte de quarante lieues de tour, remplie de l'eau la plus claire, etc. » Et plus loin : « Oh ! *pour le coup*, me voilà dans les Alpes *jusqu'au cou !* Il y a des endroits ici où un enrhumé peut cracher à son choix dans l'Océan ou dans la Méditerranée : où est *Pampan ?* etc. » C'était un de leurs amis, M. Devaux, de la petite Cour de Lunéville. Tout cela, malgré ce qu'on y appelait esprit, est détestable.

Bertin, dans son *Voyage de Bourgogne*, adressé à Parny, est moins mauvais; mais c'est toujours le genre petit-maître. Le bel-esprit a changé de forme depuis Chapelle : Gentil-Bernard et Dorat sont venus, qui ont donné à la poésie dite fugitive un certain ton fringant, pimpant, ton de dragon et de mousquetaire. Il y a pourtant dans ce morceau de Bertin des endroits qui décèlent le poëte :

> Et peut-être par intervalle
> Un vers pur et facile étincelle en mes jeux.

Parny enfin a écrit un peu sur le même ton une suite de Lettres adressées tant à son frère qu'à Bertin même, durant une traversée à l'île Bourbon, leur patrie commune : mais, dans ces Lettres, il est devenu plus sérieux par la nature même des spectacles et par la force des choses. Sauf le commencement et la fin qui sentent la coterie et le genre érotique de la *Caserne* (c'était le nom de leur maison de plaisance), il a fait un vrai voyage, et il ne s'est pas dit du moins qu'il imiterait Chapelle et Bachaumont. Toutefois, il n'a pas complétement accepté non plus le soin de peindre la réalité avec détail et dans la vérité la plus rigoureuse : je n'en veux pour preuve qu'une tempête qu'il a pu déplacer dans les éditions successives de ses Lettres, et qui figure tantôt avant l'entrée à Rio-Janeiro, tantôt après la sortie :

« Pendant la nuit, le tonnerre se fit entendre de trois côtés différents, et les lames couvraient quelquefois le vaisseau dans toute sa longueur. Réveillé par le bruit de la tempête, je monte sur le pont. Nous n'avions pas une voile, et cependant le navire faisait trois lieues par heure. Peins-toi réunis le sifflement du vent et de la pluie, les éclats du tonnerre, le mugissement des flots qui venaient se briser avec impétuosité contre le vaisseau, et un bourdonnement sourd et continuel dans les cordages; ajoute à tout cela l'obscurité la plus profonde et un brouillard presque solide que l'ouragan chassait avec violence, et tu auras une légère idée de ce que j'observais alors tout à mon aise. Je t'avoue que dans ce moment je me suis dit tout bas : *Illi robur et æs triplex.* Vers les trois heures, la tempête fut dans toute sa force; de longs éclairs tombaient sur le gaillard, etc. »

Cette tempête est assez bien; mais elle est si générale de traits et de ton que l'auteur l'a pu mettre ici ou là sans inconvénient. Quelle différence avec la tempête qui se lit dans le *Journal du Voyage à l'Ile de France* de Bernardin de Saint-Pierre, et que ce dernier essuya entre le Cap de Bonne-Espérance et le canal de Mozambique. Ici nous sommes revenus à l'antique, à la primitive et unique manière d'observer la nature en elle-même, sans souci des livres, des beaux-esprits de la capitale ni des coteries littéraires, avec vérité, application vive et présente, et, quand il y a lieu, avec grandeur. Qu'on me permette de citer tout ce fragment du *Journal* de Bernardin de Saint-Pierre pour nous délasser, le lecteur et moi, du factice que nous avons eu à traverser :

« Le 17 (juin 1768), il fit calme. On vit des souffleurs et des dorades. La lune se coucha à huit heures; elle était fort rouge. Le 18 au matin, nous essuyâmes un coup de vent de l'arrière, qui nous obligea de rester jusqu'à onze heures du soir sous la misaine. Il s'élevait de l'extrémité des flots une poudre blanche comme la poussière que le vent balaie sur les chemins. A sept heures du soir, nous reçumes un coup de mer par les fenêtres de la grande chambre. A huit heures, il tomba de la grêle...

« Le 22, vent très-frais et mer houleuse. Les Anciens prétendaient à tort que les temps des solstices étaient des temps de calme. J'ai lu cette après-midi un article du voyageur Dampier, qui observe que, lorsque le soleil disparaît vers les trois heures après midi, et se cache derrière une bande de nuages fort élevés et fort épais, c'est signe d'une grande tempête. En montant sur le pont, je vis au ciel tous les signes décrits par Dampier.

« Le 23, à minuit et demi, un coup de mer affreux enfonça quatre fenêtres des cinq de la grande chambre, quoique leurs volets fussent fermés par des croix de Saint-André. Le vaisseau fit un mouvement de l'arrière comme s'il s'acculait. Au bruit, j'ouvris ma chambre qui dans l'instant fut pleine d'eau et de meubles qui flottaient. L'eau sortait par la porte de la grande chambre comme par l'écluse d'un moulin ; il en était entré plus de trente barriques. On appela les charpentiers...

« Comme le roulis m'empêchait de dormir, je m'étais jeté sur mon lit en bottes et en robe de chambre : mon chien paraissait saisi d'un effroi extraordinaire. Pendant que je m'amusais à calmer cet animal, je vis un éclair par un faux jour de mon sabord et j'entendis le bruit du tonnerre. Il pouvait être trois heures et demie. Un instant après, un second coup de tonnerre éclata, et mon chien se mit à tressaillir et à hurler. Enfin, un troisième éclair suivi d'un troisième coup succéda presque aussitôt, et j'entendis crier sous le gaillard que quelque vaisseau se trouvait en danger ; en effet, ce bruit fut semblable à un coup de canon tiré près de nous, il ne roula point. Comme je sentais une forte odeur de soufre, je montai sur le pont, où j'éprouvai d'abord un froid très-vif. Il y régnait un grand silence, et la nuit était si obscure que je ne pouvais rien distinguer. Cependant, ayant entrevu quelqu'un près de moi, je lui demandai ce qu'il y avait de nouveau. On me répondit : « On vient de porter l'officier de « quart dans sa chambre ; il est évanoui ainsi que le premier pilote. « Le tonnerre est tombé sur le vaisseau, et notre grand mât est « brisé. » Je distinguai, en effet, la vergue du grand hunier tombée sur les barres de la grande hune. Il ne paraissait au-dessus ni mât ni manœuvre. Tout l'équipage était retiré dans la chambre du conseil.

« On fit une ronde sous le gaillard. Le tonnerre avait descendu jusque-là le long du mât. Une femme qui venait d'accoucher avait vu un globe de feu au pied de son lit. Cependant on ne trouva aucune trace d'incendie ; tout le monde attendit avec impatience la fin de la nuit.

« Au point du jour, je remontai sur le pont. On voyait au ciel quelques nuages blancs, d'autres cuivrés. Le vent venait de l'ouest, où l'horizon paraissait d'un rouge ardent, comme si le soleil eût voulu se lever dans cette partie ; le côté de l'est était tout noir. La mer formait des lames monstrueuses semblables à des montagnes pointues formées de plusieurs étages de collines. De leurs sommets s'élevaient de grands jets d'écume qui se coloraient de la couleur de l'arc-en-ciel. Elles étaient si élevées que du gaillard d'arrière elles nous paraissaient plus hautes que les hunes. Le vent faisait tant de bruit dans les cordages qu'il était impossible de s'entendre. Nous fuyions vent arrière sous la misaine... »

Voilà bien, avec la précision de plus qui est propre aux Modernes (quand ils s'en mêlent), voilà bien dans ses grands traits la vraie tempête telle qu'elle a été peinte plus d'une fois par Virgile, et surtout par Homère, lorsque Ulysse sentait son vaisseau se disjoindre sous la colère de Neptune et le naufrage prêt à l'ensevelir. O nature grande et sincère, enfin après bien des siècles, tu es retrouvée !

Quant à Chapelle et Bachaumont, que tout cela dépasse, ne voyons dans leur production si goûtée que ce qui y est et ce qu'ils y voyaient, un jeu d'esprit bien plutôt qu'un voyage, et tout sera bien.

Lundi, 16 octobre 1854.

MONTLUC

Il y a des âmes nées guerrières ; elles le sont par l'instinct qui les pousse aux périls, par les ressources de génie qu'elles y trouvent, et les talents, chaque fois imprévus, qu'elles y déploient, comme par l'ardeur croissante dont elles s'y enflamment ; elles le sont aussi, pendant et après l'action, par l'expression et par la parole. Tel fut Montluc. Quel dommage qu'il n'ait pas joint à ses autres brillantes qualités celles qui font le guerrier humain, c'est-à-dire le guerrier accompli, cette modération, cette justice après le combat, ces vertus civilisées qui décorent à jamais le nom d'un Xénophon ou d'un Desaix ! Montluc, tant qu'il a à combattre les seuls ennemis du dehors, n'est que rude ; mais, les guerres civiles s'allumant, il devient cruel. Il faudrait, pour son honneur, lui retrancher les douze dernières années de sa vie active. Tel qu'il est pourtant, il intéresse, il attache vivement par ses récits, même lorsqu'on sait qu'il est de sa nature plus enclin à s'y surfaire qu'à s'y oublier. Soit naïveté, soit finesse (car il est très-spirituel), il trouve moyen de convaincre à la fois de sa véracité et de sa jactance ; les fiertés de son style nous rendent bien celles de son courage et de sa personne : il n'est pas donné à tout le monde d'être un

Catinat. Et d'ailleurs ces vertus trop rentrées, et qui sentent le philosophe, ne sont pas celles qui atteignent le but ; il faut aux hommes des signes assortis aux choses ; à la gloire militaire convient une éloquence militaire aussi. Ce qui est certain, c'est qu'en lisant les *Commentaires* de Montluc, il revit pour nous tout entier. « Il faisait beau l'ouïr parler et discourir des armes et de la guerre ; » ainsi disait en son temps Brantôme qui l'avait entendu, et nous, lecteurs, nous pouvons le redire également aujourd'hui.

Que n'a-t-il eu ce coin de magnanimité qui nous permettrait d'ajouter, comme on est bien souvent tenté de le faire : Le Gascon Montluc, en propos et en action, c'est un héros de Corneille, venu un peu plus tôt !

Avec Montluc, il faut qu'on s'accoutume une bonne fois à prendre ce nom de *Gascon* au sérieux et en éloge ; ce nom alors ne s'était point encore usé et gâté aux railleries des deux siècles suivants. Lorsque les *Commentaires* de Montluc furent imprimés pour la première fois quinze ans après sa mort, en 1592, l'éditeur les fit précéder d'une Dédicace *à la Noblesse de Gascogne* qui est en des termes dignes de son objet :

« Messieurs, comme il se voit de certaines contrées qui produisent aucuns fruits en abondance, lesquels viennent rarement ailleurs, il semble aussi que votre Gascogne porte ordinairement un nombre infini de grands et valeureux capitaines, comme un fruit qui lui est propre et naturel ; et que les autres provinces, en comparaison d'elle, en demeurent comme stériles... C'est votre Gascogne, messieurs, qui est un magasin de soldats, la pépinière des armées, la fleur et le choix de la plus belliqueuse noblesse de la terre, et l'essaim de tant de braves guerriers... »

Sans faire tort aux autres provinces et sans accepter ces injurieuses préférences de l'une à l'autre, il est un caractère constant et qui frappe dans les talents comme dans les courages de cette généreuse contrée, et l'on ne saurait oublier, en lisant Montluc, que cette patrie de Montesquieu et de Montaigne, comme aussi de tant d'orateurs fameux, fut celle encore, en une époque chère à la nôtre, de ces autres miracles de bravoure, Lannes et Murat.

Montluc a oublié de nous dire la date et le lieu précis de sa naissance ; il dut naître dans les premières années du seizième siècle et vers 1503. Quelques biographes ont dit que c'est à Condom ; c'est aux environs plus probablement (1). Il était l'aîné de cinq sœurs et de six frères, et lui-même aura dix enfants. Sa famille se rattachait par une antique alliance à celle de Montesquiou-Fezensac. Son grand-père avait vendu presque tout son bien et avait appauvri la maison. Montluc, dès l'enfance, dut chercher fortune et à se frayer sa voie : « Encore que je sois gentilhomme, si suis-je néanmoins parvenu degré par degré, comme le plus pauvre soldat qui ait été de longtemps en ce royaume. » Nourri en la maison du duc Antoine de Lorraine, au sortir de page il fut pourvu d'une place d'archer dans la compagnie de ce prince sous le chevalier Bayard, qui en était le lieutenant. Il insiste peu sur ses débuts, et n'a pas les tendresses de l'enfance ni des premières années ; il ne

---

(1) Depuis la première publication de cet article dans le *Moniteur*, j'ai reçu de la patrie même de Montluc des renseignements utiles. M. E. Corne, ancien avoué, qui s'est occupé de recherches historiques concernant la famille et la généalogie des Montluc, m'écrit de Condom que Blaise de *Monluc* (ainsi lui-même signait-il, et non pas *Montluc*), est né, selon toute vraisemblance, non à Condom, mais dans l'arrondissement de cette ville, à Sainte-Gemme, lieu situé dans la commune du Saint-Puy, canton de Valence. M. Corne a recueilli des pièces, lettres autographes et documents de diverse nature, qui seraient à consulter pour une biographie complète de l'illustre guerrier. — Quant aux appréciations militaires, j'ai profité dans cette Étude d'un travail bien fait et très-précis intitulé : *Biographie et Maximes de Blaise de Montluc*, par M. Ed. de La Barre Duparcq, capitaine du génie (1848).

pense qu'à prendre l'essor, à aller par delà les monts, à voir l'Italie, le Milanais, qui depuis les expéditions de Charles VIII et de Louis XII était le champ de bataille et l'école militaire de la jeune noblesse. A Milan, il entre comme archer dans la compagnie de M. de Lescun, depuis appelé le maréchal de Foix. Il se trouve au combat de la Bicoque et voit perdre le Milanais. Montluc ne fait que courir sur ces premiers temps de sa carrière, et il a pour principe de n'insister que sur les affaires où il a commandé. Comme il n'a que très-tard commandé en chef, il parlera donc en détail des moindres escarmouches, affaires de nuit, rencontres, coups de main et stratagèmes où il a eu un premier rôle, ce qui lui arriva de bonne heure à cause de son esprit d'entreprise et de sa hardiesse.

Ses *Commentaires*, ainsi nommés très-justement, sont dans sa pensée un livre tout pratique, destiné à instruire la jeune noblesse de son temps et à la former au métier des armes. C'est un livre plein de préceptes et d'exemples. Les exemples, il les prend dans ce qu'il sait le mieux, c'est-à-dire dans ce qu'il a vu, et surtout dans ce qu'il a fait et dirigé ; il expose au long chaque entreprise de sa façon, même les plus secondaires en apparence, et il en tire des leçons directes ; chaque fait de guerre est suivi de son commentaire en règle et d'une exhortation. C'est un véritable enseignement ; on devient *docteur-ès-armes* à son école. Quelquefois il se blâme ou a l'air de se blâmer : « Donc, notez, capitaines, qu'en cette entreprise il y eut plus de l'heur que de la raison, et que j'y allai comme à tâtons... » Mais ce n'est là qu'une forme pour revenir à l'éloge ; le plus souvent il s'approuve et se propose nettement en modèle. Sa prétention est d'avoir toujours été heureux là où il commandait, de n'avoir jamais été battu. Il convient pourtant qu'il n'est pas inutile de l'être quelquefois; car il faut avoir *la tête bien grosse* quand on a éprouvé une perte en un lieu pour ne pas y pourvoir lorsqu'on se retrouve exposé au même hasard ; c'est le cas de se faire sage par sa perte : « Mais je me suis bien trouvé, ajoute-t-il, de ne l'avoir pas été, et aime mieux m'être fait avisé aux dépens d'autrui qu'aux miens. »

Pour un personnage tout d'action et si homme de main, il est à remarquer comme il aime les préceptes, les sentences, et à moraliser sur la guerre ; il le fait en un style vif, énergique, imaginatif, gai parfois et qui sourit : oh ! qu'on sent bien en lui, malgré tant de colères qui le séparent du sage, un compatriote, un voisin et un aîné de Montaigne ! il commence par quelques recommandations qu'il juge fondamentales et qu'il adresse à ceux qu'il veut former. Dès le premier instant qu'il eut à commander à d'autres, dès qu'il eut à porter enseigne, dit-il, il voulut savoir ce qui est du devoir de celui qui commande, et se faire sage par l'exemple des fautes d'autrui : « Premièrement j'appris à me chasser du jeu, du vin et de l'avarice, connaissant bien que tous capitaines qui seraient de cette complexion n'étaient pas pour parvenir à être grands hommes. » Il développe ces trois chefs, et particulièrement, et avec une verve singulière, les inconvénients de l'avarice en un capitaine : « Car si vous vous laissez dominer à l'avarice, vous n'aurez jamais auprès de vous soldat qui vaille, car tous les bons hommes vous fuiront, disant que vous aimez plus un écu qu'un vaillant homme... » Il ne veut pas qu'un homme de guerre, pareil à un citadin ménager, songe toujours à l'avenir et à ce qu'il deviendra en cas de malheur; le guerrier est enfant de l'État et du prince, et il pose en maxime « qu'à un homme de bien et vaillant, jamais rien ne manque. » — Après ces trois vices qui sont à éviter à tout prix, car ils sont ennemis de l'honneur, il en touche plus rapidement un quatrième dans lequel, sans raffiner sur les sentiments, il conseille du moins toute modération et sobriété : « C'est l'amour des femmes : ne vous y engagez pas, cela est du tout contraire à un bon cœur. Laissez l'amour aux crochets lorsque Mars sera en campagne : vous n'aurez après que trop le temps. Je me puis vanter que jamais affection ni folie ne me détourna d'entreprendre et exécuter ce qui m'était commandé : à ces hommes il leur faut une quenouille, et non une épée. »

Tout gentilhomme qu'il est, Montluc sent l'importance croissante de l'infanterie, et, dès qu'il le peut, il se jette parmi les gens de pied. C'est de sa part une opinion réfléchie. Il refuse même, à l'occasion, un guidon qui lui est offert dans une compagnie à cheval : « Il lui semblait qu'il parviendrait plus tôt par le moyen de l'infanterie. » Il est bien en cela de son siècle et non du quinzième ; ce n'est plus un chevalier d'autrefois, c'est un moderne. Il est vrai qu'il maudit l'invention de la poudre et de l'*arquebuserie*, pour en avoir été souvent atteint et victime, comme tant de vaillants hommes ; mais en la maudissant et en la qualifiant « d'artifice du diable pour nous faire entretuer, » il en sait toute l'importance ; il s'en sert à propos, et il excelle entre autres choses à poster et à diriger l'artillerie dans les siéges. Pourtant, comme il est un guerrier de l'époque intermédiaire, il le faut voir tel qu'il se peint à nous lui-même, une hallebarde à la main dans la mêlée ; c'était son arme ordinaire de combat. — Ou comme il le dit encore d'un air de fête : « J'ai toujours aimé à jouer de ce bâton. »

La première bonne occasion où il se trouve commander n'étant qu'enseigne, et où il commence à marquer sa réputation auprès de ses camarades et de ses chefs, est sur la frontière d'Espagne, du côté de Saint-Jean-de-Luz (1523). Il se hasarde de propos délibéré, à la tête d'une centaine de gens de pied, pour protéger la retraite de la cavalerie qui s'était imprudemment engagée, et à force d'audace, de ténacité, de ruse, de tours et de retours, il parvient non-seulement à sauver les autres, mais à se sauver lui-même le dernier. M. de Lautrec le fait appeler et le complimente hautement en gascon. Montluc, qui nous a conservé ses paroles, sentit là ce premier et poignant aiguillon de la louange qui, parti de haut, fait faire ensuite l'impossible aux gens de cœur. Il en tire, selon son habitude, l'occasion d'une petite moralité à l'usage des capitaines ses compagnons qui lui feront l'honneur de lire sa vie : l'important, c'est de chercher dès ses débuts à montrer ce qu'on vaut et ce qu'on peut faire ; ainsi les grands et chefs vous connaissent, les soldats vous désirent et veulent être avec vous, et par ce moyen on a toute chance d'être employé : « Car c'est le plus grand dépit qu'un homme de bon cœur puisse avoir, lorsque les autres prennent les charges d'exécuter les entreprises, et cependant il mange la poule du bonhomme auprès du feu. » M. de Lautrec, à la première occasion, donne à Montluc une compagnie ; celui-ci n'avait guère que vingt ans. Il ne la garda pas toujours ; il reparaît comme simple volontaire et parmi les enfants perdus, à la journée de Pavie, mais il avait pris son rang de capitaine.

Prisonnier à Pavie, il fut relâché par ceux des victorieux entre les mains de qui il était tombé : « Car ils voyaient bien, dit-il, qu'ils n'auraient pas grand'finance de moi. » Ayant eu ordre de vider le camp des Impériaux avec tous les autres prisonniers jugés insolvables, il regagne ses foyers et sa Gascogne. Bientôt, la guerre recommençant après la délivrance de François Ier, il reprit les armes, et, sur l'invitation de M. de Lautrec, il leva en Guyenne une compagnie de gens de pied avec une plus forte proportion d'arquebusiers qu'il n'y en entrait d'ordinaire. Le voilà de nouveau en Italie, en route pour Naples; mais, dès les premiers pas, au siége d'un château, une arquebusade l'atteint à la jambe droite et le retarde. Il était à peine remis de cette blessure et de nouveau sur pied, lorsqu'il eut ordre de son colonel, le comte Pedro de Navarre, d'aller assaillir une petite ville située sur une hauteur, Capistrano, non loin d'Ascoli. Deux trous furent pratiqués à la muraille, et Montluc aussitôt se jeta dans l'un tête baissée : « Dieu me donna (alors), dit-il, ce que je lui avais toujours demandé, qui était de me trouver à un assaut pour y entrer le premier ou mourir. » Ce dernier vœu faillit se vérifier ; ses soldats, assaillis d'une grêle de pierres, ne purent le suivre, et n'eurent d'autre moyen de le secourir que de le tirer dehors par les jambes, quand, blessé et renversé à terre, il eut à faire sa retraite à reculons ; mais ils ne le tirèrent pas si bien que, roulant de haut en bas jusqu'au fond du fossé, son bras ne se rompît en deux endroits : « O mes compagnons ! s'écria-t-il dans le premier moment qu'on le releva et ne sachant pas encore l'obstacle qui les avait retenus ; ô mes compagnons ! je ne vous avais pas toujours si bien traités et tant aimés pour m'abandonner en un si grand besoin. » En même temps qu'il a de ces reproches d'un accent presque affectueux envers les siens, Montluc était moins tendre pour les ennemis. Cette fois pourtant il le fut : il avait fait un vœu à Notre-Dame-de-Lorette, et quand, peu après, la ville de Capistrano fut prise et mise à sac, il envoya prier son lieutenant La Bastide de lui garder autant de femmes et de filles qu'il se pourrait pour les préserver des outrages, « espérant que Dieu, pour ce bienfait, l'aiderait. » On lui en amena donc quinze ou vingt, les seules qu'on put sauver. Le reste de la ville et des habitants subit les conséquences d'une prise d'assaut irritée, telle qu'on la pratiquait en ce temps-là.

Cependant la fracture et la blessure de Montluc étaient graves ; on allait lui couper le bras, lorsqu'un jeune chirurgien prisonnier lui donna courage et l'exhorta à résister aux autres chirurgiens plus âgés et plus en crédit. Montluc, Dieu l'aidant, et par un changement soudain de volonté, au moment où l'on s'approchait déjà pour l'opération, déclara qu'on ne la lui ferait pas. Il resta longtemps malade, alité, écorché au vif tout le long du dos à force d'être immobile ; puis, quand il fut debout, il eut à passer deux ou trois ans encore avant de pouvoir entièrement guérir ; mais il sauva son bras et aussi sa carrière d'homme de guerre. Il fait en cette occasion un retour sur lui-même et sur cette prétention, qui est la sienne, d'avoir toujours été un des plus heureux et des plus fortunés hommes entre tous ceux qui aient porté les armes, ce qui est bien aussi une manière de vanité : « Et si (*et pourtant*), dit-il, n'ai-je pas été exempt de grandes blessures et de grandes maladies ; car j'en ai autant eu qu'homme du monde saurait avoir sans mourir, m'ayant Dieu toujours voulu donner une bride pour me faire connaître que le bien et le mal dépend de lui, quand il lui plaît ; mais encore, ce nonobstant, *ce méchant naturel, âpre, fâcheux et colère*, qui sent un peu et par trop le terroir de Gascogne, *m'a toujours fait faire quelque trait des miens, dont je ne suis pas à me repentir.* »

L'aveu, on le voit, et jusqu'à un certain point le repentir des cruautés de Montluc, se peuvent lire dans ces paroles. On en recueillerait plus d'une de lui dans le même sens. Il avoue ses opiniâtretés, ses colères, qui sentent le cheval de sang et de race : « Il ne me fallait guère piquer pour me faire partir de la main. » Quelquefois aussi, chez lui, c'était méthode et tactique ; on le verra user de sa réputation terrible pour obtenir de prompts et merveilleux résultats : ainsi, à Casal, ville presque ouverte, où il se jette (1552) pour la défendre, et où il lui fallut improviser des fortifications et de grands travaux de terrassement en peu de jours, il donnera ordre à tout son monde, tant capitaines, soldats, pionniers, qu'hommes et femmes de la ville, d'avoir dès le point du jour la main à l'ouvrage *sous peine de la vie*; et, pour mieux les persuader, il fit dresser des potences (dont sans doute cette fois on n'eut pas à se servir) : « J'avais, dit-il, et ai toujours eu un peu mauvais bruit de faire jouer de la corde, tellement qu'il n'y avait homme petit ni grand qui ne craignît mes complexions et mes humeurs de Gascogne. » Et en revanche, sans se fier plus qu'il ne faut à l'intimidation, il allait lui-même, sur tous les points, faisant sa ronde jour et nuit, reconnaissant les lieux, « encourageant cependant tout le monde au travail, caressant petits et grands. » Ces jours-là, où il était maître de lui-même, il savait donc gouverner les esprits autant par les bons procédés que par la crainte, et il s'entendait à caresser non moins qu'à menacer. Aussi, tant qu'il fût à l'étranger et qu'il ne fit la guerre qu'aux ennemis de la France, il résulta de sa méthode et de son humeur autant et plus de bons effets que de mauvais; les vaincus mêmes préféraient en lui un chef et gouverneur sévère, mais obéi des siens, et qui les maintenait dans la discipline; les villes prises l'envoyaient demander au général pour y tenir garnison et les protéger : « Car, en Piémont, dit-il quelque part, j'avais acquis une réputation d'être *bon politique pour le soldat* et empêcher le désordre. » Tel était Montluc dans son bon temps.

J'ai anticipé quelque peu sur les faits pour commencer à le définir. Il était donc le bras en loque et en écharpe quand, monté sur un petit mulet, il rejoignit M. de Lautrec au siége devant Naples (1528). On lui donna même pour récompense la *Torre della Nunziata*, près la *Torre del Greco*, un des beaux châteaux et la première baronnie du pays. Mais tout cela ne tint pas, et la baronnie devait s'en aller bientôt en fumée. Il raconte une action particulière ou *faction* (c'est son terme habituel pour un fait d'armes) où il se distingua et rendit un service signalé à toute l'armée : sa réputation était dès lors établie auprès des chefs qui le voyaient de près. Ce jour-là, il entendit quelqu'un qui disait au marquis de Saluces en le montrant : « Monsieur, je connais maintenant que le proverbe de nos anciens est véritable, qui dit qu'*un homme en vaut cent, et cent n'en valent pas un*. Je le dis pour ce capitaine qui a le bras en écharpe, qui est appuyé contre ce tertre, car il faut confesser qu'il est seul cause de notre salut. » Montluc, qui ne faisait pas semblant d'entendre, écouta la réponse du marquis : « Celui-là fera toujours bien partout où il se trouvera. » Ces petites pointes d'honneur servent beaucoup à la guerre, remarque-t-il ; et c'est pourquoi il ne se fait faute de mettre telles paroles par écrit, bien qu'elles soient à sa louange : « Capitaines, et vous seigneurs, qui menez les hommes à la mort, car la guerre n'est autre chose, quand vous verrez faire quelque brave acte à un des vôtres, louez-le en public, contez-le aux autres qui ne s'y sont pas trouvés. S'il a le cœur en bon lieu, il estime plus cela que tout le bien du monde, et à la première rencontre il tâchera encore de mieux faire. » Les *Commentaires* de Montluc offrent ainsi mille conseils, non-seulement d'une bonne tactique, mais aussi d'une bonne rhétorique de guerre.

Lui qui n'a point lu les livres ni étudié, il a de belles et grandes paroles que lui envierait un Chateaubriand et tout écrivain d'éclat, et comme les trouvent parfois, sans tant de façons, ceux qui, avec une pensée vive et une âme forte, écrivent ou dictent en tenant l'épée.

Ayant à parler en passant d'André Doria, le grand amiral génois, dont le mécontentement et par suite la défection furent cause de beaucoup de pertes qui advinrent au roi de France, de celle de Naples et autres malheurs : « Il semblait, dit Montluc, que la mer redoutât cet homme ; voilà pourquoi il ne fallait pas, sans grande et grande occasion, l'irriter ou mécontenter. »

M. de Lautrec mort, on dut lever le siége de devant Naples et s'en revenir. Montluc s'en revient à pied pendant la plus grande partie du chemin, continuant de porter son bras en écharpe, « ayant plus de trente aunes de taffetas sur lui, parce qu'on lui liait le bras avec le corps, un coussin entre deux ; souhaitant la mort mille fois plus que la vie, car il avait perdu tous ses seigneurs et amis qui le connaissaient. » Il rentre en sa maison, est deux ou trois ans à s'y guérir, et plus tard, quand la guerre se réveille et qu'il reprend le service, il croit avoir tout à faire et à recommencer sa carrière comme le premier jour. François Ier, à l'approche de cette guerre nouvelle, a l'idée d'établir des compagnies légionnaires, invention heureuse qui, si elle avait été maintenue, aurait procuré dès lors une bonne armée permanente. Montluc y entra et fut choisi pour lieutenant par le seigneur de Faudoas, commandant la légion de Languedoc. Dans l'invasion de la Provence par Charles-Quint (1536), il se signale par un coup de main heureux et qu'il raconte avec complaisance ; car c'est par là qu'après cette interruption pénible, lui qui ne hait rien tant que sa maison et à qui *les jours de paix sont des années,* il se remet en train aux choses de guerre et qu'il rafraîchit l'idée de sa réputation que ce temps d'oisiveté et la longueur de sa blessure avaient un peu mise en oubli : « Ce n'est rien, mes compagnons, dit-il, d'acquérir la réputation et un bon nom, si on ne l'entretient et continue. » Il s'agissait d'affamer l'armée de Charles-Quint et de détruire certains moulins d'où il tirait ses farines, notamment les moulins d'Auriole entre Aix et Marseille. François Ier, qui était à Avignon, avait plusieurs fois exprimé tout haut le désir qu'on détruisît lesdits moulins, et y attachait de l'importance; mais chacun rebutait à l'exécution pour un danger si réel à la fois et bien peu chevaleresque. Il y a cinq lieues de Marseille à Auriole et quatre seulement d'Aix : pour peu que la garnison des moulins et du bourg se défendît, l'armée des Impériaux devait être avertie à Aix qu'elle occupait, et, eût-on même réussi dans l'attaque du moulin, on n'aurait pas eu le temps de rentrer ensuite sain et sauf à Marseille. Montluc, toutefois, sachant que le roi tenait fort à cette entreprise, et piqué par l'idée que tous les autres l'estimaient impraticable, résolut de la tenter : il suffisait, en général, qu'on dît devant lui qu'une chose était impossible pour qu'il se dît: « J'en fais mon affaire. » *Impossible* n'était pas pour lui un mot français, ou du moins un mot gascon. Il s'informa et s'orienta si bien, il prit si exactement ses mesures et ses heures de départ, de marche nocturne et d'arrivée, il choisit et tria si soigneusement son monde, rien qu'une petite troupe («car ce n'est pas tout d'avoir des hommes un grand nombre; quelquefois il nuit plus qu'il ne profite »), il les dirigea si à point et calcula tout si en perfection, que, le bonheur y aidant, il vint à bout de cette *faction*, comme il l'appelle, ou prouesse. Au fond, il ne s'agit que d'un ou plusieurs moulins à prendre et à brûler, et Montluc, qui a bien de l'esprit, au moment d'entrer dans ce récit tout sérieux, comme s'il avait deviné que don Quichotte faisait quelque chose de pareil vers le même temps, se permet par précaution un petit sourire: « Or, pour déduire cette entreprise, dit-il, *encore que ce ne soit pas la conquête de Milan,* elle pourra servir à ceux qui en voudront faire leur profit. » Après cette légère précaution, il n'omet plus rien du détail et des circonstances du stratagème, et en fait un parfait modèle et un exemple à suivre. Il advint même, pour plus de vérité et pour que cela ressemblât davantage à ce qui s'est passé trop souvent, que François Ier ne fut point informé que c'était à lui qu'on devait l'exécution de son désir. M. de Barbezieux, qui commandait à Marseille, lorsque le roi bientôt après y arriva, s'attribua devant ce prince tout l'honneur et l'invention de l'entreprise : « M. de Lautrec n'eût pas fait cela, dit Montluc. Il sied mal de dérober l'honneur d'autrui ; il n'y a rien qui décourage tant un bon cœur. »

Dans les diverses guerres auxquelles il prend part et qu'il nous décrira, il est de certains faits qu'il aura ainsi trop de curiosité et de plaisir à raconter, à déduire au long et par le menu, pour qu'on n'y voie point se déceler et se déclarer le genre de talent militaire particulier et propre à Montluc : c'est ordinairement dans ce qu'il appelle une *faction* ou fait d'armes à part, dans un coup de main, un stratagème bien ourdi, une escarmouche bien menée, une attaque de place réputée imprenable, ou une défense de place réputée intenable, quelque entreprise soudaine et difficile, une expédition en un mot qui fasse un tout, à laquelle il commande, sans qu'il soit besoin d'avoir sous sa main autre chose qu'une élite, c'est là qu'il se complaît et où il excelle. Il a une sorte de spécialité pour ces sortes d'exploits. Ne lui demandez pas les grandes vues militaires ni de stratégie, ni d'embrasser un échiquier bien étendu ; mais dans ce cadre indiqué, il semble un officier accompli, plein de ressources, ayant le coup d'œil et la main, électrisant son monde, combinant l'audace et l'art, et corrigeant la témérité par l'adresse. Il est content quand il peut dire dans une de ces marches hardies : « C'était une belle petite troupe que la nôtre. » Dans les guerres de Piémont, sous le maréchal de Brissac, il avait extrait de sa compagnie, qui était dans une garnison, trente-quatre soldats qui avaient des *morions* ou casques *jaunes* (car il avait éprouvé le bon effet, sur le moral, de ces marques distinctives), et qui étaient renommés sous ce nom : « Tant qu'il y aura mémoire d'homme qui fut alors en vie, écrivait-il vingt ans après avec orgueil, il se parlera en Piémont des braves *morions jaunes* de Montluc : car, à la vérité, ces trente-quatre en valaient cinq cents, et me suis cent fois étonné de ce que ces gens firent lors : je pouvais bien dire que c'était petit et bon (1). »

Je ne voudrais pas avoir l'air de restreindre les mérites et la portée de Montluc. Qui sommes-nous dans le cabinet pour ainsi trancher à l'aise du mérite de ceux dont le sang se verse à chaque instant et dont la vie n'est qu'un continuel sacrifice? Je veux dire seulement que son titre de maréchal de France ne doit point induire en erreur; ce titre ne lui fut donné que tout à la fin de sa carrière, comme récompense des services rendus, et non comme un moyen d'en rendre de nouveaux. Il ne commanda point en chef avec étendue et dans de grandes proportions : mais, je le répète, il paraît avoir excellé dans certaines parties rares, difficiles et hardies de la guerre, et il en donne leçon, il en tient école autant que cela se peut, et une école brillante, dans ses *Commentaires*. — J'ai hâte d'en venir à sa conduite aux jours où il est plus en vue, avant et pendant la bataille de Cérisoles, et surtout dans sa mémorable défense de Sienne, qui fut pour lui ce que fut à Masséna sa défense de Gênes.

(1) Et comme l'a dit Virgile :
    Exigui numero, sed bello vivida virtus.

Lundi, 23 octobre 1854.

MONTLUC

(SUITE)

Ce n'est pas un état des services de Montluc que j'entreprends de dresser d'après lui. Je ne m'attacherai qu'aux circonstances principales où il se dessine avec toute son originalité et son caractère.

Sur la fin de l'année 1543, M. de Botières, qui commandait un peu mollement en Piémont, fut remplacé par le comte d'Enghien, jeune prince de qui l'on attendait beaucoup et qui rendit à l'armée de vives espérances. Après avoir pourvu aux premiers soins du commandement et s'être assuré de ses forces, vers le commencement de mars 1544, M. d'Enghien dépêcha Montluc au roi François Ier pour l'informer de l'état des choses, de l'armée considérable que levaient les Impériaux sous les ordres du marquis du Guast, et pour demander quelques renforts en même temps que la permission de livrer bataille. Malgré les succès partiels et de détail des armes françaises en Italie, on était resté sur le souvenir de la grande défaite de Pavie : une vraie revanche, une bataille rangée, était chose désirée, et il semblait qu'il était temps enfin de remporter une victoire qui allât rejoindre celle de Marignan. Mais François Ier, vieilli, hésitait. Le roi d'Angleterre Heni VIII venait de se liguer contre lui avec Charles-Quint : ce n'était plus de faire des conquêtes en Piémont qu'il s'agissait, c'était de couvrir et de conserver la France. Montluc, au moment d'être congédié et renvoyé à M. d'Enghien, eut ordre, sur le midi, d'aller trouver le roi, qui était déjà entré en son Conseil. L'amiral d'Annebaut, M. de Saint-Pol, d'autres grands officiers y assistaient. Il n'y avait d'assis que le roi et M. de Saint-Pol d'un côté de la table, et en face d'eux l'amiral. Le Dauphin (qui sera Henri II) était debout derrière le fauteuil du roi son père. Le roi dit à Montluc qu'il voulait qu'il s'en retournât en Piémont porter à M. d'Enghien sa réponse, après avoir entendu la délibération du Conseil et les objections qui étaient faites à cette proposition de livrer bataille. Et là-dessus il commence à prendre les avis. M. de Saint-Pol opine le premier, rappelle la situation générale, la ligue entre les deux souverains ennemis, l'envahissement projeté de la France : il importait dans une telle crise de ménager l'armée de Piémont, qui était la plus aguerrie, et de se tenir simplement de ce côté sur la défensive. L'amiral d'Annebaut, consulté ensuite, opine dans le même sens, et ainsi tous les autres. Montluc pourtant, quand les plus grosses têtes eurent donné leur avis et qu'on en vint aux moins qualifiés, trépignait d'impatience et brûlait d'interrompre. « *Tout beau ! tout beau !* » lui disait M. de Saint-Pol, lui faisant signe de la main et l'avertissant que ce n'était pas l'usage. Le roi, cependant, souriait de la figure animée et du tourment visible de Montluc. Toute cette scène est racontée par celui-ci d'une manière vive et charmante. Quand le tour des opinions fut épuisé : « Avez-vous bien entendu, Montluc, lui dit le roi, les raisons qui m'émeuvent à ne donner congé à M. d'Enghien de combattre ni de rien hasarder ? » Ici Montluc, soulagé enfin, dit qu'il avait bien entendu, mais qu'il demandait qu'il lui fût permis de donner aussi ses raisons, bien que sans espoir de faire changer la détermination qu'il voyait qu'on avait prise. Et le roi le lui permettant, il commença un de ces discours comme il aime à les faire, et dont il prétend se souvenir exactement de tout point après vingt ou trente ans écoulés comme si ce n'était que d'hier.

On remarquera même que dans ces discours qu'il prononce en différentes occasions, soit dans le Conseil du prince comme en ce moment, soit dans les Conseils des villes où il commande, soit pour exhorter ses soldats et compagnons, discours qu'il enregistre et recompose avec un soin évident, il nous rend au naturel quelques effets des historiens anciens, notamment de Tite-Live. Montluc n'avait pas étudié les livres, mais il ne faut pas le faire plus illettré non plus qu'il ne l'était réellement. S'il ne les avait pas lus lui-même, il s'était fait lire quelque chose de Tite-Live, de Langey, de Guichardin (dont il a oublié le nom, mais qu'il appelle un bon auteur): « Il me semblait, dit-il quelque part, lorsque je me faisais lire Tite-Live, que je voyais en vie ces braves Scipions, Catons et Césars; et quand j'étais à Rome, voyant le Capitole, me ressouvenant de ce que j'avais ouï dire (car de moi j'étais un mauvais lecteur), il me semblait que je devais trouver là ces anciens Romains. » Voilà le degré de culture de Montluc; c'était assez, avec son esprit naturel et son amour de la gloire, pour le mener, sans imitation directe, à être l'émule de ces anciens qu'il connaît peu. Il méprise fort les écritures en bien des cas; en matière de reddition de place et de capitulation, par exemple, il répète mainte et mainte fois qu'il aimerait mieux être mort que *si on le trouvait mêlé en ces écritures.* Il jugera à l'occasion que c'est une faiblesse au duc de Guise de vouloir écrire de sa main tous ses ordres pour les tenir plus secrets ; et dans une boutade plaisante, au milieu de son admiration pour le grand capitaine, il lui échappera de dire un jour dans son antichambre, et entendu de lui sans s'en douter: « Au diable les écritures ! Il semble qu'il veuille épargner ses secrétaires: c'est dommage qu'il n'est greffier du Parlement de Paris, car il gagnerait plus que Du Tillet ni tous les autres. » Ayant à entrer quelquefois dans les Parlements de Toulouse et de Bordeaux, quand il était lieutenant pour le roi en Guyenne, il n'en revenait pas de voir que tant de jeunes hommes s'amusassent ainsi dans un palais, *vu qu'ordinairement le sang bout à la jeunesse:* « Je crois, ajoutait-il, que ce n'est que quelque accoutumance ; et le roi ne saurait mieux faire que de chasser ces gens de là, et les accoutumer aux armes. » Mais toutes ces sorties contre ce qui n'est pas gloire des armes et d'homme de guerre n'empêchent pas Montluc de sentir l'importance de ce chétif instrument, la plume: il s'en sert, sachant bien que ce n'est que par là et moyennant cet auxiliaire qu'il est donné à une mémoire de s'immortaliser, qu'il n'en sera de votre nom dans l'avenir que selon qu'il restera *marqué en blanc ou en noir* par les historiens; et son ambition dernière, à lui qui a tant agi, c'est d'être lu: « Plût à Dieu, dit-il, que nous qui portons les armes prissions cette coutume d'écrire ce que nous voyons et faisons ! car il me semble que cela serait mieux accommodé de notre main (j'entends du fait de la guerre) que non pas des gens de lettres ; car ils déguisent trop les choses, et cela sent son clerc. » Les discours de Montluc, qui ne sentent pas du tout leur clerc, et qui restent si appropriés à son caractère et à son allure, ne sont pas pour cela moins bien menés et moins habiles.

C'est tout à fait le cas pour ce discours qu'il prononce en présence du roi et de tout le Conseil. Sous la forme brusque, rien de plus fin et de plus persuasif : « Sire, je me tiens bien heureux, tant de ce qu'il vous plaît que je vous die mon avis sur cette délibération qui a été tenue en votre Conseil, que parce aussi que j'ai à parler devant un roi soldat, et non devant un roi qui n'a jamais été en guerre. » Et il appuie adroitement sur cette fibre chevaleresque de François Ier, de ce roi qui, dans les fortunes de guerre, n'a jamais épargné sa personne non plus que s'il eût été le moindre gentilhomme de son royaume. Le Dauphin, prince guerrier aussi et d'humeur vaillante, qui était debout derrière le fauteuil de son père, se mit dès ce début du parti de Montluc ; il lui faisait signe de la tête d'aller toujours et de parler hardiment : ce qu'il ne fallait pas lui répéter deux fois ; et la suite de ce discours est ainsi accompagnée agréablement, aux endroits décisifs, par ce jeu de scène, par cette pantomime du Dauphin, qui approuve, sourit, fait des signes et jouit du triomphe du soldat Montluc sur les prudents conseillers. Montluc, comme parlant à un roi soldat, se met donc tout d'abord à énumérer les forces de l'armée de Piémont et à nombrer les corps qui la composent ; il commence, comme de juste, par les Gascons : « Sire, nous sommes de cinq à six mille Gascons... Car vous savez que jamais les compagnies ne sont du tout complètes, aussi tout ne se peut jamais trouver à la bataille ; mais j'estime que nous serons cinq mille cinq cents ou six cents Gascons comptés, et de ceux-là je vous en réponds sur mon honneur ; tous, capitaines et soldats, vous baillerons nos noms et les lieux d'où nous sommes, et vous obligerons nos têtes que tous combattrons le jour de la bataille, s'il vous plaît de l'accorder, et nous donner congé de combattre. C'est chose que nous attendons et désirons il y a longtemps... Croyez, Sire, qu'au monde il n'y a point de soldats plus résolus que ceux-là : ils ne désirent que mener les mains. » Il poursuit son dénombrement par les Suisses, desquels il répond également ; ce qui fait, avec les précédents, neuf mille hommes en tout qui sont prêts à combattre jusqu'au dernier soupir. Il répond un peu moins des autres corps, qu'il connaît moins, mais il espère qu'ils feront tous aussi bien que les premiers, surtout quand ils verront ceux-ci, Gascons et Suisses, *mener* vigoureusement *les mains*. C'est son mot favori ; et il n'oublie pas de nous dire qu'à ce moment où il parlait ainsi des grands coups de la bataille, il levait haut le bras et faisait le geste de vouloir frapper ; ce qui ne déplaisait pas au roi et redoublait la joie du Dauphin. Et son énumération achevée : « Puisque donc, Sire, poursuivait-il, je suis si heureux que de parler devant un roi soldat, qui voulez-vous qui tue neuf ou dix mille hommes, et mille ou douze cents chevaux, tous résolus de mourir ou de vaincre? Telles gens que cela ne se défont pas ainsi : ce ne sont pas des apprentis. Nous avons souvent sans avantage attaqué l'ennemi, et l'avons le plus souvent battu. J'oserais dire que si nous avions tous un bras lié, il ne serait encore en la puissance de l'armée ennemie de nous tuer de tout un jour sans perte de la plus grand'part de leurs gens et des meilleurs hommes : pensez donc, quand nous aurons les deux bras libres et le fer en la main, s'il sera aisé et facile de nous battre ! » Sa conclusion était : *Laissez-nous faire*. Jusqu'ici Montluc n'a pris les choses que de son côté, militairement ; il arrive pourtant à toucher à la question politique : « A ce que j'ai entendu, Sire, tout ce qui émeut messieurs qui ont opiné devant Votre Majesté est la crainte d'une perte ; ils ne disent autre chose, si ce n'est : *Si nous perdons, si nous perdons!* je n'ai ouï personne d'eux qui ait jamais dit : *Si nous gagnons, si nous gagnons, quel grand bien nous adviendra!* » Le roi était plus qu'à demi gagné ; M. de Saint-Pol, lisant cela dans ses yeux, essaya de le retenir : « Sire, voudriez-vous bien changer d'opinion pour le dire de ce fou qui ne se soucie que de combattre, et n'a nulle considération du malheur que ce vous serait si perdions la bataille? C'est chose trop importante pour la remettre à la cervelle d'un jeune Gascon. » Par parenthèse, Montluc avait au moins quarante ans alors et n'était pas plus jeune que bien des hommes mûrs. Montluc réplique à M. de Saint-Pol par de nouvelles raisons et assez bien fondées : il montre que le moral de l'armée de Piémont est excellent; que, dans toutes les précédentes occasions et rencontres, l'avantage lui est demeuré sur l'ennemi; qu'il ne s'agit que de pousser outre et d'achever : « Regardez donc, nous qui sommes en cœur et eux en peur, nous qui sommes vainqueurs et eux vaincus, nous qui les désestimons cependant qu'ils nous craignent, quelle différence il y a d'eux à nous! » Enfin il revient sur l'importance capitale dont serait cette victoire, selon lui facile, qui déconcerterait la coalition et arrêterait les souverains ennemis tout net; il le dit en des termes plus crus et en une image parlante.—Notez que du moment que Montluc a commencé de parler, il n'a plus pour contradicteur que M. de Saint-Pol. L'amiral d'Annebaut, soit qu'il ait changé d'avis de lui-même, soit que, placé en face du roi et du Dauphin, il voie à leur physionomie que le vent tourne décidément à la bataille, s'y laisse incliner également; il ne dit mot, sourit comme les autres et ne contredit pas. Bref, le roi répond à M. de Saint-Pol qui revient à la charge et qui voudrait lui faire honte de changer ainsi d'avis sur le propos d'un *fol enragé :* « Foi de gentilhomme! mon cousin, il m'a dit de si grandes raisons et m'a représenté si bien le bon cœur de mes gens, que je ne sais que faire. » La partie était gagnée, et Montluc rapporte en toute hâte par delà les monts la permission si désirée, et qu'il a enfin arrachée de la bouche du roi : *Qu'ils combattent! qu'ils combattent!*

En sortant de la chambre du Conseil, n'oublions pas que Montluc se voit entouré des meilleurs de la jeune noblesse, et qui brûlent, s'il y a combat, de courir en volontaires pour y être à temps; il leur répond moitié en français, moitié en gascon, et les conviant de se dépêcher s'ils veulent *en manger* et être de la fête. « Il n'y a prince au monde, remarque-t-il à ce propos, qui ait la noblesse plus volontaire que le nôtre : un petit souris de son maître échauffe les plus refroidis; sans crainte de changer prés, vignes et moulins en chevaux et armes, on va mourir au lit que nous appelons le lit d'honneur. »

Cérisoles fut une journée signalée et qui compte dans les fastes de la France comme aussi dans l'histoire de la guerre (11 avril 1544). L'artillerie, plus mobile, y joua un rôle important. Montluc fut particulièrement chargé de conduire toute l'arquebuserie, ce qui a fait dire à un auteur qu'on est orgueilleux de citer : « Toute l'arquebuserie française avait été retirée des bataillons et mise sous le commandement de Montluc, qui l'accepta comme un grand honneur. Ce simple fait prouve combien est dénuée de fondement cette opinion si répandue, que la chevalerie de cette époque dédaignait les armes à feu ; et c'est avec peine que nous avons vu, dans le Cours d'histoire militaire de M. Rocquancourt, quelques phrases de Montluc citées comme preuve de son aversion pour les armes à feu, tandis qu'au contraire, aucun capitaine avant lui ne s'en était aussi bien servi, et que, à en juger par ses propres paroles, il faisait grand cas de l'arquebuserie (1). »

---

(1) Page 193 des *Études sur le passé et l'avenir de l'Artillerie*, par le prince Napoléon-Louis Bonaparte, 1846.

Et en effet, les paroles qu'on peut citer de Montluc contre l'invention de l'arquebuserie, et qui peuvent paraître piquantes d'expression, ne sont que des boutades ou des rancunes d'un vieux soldat qui en a été maltraité au visage (1). Quelque goût personnellement qu'il eût à jouer de la hallebarde ou de la pique, il y entremêle sans cesse l'arquebuserie ; il combine l'action de ce nouveau moyen avec les autres armes de guerre, et, loin d'avoir aucun préjugé qui l'enchaîne aux us et coutumes de l'ancienne chevalerie, on le voit aussi ouvert et aussi entendu qu'homme de son temps à toute invention et à toute pratique militaire utile.

On sait les vicissitudes de cette bataille de Cérisoles,

(1) J'ai déjà indiqué quelques-unes de ses paroles contre cette invention du *diable*; en voici d'autres. Il parle de la mort du frère de M. de Strozzi, le prieur de Capoue, tué en Toscane, dans une reconnaissance, de la main d'un paysan qui lui tira une arquebusade de derrière un buisson : « Voyez quel malheur qu'un grand capitaine meure de la main d'un vilain avec son bâton à feu! » Parlant des piques, hallebardes, épées à deux mains, toutes armes blanches, par opposition aux arquebuses, il lui échappe de dire en un endroit : « Ce sont les plus furieuses armes; car s'amuser à ces escopeteries, c'est temps perdu : il faut se joindre ; ce que le soldat ne veut faire lorsqu'il y a des armes à feu, car il veut toujours porter de loin. » — A y bien regarder, on trouverait seulement qu'en se servant de toutes deux, il tenait plus grand compte (ce qui est tout simple) de l'artillerie que de l'arquebuserie. — C'est le cas de rappeler ce mot, qui nous a été transmis par Plutarque, du roi de Sparte Archidame : la première fois qu'il vit un de ces énormes traits à lancer de loin par des balistes et des catapultes, qu'on avait nouvellement apportés de Sicile et qui étaient déjà l'arquebuserie ou l'artillerie des anciens, il s'écria : « Par Hercule! c'en est fait de la vertu de l'homme! » Non; la vertu, la vraie valeur consiste à être toujours en rapport avec le danger : elle change de forme, non de nature; on est calme et immobile sous le feu, soit qu'on l'emploie et qu'on le dirige soi-même avec art, soit qu'on l'essuie sans le pouvoir éviter ; de même qu'on était ardent, l'épée ou la pique au poing. La valeur du chef moderne, pour être moins d'homme à homme, n'en est pas moins réelle ni moins virile : elle participe davantage de l'intelligence et relève de la Minerve-Pallas plus que de Mars.

et comment la fortune, tout en couronnant nos armes, se moqua (c'est Montluc qui le dit) des deux chefs d'armée. Tandis que la droite, commandée par M. de Thais, et le centre, là où était Montluc, enfonçaient l'armée ennemie et que le marquis du Guast voyait la partie désespérée, M. d'Enghien, de son côté, voyait sa gauche complétement en déroute par la lâcheté des Gruyens (gens de la vallée de Gruyère), et essayait en vain par deux charges de cavalerie d'arrêter le bataillon des victorieux. Ce jeune prince était si fort au désespoir, « que deux fois il se donna de la pointe de l'épée dans son gorgerin, se voulant offenser soi-même. Les Romains pouvaient faire cela, ajoute Montluc, mais non pas les Chrétiens. » C'est dans cet état qu'on vint apprendre à M. d'Enghien que cette victoire qu'il tenait pour perdue était à lui et aux siens. Quant à Montluc, après avoir fait jusqu'au bout son office de chef, il eut l'idée de finir la journée par un de ces coups imprévus et d'aventure qui lui plaisaient : il s'était mis en tête qu'il ferait prisonnier ce jour-là un ennemi de haut rang et d'autorité, le général en chef, par exemple, le marquis du Guast en personne, pourquoi pas? et qu'il en obtiendrait une bonne rançon ou une récompense du roi. Sur cette idée un peu folle, ainsi qu'il l'appelle, il avait donné ordre à un sien valet de lui tenir son cheval turc prêt à monter derrière le bataillon; mais une fugue du valet mit du retard à l'entreprise, et Montluc, après un temps de galop, vit qu'il lui fallait renoncer à ce supplément d'honneur et de gain. C'est au retour seulement de cette poursuite qu'il apprit à combien peu il avait tenu que la bataille ne se perdît; il ne s'en était pas douté jusque-là. A cette nouvelle, il éprouva une impression soudaine et qu'il a rendue bien énergiquement; tout son sang se glaça, en écoutant le gentilhomme qui lui faisait ce récit : « S'il m'eût donné, dit-il, deux coups de dague, je crois que je n'eusse point saigné; car le cœur me serra et fit mal d'ouïr ces nouvelles; et demeurai plus de trois nuits en cette peur, m'éveillant sur le songe de la perte. »

Il se représentait la scène du Conseil, sa promesse solennelle de la victoire, la conséquence incalculable dont une défaite eût été pour la France, et dans ce prompt tableau que son imagination frappée lui développa tout d'un coup, cet homme intrépide retrouva la peur à laquelle il était fermé par tout autre côté.

Ce qui est touchant, c'est la tristesse de M. d'Enghien, ce jeune vainqueur, lorsque Montluc l'aborda; il avait encore dans le cœur et sur le front une ombre de l'impression désespérée qui l'avait si longtemps et si cruellement oppressé. Voyant Montluc près de lui, il se baissa pour l'embrasser et le fit chevalier sur l'heure : « dont je me sentirai toute ma vie honoré, nous dit celui-ci, pour l'avoir été en ce jour de bataille, et de la main d'un tel prince. » Un mécompte amer suivit de près cette joie; Montluc demanda pour grâce au prince d'être chargé de porter la nouvelle de la victoire au roi : cela lui était bien dû. M. d'Enghien le lui promit, mais durant la nuit M. d'Escars obtint d'être le messager et le supplanta. Montluc, au désespoir et dans son irritation, eut d'abord l'idée de désobéir, de se dérober le soir même du lendemain, de crever les chevaux et de se rompre le cou plutôt que de ne pas apporter lui-même le premier la nouvelle. Il n'en fit rien pourtant et se retira à demi fâché en sa Gascogne, où il ne resta d'ailleurs que très-peu.

Avant la fin de cette même année, on le trouve au siége devant Boulogne-sur-Mer en qualité de mestre de camp. Je laisse les prouesses, affaires de nuit et *camisades* où il se distingue, et sur lesquelles il s'étend beaucoup. Un endroit intéressant et neuf, c'est celui où il nous parle des travaux de fortification auxquels il présida entre le fort d'Outreau et le Pont-de-Brique en 1545. Le maréchal de Biez qui y commandait et qui, ne pouvant reprendre Boulogne, était chargé de le bloquer par ce côté, se trouvait dans l'embarras par la fuite des pionniers : il lui restait un pan de courtine ou de mur à élever pour sa ligne de fortification, et pour empêcher les secours d'entrer dans la ville. A défaut des pionniers il pensa à y employer les soldats. Ceux-ci tout d'une voix refusèrent, disant qu'ils ne travailleraient pas et qu'ils n'étaient point pionniers. C'est ici encore que Montluc fit preuve d'invention et de ressources, aussi bien que d'une intelligence militaire qui était en progrès sur la chevalerie et qui s'en revenait au bon sens pratique des anciens Romains. L'idée et la doctrine de Montluc, tout gentilhomme qu'il est, c'est que tout ce qui sert à la guerre, tout ce qui est utile et commandé par les besoins de l'armée, travail de main de quelque genre que ce soit, ne peut faire tache au guerrier et ne peut que procurer honneur aux capitaines et aux princes comme aux soldats. Le premier, s'il le faut, il n'hésitera pas à donner l'exemple; écoutons son excellent récit :

« Je me résolus de trouver le moyen pour faire travailler les soldats, qui fut de donner à chacun qui travaillerait cinq sous comme aux pionniers : monsieur le maréchal me l'accorda fort volontiers, mais je n'en trouvai pas un qui y voulût mettre la main. Voyant leur refus, pour les convier par mon exemple, je pris ma compagnie, celle de mon frère M. de Lieux et celles des capitaines Lebron, mon beau-frère, et Labit, mon cousin-germain ; car ceux-là ne m'eussent osé refuser. Nous n'avions pas faute d'outils, car monsieur le maréchal en avait grande quantité, et aussi les pionniers qui se dérobaient laissaient les leurs... Comme je m'en vins à la courtine, je commençai à mettre la main le premier à remuer la terre, et tous les capitaines après : j'y fis apporter une barrique de vin, ensemble mon dîner, beaucoup plus grand que je n'avais accoutumé, et les capitaines le leur, et un sac plein de sous que je montrai aux soldats ; et après avoir travaillé une pièce (*un bon bout de temps*), chaque capitaine dîna avec sa compagnie ; et à chaque soldat nous donnions demi-pain, du vin et quelque peu de chair, en favorisant les uns plus que les autres, disant qu'ils avaient mieux travaillé que leurs compagnons, afin de les accourager. Et, après que nous eûmes dîné, nous nous remîmes au travail en chantant jusque sur le tard; de sorte qu'on eût dit que nous n'avions jamais fait autre métier. Après, trois trésoriers de l'armée les payèrent à chacun cinq sous; et comme nous retournions aux tentes, les autres soldats appelaient les nôtres pionniers, *gastadours* (gâteurs, gâcheurs, gâte-métier.) »

Mais la nuit porta conseil; le lendemain matin, deux autres compagnies demandèrent à y venir mettre la main, puis le surlendemain toutes les autres; si bien qu'en huit jours la muraille fut achevée. Les soldats, au jugement des ingénieurs, avaient plus travaillé en ces huit jours que n'eussent fait quatre fois autant de pionniers en cinq semaines. Montluc ne perd pas cette occasion d'exposer toute sa doctrine de stimulation militaire et ses moyens habituels d'agir sur le moral du soldat : « O capitaines, mes compagnons, combien et combien de fois, voyant les soldats las et recrus, ai-je mis pied à terre afin de cheminer avec eux, pour leur faire faire quelque grande traite; combien de fois ai-je bu de l'eau avec eux, afin de leur montrer exemple pour pâtir! »

Ceux qui ne connaissent Montluc que sur sa réputation dernière et terrible s'étonneront de ne point trouver en tout ceci le farouche personnage qu'ils se sont imaginé. Son défaut en tout temps, et même dans son moment le plus glorieux, était une promptitude de colère qui lui fit faire des choses sanglantes; il en dit son *mea culpa :* « J'avais la main aussi prompte que la parole. J'eusse voulu, si j'eusse pu, ne porter jamais de fer au côté. » Il paraît se repentir quelquefois d'avoir fait sentir son épée sur le temps même à quelque homme rétif qui l'offensait et lui résistait. Hors cela, et dans ses guerres d'Italie, on le voit faisant tout pour ses soldats, aimé d'eux et possédant le secret de leur *mettre les ailes aux talons et le cœur au ventre*, dès que l'un et l'autre étaient nécessaires. Son grand moyen pour y arriver n'était pas seulement la libéralité et les distributions d'argent, c'était encore le soin qu'il avait de ses hommes en détail, de ne jamais leur faire faire une grande corvée sans leur faire porter pain et vin pour se rafraîchir, « car les corps humains ne sont point de fer ; » c'était surtout de donner l'exemple et de ne pas s'épargner soi-même dans les cas fatigants ou rebutants, de ne pas craindre de paraître déroger en prenant la pelle ou la pioche, comme à Boulogne; en portant le brancard ou traînant la brouette chargée de matériaux, comme dans la défense de Verceil. Au reste, il ne faisait pas uniquement ces choses pour la montre et pour l'exemple; dans la pose des pièces d'artillerie, à quoi il excellait, il avait la main à la besogne pour qu'elle fût mieux et plus sûrement faite : au siége de Monte-Calvo, pendant qu'il était une nuit à loger ses gabions et ses canons, survint M. d'Enghien qui, le prenant familièrement par la taille, lui dit : « Vous avez été mon soldat autrefois, à présent je veux être le vôtre. » — « Monsieur, dis-je, soyez le bienvenu! un prince ne doit point dédaigner au besoin de servir de pionnier : voici besogne pour tous. » Ainsi Montluc comprenait en toutes les parties et maintenait en égal honneur tout ce qui constitue le noble métier de soldat.

Ceci nous amène à parler avec quelque étendue de l'acte militaire, peut-être unique en son genre par les circonstances, et qui fait à jamais sa gloire, de l'admirable défense de Sienne. On était sous Henri II, ce même Dauphin qui avait si bien souri à Montluc durant la tenue du Conseil d'où sortit la victoire de Cérisoles, qui depuis l'avait vu à l'œuvre dans une attaque de nuit à Boulogne, et qui eut toujours pour lui un goût, une amitié particulière. La guerre se continuait avec succès en Piémont sous le maréchal de Brissac : cependant la ville de Sienne, en Toscane, ayant chassé les Espagnols, recouvra son indépendance et demanda secours au roi. M. de Strozzi, depuis maréchal, fut chargé de la protéger ; mais comme il avait en même temps à tenir la campagne, il demanda qu'on nommât un lieutenant de roi pour y commander durant son absence. On essaya dans le Conseil à Paris de bien des noms : le connétable de Montmorency en proposait un, le duc de Guise un autre, le maréchal de Saint-André avait aussi son protégé. « Vous ne m'avez point nommé Montluc, » dit le roi. — « Il ne m'en souvenait point, » répondit le duc de Guise, qui l'estimait. Vinrent pourtant les objections, de la part du connétable surtout : pour cette place de lieutenant du roi dans une république italienne, au milieu des partis et des ordres divers de citoyens à contenir et à ménager, il fallait un grand fonds de prudence, et Montluc, disait-on, en manquait : sa réputation d'homme fâcheux, bizarre et colère, était mise sans cesse sur le tapis. Chose singulière ! le maréchal de Brissac, qui l'estimait et l'aimait on ne saurait plus, mais qui craignait de le perdre comme l'un de ses capitaines et auxiliaires essentiels, s'il allait à Sienne, écrivit au roi pour établir dans son esprit (à côté de beaucoup d'éloges) cette fâcheuse réputation de quinteux qu'avait Montluc ; et en même temps il écrivait à celui-ci pour le dissuader d'accepter. Le roi pourtant eut son avis, à lui, et démêla les qualités essentielles de son brave serviteur sous les défauts dont on le chargeait : « Le roi répondit qu'il avait toujours vu et connu que la colère et bizarrerie qui était en moi n'était sinon pour soutenir son service, lorsque je voyais qu'on le servait mal : or, jamais il n'avait ouï dire que j'eusse pris querelle avec personne pour mon particulier. » M. de Guise, favorable à Montluc, fit aussi cette remarque devant le roi, que le maréchal de Brissac se contredisait dans sa lettre, en déniant d'une part à Montluc l'ordre de talents nécessaires pour commander au nom du roi, et d'autre part en le louant si fort pour des qualités qui sont pourtant les principales en un homme de commandement, telles que d'être homme de grande police et de grande justice, et de savoir animer les soldats en toute entreprise : « Qui a jamais vu, ajoutait M. de Guise, qu'un homme doué de toutes ces bonnes parties n'eût avec lui de la colère? Ceux qui ne se soucient guère que les choses aillent mal ou bien, ceux-là peuvent être sans colère. » Il fut donc décidé que Montluc s'en irait lieutenant du roi à Sienne; le courrier qui lui portait sa nomination le trouva à Agen, où il était pour lors bien malade. Il dit qu'il partirait dans huit jours, et à ce terme précis il se mit en route, se traînant jusqu'à Montpellier et passant outre, malgré les médecins de la Faculté qui lui prédisaient qu'il n'arriverait pas en vie jusqu'à Marseille : « Mais quelque chose qu'ils me sussent dire, je me résolus de cheminer tant que la vie me durerait, à quelque prix que ce fût; et, comme je partais, m'arriva un autre courrier pour me faire hâter; et, de jour à autre, je recouvrais ma santé en allant, de sorte que quand je fus à Marseille, je me trouvai sans comparaison mieux que quand j'étais parti de ma maison. »

Montluc débarqua en Italie pendant l'été (1554). M. de Strozzi tenait la campagne. Tant que celui-ci fut debout et à la tête de sa petite armée, Montluc, son second, n'eut rien de bien particulier à faire dans la ville, et il put s'étudier à son rôle nouveau de lieutenant de roi. Il ne commence à se dessiner pour nous qu'à dater de la défaite que M. de Strozzi essuya après avoir voulu secourir la ville de Marciano, que pressait le marquis de Marignan. Montluc prédit que Strozzi, malgré sa bravoure et son expérience, et puisqu'il s'obstinait à décamper en plein jour à la face de son ennemi, serait défait. C'était au commencement d'août. Malade de nouveau et pris de lyssenterie, Montluc convoqua cependant la Seigneurie de Sienne au palais et harangua en italien. Il prévint ces chefs de la cité, pour qu'ils n'en fussent surpris ni découragés, de l'issue trop probable du combat qui se livrait le jour même. Il leur donna toutes les instructions essentielles pour pourvoir sur l'heure à la garde des portes, à la rentrée des blés, farines et vivres du dehors, et aux autres soins de la défense : pour lui, dévoré de la fièvre, il dut se retirer en son logis après cette harangue, et, son mal empirant, il fut quelques jours en danger de mort.

Le combat s'était passé tout ainsi qu'il l'avait craint; M. de Strozzi avait été complétement battu, et, blessé lui-même, on le croyait en danger de la vie. Transporté dans une place voisine, à Montalsin, et sachant Montluc presque à l'extrémité, il dépêcha à Rome pour faire venir un autre gouverneur, M. de Lansac; mais celui-ci ne sut point s'y prendre et se laissa tomber aux mains des ennemis en essayant d'arriver à Sienne : « S'il fût venu, dit naïvement Montluc, je crois que je fusse mort, car je n'eusse eu rien à faire; j'avais l'esprit tant occupé à ce qui me faisait besoin, que je n'avais loisir de songer à mon mal. »

Après avoir été trois jours regardé comme mort, et avoir reçu la visite de Strozzi guéri plus tôt que lui, Montluc revint peu à peu à une santé suffisante pour vaquer à ses devoirs. Il se fit porter en chaise par la ville, examinant toutes choses, car le marquis de Marignan commençait à la serrer de près et à marquer qu'il comptait bien l'avoir, au moins par famine. Là-dessus Montluc assembla d'abord ses capitaines, tant français, qu'allemands et italiens, et leur exposa qu'il voulait diminuer la ration du pain de vingt-quatre onces à vingt ; il s'en remettait à eux de persuader à leurs soldats de le supporter, ce qui était difficile, surtout pour les Allemands. Le jour suivant, il convoqua tous les grands de la cité pour leur faire en italien une déclaration semblable et leur demander de réduire la ration de pain des habitants à quinze onces, c'est-à-dire un peu moins que pour les soldats : car il était naturel qu'il y eût dans les maisons des bourgeois des ressources que les soldats n'avaient pas. On était environ à la mi-octobre, et le siége dura jusqu'au 22 avril suivant, six grands mois, pendant lesquels on passa par tous les degrés de privation, de souffrance, d'exténuation, entremêlés de dangers perpétuels, vaillamment et, on peut le dire, ingénieusement combattus.

Car un des caractères de ce siége, et qui le distingue des autres siéges également soutenus à outrance dont l'histoire a gardé les noms, c'est que le sentiment qui anime les chefs de ceux qui résistent et qui s'opiniâtrent ainsi, est un sentiment que j'appellerai éclairé ou civilisé, un sentiment tout d'honneur chez Montluc, tout de patriotisme et d'indépendance chez les Siennois. Il n'y a pas, à proprement parler, de haine ni de guerre d'extermination comme dans ces résistances désespérées des Numance et des Saragosse. Le marquis de Marignan qui assiége la place est un noble et courtois adversaire, et qui est bien le cousin des Médicis par de brillants côtés. La veille de Noël, il envoie par un sien trompette à Montluc « la moitié d'un cerf, six chapons, six perdrix, six flacons de vin excellent et six pains blancs, pour faire le lendemain la fête. » Montluc ne trouve point cette courtoisie étrange, d'autant que dans sa grande maladie trois ou quatre mois auparavant, le même marquis lui avait envoyé pareillement quelque gibier et avait laissé entrer un mulet chargé de petits flacons de vin grec. Nous verrons à quoi un reste de vin grec servira.

C'est le tableau de ce mémorable fait d'armes et siége toscan, des plus beaux sous le point de vue militaire, héroïque et patriotique, qui se peint admirablement dans le récit de Montluc. On cite d'ordinaire, dans les poëmes épiques en renom, tel ou tel chant célèbre; il faudrait citer de même, dans l'ordre des grandes choses historiques, le *troisième* livre des *Commentaires* de Montluc. C'est un tout qui se détache et qui fait un parfait ensemble; la façon de dire et de raconter y est égale à l'action. La France n'est pas assez fière de ces vieilles richesses, qui seraient dès longtemps classiques si on les avait rencontrées chez Thucydide ou tout autre ancien. Nous tâcherons cette fois d'y mieux regarder.

MONTLUC

(FIN)

La courtoisie dont le marquis de Marignan usait envers Montluc assiégé, en lui envoyant la veille de Noël un cadeau de gibier et de vin, était en même temps une ruse de guerre ; car la même nuit il pensait à lui faire un autre festin, en tentant une escalade vigoureuse à la citadelle et à un fort qui donnait accès dans la ville. Montluc, tout faible qu'il était, sut être sur pied et dans l'action partout où il le fallait, et, après le premier moment de surprise, l'ennemi fut repoussé.

Vers le 20 janvier (1555) on apprit à Sienne que le marquis de Marignan faisait venir de Florence une artillerie complète pour battre la ville. Les Siennois se demandaient s'ils devaient en attendre l'effet, ou entrer dès lors en composition avec l'assiégeant. Observez que Montluc n'était pas entièrement maître dans la cité ; il devait concerter toutes ses démarches avec la Seigneurie ou le magistrat de la république, et les amener à son avis par éloquence, prières et persuasion. Il ne fut tout à fait *dictateur* qu'en février, et pour un mois seulement, durant lequel la Seigneurie remit entre ses mains tous les pouvoirs. Avant et après ce temps, il n'était que le lieutenant d'un roi allié : « Or là, dit-il, il ne me fallait pas faire le mauvais, car ils étaient plus forts que moi ; et fallait toujours gagner ces gens-là avec remontrances et persuasions douces et honnêtes, sans parler de se courroucer. Croyez que je forçai bien mon naturel... » Il s'attacha à réfuter par sa conduite les préventions qu'on avait formées en France contre son caractère, et il pratiqua le conseil que le roi lui avait donné en le nommant, qui était de laisser sa colère en Gascogne.

Ici il n'y a qu'à admirer ce que peut un sentiment énergique et l'aiguillon de la gloire. Que voulait Montluc en ce siége ? espérait-il que le roi enverrait du secours en Toscane ? Il tâchait de le faire accroire aux Siennois assiégés pour leur donner patience : mais, lui, il n'en croyait rien ; il savait que le roi avait assez à faire ailleurs en cent endroits plus proches, aux frontières de son royaume, et qu'il n'enverrait si loin ni hommes ni argent. Ce que voulait Montluc, c'était de s'illustrer par une belle, par une incomparable défense, dont il fût à tout jamais parlé ; et comme il l'a dit du marquis de Marignan : « Il servait son maître, et moi le mien ; il m'attaquait pour son honneur, et je soutenais le mien ; il voulait acquérir de la réputation, et moi aussi. » Entre le marquis de Marignan et lui, c'était donc un pur duel d'honneur, et il s'agissait d'y engager les Siennois, qui jouaient un plus gros jeu, et de s'en faire assister jusqu'à l'extrémité moyennant toute sorte de talent et d'art, en les séduisant, en les rassurant tour à tour, et surtout en évitant, peuple élégant et vif, de les heurter par la violence ; c'eût été *feu contre feu*.

Eh bien ! le farouche, le bizarre, le colérique Montluc, sous l'empire d'un noble et puissant désir, fera tout cela : la plus forte de ses passions refrénera pour un temps toutes les autres. Il l'expliqua un jour très-gaiement, et avec beaucoup d'imagination et d'esprit, au roi Henri II, qui, au retour de ce siége, l'accueillit comme il devait et l'entretint longuement durant cinq heures d'horloge, se faisant tout raconter, et ses harangues, et ses ruses, et le détail des souffrances; mais le roi ne pouvait, malgré tout, concevoir encore comment il avait su s'accorder si bien et si longtemps avec une nation étrangère et délicate, surtout en de pareilles détresses. L'explication que lui donna Montluc, si elle se trouvait dans une histoire ancienne, serait célèbre, et nous la saurions dès l'enfance :

« Alors, je lui répondis (au roi) que c'était une chose que j'avais trouvée facile; et comme je le vis affectionné à la vouloir entendre, connaissant qu'il prenait plaisir d'en ouïr conter, je lui dis que je m'en étais allé un samedi au marché, et qu'en présence de tout le monde j'avais acheté un sac et une petite corde pour lier la bouche d'icelui, ensemble un fagot, ayant pris et chargé tout cela sur le col à la vue d'un chacun ; et comme je fus à ma chambre, je demandai du feu pour allumer le fagot, et après je pris le sac, et là j'y mis dedans toute mon ambition, toute mon avarice, mes haines particulières, ma paillardise, ma gourmandise, ma paresse, ma partialité, mon envie et mes particularités, et toutes mes humeurs de Gascogne, bref tout ce que je pus penser qui me pourrait nuire, à considérer tout ce qu'il me fallait faire pour son service; puis après je liai fort la bouche du sac avec la corde, afin que rien n'en sortît, et mis tout cela dans le feu ; et alors je me trouvai net de toutes choses qui me pouvaient empêcher en tout ce qu'il fallait que je fisse pour le service de Sa Majesté. »

Tel fut l'apologue dont usa Montluc devant le roi pour résumer toute sa conduite morale à Sienne : cet apologue ne vaut-il pas celui de Menenius ?

On apprenait donc à Sienne l'arrivée d'une nombreuse artillerie amenée de Florence, et il fallait parer au découragement des Siennois qui provenait surtout de l'état de santé de Montluc et de la crainte de le perdre : « Que ferons-nous ? disaient les dames et les peureux (car en une ville il y a d'uns et d'autres), que ferons-nous, si notre gouverneur meurt? Nous sommes perdus : toute notre fiance, après Dieu, est en lui ; il n'est possible qu'il en échappe. » Montluc avait donc à persuader d'abord qu'il était guéri et le mieux portant des gouverneurs. C'était difficile après la grande maladie dont il sortait à peine et que la diète ne réparait pas. On ne le voyait, quand il allait par la ville, qu'enveloppé d'étoffes et de fourrures à cause de l'hiver. Il médite un coup de théâtre. Il avait dans sa défroque un habillement complet de galant, du temps qu'il était en garnison et amoureux ; car les jours où l'on n'a rien à faire, on les peut donner aux dames : « En ce temps-là, je portais gris et blanc pour l'amour d'une dame de qui j'étais serviteur lorsque j'avais le loisir ; et avais encore un chapeau de soie grise, fait à l'allemande, avec un grand cordon d'argent et des plumes d'aigrette bien argentées. » Il nous décrit toute sa toilette à l'avenant, chausses de velours cramoisi, couvertes de passement d'or, pourpoint de même, chemise ouvrée de soie cramoisie et de filet d'or, casaquin de velours gris, garni de petites tresses d'argent à deux petits doigts l'une de l'autre, etc. De plus, il avait encore deux petits flacons de ce vin grec que le marquis de Marignan lui avait laissé parvenir :

« Je m'en frottai un peu les mains, puis m'en lavai fort le visage, jusques à ce qu'il eût pris un peu de couleur rouge, et en bus, avec un petit morceau de pain, trois doigts, puis me regardai au miroir. Je vous jure que je ne me connaissais pas moi-même, et me semblait que j'étais encore en Piémont amoureux, comme j'avais été ; je ne me pus contenir de rire, me semblant que tout à coup Dieu m'avait donné tout un autre visage. »

C'est en ce déguisement et avec cette bonne mine d'emprunt qu'il traverse la ville à cheval et se rend au palais où il trouve les principaux Siennois assemblés. Il les harangue en son meilleur italien, et, dans cette occasion comme dans toute autre, il montre assez quelle importance il attache à savoir bien parler la langue des divers pays où il sert, et à joindre une certaine éloquence aux autres moyens solides : « Je crois que c'est une très-belle partie à un capitaine que de bien dire. »

Il remonte donc par ses paroles le moral ébranlé des Siennois, leur rend toute confiance, et l'on se promet, citoyens d'une part, colonels et capitaines de l'autre, de ne point séparer sa cause et de combattre jusqu'à la mort pour sauver la souveraineté, l'honneur et la liberté. La petite exhortation que, dans ses Mémoires, Montluc adresse ensuite, selon son usage, aux gouverneurs et capitaines qui le liront, est piquante de verve et brillante de belle humeur; il ne veut point qu'ils cherchent des prétextes autour d'eux, qu'ils se déchargent de leur reddition sur les bourgeois qui les y ont forcés, ou sur leurs soldats qui étaient à bout de combattre :

« Ce ne sont qu'excuses, ce ne sont qu'excuses, croyez-moi : ce qui vous force, c'est votre peu d'expérience. Messieurs mes compagnons, quand vous vous trouverez en telles noces, prenez vos beaux accoutrements, parez-vous, lavez-vous la face de vin grec, et la faites devenir rouge; et marchez ainsi bravement parmi la ville et parmi les soldats, la care levée (*la face levée*), ne tenant jamais autre propos sinon que bientôt, avec l'aide de Dieu et la force de vos bras et de vos armes, vous aurez en dépit d'eux la vie de vos ennemis, et non eux la vôtre... Mais si vous allez avec un visage pâle, ne parlant à personne, triste, mélancolique et pensif, quand toute la ville et tous les soldats auraient cœur de lions, vous le leur ferez venir de moutons. »

Il ne se contente pas de décrire ces scènes extérieures et de nous dire en général les vicissitudes et la marche du siége : il entre dans toutes les particularités et le détail des mesures qu'il a prises pour le faire durer et le soutenir. Montluc ne se donne pas pour un historien, c'est un écrivain spécial de guerre; il semble qu'il tienne à justifier ce mot de Henri IV lisant ses *Commentaires*, que c'est *la Bible du soldat :* « Je m'écris à moi-même, et veux instruire ceux qui viendront après moi : car n'être né que pour soi, c'est à dire en bon français être né une bête. »

Il commence par établir une bonne police dans la ville ; il la divise en huit parties, dont chacune est sous la surveillance et les ordres d'un des huit magistrats nommés les *huit de la guerre :* dans chacune de ces sections, il fait faire un recensement exact des hommes jusqu'à soixante ans, des femmes jusqu'à cinquante, et des enfants depuis douze, afin qu'on voie quels sont ceux qui peuvent travailler aux choses de siége et à quoi ils sont propres ; dans le travail commun, les moindres ont leurs fonctions ; chaque art et métier, dans chaque quartier, nomme son capitaine, à qui tous ceux du même métier obéissent au premier ordre. Je ne fais qu'indiquer ce qu'il déduit et explique. Il s'adressait d'ailleurs à une population déjà exercée et aguerrie ; dès avant son arrivée et au premier cri de cette indépendance menacée, la population de Sienne, et les femmes les premières, avaient eu l'idée de s'organiser pour la défense et d'y aider de leurs mains : à ce souvenir et à la pensée de ce que lui-même a vu de bonne grâce généreuse et patriotique en ce brave et joli peuple, Montluc s'émeut ; son récit par moments épique redouble d'accent ; quelque chose de l'élégance et de l'imagination italienne l'ont gagné :

« Il ne sera jamais, Dames siennoises, que je n'immortalise votre nom tant que le livre de Montluc vivra : car, à la vérité, vous êtes dignes d'immortelle louange, si jamais femmes le furent. Au commencement de la belle résolution que ce peuple fit de défendre sa liberté, toutes les dames de la ville de Sienne se départirent en trois bandes : la première était conduite par la signora Forteguerra, qui était vêtue de violet, et toutes celles qui la suivaient aussi, ayant son accoutrement en façon d'une nymphe, court et montrant le brodequin ; la seconde était la signora Piccolomini, vêtue de satin incarnadin, et sa troupe de même livrée ; la troisième était la signora Livia Fausta, vêtue toute de blanc, comme aussi était sa suite, avec son enseigne blanche. Dans leurs enseignes elles avaient de belles devises : je voudrais avoir donné beaucoup et m'en ressouvenir. Ces trois escadrons étaient composés de trois mille dames, gentilsfemmes ou bourgeoises : leurs armes étaient des pics, des palles (*pelles*), des hottes et des fascines ; et en cet équipage firent leur montre et allèrent commencer les fortifications. M. de Termes, qui m'en a souvent fait le conte (car je n'étais encore arrivé), m'a assuré n'avoir jamais vu de sa vie chose si belle que celle-là ; je vis leurs enseignes depuis. Elles avaient fait un Chant à l'honneur de la France lorsqu'elles allaient à leur fortification : je voudrais avoir donné le meilleur cheval que j'aie, et l'avoir pour le mettre ici. »

Or, sachez que ce meilleur cheval de Montluc, qu'il eût donné de tout son cœur pour avoir l'Hymne des dames siennoises en l'honneur de la France, était un cheval turc dont il a dit « qu'il l'aimait, après ses enfants, plus que chose du monde, car il lui avait sauvé la vie ou la prison trois fois. »

Je n'ai pas à entrer dans le détail du siége ; il me suffit d'en avoir signalé le caractère et de donner envie aux curieux de rechercher les pages qui y sont consacrées (1). Pendant qu'il le soutient, et indépendamment des assauts du dehors, Montluc a au-dedans à se tirer de deux circonstances difficiles : dans la première, il lui faut renvoyer les troupes allemandes qui s'accommodent peu du jeûne et qui vont affamer trop tôt la place : il les fait sortir de nuit avec adresse, et sans rien communiquer au Sénat ; et il raccommode ensuite cette dissimulation par de belles paroles, si bien que le courage des habitants n'est point ébranlé, mais bien plutôt accru par cette diminution de défenseurs. Une

(1) Pour mieux faire encore, il y faudrait joindre l'étude des documents italiens ; on les trouve dans la collection intitulée *Archivio storico Italiano* qui s'imprime à Florence. Le second volume notamment contient l'histoire du siége de Florence, par Sozzini.

autre nécessité plus pénible et qui suivit aussitôt après, c'est lorsqu'il dut demander et qu'il obtint, au moins en partie, l'expulsion des bouches inutiles. Il n'était sorte de moyens ni de stratagèmes qu'il n'imaginât pour soutenir l'espoir et prolonger l'illusion courageuse des assiégés. Dans un moment où le soupçon régnait et où la discorde était près d'éclater parmi eux, il s'adressa à la dévotion italienne et fit diversion aux querelles moyennant des processions publiques et des prières : « Car de jeûnes, dit-il gaiement, nous en faisions assez. » Ces jeûnes étaient poussés aux dernières limites du possible : « Ni la ville ni nous ne mangeâmes jamais, depuis la fin de février jusques au vingt-deuxième d'avril, qu'une fois le jour : je ne trouvai jamais soldat qui en fît plainte. » Lui-même et les autres chefs ne mangeaient plus, depuis la fin de mars, qu'un petit pain, un peu de pois avec du lard et des mauves bouillies, et une fois le jour seulement :

« Le désir que j'avais d'acquérir de l'honneur, dit-il, et de faire souffrir cette honte à l'empereur (Charles-Quint) d'avoir arrêté si longuement son armée, me faisait trouver cela si doux qu'il ne m'était nulle peine de jeûner. Ce chétif souper avec un morceau de pain m'était un banquet, lorsqu'au retour de quelque escarmouche je savais les ennemis être frottés, ou que je savais qu'ils étaient en même peine que nous. »

Cependant il fallait un terme à ces souffrances des habitants ; il était trop clair pour tout le monde qu'aucun secours ne viendrait de la part du roi. Une négociation fut donc entamée et conclue entre les Siennois et le duc de Florence, Côme, « l'un des plus sages mondains, dit Montluc, qui aient été de notre temps. » Un article de cette capitulation concernait Montluc et ses troupes. Pour rester dans les règles toutefois, il était convenable que le gouverneur stipulât directement, et en son nom, sa capitulation avec le marquis de Marignan; mais au premier mot qui lui en fut dit de la part de ce dernier, il s'enflamma et parut se révolter, déclarant qu'il aimerait mieux perdre mille vies, et que le nom de Montluc ne se trouverait jamais en capitulation. Ce point de sa conduite a été critiqué dans le temps même, notamment par Brantôme, qui se fait en cela l'écho de plusieurs autres : il lui reproche d'avoir été plus cupide d'honneur que jaloux de l'intérêt général, et d'avoir plus songé à la singularité qu'à pourvoir á la sûreté de son monde; car, en agissant ainsi, il semblait s'être mis à la merci du plus fort. Laissons la règle, et ne voyons que le cas en lui-même : il est singulier, il est unique peut-être, mais on regretterait de ne le point trouver. « En tout pourtant il y a du *medium*, » a dit Brantôme. Qu'y faire ? Montluc n'était pas l'homme de ces justes milieux. Ce qui est certain, c'est qu'ayant affaire à un adversaire digne de le comprendre, sans aucune stipulation directe il se vit traité par lui sur le pied qu'il avait souhaité; le dimanche matin, 22 avril (1555), il fut reçu au sortir de la ville par le marquis de Marignan et par toute cette armée, non comme un vaincu, mais comme un héros et le plus noble des compagnons :

« Les trois mestres de camp des Espagnols me vinrent saluer, et tous leurs capitaines. Les mestres de camp ne descendirent point, mais tous les capitaines descendirent et me vinrent embrasser la jambe, puis remontèrent à cheval et m'accompagnèrent jusqu'à ce que nous trouvâmes le marquis et le sieur Chiapin, qui pouvaient être à trois cents pas de la porte de la ville; et là nous nous embrassâmes, et me mirent au milieu d'eux, et allâmes toujours parlant du siége et des particularités qui étaient survenues, nous attribuant beaucoup d'honneur; même me dit qu'il m'avait beaucoup d'obligation, car outre qu'il avait appris beaucoup de ruses de guerre, j'étais cause qu'il était guéri des gouttes. »

Dans la description de sa marche, il n'a garde d'omettre qu'il emmena avec lui et fit passer tous les

Siennois compromis qui s'exilaient, et en voyant les adieux de ceux qui partaient et de ceux qui restaient, leur déchirement, et toute cette ruine et désolation d'un peuple « si dévotieux à sa liberté, » il n'avait pu retenir ses larmes. Malgré sa dureté de nature, dans toute cette affaire de Sienne et dans les actes qui s'y consomment, Montluc n'est point inhumain.

Cette défense célèbre mit le sceau à sa réputation militaire en Italie et par toute la France. Henri II, qui est bien le roi de Montluc, celui qu'il a raison de regretter avec douleur, car sous lui il ne fit que de purs et d'honorables exploits, Henri II, en le revoyant, l'accueillit avec amitié, lui donna le collier de l'Ordre (distinction encore intacte), une pension et d'autres grâces. Après être allé quelques semaines voir sa maison et sa famille en Gascogne, avant la fin de l'année, Montluc retourne en Italie chercher de nouveaux hasards : dès les premiers moments, il s'y expose en soldat; il va à cheval reconnaître une ville qu'on doit assiéger, à moins de cinquante pas et en plein jour. Car il voulait montrer, dit-il, que pour être allé voir madame sa femme, il n'avait rien oublié de ce qu'il avait coutume de faire. Dans les exploits de Montluc durant les années qui suivent et où il ne retrouve plus une occasion d'éclat égale à celle de Sienne, il apparaît un peu plus du capitaine d'aventure que d'un vrai chef et, comme disait M. de Guise, d'un lieutenant de roi. Il continue toutefois, non-seulement de maintenir, mais de poursuivre et de promouvoir sa réputation avec le zèle d'un jeune guerrier. Il a là-dessus des principes qu'on doit trouver admirables et qui s'appliquent bien à tout ordre de travaux et de services où l'honneur est le prix : c'est de ne jamais se reposer sur ce qu'on a fait, de ne pas se contenter, sous prétexte qu'on a sa réputation établie, et que, quoi qu'on fasse désormais ou qu'on ne fasse pas, on sera toujours estimé vaillant :

« N'en croyez rien, s'écrie-t-il, car d'heure à autre les gens jeunes deviennent grands, et ont le feu à la tête, et combattent comme enragés ; et comme ils verront que vous ne faites rien qui vaille, ils diront que l'on vous a donné ce titre de vaillant injustement... Si vous désirez monter au bout de l'échelle d'honneur, ne vous arrêtez pas au milieu, ains, degré par degré, tâchez à gagner le bout, sans penser que votre renom durera tel que vous l'avez acquis : vous vous trompez, quelque nouveau venu le vous emportera, si vous ne le gardez bien et ne tâchez à faire de mieux en mieux. »

De mieux en mieux, c'est là une noble devise et qui doit être celle de quiconque a senti en soi le feu sacré et en est possédé dans toutes les carrières.

Au siége de Thionville et dans cette campagne aux frontières du Nord en 1558, Montluc se distingua infiniment sous M. de Guise : il avait charge de colonel général d'infanterie. A ce siége devant Thionville, il inventa un perfectionnement dans la pratique des tranchées ; c'était d'y faire, de distance en distance, et tantôt à droite, tantôt à gauche, des espèces de *retours* ou *arrière-coins* propres à loger des soldats qui défendraient au besoin la tranchée, si l'ennemi y sautait pour la détruire. Il y avait en Montluc l'étoffe d'un bon officier du génie. Et, pour énumérer quelques-unes de ses qualités spéciales et naturelles qui venaient en aide à sa bravoure et la distinguaient d'une aveugle témérité, il avait « le coup d'œil topographique, » et là où d'autres ne voyaient rien qu'escarpement et difficulté absolue, il discernait l'assiette possible d'une batterie, le côté faible et vulnérable d'une place : aussi excellait-il aux reconnaissances.—Il avait cet autre coup d'œil qui sait nombrer de loin une troupe dans une plaine, et, à un demi-mille de distance, il savait son chiffre, si considérable qu'il fût, à cinquante hommes près. — Il s'entendait à merveille, dans une escarmouche, à *tâter* l'ennemi, c'est-à-dire à connaître à sa marche et à son attitude s'il avait peur ou s'il était en force et solide. — Dans l'action enfin, il était prompt à saisir le joint et le moment, et à marquer l'instant décisif de donner sans perdre une minute. Telles étaient les qualités fines et savantes dont se guidait son indomptable bravoure, et que, sans la paix de Câteau-Cambrésis et la mort de Henri II (1559), il eût encore pu employer si utilement pour le service de la France.

Le temps de la gloire pour Montluc est fini ; à la veille de la mort de Henri II dans ce malheureux tournoi, et la nuit même qui précéda le coup fatal, Montluc raconte qu'étant chez lui, en sa Gascogne, il eut un songe qui lui représentait, avec toutes sortes de circonstances frappantes, son roi mort et tout saignant, et il s'éveilla éperdu, la face tout en larmes, racontant aussitôt son pronostic à sa femme et, le matin, à plusieurs amis. Quant à la paix qui venait de se conclure, il l'estimait désavantageuse à la France et funeste, non-seulement pour les conditions, mais aussi en ce qu'elle allait laisser vacants et sans emplois tant de grands capitaines, qui n'eurent plus qu'à *s'entremanger* ensuite dans les guerres civiles, et tant de soldats aguerris qui, faute de pain, durent prêter leurs bras aux factions qui les enrôlèrent. Lui-même, âgé de moins de soixante ans, il avait au cœur un reste de vigueur et d'ardeur dévorante qu'il ne sut plus comment dépenser, et qui en vint bientôt à s'exaspérer odieusement et à se dénaturer dans ces luttes intestines. Ce fut par toute la France comme un feu généreux qui se retourna contre lui-même et qui se porta tout d'un coup sur les entrailles. De rigoureux qu'il était, Montluc devint cruel; il le dit nettement, il ne marchande point les termes ; avec lui, le *couteau* et la *corde* jouèrent désormais autant que l'épée, et il s'en repent encore moins qu'il ne s'en vante. Il avait eu de tout temps le premier mouvement terrible, il érigea en système cette terreur : « Ce n'est pas comme aux guerres étrangères, remarque-t-il, où on combat comme pour l'amour et l'honneur : mais aux civiles, il faut être ou maître ou valet, vu qu'on demeure sous même toit ; et ainsi il faut venir à la rigueur et à la cruauté : autrement la friandise du gain est telle, qu'on désire plutôt la continuation de la guerre que la fin. » Nous ne le suivrons pas dans cette période sanguinaire, escorté de ses deux bourreaux qu'on appelait ses laquais, ne faisant point de prisonniers, et laissant partout, aux branches des arbres, sur les chemins, les insignes et les trophées de son passage. S'il rendit alors des services, il faudrait en aller démêler les titres sous trop de meurtres et de sang.

Politiquement toutefois, la partie de ses Mémoires qui traite des guerres civiles est fort à prendre en considération. Par son cri d'alarme, il fait bien sentir le danger où fut à une certaine heure la France de se réveiller toute calviniste, au moins par la tête, c'est-à-dire à la Cour, dans les classes élevées et même dans la haute bourgeoisie ; car il y eut un moment de mode presque universelle pour la nouvelle religion ; la jeunesse parlementaire en était plus ou moins atteinte : « Il n'était fils de bonne mère, dit Montluc, qui n'en voulût goûter. » Montluc ne fait point la part de la conviction et de la conscience chez bon nombre de ses adversaires ; mais chez les chefs et les grands il fait très-bien la part des motifs ambitieux et intéressés : « Si la reine (Catherine de Médicis) et M. l'amiral (de Coligny) étaient en un cabinet, et que feu M. le prince de Condé et M. de Guise y fussent aussi, je leur ferais confesser qu'autre chose que la religion les a mus à faire entretuer trois cent mille hommes, et je ne sais si nous sommes au bout... » Homme d'autorité et royaliste de vieille roche, il met bien à nu et dénonce l'esprit républicain primitif des Églises réformées et leur dessein exprès de former un État dans l'État. Quand on a lu cette partie des Mémoires de Montluc et qu'on a surmonté l'impression d'horreur que causent et ses propres cruautés et celles qu'il prétend punir, on reconnaît mieux comment, en de pareils temps, les Édits de L'Hôpital durent manquer leur effet ou en produire un qui, bientôt traduit et dénaturé au gré des passions, ne serait pas resté profitable et conforme à la pure idée de tolérance. Parmi les protestants pas plus que parmi les catholiques, personne n'était mûr et préparé.

La dernière partie des *Commentaires* de Montluc est remplie de récriminations et d'apologies. Lieutenant de roi en Guyenne et révoqué par Charles IX, il se vit remplacé dans le temps même où il envoyait sa démission, ayant reçu au siége de Rabastens (1570) sa dernière et horrible blessure, un coup d'arquebuse qui lui perça les os de la face ou du nez et le força à porter le reste de ses jours un masque au visage. Le bâton de maréchal, que Henri III lui mit en main à Lyon à son retour de Pologne (1574), ne fut qu'une récompense des services passés : Montluc, estropié et âgé de plus de soixante-dix ans, était hors d'état d'en rendre de nouveaux. Il mourut dans sa maison d'Estillac en Agenois, en 1577.

Montluc termine ses Mémoires par une grande pensée et comme une vue d'éternité. Au milieu de tous ses défauts et de ses excès de nature, il était religieux ; il ne s'était jamais trouvé dans aucune entreprise sans invoquer Dieu à son aide, et il nous a laissé la formule de l'oraison qu'il prononçait dans les périls, et qui, lui rendant la netteté de l'entendement, chassait de lui toute crainte. Ces idées graves lui revinrent plus présentes dans l'inaction forcée à laquelle le condamnait la vieillesse ; de ses quatre enfants mâles, il en avait vu mourir trois avant lui pour le service du roi ; il prévoyait pour la France et pour son pays de Guyenne de nouvelles guerres et de nouveaux malheurs. C'est alors que le désir d'une plus absolue retraite le venait prendre quelquefois et le tentait de se vouer à une entière solitude :

> « Il me ressouvenait toujours d'un prieuré assis dans les montagnes, que j'avais vu autrefois, partie en Espagne, partie en France, nommé Sarracoli : j'avais fantaisie de me retirer là en repos ; j'eusse vu la France et l'Espagne en même temps ; et si Dieu me prête vie, encore je ne sais que je ferai. »

C'est sur ce vœu austère que se ferment les Mémoires de Montluc. On se le figure bien en ce prieuré perdu, en quelque âpre gorge ou sur un rocher nu des Pyrénées, plongeant son regard tour à tour sur l'Espagne et la France, vieillard tout chenu et à la face meurtrie, dur envers lui-même, se mortifiant, expiant le sang versé ; et cette âme de colère, apaisée enfin, se fixant opiniâtrement à la méditation des années éternelles. Le cadre est digne du personnage. Montluc n'a pas exécuté son projet, il n'en a eu que l'imagination ; mais il l'a eue simple et grande, et il nous la laisse (1).

(1) Depuis que ces articles sont écrits, Montluc et son frère l'évêque de Valence ont été l'objet de recherches et d'études approfondies. Je regrette de ne pouvoir en profiter dans cette réimpression : ces sortes de portraits seraient à recommencer plus d'une fois. M. Ph. Tamizey de Larroque, un des érudits qui se sont occupés avec le plus de zèle de ces illustres enfants de la Gascogne, insiste pour qu'on écrive *Monluc* sans *t* : c'est ainsi, remarque-t-il, que le maréchal et l'évêque, et tous les membres de leur famille, ont constamment signé.

Lundi, 6 novembre 1854.

LETTRES
SUR
L'ÉDUCATION DES FILLES

PAR MADAME DE MAINTENON [1]

Vivre en plusieurs temps, être en plusieurs lieux, est devenu de jour en jour plus facile. Hier, avec Dangeau, nous étions à la Cour de Louis XIV, de chaque partie et de chaque fête : aujourd'hui il ne tient qu'à nous, moyennant ces Lettres de madame de Maintenon, d'être de la maison de Saint-Cyr, et de suivre année par année le progrès et le détail des classes. Nous assistions à la journée d'un courtisan, et nous voilà introduits dans le conseil et les sollicitudes d'une institutrice. En effet, M. Théophile Lavallée, l'historien de Saint-Cyr, poursuit son œuvre et son monument de réparation, en publiant, d'après les manuscrits de Versailles, la Correspondance entière et inaltérée de madame de Maintenon: on n'avait jusqu'ici ces Lettres que d'après la version

---

[1] Publiées pour la première fois d'après les manuscrits et copies authentiques, avec un commentaire et des notes, par M. Th. Lavallée (Bibliothèque Charpentier, 39, rue de l'Université.)

tronquée et falsifiée de La Beaumelle. Madame de Maintenon, grâce à une exacte et fidèle reproduction de ses paroles et de ses écrits, va être de plus en plus connue, appréciée de tous et, nous n'hésitons pas à le dire avec le nouvel éditeur, estimée et admirée.

Le présent volume, qui est le premier d'une série qui n'en comprendra pas moins de dix, ne contient que les *Lettres sur l'Éducation*. Elles commencent à l'année 1680. Madame de Maintenon écrit à madame de Brinon, religieuse ursuline, qui a établi une pension à Montmorency; elle lui envoie des petites pensionnaires, des filles de pauvres gens à élever. Plus tard, la pension de Montmorency est transférée à Rueil, et madame de Maintenon en fait son œuvre; mais on était loin encore de l'idée de Saint-Cyr. On la voit poindre peu à peu dans ces pages écrites selon les besoins de chaque jour. D'abord il s'agit surtout de pauvres filles qu'on élève pour servir; les avis de madame de Maintenon sont proportionnés à leur condition :

« Dieu vous a voulu réduire à servir; rendez-vous-en capables, et accommodez-vous à votre fortune.

« Dieu veut que les riches se sauvent en donnant leur bien, et les pauvres par n'en point avoir.

« Les riches auront plus de peine à se sauver que les pauvres.

« Il y a de bons riches et de très-méchants pauvres.

« Les riches vous donnent de quoi vivre, donnez-leur vos prières. C'est ainsi que nous contribuons au salut les uns des autres...

« Ne croyez pas qu'il suffise d'être pauvre et souffrant pour être sauvé; il faut supporter patiemment cet état pour l'amour de Dieu.

« N'enviez point le plaisir qu'il y a de faire l'aumône, puisqu'en la recevant vous pouvez avoir autant de mérite devant Dieu...

« Votre cœur est content pendant que votre corps travaille; la plupart des grands ont le cœur agité pendant qu'ils nous paraissent bien heureux. »

Dans les lettres de cette date à madame de Brinon, madame de Maintenon entre dans les plus minutieux détails d'économie; elle envoie du beurre, quelque argent chaque mois : « J'ai des tabliers pour elles, mais je veux leur donner moi-même, et voir si elles ont du potage raisonnablement, car je vous dirai librement que je ne leur ai jamais vu la moitié de ce qu'il leur en faut, et que j'ai quelque soupçon qu'elles meurent de faim. » Depuis qu'elle est gratifiée des bienfaits du roi, elle ne songe qu'à les faire retomber sur celles qui sont pauvres comme elle l'a été; mais elle n'aime pas à demander, elle pense qu'il faut apprendre à se suffire. Quand il s'agit de transférer l'établissement de Rueil à Noisy, elle ne veut pas qu'on se jette dans les superfluités ni qu'on renouvelle toutes choses : « Conservez bien tout ce que vous avez pour l'autel, car j'ai dit que nous ne voulions point qu'on en fît, et que nous arrangerions les dedans à notre fantaisie; je connais MM. les architectes du roi, ils nous accommoderaient de la façon du monde la plus régulière pour la symétrie et la plus incommode; ne perdons pas le moindre banc et la plus petite chaise de paille; tout nous servira, et nous en demanderons moins, qui est pour moi le souverain bonheur. »

Cependant le roi commençait à entrer dans sa pensée, et chaque fois qu'il y entrait, il l'avertissait de l'agrandir. A Noisy, madame de Maintenon recevait des demoiselles, c'est-à-dire des filles nobles, dont le roi payait les pensions. Dans un fragment d'instruction adressée par elle aux maîtresses de Noisy, on distingue déjà tout l'esprit moral et chrétien qui sera celui de Saint-Cyr :

« Qu'on leur fasse entendre ce qu'on leur dit et ce qu'on leur lit.
« Qu'on leur apprenne à parler français, mais simplement.
« Qu'elles écrivent de même.
« Qu'on leur parle chrétiennement et toujours raisonnablement...
« Qu'on égaye souvent leurs instructions.
« Qu'on ne leur en fasse point de trop longues.

« Qu'on les élève en séculières, bonnes chrétiennes, sans exiger d'elles des pratiques, etc., etc. »

Sur ce point, *chrétiennement et toujours raisonnablement*, repose toute l'éducation telle que la conçoit madame de Maintenon et telle qu'elle voulut l'établir à Saint-Cyr : « Inspirer la *religion* et la *raison*, c'est là le solide de l'éducation de Saint-Cyr. » — « Le *Christianisme* et la *raison*, qui est tout ce que l'on veut leur inspirer, sont également bons aux princesses et aux misérables. » Mais ceci demande quelque éclaircissement.

Madame de Maintenon, qui a passé par toutes les conditions et par toutes les épreuves, qui a vu se former et s'évanouir autour d'elle tant d'égarements et de chimères, s'est confirmée de plus en plus dans l'idée qu'il n'y a encore rien de tel que le bon sens dans la vie, mais un bon sens, qui ne s'enivre point de lui-même, qui obéit aux lois tracées, et qui connaît ses propres limites. Son sexe en particulier est fait pour obéir, elle le sait : aussi la raison qu'elle recommande tant et sans cesse n'est point du tout un raisonnement ni une enquête curieuse ; gardez-vous de l'entendre ainsi. C'est une raison toute chrétienne et docile : « Vous ne serez véritablement raisonnables qu'autant que vous serez à Dieu. » Elle ne la sépare jamais de la piété ni d'une entière soumission aux décisions supérieures. Cela bien entendu, elle veut le *vrai* dans l'éducation dès le bas âge : « Point de contes aux enfants, point en faire accroire ; leur donner les choses pour ce qu'elles sont. » — « Ne leur faire jamais d'histoires dont il faille les désabuser quand elles ont de la raison, mais leur donner le vrai comme vrai, le faux comme faux. » — « Il faut parler à une fille de sept ans aussi raisonnablement qu'à une de vingt ans. »—« Il faut entrer dans les divertissements des enfants, mais il ne faut jamais s'accommoder à eux par un langage enfantin, ni par des manières puériles ; on doit, au contraire, les élever à soi en leur parlant toujours raisonnablement ; en un mot, on ne peut être ni trop ni trop tôt raisonnable. » — « Il n'y a que les moyens raisonnables qui réussissent. » — Elle le redit en cent façons : « Il ne leur faut donner que ce qui leur sera toujours bon, religion, raison, vérité. »

Dans un siècle où sa jeunesse pauvre et souriante avait vu se jouer tant de folies, tant de passions et d'aventures, suivies d'éclatants désastres et de repentirs ; où les romans des Scudéry avaient occupé tous les loisirs et raffiné les sentiments, où les héros chevaleresques de Corneille avaient monté bien des têtes ; où les plus ravissantes beautés avaient fait leur idéal des guerres civiles, et où les plus sages rêvaient un parfait amour ; dans cet âge des Longueville, des La Vallière et des La Fayette (celle-ci, la plus raisonnable de toutes, créant sa *Princesse de Clèves*), madame de Maintenon avait constamment résisté à ces embellissements de la vérité et à ces enchantements de la vie ; elle avait gardé son cœur net, sa raison saine, ou elle l'avait aussitôt purgée des influences passagères : il ne s'était point logé dans cette tête excellente un coin de roman. « Il faut leur apprendre à aimer raisonnablement, disait-elle de ses filles adoptives, comme on leur apprend autre chose. »

Et de plus, cette ancienne amie de Ninon savait le mal et la corruption facile de la nature ; elle avait vu de bien près, dans un temps, ce qu'elle n'avait point partagé ; ou si elle avait été effleurée un moment, peu nous importe, elle n'en était restée que mieux avertie et plus sévère. L'expérience lui avait inculqué pour principe « qu'on ne peut trop compter sur la faiblesse humaine. » Elle se méfiait, elle savait que tout se gâte vite et se dérange dans les éducations les plus admirées comme dans les natures les plus innocentes, dès qu'on cesse de veiller jour et nuit. On n'a jamais su mieux le mal, sans le faire, que madame de Maintenon ; on n'a jamais été plus rassasiée et plus dégoûtée du monde, tout en le charmant.

Ces précautions et ces craintes se montrent à chaque ligne dans les maximes et avis que madame de Maintenon écrivait pour les maîtresses des élèves, dès avant Saint-Cyr et dans le temps de Rueil ou de Noisy. Cependant une grande révolution allait s'opérer dans sa vie ; on en saisit une trace et un indice dans une de ses lettres de 1685 à madame de Brinon : « Saint-Cyr et Noisy m'occupent fort ; mais, grâce à Dieu, je me porte fort bien, quoique j'aie de grandes agitations depuis quelque temps. » Ces agitations se rapportaient sans doute à la résolution du roi de l'épouser et au mariage secret qui se fit vers cette époque. En suivant de près la vie journalière de Louis XIV en ces années (comme cela est maintenant facile avec Dangeau), il résulte clairement que la fondation de Saint-Cyr fut un acte royal lié aux autres circonstances importantes de cette même date. C'est pendant sa maladie et sa convalescence en 1686, que le roi entre de plus en plus dans l'idée de Saint-Cyr, qu'il la prend à cœur, l'adopte tout entière et se l'approprie magnifiquement : « Dieu sait, écrivait madame de Maintenon en octobre 1686 à l'une des Dames de Saint-Louis, Dieu sait que je n'ai jamais pensé à faire un aussi grand établissement que le vôtre, et que je n'avais point d'autres vues que de m'occuper de quelques bonnes œuvres pendant ma vie, ne me croyant point obligée à rien de plus, et ne trouvant que trop de maisons religieuses ; moins j'ai eu de part à ce dessein et plus j'y reconnais la volonté de Dieu, ce qui me le fait beaucoup plus aimer que si c'était mon

ouvrage : il a conduit le roi à cette fondation, comme vous l'avez su, lui qui, de son côté, ne veut plus souffrir de nouveaux établissements. » Ainsi c'est bien Louis XIV qui, son attention une fois appelée sur l'idée de Saint-Cyr, trouve que madame de Maintenon ne fait pas assez, et se charge d'instituer une œuvre qui durera autant que sa monarchie : « Le roi, lit-on chez Dangeau (10 mai 1686), a voulu donner cent cinquante mille livres de rente en bénéfices, pour fonder l'établissement qu'il fait à Saint-Cyr des filles qui sont encore à Noisy, et pour cela Sa Majesté y a affecté l'abbaye de Saint-Denis et quelques autres bénéfices. Outre cela, Sa Majesté donnera les places de religieuses de chœur dans tout le royaume aux filles de cette maison-là qui voudront se mettre dans des couvents. » Pendant sa convalescence, en même temps qu'il se faisait lire quelque beau morceau de son Histoire par Racine et Despréaux, ou qu'il s'amusait à voir des médailles avec le Père de La Chaise, le roi revoyait et corrigeait les Constitutions de Saint-Cyr : « Vos Constitutions ont été examinées, écrivait madame de Maintenon à madame de Brinon qui les avait dressées ; on a retranché, ajouté et admiré. Priez Dieu qu'il inspire tous ceux qui s'en mêlent. Je vous fais part de la visite que j'ai reçue du roi ce matin : il n'en est pas mieux pour cela, cependant on a été ravi de le voir hors de sa chambre. Il a corrigé le chœur de Saint-Cyr et plusieurs autres endroits... »
— Quelques années après (1698), quand l'établissement fut en pleine prospérité, les charges s'étant trouvées supérieures aux revenus, il fut question de diminuer le nombre des demoiselles : mais le roi n'y voulut point entendre ; il n'aimait point à resserrer les idées qu'il avait une fois conçues et mises à exécution ; il maintint donc expressément le nombre de deux cent cinquante demoiselles qu'il voulait faire élever dans la maison, et

pour qu'on les pût garder jusqu'à vingt ans, c'est-à-dire dans les années les plus périlleuses, il ajouta à la dotation première trente mille livres de revenu.

Louis XIV, dans l'esprit qui lui dicta cette fondation, à cette date qui est à la fois celle de sa maladie et de son mariage secret, eut-il dessein, revenant sur les fautes de son passé, de réparer ce qu'il avait fait de tort à certaines nobles demoiselles de son royaume, telles que La Vallière, par exemple, et voulut-il, par une sorte d'expiation, mettre à jamais toute une élite pauvre à l'abri des tentations et des périls sous l'aile de la religion et de la vertu? Sans trop presser cette conjecture, il est du moins certain qu'il songea à combler un désir discret de la personne qu'il venait d'associer devant Dieu à sa destinée domestique. En un mot, Saint-Cyr, tel qu'il nous est montré aujourd'hui dans toutes les circonstances qui en accompagnèrent la fondation, me paraît à la fois pouvoir être un vœu, une pénitence de malade qui cherche à réparer, et être certainement un cadeau de noces de Louis XIV en l'honneur de madame de Maintenon.

Une fois Saint-Cyr établi, madame de Maintenon s'y adonne tout entière; se considérant comme chargée d'une mission par le roi et par l'État, elle y consacre les moindres parcelles de son temps et y dirige toute la lumière et tout l'effort de son esprit. Elle aussi, du moment que le champ lui est ouvert, elle a son idéal, c'est de former la *parfaite Novice* et la *parfaite Dame de Saint-Louis*, l'institutrice religieuse et raisonnable par excellence; elle en propose à ses jeunes maîtresses et en retrace en vingt endroits un portrait admirable : simplicité, droiture de piété, justesse soumise, nulle singularité, nulle curiosité d'esprit, une égalité sans tristesse, un renoncement absolu de soi, et toute une vie tournée à un labeur pratique et fructifiant. C'est dans le livre même qu'il faut voir ces modèles complets qui ne restèrent point à l'état d'idée, et qui se réalisèrent avec plus ou moins de gravité et de douceur dans ces figures encore charmantes et légèrement distinctes sous le voile, madame du Pérou, madame de Glapion, madame de Fontaines, madame de Berval. Quand elle a ainsi rappelé toutes les conditions imposées et toutes les obligations, ce caractère où se confond le personnage de mère, de sœur aînée et de religieuse, et qui a pour objet de former de pauvres nobles jeunes filles destinées à édifier ensuite des maisons religieuses, mais surtout des familles, et à renouveler le christianisme dans le royaume; des jeunes filles à qui l'on dit sans cesse : « Rendez-vous à la raison aussitôt que vous la voyez. — Soyez raisonnables, ou vous serez malheureuses. — Si vous êtes orgueilleuses, on vous reprochera votre misère, et si vous êtes humbles, on se souviendra de votre naissance; » — quand elle a ainsi épuisé la perfection et la beauté de l'œuvre à accomplir, on conçoit que madame de Maintenon, s'arrêtant devant son propre tableau, ajoute : « La vocation d'une Dame de Saint-Louis est sublime, quand elle voudra en remplir tous les devoirs. »

Tout ne se fit point en un jour; il y eut des années de tâtonnement, et même où l'on sembla faire fausse route. *Esther* et Fénelon furent deux tempêtes pour Saint-Cyr. Une dévotion subtile, recherchée et fuyant les voies communes, y pénétra avec Fénelon et madame Guyon, et il fallut en venir aux sévérités et aux retranchements inexorables envers quelques membres devenus rebelles. Mais avec *Esther* et les représentations toutes royales qui s'en étaient suivies, il y avait eu un enchantement plus insensible et comme une légère ivresse de la communauté tout entière : le goût de l'esprit, de la poésie, des écritures de tout genre, s'était glissé dans ces jeunes têtes, et menaçait de corrompre à sa source l'éducation simple et droite, et principalement utile, dont elles avaient avant tout besoin. Une lettre de madame de Maintenon à madame de Fontaines, maîtresse générale des classes, du 20 septembre 1691, expose cet état périlleux et cette crise; elle sent d'ailleurs et convient avec sincérité que c'est elle-même qui a introduit le mal, et elle prend tout sur son compte :

« La peine que j'ai sur les filles de Saint-Cyr ne se peut réparer que par le temps et par un changement entier de l'éducation que nous leur avons donnée jusqu'à cette heure; il est bien juste que j'en souffre, puisque j'y ai contribué plus que personne, et je serai bien heureuse si Dieu ne m'en punit pas plus sévèrement. Mon orgueil s'est répandu par toute la maison, et le fond en est si grand qu'il l'emporte même par-dessus mes bonnes intentions. Dieu sait que j'ai voulu établir la vertu à Saint-Cyr, mais j'ai bâti sur le sable. N'ayant point ce qui seul peut faire un fondement solide, j'ai voulu que les filles eussent de l'esprit, qu'on élevât leur cœur, qu'on formât leur raison; j'ai réussi à ce dessein : elles ont de l'esprit et s'en servent contre nous; elles ont le cœur élevé, et sont plus fières et plus hautaines qu'il ne conviendrait de l'être aux plus grandes princesses... »

Venant au remède, elle veut pourtant ne procéder que par degrés et ne corriger le mal que de la même façon qu'il est venu :

« Comme plusieurs petites choses fomentent l'orgueil, plusieurs petites choses le détruiront. Nos filles ont été trop considérées, trop caressées, trop ménagées : il faut les oublier dans leurs classes, leur faire garder le règlement de la journée... Il faut encore défaire nos filles de ce tour d'esprit railleur que je leur ai donné, et que je connais présentement très-opposé à la simplicité; c'est un raffinement de l'orgueil qui dit par ce tour de raillerie ce qu'il n'oserait dire sérieusement. »

Et elle ajoute par un aveu vrai et qui n'a rien d'une fausse humilité : « Que vos filles ne se croient pas mal avec moi, cela ne ferait que les affliger et les décourager ; en vérité, ce n'est point elles qui ont tort. »

A partir de ce moment, on entre dans un second effort plus obscur, moins attrayant, et qui même, dans le détail un peu abstrait où nous le voyons de loin, peut sembler décidément austère ; mais madame de Maintenon, à la bien juger, y paraît de plus en plus méritante et digne de respect et d'estime. L'austérité, au reste, y est plutôt pour les maîtresses dont la vie se passe dans la vigilance, dans les précautions continuelles, et qui deviennent dès lors de vraies religieuses régulières par la solennité et la perpétuité des vœux : quant aux élèves et demoiselles, lors même qu'elles ont été guéries ou préservées, dans ce second et plus sûr régime, des dissipations d'esprit et des goûts d'émancipation trop mondaine, madame de Maintenon a toujours lieu de dire : « Je ne crois pourtant pas qu'il y ait de jeunesse ensemble qui se divertisse plus que la nôtre, ni d'éducation plus gaie. »

Les craintes qu'avait fait naître à un moment l'invasion du bel-esprit étant passées, et le correctif ayant réussi, on revint à Saint-Cyr à une voie moyenne, et où le bon langage eut sa part d'attention et de culture. On continua d'y jouer quelquefois les belles tragédies faites pour la maison, mais on les joua entre soi, sans témoin du dehors et sans qu'aucun homme (fût-il un saint) y assistât. Cependant madame de Maintenon ne manquait pas de recommander à son jeune monde le style qui est si proprement le sien, « le style simple, naturel et sans tour, » des lettres courtes, un naturel parfait et précis. Elle faisait pour les élèves de petits modèles de lettres qui nous sont transmis. Aux maîtresses elle recommande aussi de n'employer que des mots qui soient bien compris des jeunes intelligences, de ne pas emprunter aux livres qu'on lit les termes qui sont bons surtout pour ces livres, et qui sont de trop grands mots pour le discours commun. Elle applique cela même à la lecture de l'Écriture sainte : « Nous ne devons en savoir les termes, disait-elle à une des maîtresses, qu'autant qu'il le faut pour l'entendre. On loue souvent M. Fagon de ce qu'il parle de médecine d'une manière si simple et si intelligible qu'on croit voir les choses qu'il explique : un médecin de village veut parler grec. » Dans le texte actuel des Lettres de madame de Maintenon telles que nous les possédons enfin, sans les altérations de La Beaumelle, il nous est permis, à notre tour, de juger avec plus d'assurance de sa façon de dire et d'écrire. Je vois que M. Th. Lavallée et même M. de Sacy, entre autres qualités, y louent l'*ampleur*. Me permettront-ils de différer avec eux sur ce seul point? Il y a certainement dans le style de madame de Maintenon, ainsi reproduit avec fidélité, de l'abondance, de la récidive, une aisance libre et un cours heureux ; mais ce qui me paraît toujours y dominer plus que tout, c'est la justesse, la netteté et une parfaite exactitude, quelque chose que le terme d'*ampleur* enveloppe et dépasse.

L'idée si élevée de faire de Saint-Cyr un abri et un foyer chrétien, un refuge et une école de simplicité vertueuse et pure, à mesure que la corruption et la grossièreté augmentent parmi les jeunes femmes de la Cour, se montre à découvert dans ces lettres de madame de Maintenon :

« Que ne donnerais-je pas, s'écrie-t-elle (octobre 1703), parlant à l'une des maîtresses, pour que vos filles vissent d'aussi près que je le vois combien nos jours sont longs ici, je ne dis pas seulement pour des personnes revenues des folies de la jeunesse, je dis pour la jeunesse même qui meurt d'ennui parce qu'elle voudrait se divertir continuellement et qu'elle ne trouve rien qui contente ce désir insatiable de plaisir! Je rame, en vérité, pour amuser madame la duchesse de Bourgogne... »

Comme on sent partout dans madame de Maintenon

à Saint-Cyr une âme qui en a assez du monde, qui dit aux jeunes âmes riantes : « Si vous connaissiez le monde, vous le haïriez; » qui a connu la pauvreté et le manquement de tout, qui a été obligée de faire bonne mine et de sourire contre son cœur, d'amuser les autres, puissants et grands, et qui, sensée, délicate, raisonnable, est à bout de toute cette longue et amère comédie, — ne désirant plus, le masque tombé, que le repos, la réalité, la vérité, et une tranquilité égale et fructueuse dans l'ordre de Dieu !

Mais ce qui est beau dans cette fatigue, c'est son zèle, son feu, son ardeur dernière d'utilité et de semence pour autrui. Là est la grandeur et quelque chose qui vaut mieux qu'une sensibilité vulgaire et apparente.

Et toutefois, hommes ou femmes de notre siècle, il nous semble que quelque chose manque à tous ces mérites si excellents et aujourd'hui si avérés : « Peu de gens, a dit madame de Maintenon, sont assez solides pour ne regarder que le fond des choses. » Serait-ce, en effet, que nous ne serions pas assez solides ? je le croirais volontiers; mais ne serait-ce point aussi chez elle un peu de nature qui manque, un peu de tendresse qu'on voudrait dans cette raison, et sans prétendre certes diminuer en rien le christianisme qui la règle et l'accompagne? Elle a fait faire *Esther*, elle l'a fait jouer, et s'en est un peu repentie. Cela dit tout. Aujourd'hui, avec le nouvel état du monde, dans une société plus également morale en son milieu, nous qui ne sommes pas près de Versailles (dans le sens où l'était Saint-Cyr), il nous semble qu'il est quelquefois permis de se récréer d'un chant, d'une fleur, d'une joie d'imagination, mêlée aux choses du cœur, dans une éducation même de l'ordre le plus moral. Il y a un peu de sécheresse, en définitive, à retrancher tout cela, à l'arracher quand on le rencontre sur son chemin. Je cherche parmi les auteurs femmes quelque autorité et quelque exemple en ma faveur; j'en pourrais trouver même en France, et des exemples irréprochables. J'aime mieux en emprunter un parmi nos voisins. Une femme poëte, mère de famille, pieuse et sans tache, un esprit profond et doux, Mrs. Felicia Hemans, a composé elle-même quelques chants animés d'une vive piété à l'usage de l'enfance. La même a eu des chants pour toutes les nobles et touchantes affections, pour les vives douleurs. Au sortir de cette lecture presque ascétique et de ces maximes fermes, droites, uniformes, mais si sévères, de madame de Maintenon, j'éprouve le besoin, l'avouerai-je? de citer quelques-uns de ces accents d'une femme également morale et religieuse, de les citer, non par aucun rapport de comparaison ou de ressemblance, mais simplement comme *son* de l'âme et comme *accent*. Je prends au hasard deux pièces qui nous feront tout aussitôt pénétrer dans ce monde moral plus ému qui existe, il faut bien le reconnaître, et dont il ne servirait à rien de s'interdire et de se fermer rigoureusement l'aspect, depuis que Rousseau, Goethe, Chateaubriand, Byron et Lamartine sont venus.

L'une de ces pièces s'adresse à un mort ou à une morte chérie :

A UN ESPRIT QUI S'EN EST ALLÉ.

Du haut des brillantes étoiles, ou du sein de l'air invisible, ou de quelque monde que n'atteint point l'humaine pensée, Esprit! doux Esprit! si ta demeure est là-bas, et si tes visions sont encore chargées du passé,

Réponds-moi, réponds-moi!

N'avons-nous pas ici conversé de la vie et de la mort? n'avons-nous pas dit que l'amour, un amour comme le nôtre, n'était point fait pour passer comme l'haleine d'une rose, pour s'évanouir comme un chant d'un bosquet de fête?

Réponds, oh! réponds-moi!

Il a été pour moi, le dernier éclair de ton œil mourant, — cette âme qui y brillait intense et désolée à travers le brouillard épaissi. — N'as-tu rien emporté avec toi dans la région inconnue, rien de ce qui vivait dans ce long, dans cet ardent regard?

Écoute, écoute, et réponds-moi !

Ta voix, — son faible et doux et fervent accent d'adieu, que j'entends encore vibrer à travers la tempête de l'agonie comme une brise expirante ; — oh ! de cette musique enfuie renvoie-moi un seul son, si la vie du cœur est inextinguible !

Rien qu'une seule fois, oh ! réponds-moi !

Dans la tranquillité de midi, dans le calme du couchant, à l'heure la plus sombre de la nuit, quand montent les pensées profondes, quand les fantômes du cœur s'élancent du sein des ténèbres dans leur beauté pleine d'effroi, pour lutter avec le sommeil, —

Esprit, alors réponds-moi !

Par le souvenir de notre prière tant de fois mêlée, par toutes nos larmes qui, en se mêlant aussi, avaient leur douceur, par notre dernière espérance, victorieuse du désespoir, — parle ! si nos âmes se rencontrent dans des essors immortels,

Réponds-moi, réponds-moi !

La tombe est silencieuse ; — et tout au loin l'infini du ciel, et l'heure profonde de minuit, — tout n'est que silence et solitude. Oh ! si ton amour enseveli ne me dit pas qu'il m'entend, quelle voix puis-je attendre de la terre? Écoute, aie pitié, parle, ô toi qui es mien !

Réponds-moi, réponds-moi !

L'autre pièce que j'ai à citer est intitulée *le Retour*, c'est l'être humain (homme ou femme) qui, après avoir vécu, souffert et failli, revient au lieu natal, dans le manoir domestique, et y retrouve tous les anciens témoins de son innocence et de son bonheur :

« Nous reviens-tu avec le cœur de ton enfance, un cœur libre, pur, aimant? » Ainsi, pendant que j'approchais de la maison, ainsi bruissaient les arbres du chemin dont le feuillage jouait au gré du vent de la montagne.

— « Ton âme a-t-elle été loyale et sincère envers son premier amour? murmuraient les ondes du ruisseau natal. Ton esprit, nourri parmi ces collines et ces ombrages, a-t-il toujours respecté ses premiers et ses plus hauts songes? »

— « As-tu porté, en ton sein gravée, la sainte prière apprise par l'enfant sous le toit paternel? » Ainsi soupirait, traversant l'air, une voix sortie des vieilles murailles des ancêtres.

« As-tu gardé ta foi au mort (ou à la morte) fidèle dont le lieu de repos est tout près d'ici? As-tu justifié la bénédiction de ton père étendue sur toi, et le regard plein de confiance de la mère? »

— Alors mes larmes jaillirent en une pluie soudaine, tandis que je répondais : « O vous, ombrages majestueux, je ne rapporte point le cœur de mon enfance dans les libres espaces de vos clairières.

« Je me suis écarté de mon premier et pur amour, ô brillant et heureux ruisseau. L'une après l'autre se sont éteintes toutes les lumières dans mon âme, tous les glorieux songes de mon printemps.

« Et la sainte prière a fui de ma pensée, — la prière apprise sur les genoux de ma mère. Ce n'est qu'obscurci et troublé que je te reviens enfin, ô maison et foyer de mes joies d'enfant.

« Mais de mon enfance du moins je rapporte un don de larmes pour adoucir et pour expier ; et vous tous, objets et lieux témoins de mes années bénies, ces larmes me rendront encore une fois tout vôtre! »

Que dirai-je? c'est précisément ce *don des larmes* que, même toute part faite au grave caractère d'institutrice, on regrette de ne jamais sentir, de près ni de loin, dans le cœur ni sous la raison de madame de Maintenon; et au milieu de tous les éloges et de tous les respects que mérite son noble, son juste, délicat et courageux bon sens, c'est aussi la seule réserve et la seule restriction que j'aie voulu faire.

Lundi, 13 novembre 1854.

DE LA POÉSIE DE LA NATURE

DE LA POÉSIE DU FOYER ET DE LA FAMILLE

J'ai depuis longtemps un dessein, c'est de rechercher comment la poésie que j'appelle celle de la nature ou de la campagne, et aussi celle des affections chères, intimes, élevées, n'a point réussi en France au dix-huitième siècle chez les écrivains en vers, et comment, dans le même temps, elle réussissait mieux en Angleterre, chez nos voisins, et produisait des poëmes encore agréables à lire, dont quelques-uns ont ouvert une voie où sont entrés avec succès et largeur d'éminents et doux génies au dix-neuvième siècle. Cette poésie touchante, familière et pure, a aussi tenté, de nos jours, quelques hommes de talent en France, et je suis loin de ne pas les estimer à leur prix : toutefois la veine principale et la source vive ont été surtout en Angleterre, et j'aimerais à ce que nos auteurs en fussent mieux informés, non point pour aller l'imiter et la vouloir directement transporter chez nous, mais pour se mieux pénétrer des conditions nécessaires à ce genre d'inspirations et pour s'y placer, s'il se peut, à l'avenir.

Afin d'éviter les considérations générales et trop vagues, je m'attacherai tout d'abord à des noms connus.

et prenant Saint-Lambert, l'auteur des *Saisons*, je me rendrai compte de son insuffisance autrement encore que par le talent ; puis je toucherai rapidement à Delille, et seulement par ce côté ; choisissant, au contraire, chez nos voisins, le poëte qui, *non pas le premier*, mais avec le plus de suite, de force originale et de continuité, a défriché ce champ poétique de la vie privée, William Cowper, j'aurai occasion, chemin faisant, de rencontrer toutes les remarques essentielles et instructives.

M. de Saint-Lambert était né dans un pays pittoresque, en Lorraine, à Vézelise, le 16 décembre 1716. Il était gentilhomme et pauvre ; il passa sa première jeunesse au service et à Lunéville, à la Cour de Stanislas. Ce qu'il fit en ces années nous échappe, et on peut au plus en prendre quelque idée par ce qu'il nous dit du prince, depuis maréchal de Beauvau, dont il a écrit la vie, les Mémoires, et à la carrière duquel il s'attacha de tout temps, moins encore en protégé qu'en ami. La première fois que Saint-Lambert se montre à nous, c'est par sa liaison avec la marquise du Châtelet. Dans un des voyages qu'elle fit de Cirey en Lorraine, elle n'eut pas de peine à le distinguer dans ce joli et gracieux monde, et elle écrivait de Commercy à d'Argental, qui était alors à Plombières (30 juillet 1748) :

« Je ne puis me refuser de vous envoyer des vers d'un homme de notre société (Saint-Lambert) que vous connaissez déjà par l'*Épître à Chloé* ; je suis persuadée qu'ils vous plairont. Il meurt d'envie de faire connaissance avec vous, et il en est très-digne ; je compte bien vous l'amener à Cirey. Votre ami (Voltaire) qui l'aime beaucoup veut lui faire avoir ses entrées à la Comédie pour *Sémiramis*... C'est un homme de condition de ce pays-ci, mais qui n'est pas riche, qui meurt d'envie d'aller à Paris, et à qui ses entrées à la Comédie feront une grande différence dans sa dépense. »

Et elle ajoute d'un ton de protection, qu'elle ne gardera pas toujours : « Notre petit poëte vous prie de ne point donner à Plombières de copies de ses vers, parce qu'il y a beaucoup de lieutenants-colonels lorrains. »

Nous avons cette *Épître* de Saint-Lambert *à Chloé;* c'est une des meilleures de ses poésies dites *fugitives;* elle pourrait être aussi bien la première en date des Élégies de Parny : elle en a la forme; le tour en est simple, net et fin, l'inspiration toute sensuelle. Dans tout ce que fera Saint-Lambert en poésie légère, on notera les mêmes qualités et les mêmes défauts : c'est sec, spirituel, galant et bien tourné : « Ce sont autant de myrtes dont une feuille ne passe pas l'autre, » disait de lui Parny ou Boufflers, je ne sais lequel. Quelques épigrammes qu'on a, quelques mots piquants qu'on sait de Saint-Lambert, marquent le talent qu'il aurait eu pour le genre satirique s'il se l'était permis. Tel nous le voyons de loin sans trop lui faire injure : il a du trait, quelque imagination, de l'élégance, de la roideur.

Lié avec madame du Châtelet, qui s'éprit pour lui d'une vive passion, il parut y répondre; on a publié assez récemment un extrait de leur Correspondance. Les lettres de Saint-Lambert sont lestes, dégagées, cavalières, et non exemptes d'un certain jargon poli : elles manquent tout à fait de tendresse. Il dit à madame du Châtelet qu'il l'adore, mais on ne sent pas qu'il l'aime. — Il avait alors trente-deux ans.

Voilà, somme toute, un homme distingué, mais un poëte assez mal préparé, ce semble, pour chanter les beautés de la vie retirée et champêtre, et pour en goûter toutes les douceurs. J'omets ce que tout le monde sait, l'éclat que causa sa liaison avec madame du Châtelet et qui le mit à la mode à la mort de la marquise. Il vint à Paris, y vit la bonne compagnie, eut son logement à l'hôtel de Beauvau, gardant un pied en Lorraine tant que vécut le roi Stanislas. Il obtint un brevet de colonel en France, et quitta bientôt le service pour se livrer tout entier aux lettres et à la société. Les *Confessions* de Jean-Jacques Rousseau nous montrent Saint-Lambert, en 1756, dans le vif de sa liaison avec madame d'Houdetot, liaison qui subsista durant presque un demi-siècle, et dont plusieurs de nos contemporains ont vu la fin. Il ne mourut que le 9 février 1803. Durant cette dernière moitié de sa vie, il passait la belle saison dans la vallée de Montmorency, à Eaubonne, à Sannois, et ses hivers à Paris dans le monde des Beauvau, tant qu'ils vécurent, et de leur fille la princesse de Poix. Saint-Lambert, qui était surtout fait pour la société, avait certainement du goût pour la nature, et il l'a chantée de la manière dont il l'aima.

Son poëme des *Saisons* parut au commencement de 1769, un an seulement avant la traduction des *Géorgiques* de Delille. L'auteur y travaillait depuis quinze ou vingt ans. Le poëme, dans sa nouveauté, eut beaucoup de succès; il ne faudrait point croire cependant que presque toutes les objections que nous faisons aujourd'hui en essayant de le relire, ne furent point faites alors : il est rare que dans chaque temps la vérité ne se dise pas; elle est souvent étouffée par le bruit du monde et de la vogue, mais il suffit pour l'entendre de s'approcher de ceux qui la savent, et qui la disent en causant ou en s'écrivant.

Voltaire fut des plus ardents à exalter Saint-Lambert. Il y était intéressé et parce qu'il était fort loué dans le poëme, et par toutes sortes de motifs de revanche délicate ou de prosélytisme philosophique; pourtant il loue si fort, et il y revient si souvent dans les mêmes termes, qu'il faut bien croire que c'était le fond de sa pensée :

« J'ai un remords, écrivait-il à Saint-Lambert (7 mars 1769), c'est d'avoir insinué à la fin du *Siècle* présent, qui termine le grand *Siècle de Louis XIV*, que les beaux-arts dégénéraient. Je ne me serais pas ainsi exprimé si j'avais eu vos *Quatre Saisons* un peu plus tôt. Votre ouvrage est un chef-d'œuvre ; les *Quatre Saisons* et le quinzième chapitre de *Bélisaire* sont deux morceaux au-dessus du siècle. Ce n'est pas que je les mette à côté l'un de l'autre... »

Et le 4 avril :

« Quand je vous dis que votre ouvrage est le meilleur qu'on ait fait depuis cinquante ans, je vous dis vrai. Quelques personnes vous reprochent un peu trop de *flots d'azur*, quelques répétitions, quelques longueurs, et souhaiteraient dans les premiers chants des épisodes plus frappants.

« Je ne peux ici entrer dans aucun détail, parce que votre ouvrage court tout Genève, et qu'on ne le rend point ; mais soyez très-certain que c'est le seul de notre siècle qui passera à la postérité, parce que le fond en est utile, parce que tout y est vrai, parce qu'il brille presque partout d'une poésie charmante, parce qu'il y a une imagination toujours renaissante dans l'expression... »

Et plusieurs années après (1ᵉʳ septembre 1773) :

« Je fus certainement l'avocat d'une cause gagnée quand je fus si charmé du poëme des *Saisons* : soyez sûr que cet ouvrage restera à la postérité comme un beau monument du siècle. »

Voltaire ne veut pas surtout qu'on égale le poëme de Thomson à celui qui est venu depuis et qui en est, à bien des égards, une imitation. Thomson, que d'ailleurs il estime, n'est point, selon lui, à mettre en parallèle avec le poëte français, soit pour l'agrément des peintures, soit pour l'utilité philosophique du but. Ces jugements exprimés en dix endroits, et qui ressemblent à des contre-vérités sur tous les points, sont aujourd'hui un peu compromettants pour celui qui les a portés : dans la poésie élevée, ou sérieuse avec âme, Voltaire n'a pas eu le vrai style, et il est à craindre qu'il n'ait pas même toujours eu le vrai goût.

Une femme, madame du Deffand, précisément parce qu'elle n'était pas du métier et qu'elle n'en croyait que son impression, se trompait moins lorsqu'elle écrivait à Horace Walpole (12 mars 1769) :

« Je ne vous enverrai point Saint-Lambert ; rien, selon mon goût, n'est plus fastidieux, excepté huit vers que voici :

> Malheur à qui les Dieux accordent de longs jours !
> Consumé de douleurs vers la fin de leur cours,
> Il voit dans le tombeau ses amis disparaître,
> Et les êtres qu'il aime arrachés à son être.
> Il voit autour de lui tout périr, tout changer ;
> A la race nouvelle il se trouve étranger,
> Et lorsqu'à ses regards la lumière est ravie,
> Il n'a plus en mourant à perdre que la vie.

Rien n'est si beau, à mon avis, que cette peinture de la vieillesse ; j'aurais voulu que les expressions du quatrième vers eussent été plus simples, mais le mot *être* est du style à la mode. Ce Saint-Lambert est un esprit froid, fade et faux ; il croit regorger d'idées, et c'est la stérilité même ; et sans les *roseaux*, les *ruisseaux*, les *ormeaux* et leurs *rameaux*, il aurait bien peu de choses à dire. »

Horace Walpole dans le même temps, avec la hardiesse d'un homme tout rempli de Milton, de Shakspeare, et qui était l'ami de Gray, ajoutait son impression à celle de la clairvoyante aveugle, et la confirmait en des termes vifs, qui sont encore pour nous la vérité même :

« Madame du C... m'avait prêté *les Saisons* avant l'arrivée de votre paquet. Ah ! que vous en parlez avec justesse ! le plat ouvrage ! Point de suite, point d'imagination ; une philosophie froide et déplacée ; un berger et une bergère qui reviennent à tous moments ; des apostrophes sans cesse, tantôt au bon Dieu, tantôt à Bacchus ; les mœurs et les usages d'aucun pays. En un mot, c'est l'Arcadie encyclopédique. On voit des pasteurs, le dictionnaire à la main, qui cherchent l'article *Tonnerre*, pour entendre ce qu'ils disent eux-mêmes d'une tempête... Vous y avez trouvé huit vers à votre usage ; en voici un qui m'a frappé, moi :

> Fatigué de sentir, il parait insensible.

« Quant aux Contes orientaux (également de Saint-Lambert), ce sont des épigrammes en brodequins, de petites moralités écrasées sous des turbans gigantesques. Je persiste à dire que le mauvais goût qui précède le bon goût est préférable à celui qui lui succède. »

Mais ce n'était pas seulement Walpole qui jugeait ainsi le poëme des *Saisons*, c'était Grimm, c'était Diderot qui, sous le couvert de Grimm, avait tout un article critique développé, où il disait à bout portant, et pour ses correspondants d'Allemagne, tout ce qui était à dire. Après avoir relevé la fadeur et le vague des tons, quelques beaux vers perdus dans une foule de vers communs, la vie champêtre vue de trop loin, regardée de trop haut, sans étude et sans connaissance assez précise, il se demande comment M. de Saint-Lambert, qui passe une partie de sa vie à la campagne, n'a pas mieux vu, n'a pas mieux saisi et rendu tant de scènes réelles, de circonstances familières et frappantes :

« Pourquoi M. de Saint-Lambert n'a-t-il pas trouvé tout cela avant moi? C'est que son corps était aux champs et que son âme était à la ville...

« — Mais, me direz-vous, M. de Saint-Lambert est instruit? — Plus que beaucoup de littérateurs, mais un peu moins qu'il ne croit l'être. — Il sait sa langue? — A merveille. — Il pense? — J'en conviens. — Il sent? — Assurément. — Il possède le technique du vers? — Comme peu d'hommes. — Il a de l'oreille? — Mais oui. — Il est harmonieux? — Toujours. — Que lui manque-t-il donc pour être un poëte? — Ce qui lui manque, c'est une âme qui se tourmente, un esprit violent, une imagination forte et bouillante, une lyre qui ait plus de cordes; la sienne n'en a pas assez... Oh! qu'un grand poëte est un homme rare! »

Il me semble qu'on ne peut demander à la critique d'une époque rien de plus net et de plus formel que ces jugements : elle ne saurait aller plus loin sans faire elle-même office et acte de poésie. Si l'on ajoute aux huit vers cités par madame du Deffand et qui sont du chant de l'Automne, quelques vers assez beaux peignant les jours caniculaires de l'Été et cet accablement qui pèse alors sur tous les corps mortels :

> Tout est morne, brûlant, tranquille, et la lumière
> Est seule en mouvement dans la nature entière,

on aura présent à l'esprit à peu près tout ce qu'il y a d'un peu remarquable pour nous dans ce poëme si fort vanté à sa naissance et aujourd'hui tout entier passé.

Saint-Lambert manquait des sources vraies d'où s'alimente le genre de poésie naturelle qu'il cultivait. Il avait beaucoup d'esprit et un sens *exquis*, un tact *exquis*, dans l'acception où le prenait la société de son temps : c'est l'éloge que lui accordent ceux même qui le jugeaient d'ailleurs le plus sévèrement. Homme du monde accompli, il était réservé à l'extérieur : « il avait pour tout ce qui lui était indifférent une politesse froide qu'on pouvait quelquefois confondre avec le dédain. » Cette circonspection tenait sans doute à plusieurs causes : il avait vécu dans une petite Cour et dans un grand monde où sa fortune ne répondait point à sa condition ; il avait de la dignité et une délicatesse susceptible qu'il ne voulait pas exposer aux blessures. Il aurait eu l'épigramme excellente, dit Grimm, s'il ne s'était observé et s'il n'avait réprimé ses premiers mouvements. Le fond de son commerce, où il entrait du sens, de l'équité et des qualités sûres, était « d'une sécheresse et d'une aridité singulières. » Deux ou trois dîners chez mademoiselle Quinault, qui nous le montrent en gaieté et en veine d'enthousiasme, accusent en même temps et convainquent cet enthousiasme de ne se monter que pour des objets et des tableaux d'une sensibilité toute physique et toute sensuelle : il ne croit ni à la chasteté ni à la pudeur, ni à aucune religion, et ne fait pas même grâce à la religion naturelle : — « Pas plus celle-là que les autres, » s'écrie-t-il. Il nie les principes de la famille, de la société, et il revêt d'une sorte d'imagination échauffée et factice ses conclusions stériles. Il mérite que madame d'Épinay, étonnée, lui dise : « Vous, monsieur, qui êtes poëte, vous conviendrez avec moi que l'existence d'un Être éternel, tout-puissant, souverainement intelligent, est le germe d'un plus bel enthousiasme. »

Au reste, Saint-Lambert a lui-même exposé dans sa vieillesse, et sans plus y mêler la mousse du champagne, la série et le système complet de ses réflexions sur tous sujets dans ce fameux *Catéchisme universel* qui parut une œuvre philosophique si morale sous le Directoire. Ce *Catéchisme* commence par une analyse de l'homme et une analyse de la femme. L'auteur, dans ce second chapitre, fait parler en un dialogue le médecin philosophe Bernier et Ninon de Lenclos : « J'avais besoin d'une femme d'esprit qui n'eût pas conservé cette retenue et cette dissimulation que les mœurs imposent à son sexe; il me fallait une femme qui eût beaucoup pensé, beaucoup vu, et qui osât tout dire. » Et, en effet, il s'y dit froidement beaucoup de choses qui rappellent la conversation des dîners de mademoiselle Quinault. Dans un petit poëme, qui est à peu près du même temps, intitulé *les Consolations de la Vieillesse*, Saint-Lambert décrit en des vers spirituels et assez brillants son bonheur à Eaubonne ou à Sannois, au sein de la nature et de l'amitié, puis il ajoute en terminant que, lors même qu'il y serait seul, il jouirait du moins de la saison nouvelle, du printemps, du soleil :

> Et j'y voudrais penser et rire tour à tour
> Entre Montaigne et la Pucelle.

Est-il besoin maintenant de faire sentir les aspects arides qui, indépendamment de ce qui lui faisait faute dans le talent, devaient lui fermer les sources du dehors? Il ne décrit la nature qu'imparfaitement, avec monotonie, sans aucune de ces images *grandes et douces* que les Anciens ont connues : et comment en serait-il autrement, puisque jusqu'en ses heures les plus recueillies et sur son banc de gazon, sous son prunier en fleur, il a d'un côté Montaigne ouvert (je le lui passe, quoique ce ne soit pas le moment), mais de l'autre il a *la Pucelle?*

Et comment aurait-il parlé, en même temps que de la nature, de ce qui donne à la vie privée son embellissement et tout son charme, des femmes qu'il aimait, mais qu'au fond il estimait assez peu, dont il décomposait et niait les plus naturelles vertus par la bouche de Ninon, et en faveur de qui, sous le nom de Bernier, et pour tout réparer, il se contentait de dire : « Maintenons dans les deux sexes autant que nous le pourrons ce qui nous reste de l'esprit de chevalerie... » Mais ce reste d'esprit de chevalerie qui, dès lors bien factice et tout à l'écorce, était bon pour entretenir la politesse dans la société, est loin de suffire pour renouveler et pour réjouir sincèrement le fond de l'âme, pour inspirer le respect et l'inviolable tendresse envers une compagne choisie, et pour former au sein de la retraite une image de ce bonheur dont le grand poëte Milton a montré l'idéal dans ces divines et pudiques amours d'Adam et Ève aux jours d'Éden. En parlant ainsi, je touche aux vraies sources de cette poésie que Saint-Lambert a manquée (1).

Je n'insisterai pas sur lui davantage, et j'atteindrai seulement l'abbé Delille en passant. Celui-ci a certes de la joie, de la vivacité, des saillies à plaisir, et, en fait de philosophie, point de parti pris; il est resté pour nous, dans certains morceaux, plus agréable que Saint-Lam-

(1) Saint-Lambert, à la fin de sa vie, affaibli de tête, avait la manie, en prenant les mains de M. d'Houdetot, de lui dire à tout instant : « Mon ami, j'ai eu bien des torts envers vous... » On était obligé de couper court aux confidences. Il disait aussi, en indiquant du geste sa vieille amie qui, toujours un peu bergère, se promenait par les jardins : « Tenez!... elle est là avec ses amants. » Le délire même du vieillard est un dernier miroir de son âme et de sa vie.

bert. Mais si l'on a dit de celui-ci que dans ses conseils et ses descriptions il s'adressait moins au cultivateur et à l'habitant des campagnes qu'au possesseur de terres, au seigneur chargé de protéger des vassaux, que ne dira-t-on pas de Delille? C'est proprement le poëte visiteur qui passe de jardin en jardin, de volière en volière: tous les beaux lieux à la mode, il les a vus, il les a fêtés, et a payé l'hospitalité d'un jour ou d'une semaine par de jolis vers que la société la plus mondaine applaudissait. Il sait l'Antiquité mieux que Saint-Lambert; quand il traduit les *Géorgiques* de Virgile, au milieu de toutes les inexactitudes essentielles et des infidélités qui en altèrent le caractère et le ton, il a un cours général facile et des portions heureuses. Un jour, la fille du poëte Roucher, écrivant à son père alors sous les verrous, relevait avec une sagacité remarquable et un sentiment de préférence filiale bien permis les défauts de la traduction de Delille au début des *Géorgiques :* « Mais d'un autre côté, répondait à sa fille l'honnête Roucher, tu ne me parais pas rendre toute la justice qui est due à sa grâce, à son harmonie, à ce *je ne sais quoi* qui plaît, même dans sa manière française, aux amateurs impartiaux de l'Antiquité. » On voit que je tiens à accorder à Delille tout ce qui se peut raisonnablement. Quant aux hautes sources de poésie ou à celles qui naissent secrètement du cœur, sentiments délicats ou croyances supérieures, il ne les a jamais blasphémées; loin de là, il les a honorées et célébrées à la rencontre, et elles lui ont quelquefois inspiré en retour quelques accents qu'on a retenus : et malgré tout, on sent chez lui un vide à ces endroits essentiels, quelque chose de léger qui voltige de pensée en pensée comme de site en site ; il n'y habite pas. Il a vivement décrit bien des scènes et des jeux d'une journée de château ou de salon ; mais nulle part, si l'on ne se paye pas de rimes sonores, il ne paraît soupçonner le charme intime qui naît des habitudes vertueuses et simples d'une vie privée pratiquée obscurément et aimée, et la fleur inattendue de poésie qui tout d'un coup s'y découvre et la couronne.

Roucher, que j'ai nommé, et qui laissera du moins son nom pour être mort le même jour et sur le même échafaud qu'André Chénier, serait plus fait pour sentir cette sorte de douceur et de charme. Son poëme des *Mois*, qui parut, magnifiquement imprimé, en 1779, sous l'invocation de Turgot et avec la protection de l'école économiste, a quelques bons vers et qui décèlent un instinct de fraîcheur et de nouveauté :

> L'onde étincelle et fuit d'une course plus vive,
> La pelouse déjà rit au pied des coteaux...

Il manque par malheur d'invention, et n'a pas assez d'art, pas assez de fermeté dans le talent pour se soutenir ; il n'a que de bons commencements, et ses vers retombent vite dans le convenu. La Correspondance qu'il entretint avec sa fille et avec quelques amis durant ses dix mois de captivité, tant à Sainte-Pélagie qu'à Saint-Lazare, offre des pages touchantes, des qualités cordiales, un amour franc de la nature et de la famille :

« Un botaniste passionné, écrivait-il à sa fille en avril 1794, n'est pas un conspirateur. Que de progrès j'eusse faits, nous eussions faits cette année! les voies étaient aplanies, nous étions familiarisés avec les premiers éléments; en un mot, nous étions sortis du chaos des principes, nous n'avions plus qu'à aller devant nous. Mais non, ce printemps sera tout à fait perdu pour moi ; et cependant, à mon âge, un printemps est bien quelque chose!... Tu ne connais pas tous les élans de mon âme vers la liberté depuis le rajeunissement de la nature. J'ai supporté avec le courage d'un stoïcien la captivité pendant les six mois brumeux, neigeux et pluvieux, qui ont passé sur ma tête en prison : ce même courage ne m'a point abandonné, mais à mon insu, et malgré moi, ma pensée me quitte à tout moment ; et, quand je la retrouve, c'est au milieu des jardins et des campagnes dont je ne jouis pas, moi qui m'étais tant promis d'en jouir ; et, pour m'entretenir encore dans cette disposition d'âme, moitié pénible, moitié agréable, le hasard a fait que ce moment de l'année se rencontre avec la traduction de cette partie de l'Été où Thomson, avec un charme inexprimable, une mélancolie philosophique, peint les délices de la promenade... »

Il traduisait donc Thomson sous les verrous; il regrettait de ne pouvoir suivre le cours de botanique et les herborisations de Desfontaines; il donnait à sa fille, âgée de dix-huit ans, distinguée par l'esprit et le savoir, de bons conseils de tout genre. Son tort, à lui, est plutôt dans son style, dans sa manière de dire; il est trop imbu des fadeurs sentimentales du siècle; il a trop de Greuze en lui et sous sa plume, sans la couleur, mais avec le luxe de vertu et de sentimentalité qui s'épanche; et surtout quand il mêle des vers à sa prose, cela se gâte aussitôt.

Il en est un peu de même de Ducis, qui avait de plus que Roucher l'inspiration présente et le secours des croyances religieuses positives. Ce noble et bon vieillard a écrit dans ses dernières années d'admirables lettres où respire la poésie de la solitude, de la campagne, de la famille regrettée et perdue, de l'amitié toujours accueillie, et de la patrie céleste de plus en plus prochaine et souhaitée; mais le même homme, qui a sous sa plume en prose des paroles douces et fortes comme le miel des déserts, ne trouve plus dans ses vers de la même date que des couleurs mêlées, inégales, et où le talent se relâche trop dans la bonhomie : ici, c'est l'art et l'originalité de forme qui a manqué.

Cette originalité, jointe aux vertus et aux qualités morales les plus fines qui sont l'âme de cette poésie, se rencontre au plus haut degré en un poëte anglais bien connu de nom, mais trop peu lu en France, et dont je voudrais présenter une idée précise et vive, par opposition aux divers noms que je viens de passer en revue.

William Cowper est loin d'être parfait sans doute, et il a, lui aussi, ses excès, ses défauts ; il a ses parties pénibles et austères à côté de ses peintures les plus neuves et les plus riantes ; il semble déchiffrer parfois, en contemplant la nature, ce que d'autres après lui y liront avec plus d'ampleur et de facilité : mais ce qu'il possède incontestablement, sans parler de son style réel et hardi dans sa simplicité, c'est le fond même de la poésie qui lui est propre ; il en occupe toutes les sources pures émanées d'Éden, et il pratique tous les sentiers qui peuvent y ramener. En 1782 (et c'est aujourd'hui le seul échantillon que je veuille citer), il publia son premier recueil de poëmes, et il y en avait un intitulé *la Retraite*, qui terminait le volume. De quelle manière le poëte y envisageait-il ce besoin de retraite, de solitude et de campagne qui, à un certain moment, est le vœu de tous, de l'homme d'État, de l'homme de loi, du marchand comme du poëte ? Car tous, « attachés qu'ils sont aux affaires et enchaînés à la rame qu'il est donne à si peu de pouvoir quitter, tous, quand déjà le flot de la vie sensiblement se retire et baisse, aspirent à quelque abri aux champs, sous les ombrages, là où, mettant de côté les longues anxiétés, ou ne s'en ressouvenant plus que pour ajouter un embellissement et commé un sourire à ce qui était doux déjà, ils puissent posséder enfin les jouissances qu'ils entrevoient, passer les années du déclin au sein de la quiétude, réparer le restant de leurs jours perdus, et, après avoir vécu dans la bagatelle, mourir en hommes. »

Cowper voit dans cette disposition et dans ce vœu universel un cri de la conscience qui, longtemps méconnue, mais non abolie, rappelle toute créature humaine à son origine et à sa fin, et l'avertit de sortir du tourbillon des villes, de cette atmosphère qui débilite et qui enflamme, pour revenir là où il y a des traces encore visibles, des vestiges parlants d'un précédent bonheur, et « où les montagnes, les rivières, les forêts, les champs et les bois, tout rend présent à la pensée le pouvoir et l'amour de Celui qui les a faits. »

Et dans une description minutieuse et vivement distincte, où il entre un peu trop d'anatomie, mais aussi de jolis traits de pinceau, il donne idée de la manière d'interpréter et d'épeler la création, et il montre qu'ainsi étudié, compris et *consacré*, tout ce qui existe, loin d'être un jeu d'enfant ou un aliment de passion, ne doit plus se considérer que comme une suite d'échelons par où l'âme s'élève et arrive à voir clairement « que la terre est faite pour l'homme, et l'homme lui-même pour Dieu. »

Tout cela est grave et solennel sans doute, il faut s'y accoutumer avec le poëte : Cowper, c'est à bien des égards le Milton de la vie privée. Au pied de ces hauteurs qu'il ne craint pas de gravir et de nous faire monter avec lui, les fontaines seront plus jaillissantes, les fraîcheurs plus délicieuses.

Il a, pour peindre les soins et les vaines agitations des hommes, des images dignes de Lucrèce, mais d'un **Lucrèce chrétien** :

« Si nous ouvrons la carte où se déploie le plan étendu du Tout-Puissant, nous trouvons une toute petite île, cette vie humaine : l'espace inconnu de l'Éternité l'environne et la limite de toutes parts; la foule empressée explore et fouille chaque crique et chaque rocher du dangereux rivage, y ramasse avec soin tout ce qui lui paraît exceller aux yeux, quelques-uns de brillants cailloux, d'autres des algues et des coquillages ; ainsi chargés, ils rêvent qu'ils sont riches et grands, et le plus heureux est celui qui gémit sous sa charge. Les vagues les surprennent dans leur folie sérieuse, et chaque heure en balaye des multitudes ; ils crient et s'enfoncent ; les survivants s'effarent et pleurent, poursuivent leur jeu et les suivent bientôt à l'abîme. Un petit nombre abandonne la foule, demande les yeux levés la richesse du Ciel, et gagne les seuls biens réels, vérité, sagesse, grâce, et une paix pareille à celle de là-haut... »

Alors il se met à examiner les différents jeux, ces cailloux de différentes couleurs que s'amusent à ramasser les hommes et qu'ils continuent souvent de rechercher jusque dans la retraite et la solitude : car la plupart ne la désirent que pour s'y plus abandonner à leurs goûts favoris, et pour mieux caresser leur passion secrète. Et l'amoureux, par exemple, Cowper ne croit pas que la solitude lui soit bonne et lui convienne. Écoutons-le dans ce passage délicat et charmant (1) :

« L'amoureux évite aussi les affaires et les alarmes, tendre adorateur de charmes absents. Les saints n'offrent pas de prières si ferventes, qu'il ne les égale par une dévotion pareille ; c'est la consécration de son cœur, de son âme, de son temps ; chaque pensée qui s'écarte lui semble un crime. Par des soupirs il encense sa beauté suprême, et, dans son désespoir, verse une triste libation de larmes ; il adore une créature, et, dévot en vain, reçoit en échange de son amour une réponse dédaigneuse. Comme le chèvrefeuille enlace l'arbre qu'il peut atteindre, aune rugueux, frêne à l'écorce unie ou hêtre luisant, enroule autour du tronc ses anneaux en spirale, et suspend aux branches feuillues ses glands dorés, mais il cause un dommage là où il prête une grâce, entravant la croissance par un embrassement trop étroit ; de même l'amour, lorsqu'il s'enlace aux plus fiers esprits, empêche le déploiement de l'âme qu'il subjugue : il adoucit, il est vrai, la démarche de l'amant, le forme au goût de celle qu'il aime, enseigne à ses yeux un langage, embellit son parler, et façonne ses manières ; mais adieu toute promesse de plus heureux fruits ! adieu les desseins virils et les graves poursuites de la science ! Traînant une chaîne qu'il ne peut vouloir rompre, son seul bonheur est de souffrir pour celle qu'il aime ; lui qui pourrait aspirer à la gloire et y atteindre, il n'a plus d'autre but que son sourire : ambitions plus hautes, adieu !

« Vous, Tircis, Alexis (ou quel que soit le nom qui puisse le moins offenser une flamme si belle), bien que les sages conseils de l'ami le plus sincère sonnent rudement à des oreilles si délicates, et qu'un amant soit, de toutes les créatures sauvages ou apprivoisées, celle qui endure le moins un contrôle, même le plus doux ; souffrez ce-

(1) J'emprunte pour ce morceau la traduction fidèle et sentie d'un jeune écrivain qui possède également bien les deux langues, M. William Hughes, et qui a pu suivre avec certitude toutes les nuances de la pensée originale.

pendant qu'un poëte (la poésie désarme les animaux les plus féroces par ses charmes magiques), souffrez qu'un poëte ose, par ses conseils, troubler votre rêverie, et qu'à son tour il vous courtise et vous conquière pour votre propre bien. Les scènes pastorales et les tranquilles retraites, les promenades ombreuses et les sites solitaires, les doux oiseaux s'unissant en concert aux ruisseaux harmonieux, les molles brises, les veilles nocturnes et les rêves de jour sont autant d'enchantements qui, dans un cas comme le vôtre, conspirent contre votre tranquillité, vous amollissent pour faire de vous une proie plus sûre, et entretiennent la flamme qui consume vos forces.

« Debout! — Dieu vous a formé dans un dessein plus sage, non pour porter des chaînes, mais pour subjuguer ; il vous appelle à lutter contre vos ennemis, et tout d'abord vous impose un combat contre vous-même, le plus rude de tous. La femme, ce don qu'il accorda à la terre quand il voulut créer un paradis ici-bas, le bien terrestre le plus riche qui soit sorti de ses mains, la femme mérite d'être aimée, non adorée. Passez donc sans retard à des scènes plus actives, rassemblez les vérités éparses que glane l'étude ; mêlez-vous au monde, mais à ce qu'il a de plus sage ; ne donnez plus tout votre cœur à une idole, votre cœur ne lui appartient pas, il ne vous appartient pas à vous-même... »

Il décrit aussi, et pour l'avoir trop cruellement éprouvée, la *manie* maladive et la *mélancolie* funeste se cachant dans la solitude et y méritant toutes les tendres sympathies de la pitié; puis les délices d'une convalescence où l'on jouit avec attendrissement de chaque beauté de la nature comme à un réveil du monde.

L'illusion de l'homme politique qui se dégoûte des affaires et qui croit aimer la retraite, les périodes divers de son *accès* champêtre sont déduits par Cowper avec une fine ironie. Le marchand qui va à deux pas de la capitale respirer la poussière de la grande route, et qui se croit dans une Tempé; les belles qui chaque année courent aux eaux, aux bains de mer, et y portent avec elles leur frivole tourbillon, passent et posent devant lui tour à tour. Ainsi il énumère tous les faux motifs, les vains essais de retraite, et montre en quoi ils diffèrent de la véritable, de celle qui profite et qui dure. Il est particulièrement admirable sur les livres qu'il y conseille et qui peuvent être nourrissants. On voit qu'il est en garde contre le dix-huitième siècle de la France et qu'il s'en méfie : « Point de ces livres, scandale des tablettes, où d'impudents sensualistes se produisent eux-mêmes; » point de ces livres non plus où le théâtre offre de trop près le vice qu'il croit guérir; point de Voltaire, il le dit expressément, en le désignant comme « celui qui a bâti à Dieu une église et qui a raillé son nom. » Dans sa définition de ce qu'il veut qu'on évite et de ce qu'il conseille en fait de lecture, Cowper a des paroles qui sont encore à recueillir aujourd'hui :

> « Une vie de déréglement et de mollesse, dit-il, donne à l'âme un moule puéril, et, en le polissant, pervertit le goût. Les habitudes d'attention forte, les têtes qui pensent deviennent plus rares à mesure que la dissipation se répand, jusqu'à ce que les auteurs entendent autour d'eux ce cri général : *Amuse-nous, amuse-nous à tout prix, ou nous mourons!* Cette demande hautement répétée d'année en année appauvrit l'invention et rend l'imagination boîteuse. La farce elle-même, tristement à sec, a recours à l'assistance de la musique; les romans-nouvelles (témoin les Revues de chaque mois) mentent à leur nom et n'offrent plus rien de nouveau. L'esprit qui réclame un divertissement nécessaire devrait se tourner vers les écrivains d'une plus solide qualité, dont les traits bien ménagés et le style classique donnent à la vérité un lustre et font sourire la sagesse. »

Cette doctrine sévère, qui règle le bon emploi de la retraite, et qui peut étonner au premier abord, produira ensuite, dans le détail, des effets d'une fraîcheur et d'une sensibilité incomparables. Cowper, en terminant ce petit poëme, indique tous les plaisirs innocents et encore bien nombreux qu'il permet à son solitaire et à son ami des champs, et il les résume par une image poétique, en disant que ce sont tous ceux « *qui ne laissent aucune tache sur l'aile du Temps.* » — Nous voilà loin de Saint-Lambert, de ses inspirations et de ses lectures, et c'est précisément cette distance que j'ai voulu faire mesurer aujourd'hui.

Lundi, 20 novembre 1854.

WILLIAM COWPER
ou
DE LA POÉSIE DOMESTIQUE

La vie de ce poëte original, à la fois grave et charmant, est des plus singulières, toute simple au dehors et semée au dedans d'écueils et de précipices ; il est arrivé à composer ses œuvres si morales et si attachantes par un chemin très-détourné, très-éloigné des voies communes, et qu'il n'eût conseillé à personne. On a aujourd'hui sur son compte tous les éclaircissements désirables. Southey, poëte et critique, avait publié en 1835 une ample Biographie de Cowper en tête d'une édition des OEuvres ; on réimprime le tout aujourd'hui. Cette édition de Cowper et cette Biographie par Southey, et de plus l'édition donnée par le révérend Grimshawe (1850), fournissent les documents d'une étude complète, ou, pour mieux dire, cette étude est déjà faite par Southey lui-même : mais la Correspondance de Cowper, qui égale en mérite et en pensée ses œuvres poétiques, et qui est encore plus naturelle et surtout plus aisée, offre une lecture où chacun peut choisir sa matière de réflexion et ses coins d'agrément. Il est étonnant que personne n'ait songé à traduire, à extraire de là de quoi former deux volumes en français, qui seraient ce qu'il y aurait de plus neuf et de plus honnêtement récréant.

William Cowper naquit le 26 novembre 1731, d'une famille des plus honorables, et qui avait produit même des membres illustres. Son père était dans l'Église et recteur à Berkhamstead lorsque William y vint au monde. Sa mère Anne Donne, de noble naissance, mourut jeune en 1737, laissant deux fils; William n'avait alors que six ans, mais il garda des premiers temps de son enfance et des tendresses de sa mère un souvenir vif et profond, gravé plus avant en son cœur par le régime tout différent auquel il fut soumis le lendemain de cette mort; il a consacré ce souvenir, à plus de cinquante ans de distance, dans des vers composés par lui en recevant d'une cousine le portrait de sa mère (1790). En les lisant, on n'y retrouve pas seulement l'affectueuse émotion qui serait dans le cœur de bien des fils à la vue de ce qui ramène vers les années heureuses, mais on y reconnaît aussi ce qu'il y avait de particulièrement sensible, de tendrement *sensitif* et douloureux dans cette nature de Cowper, qui avait avant tout besoin de la tiédeur et de l'abri du nid domestique :

« EN RECEVANT LE PORTRAIT DE MA MÈRE.

« Oh! que ces lèvres n'ont-elles un langage! La vie ne s'est montrée pour moi que trop dure depuis que je t'ai entendue pour la dernière fois. Ces lèvres sont les tiennes; — c'est bien ton doux sourire que je vois, le même qui me consola si souvent dans mon enfance : il ne leur manque que la parole; à cela près, comme elles semblent dire clairement : « Ne te chagrine point, mon enfant, chasse loin toutes tes frayeurs! » La calme intelligence de ton regard aimé (béni soit l'art qui a pu l'immortaliser et ravir au Temps le droit de l'éteindre) brille ici sur moi toujours la même.

« Et toi qui fidèlement me retraces celle qui m'est si chère, hôte bienvenu quoique inattendu ici, qui m'ordonnes d'honorer d'un vers aimant et simple une mère depuis si longtemps perdue, j'obéirai non-seulement de bon gré, mais avec joie, comme si l'ordre me venait d'elle; et tandis que ces traits viennent renouveler ma filiale douleur, l'imagination ourdira un charme pour me consoler ; elle me plongera dans une rêverie élyséenne : — songe d'un moment qui me fera croire que tu es elle.

« Ma mère, lorsque j'appris que tu étais morte, dis, est-ce que tu as eu conscience des pleurs que j'ai versés ? Ton esprit, d'en haut, se pencha-t-il sur ton fils désolé, malheureux déjà dans ce voyage à peine commencé de la vie ? Peut-être qu'alors tu me donnas un baiser que je ne sentis pas, peut-être une larme, si les âmes peuvent pleurer dans la béatitude. Ah ! si j'en crois ce sourire maternel, il me répond : Oui ! — J'entendis a cloche sonner pour ton jour de funérailles ; je vis le corbillard qui t'emportait lentement, et dans ma chambre d'enfant, me détournant de la fenêtre, je poussai un long, long soupir, et je pleurai un dernier adieu... Mais est-ce bien le dernier ? — Oui, c'est le dernier. — Là où tu es allée, les adieux sont des sons inconnus. Que je puisse seulement te retrouver sur ce pacifique rivage, et des paroles d'adieu ne sortiront plus de mes lèvres ! Tes servantes, touchées elles-mêmes de ma douleur, me donnèrent plus d'une fois la promesse de ton prompt retour. Longtemps je crus à ce que je désirais ardemment, et, toujours déçu, je me laissais tromper toujours, leurré chaque matin d'une attente nouvelle, et dupe du lendemain, même dès l'enfance ! Ainsi vinrent et passèrent bien des tristes lendemains jusqu'à ce qu'enfin, tout mon fonds de douleur d'enfant étant épuisé, j'appris à me soumettre à mon lot ; mais tout en te pleurant moins, je ne t'oubliai jamais.

« Là où nous avons habité autrefois, notre nom ne se prononce plus ; des enfants, qui ne sont plus les tiens, ont foulé le parquet où j'appris à marcher, et là où le long de cette rue, le jardinier Robin me traînait chaque matin à l'école, enchanté de ma voiture d'enfant, enveloppé d'un chaud manteau écarlate et coiffé d'une toque de velours, c'est devenu maintenant une histoire peu connue qu'autrefois nous appelions la maison pastorale la nôtre.

« Possession éphémère ! mais le pieux registre que garde ma mémoire de toutes tes tendresses en ce lieu, survit toujours à bien des orages qui ont effacé mille autres sujets moins profondément gravés. Les visites de nuit que tu faisais dans ma chambre pour savoir si j'étais sain et sauf et chaudement couché ; tes largesses du matin avant le départ pour l'école, le biscuit ou la prune confite ; l'eau odorante que ta main prodiguait à mes joues jusqu'à ce qu'elles fussent brillantes de fraîcheur et luisantes, tout cela, et ce qui fait plus chérir que tout encore, ce courant continu d'amour que rien en toi n'interrompait, que ne troublèrent jamais ces débordements et ces sécheresses que crée une humeur inégale ; tous ces souvenirs, toujours lisibles dans les pages de ma mémoire et qui le seront jusqu'à mon dernier âge, ajoutent le plaisir au devoir, me font une joie de te rendre de tels honneurs que le peuvent mes vers ; un bien fragile témoignage peut-être, mais sincère, et qui ne sera point méprisé au Ciel, quand il passerait inaperçu ici-bas...

« Si le Temps pouvait, retournant son vol, ramener les heures où jouant avec les fleurs brodées sur ta robe, — violette, œillet et jasmin, — je les dessinais sur le papier avec des piqûres d'épingle (et toi, pendant ce temps-là, tu étais encore plus heureuse que moi, tu me parlais d'une voix douce et tu me passais la main dans les cheveux, et tu me souriais); si ces jours rares et fortunés pouvaient renaître, s'il suffisait d'un souhait pour les ramener, en souhaiterais-je le retour? Je n'oserais me fier à mon cœur; ce délicieux bonheur semble si désirable! peut-être j'y voudrais revenir! — Mais non, ce qu'ici nous nommons la vie est chose si peu digne d'être aimée, et toi, ma mère, tu m'es si aimable que ce serait te payer bien mal que de contraindre ton esprit délivré à reprendre ses fers... »

La mort de sa mère livra le jeune enfant aux mains des étrangers; son père, homme estimable, n'eut point pour ce fils délicat et timide les attentions qu'il aurait fallu. Dans une pension où fut envoyé Cowper, il fut victime de la tyrannie d'un de ses camarades plus âgé qui, le voyant si craintif et si sensible, l'avait pris pour souffre-douleur. Un mal d'yeux interrompit quelque temps ses études; il fut mis ensuite à l'École de Westminster, où il eut pour amis des condisciples distingués qui se firent connaître depuis; il y resta jusqu'à dix-huit ans. Comme il s'est, dans la suite, prononcé en toute occasion contre les inconvénients de l'éducation publique, telle surtout qu'elle existait alors, on a cherché dans les circonstances de ses premières années à expliquer cette opinion qui s'accorde si bien d'ailleurs avec toute sa manière de sentir et de craindre. A le voir, cependant, tel qu'il était d'abord et qu'il dut être avant les accidents qui rembrunirent ses pensées, il paraît avoir eu bien des heures de gaieté, de joie, et de la plus gracieuse sociabilité; il excellait aux jeux de son âge, et particulièrement à la crosse et au ballon. Au sortir de l'École de Westminster, il entra dans une étude d'homme de loi, et y passa trois années; il dit n'y avoir jamais travaillé sérieusement et avoir perdu tout ce temps à rire et à faire des espiègleries de clerc, du matin au soir, avec son camarade d'étude, le futur lord chancelier Thurlow. Ce dernier, au milieu de ses folâtreries, ne laissait pas sans doute de se préparer à la carrière de travaux positifs où ses talents rencontrèrent bientôt leur utile et illustre emploi. Cowper se reprochait fort la perte de ces années décisives qu'il comparait, en langage des champs, au temps des semailles; on n'a plus tard des gerbes qu'à ce prix : « La couleur de toute notre vie, pensait-il, est généralement telle que la font les trois ou quatre premières années dans lesquelles nous sommes nos maîtres. C'est bien alors qu'on peut dire que nous formons de nos mains notre destinée, et que nous amassons pour nous-mêmes une suite de succès futurs ou de mécomptes. » Au sortir de l'étude de M. Chapman (c'était le nom de l'homme de loi), il élut domicile au *Temple*, qui est le quartier des légistes de profession, et là, tandis qu'il vivait seul, il ressentit les premières atteintes de la maladie qui, sous une forme ou sous une autre, reparut et persista cruellement aux diverses époques de sa vie. C'était un état d'abattement, de désespoir et de terreur qui le laissait en proie aux plus sinistres pensées et aux images lugubres. Toutes études agréables lui étaient devenues impossibles, et ses plus chères lectures ne lui procuraient aucun soulagement. L'idée religieuse s'éveilla alors dans son âme; il recourut à Dieu par la prière; se trouvant à Southampton, où les médecins l'avaient envoyé pour changer d'air et se distraire, il y eut une heure, un moment, où dans une promenade qu'il faisait aux environs avec quelques amis, par une brillante matinée, s'étant assis sur une hauteur d'où la vue embrassait la mer et les coteaux boisés du rivage, il sentit tout d'un coup comme si un nouveau soleil s'était levé dans le ciel et lui éclaircissait l'horizon : « Je me sentis soulagé de tout le poids de ma misère; mon cœur devint léger et joyeux en un instant; j'aurais pleuré avec transport si j'avais été seul. » On a souvent noté, dans les conversions qui tardèrent longtemps à s'accomplir, ces signes avant-coureurs et comme ces premières atteintes, ces premiers *coups de soleil* de la Grâce. Cowper, alors âgé de vingt-deux ans, ne tint pas compte de ce qu'il jugea plus tard avoir été un appel et un avertissement; il attribua bientôt l'amélioration de son état au simple changement d'air et aux divertissements du lieu, et il retourna à Londres reprendre sa vie, non pas licencieuse, mais gaiement dissipée et diversement légère.

Il devint avocat sans cause, se lia fort avec quelques gens de lettres de son âge, fut d'un club avec eux; il fit des vers, des Essais moraux satiriques qui parurent dans les Journaux et Revues du temps. On a recueilli avec soin ces premières productions de Cowper; on y distingue déjà un caractère de finesse, d'observation maligne et de tournure moralisante qu'il développera par la suite, mais il n'y avait encore aucun cachet propre, aucune originalité.

Les passions ne semblent pas l'avoir fortement agité; il aima une de ses cousines germaines qui le paya de retour, mais le père de la jeune fille s'opposa au mariage, et Cowper ne paraît pas en avoir beaucoup souffert. Il continuait de vivre ainsi de cette vie sans règle et sans excès apparent, lettré amateur, agréable à sa société, badin, d'une espièglerie spirituelle et vive, semblant avoir pris pour devise ce mot d'un poëte : *Dilecto volo lascivire sodali*, et, pour tout dire, le plus aimable des compagnons, lorsque arriva le grand événement qui l'arracha à la société, le plongea en d'inexprimables angoisses et l'amena graduellement, et par des épreuves douloureuses, à un état de rajeunissement et de maturité d'où sortirent des productions de génie.

Il avait perdu son père depuis plusieurs années, et il dissipait doucement son patrimoine, lorsque venant à sentir la nécessité de ce qu'on appelle une position, il eut recours à un ami, à un parent en crédit qui le fit nommer secrétaire à la Chambre des Lords. Il y avait dans le même moment deux de ces places de secrétaires vacantes, dont l'une obligeait plus que l'autre à paraître et à lire en public. Cowper, après de grandes perplexités, se détermina pour la place qui répond à celle de secrétaire archiviste, moins lucrative, mais où il jugeait qu'il n'aurait point à se produire en personne. Toutefois, une opposition s'étant élevée dans la Chambre au sujet de sa nomination, il vit qu'il aurait à comparaître à la barre et à y subir une espèce d'examen sur son degré d'aptitude et de capacité. Cette seule idée suffit à bouleverser toute sa machine; il eut beau faire effort pour se préparer et se mettre en mesure, il avait entrepris au-dessus de ses forces : « Ceux, dit-il, qui sont organisés comme moi, et à qui une exhibition publique d'eux-mêmes, en n'importe quelle occasion, est un poison mortel, peuvent seuls avoir quelque idée de l'horreur de ma situation ; les autres ne sauraient se la figurer. » Des mois se passèrent dans cette lutte pénible et dans cette attente, qu'il a comparée à celle du condamné qui voit approcher le jour de son exécution. Il essaya dans cet intervalle de diverses formes de suicide, et, le matin même où on le vint chercher pour le conduire à son examen de Westminster, on le trouva qui avait tenté sur lui-même un acte désespéré de strangulation : il fallut le transporter dans une maison de santé. Il avait alors trente-deux ans.

Pendant plus de dix-huit mois de séjour en cette maison de santé du docteur Cotton à Saint-Alban (décembre 1763 — juin 1765), il eut à traverser bien des crises et des épreuves morales avant d'arriver à une sorte de guérison. Ses facultés étaient revenues assez au complet dès le huitième mois, depuis une visite qu'il reçut de son frère le révérend John Cowper, homme d'église, savant et régulier, et qui était venu de Cambridge pour le voir, en juillet 1764. Il était pourtant toujours sous une impression de terreur et d'effroi : cette impression accablante ne cessa soudainement qu'un jour que, lisant l'Écriture, son regard s'arrêta sur un verset de la troisième Épître de saint Paul aux Romains. Il en éprouva une telle consolation et une vue de foi si pleine et si lumineuse, que le médecin craignit que cette brusque transition du désespoir à la joie n'amenât à son tour une crise nouvelle. — « L'homme, a dit admirablement Cowper dans un de ses meilleurs poëmes, est une harpe dont les cordes échappent à la vue, chacune rendant son harmonie lorsqu'elles sont bien disposées; mais que la clef se retourne (ce que Dieu, s'il le veut, peut faire en un moment), dix mille milliers de cordes à la fois se relâchent, et jusqu'à ce qu'il les accorde de nouveau, elles ont perdu toute leur puissance et leur emploi. »

La convalescence se soutenant, Cowper résolut de changer tout son train de vie, et renonçant pour jamais à Londres qu'il appelait le théâtre de ses *abominations*, et qui l'était plutôt de ses légèretés, il chargea son frère de lui trouver une retraite de campagne dans quelque petite ville, non éloignée de Cambridge. Son frère lui loua un logement à Huntingdon, et Cowper s'y rendit au mois de juin 1765 avec un domestique qui l'accompagnait. Il y vécut quelques mois à peu près seul, évitant les visites, éludant les relations de voisinage, et « ne voulant de commerce, disait-il, qu'avec son Dieu en Jésus-Christ. » Pauvre oiseau blessé; il cherchait à s'y blottir, à s'y refaire peu à peu, à s'y guérir en silence de sa plaie, et à y apaiser ses trop longues et trop poignantes épouvantes. Une vie si solitaire n'aurait sans doute pas tardé à produire une récidive de mélancolie, s'il n'avait eu l'idée, qu'il jugea une inspiration d'en haut, de se rapprocher d'une famille avec laquelle il avait fait connaissance quelques mois auparavant. Un matin, en sortant de l'église, le jeune Unwin, fils d'un ministre du lieu, aimable jeune homme de vingt et un ans, s'était approché de Cowper qui allait se promener mélancoliquement seul sous une rangée d'arbres; il lui avait fait des prévenances et s'était invité lui-même à prendre le thé avec lui pour l'après-midi. Cowper, en causant avec ce jeune homme, rencontra avec une joie inexprimable une âme nourrie des plus vives notions du Christianisme, tel qu'il le concevait lui-même; il fut introduit bientôt dans la famille, et dès lors une amitié s'engagea qui décida de toute la vie, et, l'on peut dire, de toutes les facultés et des talents du poëte.

La famille Unwin se composait du père, de madame Unwin, plus âgée que Cowper de sept ans, et qui devint pour lui comme une mère, du fils dont je viens de parler et d'une fille :

« Ce sont les plus aimables gens qu'on puisse imaginer, écrivait Cowper à un de ses amis dès les premiers temps de cette relation; ils sont tout à fait sociables, et en même temps aussi affranchis que possible de toutes ces civilités cérémonieuses, ordinaires au monde comme il faut de province. Ils me traitent plutôt comme un proche parent que comme un étranger, et leur maison est toujours ouverte pour moi. Le vieux monsieur me conduit à Cambridge dans sa voiture : c'est un homme de savoir, de bon sens, et aussi simple que le curé Adams (dans le roman de *Joseph Andrews*, de Fielding). Sa femme a une intelligence des plus distinguées; elle a beaucoup lu et à bonne fin, et est plus polie qu'une duchesse. Le fils, qui appartient à Cambridge, est le plus aimable jeune homme, et la fille aussi tout à fait en accord avec le reste de la famille. Ils voient peu de monde, ce qui me convient parfaitement; à quelque moment que j'y aille, je trouve une maison pleine de paix et de cordialité dans tout ce qui la compose, et je suis sûr de n'y entendre aucune médisance, mais, au lieu de cela, un sujet d'entretien qui nous rend meilleurs. » — « Cette femme, écrit-il encore de madame Unwin, est une bénédiction pour moi, et je ne la vois pas de fois que je ne devienne meilleur dans sa compagnie. »

Timide et effarouché aisément comme il l'était, il avait toujours demandé au Ciel, en sortant de Saint-Alban, qu'il plût à la Providence de lui procurer un appui et une assistance de cette sorte, une mère enfin : « Qu'on est heureux, s'écriait-il, de pouvoir penser avec une ferme confiance que nos demandes sont entendues, au moment même où nous les faisons ! » et il voyait dans cette rencontre l'accomplissement et comme le dernier *coup de main* que le Tout-Puissant voulait donner à sa guérison spirituelle et à sa conversion. Bientôt l'intimité se resserrant, et la suggestion intérieure devenant plus pressante, Cowper alla loger chez les Unwin, et du premier jour il y fut moins leur pensionnaire qu'un membre régulier de la famille. Il a décrit dans une lettre à une parente la manière dont ses journées étaient ordonnées dans les premiers temps de cette réunion, et comment la vie s'y passait en commun presque ainsi que dans un couvent : le déjeuner entre huit et neuf heures ; de là, jusqu'à onze, lecture de l'Écriture ou de quelque sermon ; à onze heures, le service divin, qui se faisait deux fois chaque jour. De midi à trois heures, chacun allait de son côté et vaquait à ses goûts et à sa récréation ; il employait cet intervalle soit à lire dans sa chambre, soit à se promener, même à monter à cheval, ou à travailler dans le jardin. Après le dîner, qui avait lieu à trois heures, si le temps le permettait, on allait au jardin où, entre madame Unwin et son fils, il s'entretenait jusqu'au thé de sujets sérieux et chrétiens. S'il pleuvait ou s'il faisait trop de vent pour sortir, la conversation se tenait au dedans, ou bien on chantait quelques Hymnes que madame Unwin accompagnait sur le clavecin, et dans ce petit concert spirituel, c'était le cœur de chacun qui faisait le mieux sa partie. Après le thé, on sortait tout de bon pour faire une grande promenade. Madame Unwin était une excellente marcheuse, et Cowper et elle faisaient d'ordinaire quatre milles (plus d'une lieue) avant de rentrer au logis. Dans les jours courts, la promenade trouvait sa place entre l'heure de midi et celle du dîner. Quant à la soirée, elle se passait, avant et après le souper, comme la matinée avait commencé, dans des conversations sérieuses, des lectures, et elle se terminait par une prière en commun. Cette vie à demi monastique s'accordait avec une joie intérieure et une allégresse véritable; elle était assurément des plus conformes à ce qu'exigeaient alors le raffermissement moral et la sensibilité si récemment ébranlée de Cowper.

Un malheur vint à la traverse au commencement de la seconde année. Le chef de famille, M. Unwin, fit une chute de cheval et mourut. Sa veuve fut amenée à changer de résidence; elle se décida pour le joli pays d'Olney, où l'attirait la présence du pasteur M. Newton, homme révéré par un troupeau choisi. Cowper, dont la destinée n'était plus séparable de celle de madame Unwin, alla donc demeurer avec elle à Olney dans l'automne de 1767. On s'est demandé s'il n'avait eu à aucun temps l'idée d'épouser madame Unwin devenue veuve; il ne paraît pas qu'une telle pensée se soit jamais présentée à leur esprit ni à leur cœur à l'un ni à l'autre : il n'était pour elle qu'un fils aîné et un malade, dont elle savait toutes les souffrantes délicatesses, et au service, à la surveillance duquel, en devenant plus seule, elle s'était tout entière consacrée; elle n'était pour lui que la plus tendre et la plus intelligente des mères.

La maladie de Cowper continuait encore sous une forme religieuse, et il ressentait souvent des terreurs que ses amis faisaient tout pour combattre et pour guérir, mais que pourtant leur doctrine rigide sur la Prédestination et sur la Grâce n'était que trop propre à fomenter : « Il se présente à moi toujours formidable, disait-il de Dieu, excepté quand je le vois désarmé de son aiguillon pour l'avoir plongé comme en un fourreau dans le corps de Jésus-Christ. » Ces terribles images du Jugement et de la réprobation, même au moment où il croyait en avoir triomphé, le poursuivaient donc et dominaient encore sa pensée. Dans les premières années de ce séjour à Olney, M. Newton essaya d'occuper l'imagination de Cowper et de la détourner par une voie religieuse encore et déjà poétique, en l'engageant à écrire de concert avec lui quelques Hymnes pour la petite communauté du lieu. Ces Hymnes, qui ne furent complétées et publiées qu'en 1779, et sans que Cowper distinguât les pièces de sa composition dans le recueil autrement que par une initiale, commencèrent à exercer ses loisirs dès 1771. Voici une traduction ou imitation en français d'une des plus citées, et dans laquelle on verra qu'il essaye de combattre et de réfuter sa propre terreur, de se rassurer contre ses craintes habituelles :

> Dans un chemin mystérieux
>   L'Esprit de Dieu voyage,
> Sur les flots, dans l'ombre des cieux,
>   Tout voilé par l'orage.
>
> Relève-toi, Chrétien tremblant;
>   Le nuage qui gronde,
> Gros de tendresse, en éclatant,
>   Rafraîchira le monde.
>
> Ah! comment le jugerions-nous?
>   En lui l'amour respire :
> Sous l'air imposant du courroux
>   Il cache son sourire.

> Ses projets mûrissent toujours ;
> Sa graine germe et pousse ;
> Le bouton, amer quelques jours,
> Donne une fleur plus douce.
>
> En vain on veut lever les yeux
> Aux desseins qu'on lui prête :
> Il est son seul juge en tous lieux,
> Et son seul interprète (1).

Une pensée se présente naturellement dans l'étude de cette maladie religieuse de Cowper : c'est qu'il eût été à souhaiter pour lui qu'entre un Dieu si puissant et si mystérieux jusque dans ses miséricordes et la créature si prosternée, il eût su voir encore, et se donner quelques points d'appui rassurants, soit dans une Église visible ayant pour cela autorité et pouvoir, soit dans des intercesseurs amis comme le sont pour des âmes pieuses la Vierge et les saints ; mais, lancé seul, comme il l'était, sur cet Océan insondable des tempêtes et des volontés divines, le vertige le prenait malgré lui, et il avait beau adorer l'arbre du salut, il ne pouvait croire, pilote tremblant et timide, qu'il ne fût point voué à un inévitable naufrage.

La guérison qui semblait en si bonne voie lors de son arrivée à Olney rétrograda tout à coup, et un nouveau trouble vint ébranler profondément cette vive et si pénétrante intelligence. L'année 1773 fut presque aussi funeste pour Cowper que l'avait été celle de 1763. Madame Unwin veilla auprès de lui, l'arracha tant qu'elle put à lui-même, et entoura de soins angéliques sa longue et graduelle convalescence, qui demanda bien des saisons. En 1774, il était mieux, mais incapable de toute lecture et de toute distraction de société, et il avait tou-

---

(1) Cette traduction est celle d'une jeune femme enlevée trop tôt à l'affection de sa famille et de ses amis, madame Langlais, épouse du député au Corps législatif et fille de notre célèbre poëte, madame Desbordes-Valmore, de qui elle tenait le don de poésie.

tefois besoin absolument de s'occuper à quelque chose, mais sans fatiguer son attention. C'est alors que, passant une grande partie de sa journée au jardin, il eut l'idée d'apprivoiser de jeunes lièvres. On lui en avait donné un auquel il avait pris plaisir, et, quand on le sut, il lui en vint de plusieurs côtés :

« J'entrepris, a-t-il raconté dans un agréable récit, d'élever trois des levrauts qu'on m'avait apportés, et pour les distinguer ici, je vous dirai les noms que je leur avais donnés, *Puss*, *Tiney* et *Bess*. Malgré les deux appellations féminines, vous saurez que c'étaient trois mâles. Me faisant aussitôt charpentier, je leur construisis une maisonnette ; chacun y avait une loge séparée, disposée de façon à y maintenir une exacte propreté... Pendant le jour, ils avaient la jouissance d'une salle commune, et, à la nuit, chacun se retirait dans son lit et sans jamais prendre celui d'un autre.

« *Puss* s'apprivoisa et devint aussitôt familier ; il ne demandait qu'à sauter sur mes genoux, il se dressait sur ses pieds de derrière et mordillait le bout de mes cheveux. Il se laissait volontiers prendre et emporter dans mes bras, et plus d'une fois il lui est arrivé de s'endormir sur moi. Il fut malade trois jours ; durant ce temps, je le nourris moi-même, je le tins séparé de ses compagnons pour qu'ils ne lui fissent point de mal (car les lièvres, comme plusieurs autres animaux sauvages, tourmentent l'individu de leur espèce qu'ils voient malade), et, grâce à des soins constants et en le traitant avec des herbes variées, je lui rendis une parfaite santé. Nulle créature ne saurait se montrer plus reconnaissante que mon pauvre malade après sa guérison : il exprimait sa gratitude de la manière la plus significative en me léchant la main, le dos de la main d'abord, puis la paume, puis chaque doigt séparément, comme s'il s'était inquiété de ne laisser aucune partie sans remercîment ; cérémonie qu'il ne renouvela jamais qu'une seule fois depuis et dans une occasion toute semblable. Le trouvant tout à fait doux et traitable, j'avais pris l'habitude de l'emporter toujours après déjeuner dans le jardin, où il se cachait ordinairement sous les feuilles d'un plant de concombres, y sommeillant ou y ruminant jusqu'au soir : les feuilles lui fournissaient aussi un régal favori. Je ne l'eus pas longtemps habitué à ce goût de liberté sans qu'il commençât à se montrer impatient de voir revenir l'heure d'en jouir. Il cherchait à m'inviter à aller au jardin en tambourinant des pattes sur mon genou, ou par un regard d'une telle expression qu'il n'était pas possible de s'y tromper. Si cette rhétorique ne lui réussissait pas assez vite, il se mettait à prendre le pan de mon habit entre ses dents et à le tirer de toute sa force. On peut donc dire de *Puss* qu'il s'était complétement apprivoisé, que la timidité, la sauvagerie de sa nature, avait tout à fait disparu, et, en un mot, il était visible, à mille signes qu'il serait superflu d'énumérer, qu'il était plus heureux dans la société de l'homme que lorsqu'il était enfermé avec ses compagnons naturels.

« Il n'en fut point ainsi de *Tiney*; sur lui les plus doux traitements n'eurent pas le moindre effet. Lui aussi, il fut malade, et dans sa maladie il eut également part à mes soins et à mon attention; mais si, après sa guérison, je prenais la liberté de le caresser de la main, il grognait, frappait des pieds de devant, s'élançait ou mordait. Cependant il était fort amusant à sa manière; ses maussaderies mêmes étaient un sujet de divertissement, et, dans ses jeux, il gardait un tel air de gravité, et il s'acquittait de ses repas avec une telle solennité de manières, qu'en lui aussi j'avais un agréable compagnon.

« *Bess*, qui mourut peu après avoir atteint sa pleine croissance, et pour être rentré trop tôt dans sa loge qu'on venait de laver et qui était encore tout humide, *Bess* était un lièvre de l'humeur la plus gaie et la plus drôle. *Puss* avait été apprivoisé par de bons traitements; *Tiney* n'était point de nature à être apprivoisé du tout; et *Bess* avait une hardiesse et une confiance qui le rendirent familier dès le commencement. Je les admettais toujours au salon après le souper, là où le tapis offrant à leurs pieds plus de prise, ils pouvaient sautiller, bondir et se livrer à mille gambades dans lesquelles *Bess*, comme étant remarquablement fort et hardi, était toujours supérieur aux autres et se montrait le Vestris de la bande... »

De ces trois lièvres, *Puss* est celui que Cowper a pris le plus soin d'immortaliser. Il le garda pendant près de douze ans, le célébra dans un des livres du poëme de *la Tâche*, se félicitant d'avoir gagné toute sa confiance et d'avoir détruit en lui toute crainte : « Si je te survis, disait-il, je creuserai ta fosse et, en t'y plaçant, je dirai avec un soupir : *J'ai connu au moins un lièvre qui a eu un ami.* » — On trouva dans ses papiers un *memorandum* notant la date et les circonstances de la mort du pauvre *Puss*.

« Il n'est pas étonnant, remarque-t-il encore, que mon intime connaissance avec ces échantillons de l'espèce m'ait appris à avoir en horreur l'amusement du chasseur; celui-ci sait bien peu quelles aimables créatures il persécute, de quelle gratitude ils sont capables, combien ils sont folâtres et gais d'humeur, avec quel bonheur ils jouissent de la vie, et que s'ils sont pénétrés, comme on les voit, d'une crainte si particulière de l'homme, c'est uniquement parce que l'homme leur a donné trop de motifs pour cela. » Timide lui-même et si sujet à la terreur, Cowper faisait de ces animaux à lui un rapprochement naturel : il leur appliquait le mot miséricordieux et humain du poëte : *non ignara mali...*, et il eût volontiers répété aussi avec un poëte de l'Orient : « Ne fais point de mal à une fourmi qui traîne un grain de blé, car elle a une vie, et cette douce vie lui est chère. »

Durant les six années suivantes (1774-1780), l'esprit de Cowper et ses facultés effrayées vont se recueillir et se relever peu à peu, jusqu'à ce qu'il arrive insensiblement à les posséder dans toute leur force et dans toute leur grâce, et à trouver pour la première fois (phénomène singulier !) tout son fruit et toute sa fleur poétique réunis sous un rayon inespéré, à l'âge de cinquante ans.

La lecture et la faculté de composition ne lui revinrent que peu à peu ; les occupations manuelles eurent longtemps le dessus : « Rousseau aurait été content de moi, dit Cowper, en me voyant ainsi travailler, et il se serait écrié avec ravissement : *J'ai trouvé mon Émile !* » Le ciseau et la scie étaient ses principaux outils, et il fabriquait « des tables comme on en peut voir, et des escabeaux comme il n'y en eut jamais. » Plaisantant plus tard sur les occupations de divers genres qu'il s'était créées à cette époque où il lui fallait échapper à tout prix aux inconvénients et aux dangers du rien-faire, il disait encore :

« J'ai, dans cette vue unique, entrepris bien des métiers auxquels la nature ne m'avait pas destiné, quoique dans le nombre il y en ait où j'ai fait de remarquables progrès par la seule force d'une héroïque persévérance. Il n'y avait point de monsieur dans tout le pays qui pût se vanter d'avoir mieux fait que moi des loges d'écureuils, des niches de lapins ou des cages d'oiseaux ; et en ce qui est de faire des filets (de pêche ou de chasse), je ne reconnaissais point de supérieur. J'eus même la hardiesse de prendre en main le crayon, et j'étudiai toute une année l'art du dessin. Bien des figures en sortirent, qui avaient au moins le mérite de n'avoir point leurs pareilles ni dans l'art ni dans la nature. Mais avant la fin de l'année, j'eus occasion de m'émerveiller du progrès qu'on peut faire en dépit de l'insuffisance naturelle et par la seule opiniâtreté de la pratique ; car j'en vins à produire trois paysages qu'une dame jugea dignes d'être encadrés et mis sous verre. Alors je pensai qu'il était grand temps de changer cette occupation pour une autre, de peur, dans mes productions suivantes, de compromettre l'honneur que je m'étais si heureusement acquis. Mais le jardinage fut de toutes mes occupations celle dans laquelle je réussis le mieux, quoique, même en cela, je n'aie point atteint du premier coup la perfection. Je commençai par des laitues et des choux-fleurs ; de là je passai aux concombres, puis aux melons ; alors j'achetai un oranger auquel, en temps opportun, j'ajoutai deux ou trois myrtes. Ils me procurèrent jour et nuit de l'occupation pendant tout un dur hiver ; pour les défendre de la gelée dans une situation où ils y étaient fort exposés, il me fallut dépenser bien de l'habileté et bien des soins. Je m'arrangeai pour leur donner une chaleur de foyer, et j'ai, bien des nuits consécutives, trotté à travers la neige avec le soufflet sous mon bras au moment de m'aller coucher, pour aller donner le dernier coup de feu à la braise, de peur que la gelée ne les saisît avant le matin. De très-petits commencements ont quelquefois de grandes suites. Pour avoir élevé deux ou trois petits arbres verts, l'ambition me prit d'avoir une serre, et en conséquence je me mis à en bâtir une. Ce fut, si j'en excepte les vers, ce qui m'amusa le plus longtemps de tout ce que j'avais imaginé d'inventions et d'expédients de tout genre pour échapper au malheur de n'avoir rien à faire. »

La poésie commençait à le partager ; il y recourait de temps en temps, mais seulement quand il avait quelque chose de particulier et de plus vif à exprimer, et qui lui eût paru excessif en prose : les vers alors lui semblaient « le seul véhicule convenable à la véhémence de l'expression. » Il ne se donnait que de courts sujets qui avaient trait aux choses du moment, quelquefois à la politique (car c'était le temps de la guerre d'Amérique, et Cowper était à bien des égards un Anglais de vieille roche) ; mais le plus ordinairement, il ne s'agissait dans ses vers que des accidents de son jardin. Il faisait des vers latins non sans quelque recherche, et le plus souvent de petites fables morales en anglais. En voici une, par exemple :

LE ROSSIGNOL ET LE VER LUISANT.

« Un Rossignol qui, tout le long du jour, avait réjoui le village de son chant et n'avait suspendu ses notes ni au crépuscule ni même lorsque la soirée fut finie, commença à ressentir autant qu'il le pouvait les appels aigus de la faim ; lorsque, regardant avidement à l'entour, il avisa tout à coup au loin sur la terre quelque chose qui brillait dans l'ombre, et il reconnut le Ver luisant à son étincelle. Aussitôt s'abattant du sommet de l'aubépine, il pensa à le mettre dans son gosier. Le Ver, ayant pris garde à son intention, le harangua ainsi très-éloquemment : « Si vous admiriez ma lampe, lui dit-il, autant que moi votre art, ô Ménestrel, vous auriez horreur de me faire du mal autant que moi d'attenter à votre chanson ; car c'est la même Puissance divine qui nous a appris, vous à chanter et moi à briller, afin que vous avec votre musique, moi avec ma lumière, nous puissions embellir et réjouir la nuit. » Le Chanteur entendit cette courte harangue, et, gazouillant son approbation, il le laissa, comme le dit mon histoire, et il alla trouver un souper quelque part ailleurs.

« De ceci les sectaires querelleurs peuvent apprendre à démêler leur véritable intérêt : que le frère ne devrait point guerroyer contre le frère, qu'il ne faut se déchirer ni se dévorer entre soi, mais plutôt chanter et briller par un doux accord, jusqu'à ce que cette pauvre nuit passagère de la vie soit écoulée ; respectant ainsi l'un chez l'autre les dons de la nature et de la grâce.

« Ceux-là entre les Chrétiens méritent le mieux ce nom, qui ont à cœur de faire de la paix leur but ; la paix, qui est à la fois le devoir et la récompense de celui qui rampe et de celui qui vole (1). »

D'abord il ne faisait des vers que par manière d'amu-

---

(1) Cowper a en France depuis assez longtemps des admirateurs et des amis qui le lisent et le cultivent en silence : la traduction que je viens de donner est due à un poète bien connu, M. Lacaussade, qui, ainsi que M. William Hughes, s'est fort occupé de ce maître austère et familier. — On peut comparer cette fable du *Rossignol* et du *Ver luisant* à une épigramme d'Evenus de Paros, traduite par André Chénier, et dans laquelle une Cigale est aux prises avec une Hirondelle : c'est la différence du sentiment grec au sentiment chrétien.

sement, comme il faisait des cages, comme il soignait des fleurs, comme il dessinait le paysage, cependant avec feu toujours; il avait des veines pour chacun de ses goûts, et quand l'un le tenait, les autres devaient céder le pas pour quelque temps. Il ne goûtait rien médiocrement : « Je n'ai jamais reçu, disait-il, un *petit* plaisir de quoi que ce soit dans ma vie; si j'ai une impression de joie, elle va à l'extrême. » Il commençait aussi à écrire à quelques amis de jolies lettres soignées, élégantes, ingénieuses dans leur naturel. Son esprit réveillé, et, à quelques égards, réparé par un si long repos, le tourmentait par accès, et il ne savait qu'en faire. Le physique pourtant n'était pas de force encore à supporter une longue attention; et il compare le réseau des fibres de son cerveau à une toile d'araignée : une seule pensée obstinée qui s'y loge ébranle et compromet toute la contexture. Cependant le génie devenait plus fort et sentait ses ailes : « Hélas! s'écriait-il, le jour où il envoyait à un ami cette fable du *Rossignol* et du *Ver luisant*, que puis-je faire de mon esprit? Je n'en ai point assez pour faire de grandes choses, et ces petites choses sont si fugitives, que lorsqu'on attrape un sujet, on ne fait que remplir sa main de fumée. Je dois en agir avec mon esprit comme je fais avec ma linotte : je la garde le plus habituellement en cage; mais de temps à autre je lui ouvre la porte, afin qu'elle puisse voleter un peu autour de la chambre, et puis je la renferme de nouveau. Mon esprit voletant a donc produit la petite pièce que voici... » Et c'était cette fable qu'il envoyait. Partout, dans ses lettres, dans ses vers de cette époque (1780), perce du milieu des parties graves le plus gracieux enjouement. On se surprend à dire : Quelle nature vive, folâtre, pleine de gentillesse, curieuse et ouverte à toute impression, quand elle n'est pas sombre! Comme le printemps lui cause une légère ivresse! il y a chez lui de l'écureuil dans cette gaieté qu'il lui inspire. Mais les grands et sérieux côtés reparaîtront toujours : cette aimable créature a eu un côté frappé et foudroyé.

WILLIAM COWPER

ou

DE LA POÉSIE DOMESTIQUE

(SUITE)

Lorsque Cowper s'était senti mieux et plus fort d'esprit, il avait commencé une Correspondance avec un petit nombre d'amis, et il la suivit sans interruption pendant plusieurs années; c'est là surtout qu'on apprend à le connaître et à pénétrer dans les mystères de son esprit ou de sa sensibilité. Il écrit d'abord à M. Unwin, cet aimable fils de la maison, qui était devenu pasteur dans un autre lieu; il écrit à M. Newton qui, en 1779, avait quitté Olney pour devenir recteur de la paroisse de Saint-Mary Woolnoth à Londres. Il a aussi de temps en temps de petites lettres pour le seul de ses premiers amis et camarades d'école et de jeunesse qu'il ait conservé, Joseph Hill, à qui il rappelle le temps où celui-ci, dans leurs promenades, « couché tout de son long sur les ruines d'un vieux mur au bord de la mer, » s'amusait à lire la *Jérusalem* ou le *Pastor Fido.* Dans la vie retirée qu'il mène, il a peu à raconter; il parle de lui, de ses lectures qui sont d'abord rares, des petits accidents qui diversifient à peine cet intérieur tranquille. Il y avait des points douloureux et profonds et qui ne furent jamais entièrement guéris en lui ; il évite de les toucher, et il se montre plutôt par le côté vif, ingénieux, affectueux et riant. Il y a telle lettre où il commence par dire qu'*il n'a rien à dire*, et, sous prétexte de cela, il se met à trouver de très-jolies choses et très-sensées : il y donne toute la théorie de la Correspondance familière entre amis : écrire toujours, un mot chassant l'autre, et laisser courir la plume sans y tant songer, comme va la langue quand on cause, comme va le pas quand on chemine.

Au milieu de mille grâces, il se rencontre quelques bizarreries dans ses lettres. Cowper a le goût plus hardi et plus original que sûr. C'est un délicat, mais un délicat qui a senti des choses si particulières et si aiguës, qu'il osera infiniment, lorsqu'il s'agira d'exprimer au vif ses façons d'être et de penser. Il a des images qui étonnent, des comparaisons étranges et qu'il soutient et prolonge avec une finesse un peu pointilleuse ou compassée. Il ne se refuse aucune de celles qui lui viennent à la fantaisie : ainsi, dans une lettre à M. Newton, il comparera l'état de son esprit en lui écrivant à une planche sous le rabot; les premières pensées qui lui viennent, les pensées de dessus, ce sont les *copeaux*, etc... A ces endroits-là, il peut paraître subtil et recherché ; mais le plus ordinairement, l'imprévu de ses images ne fait qu'ajouter un agrément de plus à leur exactitude. Il a de ces ironies pénétrantes comme en ont les natures douloureuses et timides, douées d'organes plus fins, et que choquent, sans s'en douter, les brusqueries ou les grossièretés d'alentour. Voici en son entier une petite lettre railleuse, et digne, par le tour, d'un Pline le Jeune :

« AU RÉVÉREND JOHN NEWTON.

« Olney, 16 avril 1780.

« Depuis que je vous ai écrit la dernière fois, nous avons eu une visite de M***. Je ne me suis point senti grandement disposé à l'accueillir avec cette prévenance d'où un étranger peut conclure qu'il est le bienvenu. A sa manière, qui est plutôt hardie qu'aisée, j'ai jugé que ce n'était point la peine ici, et que ce ne serait qu'un soin futile qui, en manquant, lui ferait peu de faute. Il a l'air d'un homme qui a vu du pays plutôt que d'un homme comme il faut qui a voyagé ; il a tout à fait secoué cette réserve qui entre si ordinairement dans le caractère anglais ; et cependant il ne s'ouvre point doucement et par degrés comme font les gens de manières polies, mais il vous éclate au visage tout à la fois. Il parle très-haut, et quand nos deux pauvres petits rouges-gorges entendirent ce grand bruit, ils furent pris aussitôt d'une émulation de le surpasser. En élevant leur voix, ils le firent encore hausser la sienne ; et cette voix grossie leur devenait à son tour un nouveau stimulant. Aucune des deux parties n'entendait abandonner la lutte, qui devint de plus en plus inquiétante pour nos oreilles durant toute la visite. Les oiseaux cependant y survécurent, et nous aussi. Ils se flattent peut-être d'avoir remporté une complète victoire, mais je crois bien que le monsieur les aurait tués tous les deux s'il était resté encore une heure. »

On peut rapprocher de ce joli billet une autre lettre écrite quelques années après (mars 1784), dans laquelle Cowper raconte la visite, ou plutôt l'irruption d'un candidat à la députation, une après-dînée, dans sa paisible demeure d'Olney, à l'heure même où le lièvre *Puss* prenait ses ébats au salon, et où lui-même, entre madame Unwin et une autre amie qui toutes deux tricotaient ou faisaient du filet, il enroulait de la laine. Les candidats, en Angleterre, font bruyamment leurs visites, accompagnés d'amis et ayant à leurs trousses une bande d'enfants et de peuple : la maison était donc envahie. Cette entrée tumultueuse, la sollicitation du candidat, l'assurance donnée à Cowper, qui s'en défend de son mieux, qu'il a *de l'influence, beaucoup d'influence*, l'espoir qu'il voudra bien en user en faveur de celui qui l'en remercie à tout hasard ; les poignées de mains et les embrassades à toute la maison, y compris la servante ; tout ce petit tableau compose une page des plus piquantes, et qu'on cite ordinairement quand on a à parler de la Correspondance de Cowper (1). Mais le tissu habituel de ses lettres est plus uni et ne roule que sur de minces détails touchés avec complaisance et qui perdraient à être détachés; une partie du charme est dans la suite même et dans l'effet de l'ensemble. Tout à côté d'une lettre badine où il raconte à M. Newton une escapade et une fuite de son lièvre favori qui, un soir, pendant le souper, rompt son treillage, prend sa course à travers la ville, et qu'on ne parvient à rattraper qu'après toute une odyssée aventureuse, on lira une lettre très-grave, très-élevée, à une de ses nobles cousines qu'il n'avait pas vue depuis des années, qui avait été très-belle, et à qui les hautes et sérieuses pensées étaient devenues familières. Quelle impression le Temps a-t-il produit sur elle dans ce long intervalle ? l'a-t-il marquée de sa griffe au visage, ou l'a-t-il épargnée et a-t-il fait *patte de velours* comme il se plaît à faire quelquefois ?

« Je l'ignore, lui écrit Cowper, mais, du moins, s'il est un ennemi de la personne et de l'enveloppe, il est un ami de l'âme, et vous l'avez trouvé tel. A cet égard, le traitement que nous recevons du Temps dépend de l'accueil que nous lui faisons... Il est clément pour ceux qui, tels que vous, savent se tenir comme sur la pointe du pied au sommet de la colline de la vie, jetant un regard en bas avec plaisir sur la vallée qu'ils ont traversée, et de temps en temps étendant leurs ailes pour s'envoler avec espérance vers l'Éternité... »

Le charme de la Correspondance de Cowper est dans

(1) Cette lettre a été citée par Jeffrey dans l'article qu'il donna autrefois dans la *Revue d'Edimbourg* (juin 1804), sur la *Vie de Cowper*, par Hayley. Je la trouve citée aussi et traduite dans la *Bibliothèque universelle de Genève*, qui contient un travail bien fait sur Cowper (janvier et février 1854).

cette succession d'images, de pensées et de nuances qui se déroulent avec une vivacité variée, mais d'un cours égal et paisible. On saisit mieux dans ses lettres les sources véritables de sa poésie, de la vraie poésie domestique et de la vie privée : un badinage encore affectueux, une familiarité qui ne dédaigne rien de ce qui intéresse, comme étant trop humble et trop petit, mais tout à côté, de l'élévation, ou plutôt de la profondeur. N'oublions pas non plus l'ironie, la malice, une raillerie fine et douce comme elle paraît dans les lettres que j'ai citées.

Il vint un moment, je l'ai dit déjà, où Cowper sentit que de faire des cages, des serres ou des dessins ne lui suffisait plus : il se remit à la poésie, et à une poésie qui naissait de sa vie même et des circonstances qui l'environnaient. C'étaient des pièces courtes, d'ordinaire des fables, où ses rouges-gorges, ses chardonnerets avaient leur rôle et amenaient leur morale toujours humaine et sensible, bien que puritaine. Il travaillait ces amusements de son loisir avec un soin particulier, et il n'était content que lorsqu'il les avait amenés à perfection : « Toucher et retoucher, dit-il quelque part, bien qu'il y ait des écrivains qui se targuent de négligence, et d'autres qui rougiraient de montrer leurs brouillons, est le secret de presque tous bons écrits, particulièrement en vers. » — « Tout ce qui est court, dit-il encore, doit être nerveux, mâle et concis. Tels sont les petits hommes, tels aussi doivent être les petits poëmes. » Mais évidemment il cherchait encore ses sujets, et la forme neuve et curieuse de ce talent en éveil ne savait où s'appliquer avec suite et vigueur. Ici nous trouvons un rapport (un seul rapport, il est vrai) de Cowper à La Fontaine : comme celui-ci, le génie de Cowper a besoin d'être excité, soutenu par l'amitié; il lui faut un guide, quelqu'un qui lui indique ses sujets, comme presque toujours quelque beauté, une Bouillon ou une La Sablière, les commandait à La Fontaine. Presque tout ce que fit Cowper eut ainsi son motif déterminant dans un vœu, dans un désir des personnes qui lui étaient chères : s'il prit part aux *Hymnes* d'Olney, ce fut à la prière de M. Newton; s'il écrivit son premier Recueil de poëmes, ce fut madame Unwin qui l'y enhardit et l'y sollicita; s'il écrivit son chef-d'œuvre, *la Tâche* (comme le nom l'indique assez), ce fut parce que lady Austen, une nouvelle amie, la lui imposa et le voulut.

L'hiver de 1780-1781 marque le moment où Cowper se mit décidément au travail et devint auteur. Le printemps le dissipait trop pour qu'il pût beaucoup s'y recueillir; il aimait mieux en profiter avec l'abeille et avec l'oiseau : mais les soirs d'hiver, près de son intelligente et silencieuse amie, dans ce doux confort domestique qu'il a si bien exprimé, ayant là près de lui la bouilloire qui chante, et la tasse pleine de cette liqueur « qui égaye et qui n'enivre pas, » il s'appliqua pour la première fois à traiter en vers d'assez longs sujets, tout sérieux d'abord et presque théologiques, qui montrent, à leur titre seul, le fond de ses pensées : *le Progrès de l'Erreur, la Vérité, l'Espérance*, etc. Il y mêla et y fit entrer avec adresse quelques parties plus gaies et d'une satire assez amusante, qu'il tâcha d'accommoder au goût du monde. J'ai cité et analysé précédemment, de ce premier Recueil de Cowper, le poëme de *la Retraite*, le meilleur et le plus beau : aussi n'en parlerai-je pas ici. Ces premières fleurs de poésie sont toutefois des fleurs d'hiver, cela s'y sent un peu trop à une teinte morale et austère qui est répandue sur le tout; mais il n'en sera pas ainsi de son second Recueil, de son grand et charmant poëme.

Le premier volume de Cowper parut vers le commencement de 1782 et eut peu de succès de vente, mais seulement un succès d'estime. Franklin, à qui un ami l'envoya à Passy, où il était alors, y trouva, dit-il, « quelque chose de si nouveau dans la manière, de si aisé et pourtant de si correct dans le langage, de si clair à la fois et de si concis dans l'expression, et de si juste dans les sentiments, » qu'il le lut d'un bout à l'autre avec plaisir (rare louange pour des vers, surtout de la part de quelqu'un qui n'en lisait plus), et il en relut même certaines pièces plus d'une fois. Un tel suffrage était fait pour consoler Cowper de n'en avoir pas obtenu de plus nombreux. Il avait voulu être utile et plaire en même temps pour mieux insinuer au monde sa morale et ses conseils : il n'avait réussi qu'à demi; il se dit qu'une autre fois il réussirait mieux peut-être. Les journaux et Revues du temps n'avaient pas tous bien parlé de lui. Ce roi redouté ou ce tyran de la critique, Samuel Johnson, au terme de sa carrière, garda le silence, et Cowper s'en félicita. Cette poésie était trop neuve pour être bien comprise tout d'abord, et il n'y avait pas encore assez de fraîches éclaircies et de vifs tableaux pour enlever et séduire. Pourtant, dans ces suffrages des critiques, auxquels il n'était que médiocrement attentif et sensible, il en était un que le poëte avait fort à cœur d'obtenir, c'était celui du *Monthly Review,* le plus répandu des recueils littéraires d'alors et qui tardait à se prononcer :

« Que dira de moi ce Rhadamanthe de la critique, écrivait Cowper à un ami (12 juin 1782), lorsque mon génie tout tremblant comparaîtra devant lui? Il me tient toujours sur le gril, et je dois attendre encore un mois avant d'avoir son arrêt. Hélas! quand je fais ainsi des souhaits pour obtenir de ce côté une sentence favorable (s'il faut vous confesser une faiblesse que je n'avouerais pas à tout le monde), c'est que je ne m'y sens pas peu intéressé par le soin que j'ai pour ma réputation ici même, parmi mes voisins d'Olney. Il y a ici des horlogers qui eux-mêmes sont de beaux esprits, et qui à présent peut-être pensent que j'en suis un aussi ; il y a un menuisier et un boulanger, et, sans parler des autres, il y a votre idole M. Teedon, dont un sourire fait la renommée. Tous ces gens-là lisent le *Monthly Review*, et tous me tiendront pour une bête si ces terribles critiques leur en montrent l'exemple. Oh! quand je devrais être réputé bête partout ailleurs, cher monsieur Griffith, laissez-moi passer pour un génie à Olney. »

Quelques saisons de joie et de soleil allaient luire enfin pour Cowper ; un rayon brillant allait s'introduire dans sa vie. Ce n'est plus au coin du feu l'hiver, c'est l'été, dans son cabinet de verdure, dans son cadre de jasmin et de chèvre-feuille tant de fois décrit, dans sa serre où on le voit assis avec des myrtes pour persienne, qu'il va désormais composer des vers, sérieux toujours, mais frais, animés et éclairés d'une lumière imprévue. Une fée charmante avait alors traversé son ombre et s'était introduite un moment dans sa vie. Un jour qu'il était à la fenêtre de la rue, il vit entrer dans un magasin d'en face une femme de sa connaissance et de celle de madame Unwin, avec une étrangère qui n'était autre qu'une sœur, à elle, nouvellement arrivée dans le pays, et celle-ci avait je ne sais quoi de si attrayant et de si ravissant à la simple vue, que Cowper, tout timide qu'il était, désira aussitôt de la connaître. C'était lady Austen, veuve d'un baronnet. A peine admise dans cet intérieur discret, elle s'y plut autant qu'elle y charma ; elle y apportait ce qui y avait manqué jusque-là, de la nouveauté et de la fantaisie. Cette rare personne était douée des plus heureux dons ; elle n'était plus très-jeune ni dans la fleur de beauté ; elle avait, ce qui est mieux, une puissance d'attraction et d'enchantement qui tenait à la transparence de l'âme, une faculté de reconnaissance, de sensibilité émue jusqu'aux larmes pour toute marque de bienveillance dont elle était l'objet. Tout en elle exprimait une vivacité pure, innocente et tendre. C'était une créature *sympathique*, et elle devait tout à fait justifier dans le cas présent ce mot de Bernardin de Saint-Pierre : « Il y a dans la femme une gaieté légère qui dissipe la tristesse de l'homme. »

Mais si lady Austen éclipse un moment madame Unwin, elle ne l'efface point et ne la diminue pas. Gardons-nous de méconnaître les qualités essentielles de celle-ci : amie de Cowper depuis seize années déjà à cette date (1781), elle avait été tous les jours la même pour les soins et la tendresse ; elle avait sacrifié sa santé en le veillant aux heures sinistres et funèbres : aux moments meilleurs, elle lui avait donné des conseils de travail pleins de justesse et de bonne direction. Elle était la solidité et le jugement même. Littérairement, son goût était sain et sûr : « Elle est si bon critique, non par théorie, mais par nature, disait Cowper, et elle a un sentiment si net de ce qui est bon ou mauvais dans une composition, que lorsque dans le doute je lui soumets (ce qu'en pareil cas je ne manque jamais de faire) deux sortes d'expression qui semblent avoir également droit à ma préférence, elle se décide, sans que je l'aie jamais vue se tromper, pour la plus droite et la meilleure. » Tout le temps que Cowper fut entre ces deux femmes (car bientôt lady Austen devint leur proche voisine, et leur journée était en commun), il eut tout ce qu'il pouvait désirer pour son talent de poëte, à savoir, l'impulsion et la critique. « Sans madame Unwin, il est probable qu'il ne fût jamais devenu auteur, et sans lady Austen, il ne fût jamais devenu un auteur populaire, » a dit très-judicieusement Southey.

Ajoutons vite (car ceci n'est point une biographie que nous prétendons esquisser, et nous ne voulons que faire connaître l'homme et le poëte par ses traits principaux) que dès que Cowper s'aperçut que la présence de lady Austen pouvait à la longue chagriner madame Unwin, et que l'aimable fée apportait dans le commerce habituel un principe trop vif de sensibilité ou de susceptibilité, propre à troubler leurs âmes unies, il n'hésita point une minute; et, sans effort solennel, sans coquetterie, par une simple lettre irrévocable, il sacrifia l'agréable et le charmant au nécessaire, et l'imagination tendre à l'immuable amitié.

Mais auparavant il y eut des heures uniques où, dans cette compagnie riante, excité et rassuré à la fois, il jouissait, à cet âge tardif, d'une jeunesse inattendue, et où son talent comme son cœur trouvait enfin son épanouissement.—Et aussi ne nous figurons point Cowper toujours affublé de cette espèce de bonnet de nuit bizarre sous lequel on nous le représente invariablement dans ses portraits. Il nous le dit lui-même, à cet âge de cinquante ans passés, il paraissait un peu moins que son âge; il avait gardé de ses airs vifs de jeune homme; il avait moins grisonné encore qu'il n'était devenu chauve, mais une *mèche* (comme cela s'appelle), une mèche bien placée réparait le vide et faisait boucle à son oreille; l'après-midi, quand il était coiffé, avec sa bourse et son ruban noir, il pouvait paraître tout à fait galant. Or un jour, en été, qu'il avait plu, il se passa entre les dames et lui, au jardin, la petite scène suivante (*Marie*, c'est madame Unwin; *Anna*, c'est lady Austen):

LA ROSE.

« La Rose avait été mouillée, à l'instant même mouillée par la pluie, cette Rose que Marie allait offrir à Anna. L'ondée abondante chargeait la fleur et faisait pencher sa tête si belle.

« La corolle était toute remplie, et les feuilles étaient tout humides; à la voir avec poésie, on aurait dit qu'elle versait des pleurs pour ses boutons laissés à regret sur le riche buisson où elle avait fleuri.

« Je me hâtai de la saisir, la voyant peu faite pour un bouquet, ainsi mouillée et noyée, et, la secouant rudement, trop rudement, hélas! je la brisai : — elle tomba à terre.

« Et voilà pourtant, m'écriai-je, ce que font sans pitié quelques-uns auprès d'une âme délicate, s'inquiétant peu de froisser et de briser un cœur déjà voué au chagrin.

« Cette Rose élégante, si je l'avais secouée moins brusquement, aurait pu fleurir un moment avec celle à qui on l'offrait : une larme qu'on essuie avec un peu d'adresse peut être bientôt suivie d'un sourire. »

Cette délicieuse petite pièce dit tout, la joie et l'émotion pure de Cowper entre ces deux femmes, leur union passagère et fragile, et la rose qui se brise par mégarde, avant que l'une ait achevé de l'offrir à l'autre.

Le charme de poésie posséda tout à fait Cowper en ces années (1782-1784). La composition et la publication de son premier Recueil n'avaient fait que le mettre en train et en verve; il sentait que ce n'était qu'en écrivant, et en écrivant des vers, qu'il pouvait échapper complétement à sa mélancolie : « Il y a, disait-il vers ce temps, il y a dans la peine et le travail poétique un plaisir que le poëte seul connaît : les tours et les détours, les expédients et les inventions de toute sorte auxquels a recours l'esprit, à la poursuite des termes les plus propres, mais qui se cachent et qui ne se laissent point prendre aisément; — savoir arrêter les fugitives images qui remplissent le miroir de l'âme, les retenir, les serrer de près, et les forcer de se fixer jusqu'à ce que le crayon en ait tiré dans toutes leurs parties une ressemblance fidèle; alors disposer ses tableaux avec un tel art que chacun soit vu dans son jour le plus propice, et qu'il brille presque autant par la place qui lui est faite, que par le travail et le talent qu'il nous a coûtés : ce sont là des occupations d'un esprit de poëte, si chères, si ravissantes pour sa pensée, et de nature à le distraire si adroitement des sujets de tristesse, que, perdu dans ses propres rêveries, heureux homme! il sent les anxiétés de la vie, faute de leur aliment accoutumé, s'éloigner toutes et s'évanouir. » — A cette heure où, entrant dans une veine de composition nouvelle, il prenait véritablement possession de tout son talent, et où, comme il le disait d'un mot, le rejeton était devenu un arbre (*fit surculus arbos*), Cowper rappelait, avec l'orgueil d'un auteur ayant conscience de son originalité, qu'il y avait *treize* ans qu'il n'avait point lu de poëte anglais, et *vingt* ans qu'il n'en avait lu qu'un seul, et que, par là, il était naturellement à l'abri de cette pente à l'imitation que son goût vif et franc avait en horreur plus que toute chose : « L'imitation, même des meilleurs modèles, est mon aversion, disait-il ; c'est quelque chose de servile et de mécanique, un vrai tour de passe-passe qui a permis à tant de gens d'usurper le titre d'auteur, lesquels n'auraient point écrit du tout s'ils n'avaient composé sur le patron de quelque véritable original. » C'est ainsi qu'en se créant tout à fait à lui-même un style selon ses pensées et une forme en accord avec le fond, ce solitaire sensible et maladif, ingénieux et pénétrant, a été l'un des pères du réveil de la poésie anglaise.

Il allait devenir populaire le jour et par le côté où il y songeait le moins. Une après-midi que lady Austen le voyait plus triste qu'à l'ordinaire et prêt à retomber dans ses humeurs sombres, elle imagina, pour le stimuler, de lui raconter une histoire de nourrice qu'elle savait d'enfance, très-drôle et très-gaie, l'*Histoire divertissante de John Gilpin, où l'on voit comme quoi il alla plus loin qu'il n'eût voulu et s'en revint sain et sauf*. Cowper écouta, rit beaucoup, y rêva toute la nuit, et le lendemain matin il avait fait sa ballade ou complainte (il avait un talent particulier pour les ballades), qui fit rire aux larmes la petite assistance au déjeuner. Il envoya cette bagatelle à son ami M. Unwin, qui la fit imprimer dans un journal ; on ne savait pas d'abord le nom de l'auteur, et l'on s'en inquiétait peu. La pièce sommeilla deux ou trois ans. Mais voilà qu'un acteur célèbre, Henderson, l'héritier de Garrick, qui faisait des lectures publiques pour le grand monde, ayant eu un numéro du journal où était *John Gilpin*, s'avisa d'en faire une récitation comique dans une de ses séances. Dès lors la vogue s'en mêla, et avec fureur; il ne fut question pour quelque temps que de *John Gilpin;* on le réimprima à part, et on en vendit des milliers d'exemplaires; des caricatures à l'envi illustrèrent son aventure; et (ironie des choses!) Cowper, ce poëte moraliste et austère qui avait visé à réformer le monde, se trouva subitement à la mode et dans la faveur des salons pour une boutade qui, sauf plus d'innocence et une chasteté parfaite, aurait pu être aussi bien une des drôleries plaisantes et comme qui dirait un *Cadet Buteux* ou *Monsieur et Madame Denis* de Désaugiers.

John Gilpin est un bon citoyen, un brave drapier de Cheapside qu'on estime à la ronde, de plus capitaine dans la garde bourgeoise de la bonne ville de Londres. Il est à la veille de l'anniversaire de son mariage, contracté il y a juste vingt ans. Il s'agit de faire une petite débauche, et madame Gilpin, tout économe qu'elle est, propose la première d'aller dîner à Edmonton, à l'enseigne de la Cloche. Elle ira en chaise de poste, avec enfants, sœur, neveu ou nièce, six en tout; son mari suivra à cheval par derrière. A la proposition de sa femme, Gilpin répond : « De toutes les femmes, je n'en admire qu'une seule, et celle-là c'est toi, ma chérie bien-aimée; fais donc comme tu l'entends. Je suis un brave drapier qu'on estime à la ronde : certainement, pour cette fête, mon ami le décatisseur me prêtera sa bête. » Il est convenu aussi qu'on emportera le vin du logis, car le vin cette année-là est cher. « Le matin venu, la chaise s'avance, mais non jusqu'à la porte, afin qu'on ne puisse pas dire que madame Gilpin est fière. »

Surviennent les contre-temps du voyage : au moment où part la chaise de poste, Gilpin, prêt à la suivre et déjà en selle, voit arriver trois pratiques; on ne refuse jamais des pratiques, et il met pied à terre pour les servir. Puis on l'avertit que le vin est oublié, et il s'en charge, suspendant les cruchons par les anses au ceinturon de son sabre de parade : un beau manteau rouge couvre et cache le tout. Le voilà enfin parti et voulant rejoindre au galop la voiture. Ici les grands accidents commencent : le cheval va plus vite qu'il ne faudrait, les cruchons dansent, le cheval s'emporte; chapeau, perruque et manteau volent au vent. A voir un tel galop et les cruchons de loin ballotter, les péagers ou gardiens des routes croient qu'il s'agit d'une course et d'un pari, d'un jockey qui court avec des poids, et toutes les barrières du chemin (il y en a quantité en Angleterre) s'ouvrent en conséquence. Mais écoutons la ballade elle-même :

« Les chiens aboient, les enfants beuglent, les croisées s'ouvrent, les passants crient bravo! bravo! si haut qu'ils peuvent crier.

« Gilpin galope comme jamais personne n'a galopé. Sa renommée le précède... Il porte des poids!... C'est un jockey! — Il court pour mille livres.

« Et c'est chose curieuse de voir comme sur sa route les péagers s'empressent d'ouvrir chaque barrière.

« Tandis qu'il court portant bas sa tête inondée de sueur, les deux cruchons derrière son dos sont fracassés d'un choc.

« Le vin, — spectacle pitoyable! — inondant la grand'route, fait fumer les flancs du coursier comme un gigot bien arrosé.

« Il n'en passe pas moins pour un jockey portant des poids à la ceinture, car on voit pendu de chaque côté un goulot de bouteille.

« De cette façon drôlatique il traverse tout Islington et vient enfin donner en plein dans la mare d'Edmonton.

« A Edmonton, sa femme aimante, qui du haut d'un balcon l'aperçoit, s'étonne fort de le voir chevaucher de la sorte :

« Arrête, Gilpin; te voilà arrivé! lui crie-t-elle tout d'une haleine; le dîner attend, et nous sommes fatigués. » — « Et moi aussi! » dit Gilpin.

« Par malheur le cheval ne songeait guère à s'arrêter déjà, et la raison, c'est que son maître, à dix bons milles de là, avait une maison.

« Rapide comme une flèche décochée par un bras robuste, il vole... Ce qui m'amène au milieu de mon chant... » (1).

Le retour n'est pas plus heureux que l'allée; de nouveaux accidents burlesques amènent une course nouvelle en sens opposé, et Gilpin, toujours à cheval et toujours emporté, gai pourtant et sans trop de choc, revient à Londres, mais sans dîner, comme il était parti : ainsi s'est passé l'anniversaire de son jour de noces. Il faut voir ces choses dans l'original, avec l'*humour* qui y est propre, et être soi-même du cru pour les sentir.

Je n'ai voulu que donner idée de ce côté si imprévu pour nous et si anglais du génie de Cowper. Reprenons-le par ses côtés sérieux, les seuls par où nous puissions l'atteindre. On conçoit seulement que lorsque peu de mois après le succès fou de *John Gilpin*, on annonça la publication d'un poëme touchant et familier, naturel et élevé, *la Tâche*, par le même auteur (1784), chacun le voulut lire. Le fameux *Cavalier malgré lui* avait servi comme de courrier pour préparer l'entrée à l'œuvre délicate et sévère.

Celle-ci, c'était encore à lady Austen que Cowper en devait la première idée et le point de départ. Un jour qu'elle lui conseillait de faire des vers blancs, des vers sans rimes, ce qui est très-conforme au génie de l'idiome breton, il répondit qu'il n'attendait pour cela qu'un sujet : « Un sujet! lui dit-elle, mais en voici un, ce *Sopha* sur lequel vous êtes assis. Je veux que vous le chantiez. » La fée avait parlé, et Cowper se mit à l'œuvre, intitulant son poëme *la Tâche*. Il n'est question du Sopha que dans le premier livre et pendant les cent

(1) Traduction de M. William Hughes.

premiers vers environ, après quoi l'auteur passe à ses thèmes de prédilection, la campagne, la nature, la religion et la morale. Durant six livres ou chants, il parcourt une série de sujets ou de vues les plus variés, sans une composition précise, mais avec l'unité d'un même esprit et d'un même souffle. Prenons tout simplement le poëme par le premier chant et au début. Ce début dont le Sopha est le texte n'est que très-ingénieux et d'un badinage élégant. L'auteur indique l'origine du poëme, si humble par son objet, si grand et auguste par l'occasion, « car c'est la Beauté qui l'a commandé. » Il rappelle le temps où les rudes ancêtres des Anglais, les Pictes et les Bretons, reposaient sur la dure, au bord des torrents, et la tête appuyée sur le rocher. Puis l'invention commença, grossière en naissant et pesante : on eut l'escabeau à trois pieds, la table massive qui servait de siége : l'immortel Alfred n'avait point d'autre trône, et c'est de là que, sceptre en main, il rendait la justice à ses royaumes enfants. Le poëte suit les divers degrés de perfectionnement et montre à plaisir la tapisserie dont bientôt on revêtit le bois des siéges dans les anciens jours, tapisserie à l'étroit tissu, richement brodée, « où l'on pouvait voir s'étaler la large pivoine, la rose en fleur tout épanouie, le berger à côté de sa bergère, sans oublier le petit chien et le petit agneau avec leurs yeux noirs tout fixes et tout ronds, et des perroquets tenant une double cerise dans leur bec. » — Tous ces riens sont agréablement déduits et relevés de couleurs, comme le ferait au besoin l'abbé Delille ou comme un spirituel jésuite n'y manquerait pas non plus dans des vers latins. Je passe rapidement sur ces gentillesses, sur les progrès de la chaise que le jonc de l'Inde a rendue plus flexible, à laquelle on ajoute des bras, et à ces bras encore on ne donne pas d'emblée la parfaite et commode courbure : rien, dans les arts de la vie, ne se trouve du premier coup. On a ici tous les degrés de transition de la chaise au fauteuil, et du fauteuil double ou de la causeuse au canapé et au Sopha, ce trône définitif du luxe et de la mollesse. Ces cent premiers vers du premier livre sont de la plus brillante et de la plus chinoise ébénisterie. Mais le vrai Cowper ne reparaît et ne se dessine tout entier que dans les vers qui suivent immédiatement. Je traduirai ce morceau achevé dans toute sa suite, et je voudrais pouvoir dire, dans ses naturelles beautés :

« Oh! puissé-je, s'écrie le poëte par une transition facile et tout indiquée, puissé-je vivre exempt (tant que je vivrai innocent de tout excès glouton et funeste) de toutes ces douleurs arthritiques qui torturent l'orteil de l'intempérant! Le Sopha convient à un membre goutteux, il est vrai ; mais, bien qu'étendu sur un Sopha, puissé-je ne jamais sentir la goutte! car j'ai aimé les promenades rurales à travers les chemins creux d'un vert sombre, que tond de près la dent grapilleuse des brebis, et que borde un épais entrelacement de branches épineuses ; j'ai aimé la promenade rurale sur les collines, à travers les vallées et le long des rivières, depuis le temps où, enfant vagabond, je franchissais mes limites pour faire une école buissonnière sur les bords de la Tamise ; et toujours je me souviens, non sans regretter ces heures que le chagrin, depuis, m'a rendues bien plus chères, combien il m'arriva souvent, ma provision de poche épuisée, mais affamé encore, sans argent et loin de la maison, d'apaiser ma faim avec des baies d'églantier sauvage et avec le fruit pierreux de l'aubépine, ou de petites pommes rouges, ou la mûre noire comme le jais qui garnit la ronce, ou l'âcre petite prune qui se cueille dans la haie! une maigre chère, mais telle que ne la dédaigne point un appétit d'enfant, et qu'un palais non gâté et raffiné ne trouve point sans saveur. Aucun Sopha alors ne m'attendait à mon retour, et je n'avais point besoin de Sopha alors ; la jeunesse répare la dépense de ses esprits et de ses forces en un rien de temps ; par un long exercice elle n'amasse qu'une courte fatigue ; et quoique nos années, à mesure que la vie décline, s'enfuient bien rapidement et qu'il n'y en ait point une seule qui ne nous dérobe en s'en allant quelque grâce de jeunesse que l'âge aimerait à garder, une dent, une mèche brune ou blonde (1), et qu'elle blanchisse ou raréfie les

(1) Le mot propre est *auburn lock*, cette couleur entre le brun et le blond, chère aux Anglais, et qu'ils ont ainsi nommée de l'écorce

cheveux qu'elle nous laisse, toutefois le ressort élastique d'un pied infatigable qui monte légèrement le degré champêtre où qui franchit la clôture ; ce jeu des poumons, cette libre et pleine inhalation et respiration de l'air qui fait qu'un marcher rapide ou qu'une roide montée ne sont point une fatigue pour moi ; tous ces avantages, mes années ne les ont point encore dérobés ; elles n'ont point encore diminué mon goût pour les belles vues naturelles ; ces spectacles qui calmaient ou charmaient ma jeunesse, maintenant que je ne suis plus jeune, je les trouve toujours calmants et toujours ayant le pouvoir de me charmer. Et je te prends à témoin, — ô compagne chérie de mes promenades (*madame Unwin*) ! toi dont je sens le bras, ce vingtième hiver, étroitement attaché au mien, avec un plaisir tel que peut seule l'inspirer une tendresse fondée sur une longue expérience de ton mérite et de tes essentielles vertus, — je te prends à témoin d'une joie que tu as doublée depuis si longtemps ! Tu sais que ma louange de la nature est la plus sincère, et que mes ravissements ne sont point évoqués exprès pour procurer des occasions de pompe et de peinture poétique, mais qu'ils sont vrais, et tu les as tous partagés. Que de fois, sur cette éminence que voilà, notre marche s'est ralentie, nous avons fait une pause et nous avons essuyé toute la bouffée du vent sans presque nous en apercevoir, tandis que l'Admiration repaissant sa vue, et toujours insatiable, s'arrêtait sur le paysage ! De là, avec quel plaisir nous avons discerné à peine la charrue au loin se mouvant lentement, et à côté du laborieux attelage, qui ne déviait point de sa ligne, le paysan robuste raccourci jusqu'à ne paraître qu'un enfant ! Ici, la rivière d'Ouse, serpentant lentement à travers une plaine tout unie de spacieuses prairies parsemées de bestiaux, conduit et amuse le long de sa course sinueuse l'œil ravi d'enchantement ! Là, sur la levée, se tient fermement enraciné notre bouquet d'ormes favoris, que notre regard au passage n'oublie jamais, et qui servent de rideau à la cabane solitaire du berger ; tandis que loin, à travers et par delà le courant qui de ses flots, comme d'un verre fondu, incruste la vallée, le terrain en pente recule jusque vers les nuages, déroulant dans sa variété infinie la grâce de ses nombreuses rangées de haies, la tour carrée, la haute flèche d'où le son joyeux de la cloche vient expirer en ondulant jusqu'à l'oreille qui l'écoute, des bosquets, des bruyères, et des villages fumant dans le lointain. — Ces scènes-là doivent être belles qui, vues chaque jour, plaisent

de certains arbres. Le plus ingénieux des Anciens l'avait définie de même :

> Nec tamen ater erat, nec erat tamen aureus illis ;
> Sed, quamvis neuter, mixtus uterque color :
> Qualem, clivosæ madidis in vallibus Idæ,
> Ardua derepta cortice cedrus habet. (Ovide.)

chaque jour, et dont la nouveauté survit à l'habitude et au long examen des années. »

Il y a ici ce qu'on ne rencontre pas toujours chez Cowper, une vue d'ensemble, de la gradation, de la perspective. Comparé à Thomson, il a plus que celui-ci l'art de noter les traits particuliers et le détail curieux des choses ; il a l'exactitude presque minutieuse. A son point de vue religieux, on l'a remarqué, un petit détail lui semble, en effet, aussi important qu'un grand objet : tous s'égalisent par rapport à Dieu qui brille et se révèle aussi merveilleusement dans les uns que dans les autres. Mais il en résulte aussi que Thomson est un descriptif plus large et un peintre qui a le coup d'œil d'ensemble ; il y a des *masses* chez Thomson. Cependant ici, dans cette description si parfaite qu'on vient de lire, Cowper a su concilier les deux ordres de qualités, la finesse et le relief de chaque détail (je dirai même le brillanté sur un ou deux points), et la gradation et la fuite aérienne de la perspective. On copierait ce paysage avec le pinceau.

J'ai encore à dire ; je voudrais marquer les rapports de la mélancolie de Cowper avec celle de Pascal, ses ressemblances et ses oppositions de nature avec Rousseau, parler un peu de nous et de nos tentatives poétiques dans la même voie ; en un mot rentrer en France.

WILLIAM COWPER

ou

DE LA POÉSIE DOMESTIQUE

(FIN)

Encore une fois, je ne veux point déprécier l'abbé Delille : tous ceux qui l'ont connu l'ont trop aimé, l'ont trop goûté et applaudi pour qu'il ne dût pas y avoir en lui bien des grâces et une magie de talent : il y a certainement dans le poëme de *l'Homme des Champs*, dans celui de *l'Imagination* (plus que dans *les Jardins*), des morceaux qui méritaient tout leur succès quand ce gentil et vif esprit les soutenait de sa présence et de son débit, et quand il les récitait dans les cercles pour qui il les avait composés. Lus aujourd'hui, ils plaisent encore ; ils montrent surtout combien le goût public a changé, et comment on demande moins souvent qu'autrefois aux auteurs de ces vers qu'on appelait spirituels. Laissons les comparaisons inutiles ; je me contenterai de supposer qu'on a une idée générale et suffisante de la manière et de la veine de l'abbé Delille, et je choisirai rapidement, dans le poëme de *la Tâche*, les endroits qui indiquent chez le poëte anglais d'autres sources et d'autres inspirations.

Cowper aime tendrement la campagne, il l'aime pour y vivre, pour y habiter, pour ne s'en lasser à aucun âge ni à aucune saison. Dans son premier chant, après cette promenade avec madame Unwin que j'ai citée, et cette description si parfaite du paysage, il ne s'en tient pas là : comme poëte, son morceau est fait ; comme amant de la nature, que de choses il a à dire encore ! Aussi, le tableau terminé, il recommence aussitôt. Ce n'est plus en compagnie de son amie, c'est seul, à une saison moins belle et quand un pied de femme ne se tirerait pas aisément des mauvais pas, qu'il fait ses excursions et qu'il va à la découverte du pays. Il nous le décrit à la ronde, semant sa course plus libre de mille impressions qui tiennent soit aux accidents agrestes du terrain, soit aux sons qu'il entend et auxquels il est des plus sensibles, soit à la couleur variée des arbres qu'il distingue et spécifie par toutes leurs nuances ; la vie, l'intérêt, une passion tendre et profonde se fait sentir sous toutes ces descriptions desquelles on ne peut pas dire qu'il s'y amuse, mais bien plutôt qu'il en jouit. Dans le cours de ses longues excursions, après avoir gravi les hauteurs, descendu les pentes rapides, franchi les ruisseaux plus ou moins gonflés ou à sec selon les saisons, il arrive devant un parc seigneurial par où il peut abréger son chemin en le traversant ; il ne fait point comme Rousseau qui éviterait sans doute d'y passer, et qui aimerait mieux faire le grand tour sous le soleil que de rien devoir au riche et au puissant. Le seigneur de ce domaine fermé a permis à Cowper de le traverser librement, ce qui veut dire qu'il lui a donné une clef une fois pour toutes. Cowper, au sortir de la rase campagne, entre donc dans ces hautes avenues et y trouve la fraîcheur et l'ombre :

« Où donc est maintenant le soleil dévorant? Par une transition soudaine, nous avons échappé à son éclat éblouissant, et nous sommes entrés tout d'un coup dans un plus frais climat. O avenues tombées! encore une fois je déplore votre chute imméritée; encore une fois je me réjouis qu'il y ait un restant de votre race encore debout. Qu'elle est aérienne et légère cette voûte gracieuse, et pourtant auguste et vénérable comme celle de la nef consacrée qui retentit de pieux cantiques; tandis qu'au-dessous la terre tachetée de lueurs changeantes semble mobile comme une onde ridée par le vent! Si folâtre est le rayon lancé à travers les branches, qu'il danse lorsqu'elles dansent elles-mêmes; ombre et lumière s'entremêlant dans un réseau rapide, et obscurcissant ou illuminant, au gré des feuilles qui se jouent, chaque point du sol, à chaque instant.

« Et maintenant les nerfs rafraîchis et remontés, et les esprits réjouis, nous foulons le désert, dont les sentiers bien ménagés, se déroulant d'une courbe facile et douce et d'une ligne trompeuse, simulent un grand espace dans d'étroites limites. Plus loin, le bosquet nous reçoit; à travers les troncs tout droits de ses grands ormes, nous pouvons distinguer le batteur en grange à l'ouvrage. Coup sur coup résonne le fléau régulier qui semble se balancer incertain, et qui pourtant tombe en plein sur l'épi destiné. La paille menue vole au loin; la tige broyée envoie dans l'air un fréquent brouillard d'atomes, qui étincelle dans le rayon de midi. Venez ici, vous qui pressez vos lits d'édredon et qui n'y dormez pas; voyez-le, l'homme de peine, suant au-dessus de son pain avant de le manger. C'est la malédiction première, mais désormais adoucie en miséricorde, et devenue le gage clément de jours meilleurs et de nuits sans gémissements. »

Ces hautes avenues, ces grands ormes, et l'atome de loin qui luit dans le soleil! on a toute la variété et les contrastes du tableau : un Ancien eût fini peut-être par ce dernier trait et par cet image, mais Cowper ne s'y est pas tenu; il y a mêlé son idée de fils d'Adam sur le travail qui est une peine et un châtiment, mais qui est devenu un moyen ou un gage de rachat. Cowper est profondément chrétien; l'austérité domine même trop chez lui, au point de vue de la mesure et du goût. Il a un côté presque hébraïque par la rigidité, par l'effroi, et de son bosquet et cabinet de verdure, en même temps qu'il aperçoit de loin les batteurs en grange à travers le feuillage, il lui arrive quelquefois d'avoir tout à coup une vue, une vision sur le Sinaï.

Cowper est de plus un patriote et un excellent Anglais, jusqu'aux préjugés et aux préventions inclusivement. Pour le lire comme il faut et pour bien entendre toutes ses cordes, et aussi pour se bien rendre compte du grand succès de son poëme dès qu'il parut, il convient de se rappeler les événements de ces années, la guerre d'Amérique dont l'issue humiliait l'Angleterre, les débats passionnés du Parlement, les triomphes et les crimes dans l'Inde, les premiers efforts de Wilberforce pour l'affranchissement des Noirs, les dilapidations et le désordre dans les plus hauts rangs et l'inconduite du jeune prince de Galles : Cowper, en ses moments lucides et tandis qu'il composait *la Tâche*, voyait tout cela de loin, en gros, mais avec bien de la curiosité et de l'ardeur : « Oh! qu'il est doux, disait-il quelque part, dans la retraite (d'un soir d'hiver), à travers le trou de sa serrure, de guetter le monde tel qu'il est fait, de voir tout le remuement de cette Babel et de ne point sentir la foule. » Mais il avait trop de sensibilité, de patriotisme, de mouvements humains et chrétiens pour en rester à cet état de spectateur amusé, et il s'échappait à tout instant en élancements et en effusions douloureuses qui peuvent sembler aujourd'hui toucher à la déclamation, mais qui, à les bien prendre et à les saisir dans leur jet, étaient surtout des à-propos éloquents. C'est ainsi que son premier chant, que nous avons vu commencer par ces gentillesses et presque ces mièvreries ingénieuses sur le Sopha, se termine par cette tirade ou par ce couplet rural et patriotique tout ensemble :

« Dieu fit la campagne, et l'homme a fait la ville. Faut-il dès lors s'étonner que la santé et la vertu, ces dons qui peuvent seuls adoucir l'amer breuvage que présente la vie à chacun de nous, se trouvent plus en abondance et soient moins menacées dans les champs et dans les bois? Restez donc, vous qui, portés dans des chaises ou dans des chars, ne connaissez d'autre fatigue que celle de l'oisiveté et ne goûtez d'autres scènes que celles que l'art combine, restez toujours dans votre élément; là seulement vous pouvez briller; là seulement des esprits comme les vôtres peuvent ne pas nuire. Nos bois ont été plantés pour consoler à midi le promeneur pensif qui erre sous leurs ombres. Au soir, le rayon de la lune, glissant mollement entre les feuilles endormies, est toute la lumière qu'il désire ; le gazouillement des oiseaux est toute sa musique. Nous pouvons épargner la splendeur de vos lampes; elles ne font qu'éclipser notre astre plus doux. Vos chansons troublent nos plus harmonieux concerts; la grive s'envole effrayée, et le rossignol offensé se tait. Il y a un malheur public dans votre joie; elle est un fléau pour votre pays; une folie telle que la vôtre, parée d'une épée quand elle mériterait mieux un éventail, a fait, ce que jamais les ennemis n'eussent pu faire, que cette voûte de notre Empire, inébranlée jusqu'à vous, n'est plus qu'un édifice mutilé qui menace ruine. »

Qui ne sent ici la douleur du vieil Anglais au moment où se détache toute l'Amérique du nord, ce magnifique quartier de la patrie britannique?

Le second chant du poëme est tout entier consacré aux malheurs publics ou plutôt encore aux calamités physiques et naturelles qui éclatèrent alors (1781-1783) par d'affreux ouragans, par des tremblements de terre soit à la Jamaïque et dans les îles adjacentes, soit plus tard en Sicile et autres lieux. Cowper, avec son tour d'imagination frappée, y voyait non-seulement des avertissements divins et des châtiments infligés au monde, mais encore des signes précurseurs de la fin des temps et du Jugement dernier. Ordinairement il intitule ses chants d'après le morceau de début ou le tableau principal qui les décore : ainsi un des chants s'intitule *le Jardin;* un autre *le Soir d'hiver,* un autre *Promenade d'un matin d'hiver,* un autre *Promenade d'hiver à midi ;* mais le second chant a pour titre *le Cadran,* quoiqu'il n'y soit point question d'une telle chose; c'est un titre mystique et symbolique, comme qui dirait *les Signes des temps.* On ne demande point au poëte une exactitude de physicien ni le raisonnement méthodique d'un philosophe. Le début de ce chant est admirable de mouvement et d'affection ; le poëte y a des accents de David et de Jérémie :

« Oh ! que j'aie un coin où m'abriter dans quelque vaste désert, dans le voisinage de quelque forêt illimitée, là où la rumeur de l'oppression et de l'imposture, de la guerre heureuse ou malheureuse, ne puisse jamais plus m'atteindre ! Mon oreille est blessée, mon âme est malade de ce que j'apprends chaque jour des maux et des outrages dont la terre est remplie. Il n'est plus de chair qui palpite dans le cœur endurci de l'homme ; il ne sent plus rien pour l'homme : le lien naturel de la fraternité est tombé, comme le chanvre qui tombe brin à brin au toucher du feu. L'homme trouve son compagnon coupable, — coupable d'une peau autrement colorée que la sienne, etc... »

Il continue d'énumérer toutes ses douleurs et ses blessures comme Anglais, comme chrétien, et comme homme. Tout ce livre, d'une teinte morale sombre, est comme une suite d'élancements mystiques, bibliques, patriotiques, humains et fraternels : il a l'inconvénient de ressembler plus d'une fois à de la prédication en vers ; mais, par son esprit et par son ardeur, il suffirait à montrer combien Cowper s'élève au-dessus de l'ordre des poëtes descriptifs et pittoresques proprement dits.

Le chant troisième, intitulé *le Jardin*, nous ramène à des scènes plus familières et plus douces. Dès les premières pages, on y lit une délicieuse invocation au bonheur domestique, dont Cowper ne jouissait qu'imparfaitement sans doute, mais qu'il appréciait avec une si pieuse et si chaste délicatesse :

« Félicité domestique, toi la seule bénédiction du Paradis qui ait survécu à la chute! quoiqu'il soit donné à bien peu maintenant de te goûter inaltérée et pure, ou, te goûtant, de jouir longtemps de tes dons, trop infirme ou trop imprudent qu'on est pour pouvoir préserver tes douceurs sans mélange de toutes gouttes amères que la négligence ou la brusquerie de nature laisse tomber dans ta coupe de cristal ; tu es la nourrice de la vertu ; c'est dans tes bras qu'elle sourit, paraissant, comme elle l'est en réalité, née dans les Cieux et destinée à y remonter de nouveau. Tu n'es point connue là où le Plaisir est adoré, cette chancelante déesse à la ceinture dénouée et aux yeux errants, toujours appuyée sur le bras de la Nouveauté, son volage et fragile soutien ; car tu es tendrement patiente (*meek*) et constante, haïssant le changement, et trouvant dans le calme d'un amour éprouvé des joies que les orageux transports ne donnent jamais. En le délaissant, oh ! quel naufrage nous avons fait, naufrage d'honneur, de dignité et de bonne renommée !... »

Ce chant, pour justifier son titre, traite des fleurs, des travaux du jardinage : « Qui aime un jardin aime aussi une serre. » Il y a des préceptes tout particuliers sur l'art d'élever les courges ; le poëte y parle d'après sa propre expérience, et comme quelqu'un qui a mis la main à la bêche et à la terre. Un sentiment de bonheur circule dans ces descriptions aimables ou savantes, et montre Cowper sous son jour le plus riant : « Si j'avais le choix d'un bien terrestre, que pourrais-je souhaiter que je ne possède ici ? santé, loisir, tous les moyens d'en profiter ; amitié, paix, une rêverie errante et non relâchée et vagabonde, une occupation constante sans qu'il y ait souci. Ainsi béni du Ciel, je fais le tableau de mon bonheur. »

Mais c'est dans le chant du *Soir d'hiver* qu'il achève de se peindre à nous en son cadre favori, aux moments les plus heureux, et dans tout le charme d'un raffinement social innocent et accompli. Le début de ce chant est célèbre : c'est l'arrivée du facteur ou messager qui apporte les lettres : « Écoutez ! c'est le son du cor là-bas sur le pont... » Cet insouciant messager apporte dans son sac, qu'il jette négligemment, la joie ou la douleur, la mort ou la naissance, la fortune ou la ruine..., et il repart en sifflant. Ces jolis tableaux achevés, et qui trouveraient chez Delille plus d'un pendant bien spirituel aussi, quoique d'une exécution moins sûre, ne sont pas ce que j'aime le mieux chez Cowper, et je le préfère lorsque ayant achevé l'énumération de tout ce qui s'agite de nouvelles publiques et privées entassées pêlemêle dans le sac du facteur, il ajoute : « Maintenant attisez le feu et fermez bien les volets ; laissez tomber les rideaux, roulez et approchez le sopha ; et tandis que l'urne bouillonnante et sifflante fait monter sa colonne de vapeur, et que les coupes qui réjouissent, mais n'enivrent pas, sont là préparées pour chacun, donnons ainsi la bienvenue et l'accueil au soir paisible qui descend. » Dans l'emploi de la soirée qu'il va suivre en ses plus menus détails et dont il fait luire chaque instant à nos yeux, il se souvient d'Horace : « O soirées et soupers dignes des dieux ! *O noctes cœnæque Deûm !...* » Mais il y met son originalité et y ajoute sa flamme, un sentiment moral et religieux qui ne l'abandonne jamais, un éclair de saint Paul et des Apôtres, avec l'appréciation toutefois d'un comfort et d'un bien-être que les Apôtres ne connurent jamais. Il est inépuisable dans le thème et le motif toujours renaissant de cette quiétude bénie du foyer, et il y joint une élégance toute moderne, tout anglaise, qui fait parfois que telle de ses demi-pages ressemble à une vignette de Westall dans tout son joli et son scintillant. Collins a une ode pleine d'imagination et de haute fantaisie adressée *au Soir :* Cowper, dans le passage suivant, rappelle Collins avec moins de lyrisme et quelque chose de plus arrangé, de plus familier, mais avec une touche d'imagination non moins vive :

« Viens encore une fois, ô Soir, saison de paix, reviens, doux Soir et continue longtemps. Il me semble que je te vois vers l'Occident rayé, avec ton pas lent et grave comme celui de la mère de famille, tandis que la Nuit te suit de près et marche déjà sur ta robe traînante : d'une main, tu laisses tomber le rideau du sommeil sur les oiseaux et les animaux divers, et ton autre main est remplie pour l'homme du doux oubli des soins de la journée. Tu n'as point de somptueux atours ; tu n'as pas besoin, comme la Nuit, de relever des traits ordinaires par des grappes de diamants : une étoile ou deux luisant sur ton front te suffisent, sans compter que la lune t'appartient non moins qu'à elle, une lune modeste, non étalée d'en haut avec faste, mais attachée pourtant dans sa pleine rondeur à un pli de ta ceinture de pourpre. Viens donc, et tu trouveras ton pieux adorateur calme d'esprit et tranquille; ou tu me rendras tel aussitôt. L'apaisement est proprement ton bienfait; et soit que je consacre tes légères heures à la lecture, à la musique, ou au travail du poëte, ou à faire des filets pour préserver le fruit qui attire l'oiseau, ou que j'enroule le fil de soie autour de la bobine d'ivoire, selon que parfois l'ordonnent celles à qui l'homme est né pour complaire, je ne te dédaigne jamais, et je te salue le bienvenu toujours ! »

Il faut reconnaître les diverses familles d'esprits et de talents, et, pour ainsi dire, les différentes races. Cowper est le poëte de la famille, quoiqu'il n'ait été ni époux, ni père; il est le poëte du *chez soi*, de l'intérieur régulier, pur, doucement animé, du bosquet qu'on voit au fond du jardin, ou du coin du feu. Les poëtes orageux et hardis comme Byron, les natures mondaines et vives comme Thomas Moore ou Hazlitt devaient assez peu l'aimer. Byron, dans un moment d'humeur, a appelé Cowper un poëte *mitonné (coddled)*. Thomas Moore posait en principe que génie et bonheur domestique sont deux éléments antipathiques et qui s'excluent. Un jour qu'on demandait en présence de Wordsworth s'il en était nécessairement ainsi, le grave poëte des Lacs répondit : « Ce n'est point parce qu'ils ont du génie qu'ils font leur intérieur malheureux, mais parce qu'ils ne possèdent point assez de génie : un ordre plus élevé d'esprit et de sentiments les rendrait capables de voir et de sentir toute la beauté des liens domestiques (1). »

J'ai le regret de rappeler que Montaigne n'était pas de cet avis et qu'il penchait du côté du déréglement : citant les Sonnets de son ami Étienne de La Boëtie, il

---

(1) Le plus ancien et le plus sacré des poëtes, Homère, ne pensait pas autrement que Wordsworth, lorsqu'il a dit : « Il n'est rien de meilleur ni de plus beau que lorsqu'un homme et une femme habitent la maison, ne faisant qu'un par le cœur. » C'est Ulysse qui dit cela en adressant des vœux d'heureux mariage à Nausicaa et en songeant lui-même à sa Pénélope.

estime que ceux qui ont été faits pour la maîtresse valent mieux que ceux qui furent faits pour la femme légitime, et qui sentent déjà *je ne sais quelle froideur maritale :* « Et moi, je suis de ceux, dit-il, **qui** tiennent que la poésie ne rit point ailleurs comme elle fait en un sujet folâtre et déréglé. » Nous nous sommes trop souvenus en France de cette parole de Montaigne, et nous nous sommes laissés aller à cette idée de folâtrerie.

Quelques-uns de ceux même qui ont eu l'idée d'introduire chez nous des images de la poésie familière et domestique, et qui y ont réussi à certain degré, n'en ont pas eu assez la vertu pratique et l'habitude dans la teneur de la vie ; ils en ont bientôt altéré le doux parfum en y mêlant des ingrédients étrangers et adultères, et l'on a trop mérité ce qu'un grand évêque (Bossuet) a dit : « On en voit qui passent leur vie à tourner un vers, à arrondir une période ; en un mot, à rendre agréables des choses non-seulement inutiles, mais encore dangereuses, comme à chanter un amour feint ou véritable, et à *remplir l'univers des folies de leur jeunesse égarée.* »

Revenons à Cowper, sans nous dissimuler toutefois qu'il n'eût point peut-être réussi à exprimer si au vif la poésie des situations tranquilles que l'habitude rend insensibles à la plupart, s'il n'avait eu, lui aussi, ses orages intérieurs étranges et ses bouleversements profonds. — Le livre sixième de *la Tâche* débute par un morceau célèbre, et en effet délicieux :

« Il y a dans les âmes une sympathie avec les sons, et, selon que l'esprit est monté à un certain ton, l'oreille est flattée par des airs tendres ou guerriers, vifs ou graves. Quelque corde à l'unisson avec ce que nous entendons, est touchée au dedans de nous, et le cœur répond. Combien touchante est la musique de ces cloches de village qui, par intervalles, vient frapper l'oreille en douces cadences, tantôt mourant au loin, tantôt reprenant avec force et toujours plus haut, claire et sonore, selon que le vent arrive! avec une force insinuante elle ouvre toutes les cellules où dormait la Mémoire. Quel que soit le lieu où j'aie entendu une mélodie pareille, la scène m'en revient à l'instant, et avec elle tous ses plaisirs et toutes ses peines. Si vaste et rapide est le coup d'œil de l'esprit, qu'en peu de moments je me retrace (comme sur une carte le voyageur, les pays parcourus) tous les détours de mon chemin à travers maintes années... »

Il poursuit de la sorte, et, par une association insensible, il arrive à se retracer quelques circonstances émouvantes de son passé ; une allusion directe nous ramène à la perte de son père, dont il se reproche de n'avoir pas assez apprécié l'amitié sous sa forme un peu sévère : « Un ami est parti, peut-être le meilleur ami de son fils, un père dont l'autorité, même quand elle se montrait en apparence le plus sévère et qu'elle rassemblait toute sa force, n'était que la contenance plus grave de la tendresse... » Puis tout d'un coup, et sans autre transition, il se met à tracer cet exquis et mémorable tableau qui a donné son titre au sixième livre, *la Promenade d'hiver à midi*. C'est la dernière citation que je veuille faire de Cowper ; ne perdons rien de cette peinture perlée et finie, et toutefois si vivante et si naturelle. Les Flamands ont trouvé leur égal en poésie :

« La nuit, l'hiver s'était montré dans son humeur la plus rude ; le matin avait été piquant et clair : mais maintenant à midi, au sud des collines en pente, et où les bois font un abri contre le vent du nord, la saison sourit, oubliant toutes ses colères, et elle a la tiédeur de mai. La voûte, là-haut, est bleue, sans un nuage ; et au-dessous, blanche sans une tache est la splendeur éblouissante de la plaine. Voici qu'une harmonie (un son de cloche) revient passer sur le vallon, et à travers les arbres je vois la tour crénelée d'où m'arrive toute cette musique. De nouveau je ressens la calmante influence des mélodies qu'apporte la brise, et je m'oublie en douces rêveries tandis que je foule le sentier encore verdissant sous les chênes et les ormes dont les branches étendues font voûte au-dessus de la clairière. Le dôme, quoique mobile dans toute sa longueur quand le vent l'agite, a suffi pourtant jusqu'ici, et interceptant dans leur chute silencieuse les flocons pressés, a conservé un sentier pour moi. Nul bruit en ces lieux, aucun du moins qui empêche la pensée. Le rouge-gorge gazouille encore, mais il se contente de ses notes les plus ténues et plus qu'à demi supprimées. Satisfait de sa solitude et voltigeant léger de rameau en rameau, partout où il se pose il secoue de chaque petite branche les gouttes de glace suspendues qui tintent en tombant sur les feuilles séchées du chemin. Un calme accompagné de bruits si doux charme plus que le silence. Ici, la méditation réduit les heures à n'être que des moments. Ici le cœur peut donner une utile leçon à la tête, et la Science devenir plus sage sans ses livres. Savoir et Sagesse, loin de ne faire qu'un, n'ont souvent aucune parenté. Le Savoir habite les têtes remplies des pensées d'autrui; la Sagesse, un esprit attentif aux siennes... Le Savoir est fier d'avoir tant appris; la Sagesse est humble de sentir qu'elle n'en sait pas davantage. Il n'est pas rare que les livres soient un talisman et comme un grimoire magique à l'aide desquels d'habiles esprits, subtils enchanteurs, tiennent asservie une foule sans pensée. Les uns, fascinés par l'éclat d'un nom, livrent leur jugement un bandeau sur les yeux. Le style ensorcelle quelques autres, et, à travers les labyrinthes et les déserts de l'erreur, les mène s'extasiant pour une harmonie; tandis que la paresse séduit la plupart, trop faibles pour soutenir l'insupportable fatigue de la pensée, et prêts à engloutir, sans réflexion et sans choix, le bon et le mauvais grain, le son et la fleur du froment. Mais les arbres et les ruisseaux dont le cours rapide défie la rigueur de l'hiver, les retraites des daims, les parcages des brebis tout peuplés d'agneaux bêlants, et les sentiers où la primevère, avant son heure, perce à travers la mousse qui revêt le pied de l'aubépine, ne trompent aucun de ceux qui les étudient. Là, la Sagesse et la Vérité, non effarouchées comme dans le monde, et non plus à conquérir par de lentes poursuites, se saisissent du premier coup de la pensée errante et la fixent uniquement (1). »

Cowper vécut encore quinze années après la publication de *la Tâche*; il ne mourut que le 25 avril 1800. Mais, après ce poëme excellent, il n'entreprit plus rien d'original qui fût de longue haleine. Frappé de bonne heure des beautés d'Homère et mécontent des infidélités de Pope, il s'appliqua (lady Austen encore, à l'origine, l'y poussant) à faire en vers blancs une traduction complète et fidèle de l'*Iliade* et de l'*Odyssée*, ce qui lui prit

---

(1) Traduction de M. William Hughes, comme pour quelques-uns des autres morceaux. — Mes amis et moi, dans cette étude déjà ancienne de Cowper, à laquelle j'aurais pu donner bien plus de développement, nous avons cherché à lutter d'exactitude et de fidélité de ton en présence de l'original.

de bien longues années. Une édition de Milton, avec traduction en anglais des ouvrages latins, l'occupa ensuite; il était peu propre à un tel rôle d'éditeur. Deux ans environ après la publication de *la Tâche*, il quitta sa résidence d'Olney, qui lui était devenue moins agréable. Une aimable cousine, une compagne d'enfance, qu'il avait retrouvée avec bonheur et dont la fortune était considérable, lady Hesketh, lui fit arranger dans les environs d'Olney, à Weston, l'un des plus jolis villages d'Angleterre, une maison commode pour lui et madame Unwin, et elle-même y venait passer chaque année plusieurs mois. Un assaut de la même maladie qui ne faisait que sommeiller, en quelque sorte, aux heures riantes, le reprit en 1787; il en sortit encore; mais l'abattement et la mélancolie devinrent son état habituel et constant depuis 1793. Le plus grand malheur qui pût l'atteindre l'avait frappé : madame Unwin, son ange domestique, attaquée de paralysie, se survivait à elle-même, et elle le précéda de quatre ans au tombeau. Cette fin de vie de Cowper est triste, humiliante pour l'esprit humain, et bien propre à faire rentrer en soi quiconque est tenté de s'enorgueillir. Il eut d'ailleurs jusqu'à la fin des amis, des parents affectueux qui se renouvelèrent autour de lui et se disputèrent l'honneur de soigner et d'abriter ses agonies et ses lentes souffrances.

L'éclair de la poésie et du génie ne cessait de briller de temps en temps à travers les éclipses et les ombres. Il répondait, quand on regrettait qu'il n'entreprît plus rien de son propre fonds : « L'esprit de l'homme n'est pas une fontaine, mais une citerne ; et le mien, Dieu le sait, est une citerne brisée. » Mais il trouvait encore des inspirations courtes et vives, et des jaillissements du cœur. Tout le monde connaît en Algleterre sa pièce à madame Unwin, malade et infirme, intitulée *A Marie*, et quoique je vienne de dire que je ne citerai plus rien de Cowper, je ne puis m'empêcher de donner quelques strophes ou plutôt quelques versets de cette tendre et incomparable plainte, écrite avec des larmes. Cowper fait allusion dans les premiers vers à sa grande rechute de mélancolie en 1773, la première qu'il avait eue depuis qu'il demeurait avec madame Unwin :

A MARIE.

« La vingtième année est bien près d'être écoulée, depuis que pour la première fois notre ciel s'est obscurci ; ah ! puisse cette fois être la dernière, *Ma Marie!*

« Tes esprits ont un cours moins rapide ; je te vois chaque jour devenir plus faible ; c'est ma détresse qui t'a ainsi réduite si bas, *Ma Marie!*

« Tes aiguilles, toute une collection brillante, infatigables jusqu'à présent pour moi, maintenant se rouillent inutiles et ne brillent plus, *Ma Marie!*

. . . .

« Tes paroles indistinctes semblent comme un langage murmuré dans un rêve ; pourtant elles me charment, quel qu'en soit le sens, *Ma Marie!*

« Tes boucles argentées, autrefois d'un châtain luisant, sont encore plus belles à mes yeux que les rayons dorés du soleil levant, *Ma Marie!*

. . . .

« Partageant ton triste déclin, tes mains perdent leur peu de force ; cependant, doucement pressées, elles pressent doucement les miennes, *Ma Marie!*

« Telle est la faiblesse que tu éprouves dans tes membres, que maintenant, à chaque pas que tu fais, il faut être deux à te soutenir, et pourtant tu aimes toujours, *Ma Marie!*

« Et toujours aimer, bien qu'accablée de maux, dans l'hiver des ans ne sentir aucun froid de cœur, pour moi c'est être la plus aimable toujours, *Ma Marie* (1) !... »

(1) En lisant ces vers à *Marie*, qui tournent sensiblement à la litanie pieuse, on ne peut s'empêcher de penser à cette autre Marie par excellence, la Vierge, celle dont il est dit dans la *Divine Comé-*

La pièce la plus considérable qu'il ait composée dans les dernières années, et qui est d'une imagination aussi forte qu'élevée, a pour titre *le Chêne de Yardley;* elle lui avait été inspirée par un chêne antique qu'il avait vu dans ses promenades autour de Weston, et qui était réputé contemporain de la conquête des Normands. Cette pièce est empreinte de sa manière la plus vigoureuse, avec ses qualités et ses défauts ; elle a de l'inégalité de style, de la complication de pensée, mais de la grandeur, et elle décèle, dans ce poëte qui ne passe que pour celui des régions moyennes, un disciple énergique de Milton.

La maladie morale de Cowper, dont j'ai parlé sans la définir, était d'une nature à part et d'une singularité extrême : il se croyait à jamais rejeté et réprouvé, et il le croyait avec une suite, une persistance et une opiniâtreté qui constituaient la manie. Sa maladie ne ressemble point à celle de Pascal : ce dernier, qui peut avoir eu à certains moments des visions et des hallucinations, dominait en général par l'intelligence son état nerveux. On a dit que, dans les dernières années, il croyait voir un abîme ouvert à ses côtés ; si cela est exact, c'était une pure sensation physique dont il n'était pas la dupe et qu'il repoussait. Quant à Cowper, il ne voyait pas l'abîme entr'ouvert, il se voyait lui-même et se sentait moralement tombé au fond de l'abîme, sans espérance, sans recours. Il lui semblait, au milieu de

---

die de Dante, par la bouche de Béatrix : « Il est au ciel une noble Dame qui se plaint si fort de ces obstacles contre lesquels je t'envoie, qu'elle fléchit là-haut le jugement rigoureux. » C'est la confiance en cette Marie toute clémente et si puissante auprès de son Fils qui a manqué à Cowper. Cette dévotion de plus, si son cœur l'avait pu admettre, l'aurait secouru et peut-être préservé. — « O Dame ! a dit encore Dante en un beau passage du *Paradis*, tu es si grande et tu es si puissante, que vouloir une grâce et ne point recourir à toi, c'est vouloir que le désir vole sans ailes. »

toutes ses méditations et de ses soliloques spirituels, entendre toujours une voix fondamentale et profonde, qui lui criait : « C'en est fait de toi, tu es perdu ! *Actum est de te, periisti!* » Rien n'était capable de le consoler sur ce point, rien ne le détrompait. Dans ses bons moments et ses plus heureuses saisons, la voix s'éloignait ou parlait plus bas, mais il ne parvenait jamais à l'étouffer entièrement, et aux heures de crise elle redevenait menaçante et sans trêve. Il se figurait avoir commis un péché, je ne sais lequel, le seul irrémissible, et qui avait rendu son âme déserte du côté de Dieu. A toutes les observations qui lui étaient faites par M. Newton, et aux exemples qu'on lui alléguait de cas plus ou moins semblables au sien, et qui avaient été restaurés et guéris, il répliquait : « *Ce n'est point là exactement mon mal, et je suis une exception.* » Dans cette désespérance entière de lui-même, voyant son nom définitivement rayé du Livre de vie, religieux et chrétien comme il était, on peut juger de son angoisse et de sa dépression mortelle. Ajoutez que, dans le fort de sa détresse et de son délaissement, il se jugeait incapable et indigne de prier. Il avait l'âme comme morte. C'est du sein de cette habitude intérieure désolée qu'il se portait si vivement, pour se fuir lui-même, à ces occupations littéraires et poétiques où il a trouvé le charme et où il nous a rendu de si vives images du bonheur. On n'a jamais lutté avec plus de constance et de suite qu'il ne l'a fait contre une folie aussi présente et persistante, « une des plus furieuses tempêtes, disait-il, qui ait été déchaînée sur une âme humaine, et qui ait jamais bouleversé la navigation d'un matelot chrétien. » Une de ses dernières pièces de vers, intitulée *le Rejeté*, est la peinture d'un matelot tombé en pleine mer pendant le voyage de l'amiral Anson, et s'efforçant de suivre à la nage le vaisseau d'où ses compagnons lui tendent en vain des câbles, et qu'emporte la tempête : il y voyait une image lugubre de sa destinée.

C'est plutôt avec le coin de manie et de folie qui s'était logé avant dans l'esprit de Rousseau pendant les dernières années, qu'il y aurait lieu de comparer la maladie de Cowper, si compatible avec d'admirables preuves de talent. Il se croyait voué à une réprobation irrévocable, de même que Rousseau se voyait l'objet d'une conspiration universelle. Cowper d'ailleurs, qui a encore de commun avec lui de s'être développé si tard, a parlé de Rousseau plus d'une fois, et en connaissance de cause ; il l'avait lu, au moins dans ses premiers grands ouvrages, et, dès le temps où il était établi à Huntingdon auprès des Unwin, il écrivait à son ami Joseph Hill : « Vous vous souvenez de la peinture que fait Rousseau d'une matinée anglaise ; telles sont celles que je passe ici avec ces braves gens. » Je ne sais de quelle matinée anglaise il s'agit, à moins que ce ne soit dans l'*Émile* le joli rêve de « la maison blanche avec des contrevents verts, » et de la vie qu'on y mène ; Cowper et Hill, en le lisant d'abord ensemble, l'avaient peut-être qualifié ainsi (1). Il y a un autre endroit où Cowper, sans le nommer, me paraît avoir évidemment pensé à Rousseau : c'est dans *la Tâche*, au chant cinquième, lorsqu'il s'agit de combattre les raisonnements de l'épicurien endurci qui s'abandonne ouvertement aux appétits naturels, aux liens de la chair, et qui jouit tout haut de son sommeil de mort : « Hâte-toi maintenant, Philosophe, et délivre-le, si tu le peux, de sa chaîne. Viens lui parler de devoir, de convenance, lui dire combien la vérité morale est aimable, combien le sens moral infaillible... Ne t'épar-

(1) Je cherchais bien loin. Voir tout simplement *la Nouvelle Héloïse*, V^e partie, lettre III ; et dans les sujets d'estampes pour *la Nouvelle Héloïse*, la 9e estampe ayant pour inscription *la Matinée à l'anglaise.*

gne pas sur ce sujet... Déploie toutes tes facultés de déclamation et d'emphase à la louange de la vertu... Pousse ta prose éloquente jusqu'à surpasser l'éclat de la poésie... Il y manque toujours une *toute petite parole* à voix basse, que Celui-là seul peut prononcer de qui le verbe atteint d'un coup son plein effet, et qui dit aux choses qui ne sont pas d'être, et elles sont à l'instant. » Il me semble qu'en cet endroit Cowper a pensé à la *Profession de foi du Vicaire savoyard* et qu'il en touche l'endroit faible et défectueux, qui est aussi celui de tous les éloquents continuateurs de Rousseau : il y manque la *toute petite parole* qui change les cœurs.

Rousseau est certainement l'écrivain qui, en France, au dix-huitième siècle, a le premier senti et propagé avec passion cet amour de la campagne et de la nature que Cowper, de son côté, a si tendrement partagé : à cet égard, nous aurions peu à envier à nos voisins. Aussi, lorsque j'ai exprimé le regret que la France n'eût point, dès ce temps-là, une poésie pareille et comparable à celle des Anglais, je pensais moins encore à la peinture directe de la nature considérée en elle-même, peinture dont notre prose élevée présente de si belles et si magnifiques images, qu'à l'union de la poésie de la famille et du foyer avec celle de la nature. C'est cette *union* qui manque essentiellement chez Rousseau, et par toutes sortes de raisons qui font peine à ses admirateurs : ce peintre aux larges et puissantes couleurs vit et habite dans un intérieur souillé. Il a de plus une indélicatesse naturelle ou acquise qui viole souvent cette première vertu protectrice du foyer, la pudeur. On trouverait encore de profondes différences morales entre Rousseau et Cowper, en ce que l'un aspire à se passer d'autrui, affecte de s'isoler et de se mettre en guerre ou en divorce avec le genre humain, et que l'autre, au contraire, aime à devoir aux autres, à ceux qu'il aime, et à se sentir leur obligé. Tout en maudissant Londres comme l'autre Paris, et jusqu'à travers ses ardents anathèmes, il est sociable et a des doctrines sociables. Sauf quelques rares mouvements de misanthropie, il veut que sa demeure ne soit point trop à l'écart ni hors de portée des ressources et des bienfaits de la société. Une fois il a découvert dans ses courses autour d'Olney, sur une colline assez escarpée, une toute petite cabane cachée dans un bouquet d'arbres, et il l'a appelée *le Nid du paysan;* il rêve de s'y établir, d'y vivre en ermite, y jouissant de son imagination de poëte et d'une paix sans mélange; mais il ne tarde point à s'apercevoir que le site est incommode, qu'on y manque de tout, qu'il est dur d'être seul : tout bien considéré, il préférera son cabinet d'été et sa serre avec son simple et gracieux comfort, et il dira à la hutte sauvage et pittoresque : « Continue d'être un agréable point de vue à mes yeux; sois mon but de promenade toujours, mais mon habitation, jamais ! »

Bernardin de Saint-Pierre, chez nous, a fréquemment mêlé aux peintures naturelles de vives images de la vie et de la félicité domestique : mais la poésie en vers était restée en arrière, on ne sait pourquoi. De nos jours, des essais ont été tentés dans ce genre intime, familier, et pourtant relevé d'art, et qui a besoin d'un détail curieux et de fini. Ces essais, dont aucun n'a eu l'excellence ni la popularité de *la Tâche*, demanderaient un examen attentif et un chapitre développé. Je remarquerai seulement qu'en Angleterre, la vie privée est plus close, plus abritée, mieux encadrée dans son ensemble, plus conforme par son esprit aux mœurs générales de la race et de la nation; ainsi ornée et préservée, ainsi à demi enveloppée de son mystère comme le *cottage* l'est dans ses roses ou comme un nid dans le buisson, elle prête davantage à cette douce et poétique ferveur qu'elle inspire et dont on vient de voir tant de purs exemples. C'est tout ce que j'ai voulu dire ici, sans nier qu'avec des différences dont le talent saurait se faire une originalité, nous puissions, par une application heureuse, y réussir à notre tour (1).

(1) Cette Étude sur Cowper m'a valu trois gracieux sonnets en anglais qui me sont venus de la patrie du poëte, et qui ont été écrits le soir autour de la table à thé, pendant qu'on lit en famille un livre ami et que l'on en cause. Ces sonnets, qui sont trop flatteurs pour que je les cite, m'en ont rappelé un du poëte Keats qui exprime bien ce même sentiment d'idéal, de vie intérieure et d'amitié, charme et honneur de la muse anglaise :

SONNET IMITÉ DE KEATS,

EN S'EN REVENANT UN SOIR DE NOVEMBRE.

Piquante est la bouffée à travers la nuit claire,
Dans les buissons séchés la bise va sifflant ;
Les étoiles au ciel font froid en scintillant,
Et j'ai, pour arriver, bien du chemin à faire.

Pourtant je n'ai souci ni de la bise amère,
Ni des lampes d'argent dans le blanc firmament,
Ni de la feuille morte à l'affreux sifflement,
Ni même du bon gîte où tu m'attends, mon frère :

Car je suis tout rempli de l'accueil de ce soir,
Sous un modeste toit où je viens de m'asseoir,
Devisant de Milton, l'aveugle au beau visage ;

De son doux Lycidas par l'orage entraîné ;
De Laure en robe verte, en l'avril de son âge,
Et du féal Pétrarque en pompe couronné.

Lundi, 11 décembre 1854.

LA DIVINE COMÉDIE

DE DANTE

TRADUITE PAR M. MESNARD

Premier vice-président du Sénat et président à la Cour de Cassation (1).

L'auteur de la traduction nouvelle a exprimé dans sa préface avec beaucoup de vérité et de modestie l'occasion et l'inspiration naturelle de son travail. Lire Dante et le lire de près, c'est presque inévitablement désirer de le traduire, c'est entrer dans les replis de son génie, et après y avoir pénétré (ce qui demande tout un effort), c'est concevoir la pensée d'y introduire les autres. Cette lecture de Dante, comme l'objet même de son poëme, est un labyrinthe : il y faut un guide; on en trouve plus d'un au seuil, on en essaye, on s'en dégage bientôt; on aspire à en devenir un à son tour :

« Toute version, dit M. Mesnard, paraît incomplète, infidèle, et chacun porte en soi, selon sa manière de sentir, le besoin d'une traduction nouvelle. Il semble toujours que cette étrange et magnifique épopée, qui résume toutes les conceptions du Moyen-Age, où tout est mêlé, la fable et la théologie, les guerres civiles et la philosophie, le vieil Olympe et le Ciel chrétien, n'a pas encore trouvé d'interprète d'un esprit assez patient ou assez flexible pour se prêter aux formes

(1) Le tome Ier, contenant *l'Enfer*, est en vente chez Amyot, rue de la Paix, 8.

si variées d'un drame qui touche à tout, d'une poésie qui chante sur tous les tons. On se persuade que faire autrement, c'est faire mieux, et on se laisse aller au plaisir de redire, dans une langue nouvelle, la pensée tour à tour si naïve et si raffinée, si gracieuse et si terrible, du poëte Gibelin.

« C'est à une pareille illusion qu'a cédé l'auteur de ce nouveau travail qui, assurément, laissera encore aux admirateurs du Dante le désir toujours renaissant d'une traduction meilleure. »

Pour moi, ma première pensée en recevant le livre de M. Mesnard et en voyant un magistrat éminent et un homme politique aussi distingué profiter de quelques moments de loisir pour traduire Dante comme autrefois l'on traduisait Horace, ma première pensée a été de me dire qu'il avait dû se passer en France toute une révolution littéraire, et qu'un grand travail s'était fait dans les portions les plus sérieuses de la culture intellectuelle et du goût.

Qu'on veuille songer à ce qu'était autrefois, et il n'y a pas longtemps encore, parmi nous la réputation de Dante et l'idée qu'on se formait de son poëme. Il avait été traduit dès la fin du seizième siècle (1596), et traduit en vers, par Grangier ; mais il n'en était pas devenu plus clair ni plus habituellement lu. Au seizième siècle en France comme en Italie au quinzième, c'était Pétrarque qui l'emportait absolument sur Dante; on *pétrarquisait* comme on pindarisait; on imitait à l'envi les Sonnets de l'amant de Laure, mais *la Divine Comédie* était reléguée parmi les merveilles restées obscures. Au commencement du dix-septième siècle, le Tasse et son poëme eurent la vogue, et on lisait en France *la Jérusalem* presque autant que *l'Astrée;* mais, à partir de la seconde moitié du dix-septième siècle, le Tasse lui-même s'éclipsa pour nous; la France, si ornée de talents illustres et de grands poëtes originaux, semblait vouloir se suffire à elle-même, et le goût sévère de Despréaux, avec ses exclusions, vint en aide à notre paresse qui se dispense si aisément de connaître ce qui est né ailleurs. Dante était demeuré une pure érudition, et n'occupait plus que Bayle. Au dix-huitième siècle, nous avons par Voltaire l'opinion de ceux qui daignaient avoir une opinion sur Dante; dans tout ce qu'il dit du grand Florentin, l'irrévérence perce par tous les pores:

« Vous voulez connaître Dante, dit-il dans le *Dictionnaire philosophique*. Les Italiens l'appellent *divin*; mais c'est une divinité cachée; peu de gens entendent ses oracles. Il a des commentateurs : c'est peut-être encore une raison de plus pour n'être pas compris. Sa réputation s'affermira toujours, parce qu'on ne le lit guère. Il y a de lui une vingtaine de traits qu'on sait par cœur : cela suffit pour s'épargner la peine d'examiner le reste.

« Ce divin Dante fut, dit-on, un homme assez malheureux. Ne croyez pas qu'il fut divin de son temps, ni qu'il fut prophète chez lui. Il est vrai qu'il fut prieur, non pas prieur de moines, mais prieur de Florence, c'est-à-dire l'un des sénateurs, etc. »

Et il continue son article sur ce ton épigrammatique, inexact et léger. Il avait déjà dit, dans ses *Lettres sur les Anglais*, qu'on ne lisait plus Dante en Europe « parce que tout y était allusion à des faits ignorés : il en est de même d'*Hudibras*. » Mais dans une lettre adressée au Père Bettinelli, auteur des *Lettres Virgiliennes*, où Dante était traité assez lestement, Voltaire se découvrait encore davantage (mars 1761):

« Je fais grand cas, écrivait Voltaire à ce littérateur italien, du courage avec lequel vous avez osé dire que le Dante était un fou, et son ouvrage un monstre. J'aime encore mieux pourtant dans ce monstre une cinquantaine de vers supérieurs à son siècle, que tous les vermisseaux appelés *sonetti*, qui naissent et meurent à milliers aujourd'hui, dans l'Italie, de Milan jusqu'à Otrante.

« Algarotti a donc abandonné le triumvirat (1) comme Lepidus. Je crois que dans le fond il pense comme vous sur le Dante. Il est plaisant que, même sur ces bagatelles, un homme qui pense n'ose dire son sentiment qu'à l'oreille de son ami. Ce monde-ci est une pauvre

(1) C'est-à-dire sa liaison avec Frugoni et Bettinelli, qui se rompit à propos de Dante.

mascarade... Ce pauvre homme (il s'agit d'un abbé Marini, un admirateur de Dante à Paris, et que pour cela Voltaire vient d'appeler un *polisson*), ce pauvre homme a beau dire, le Dante pourra entrer dans les bibliothèques des curieux, mais il ne sera jamais lu. On me vole toujours un tome de l'Arioste, on ne m'a jamais volé un Dante. »

Telle était alors l'opinion, en France, des gens de goût.

Ceux même qui connaissaient le mieux l'Italie, tels que de Brosses, et qui y mettaient plus d'application et de sérieux, n'étaient pas d'un sentiment très-différent. Celui-ci écrivait de Rome (1740), en parlant des lectures italiennes qu'il préférait :

« Ce n'est cependant pas l'Arioste que les beaux esprits d'Italie mettent au premier rang; ils l'adjugent au Dante. C'est celui-ci, disent-ils, qui a porté leur langue à son point de perfection, qui a surpassé tous les autres en force et en majesté... J'ai lu quelque chose du Dante à grande peine; il est difficile à entendre, tant par son style que par ses allégories,

. . . . Car un sublime dur
S'y trouve enveloppé dans un langage obscur.

Il me paraît plein de gravité, d'énergie et d'images fortes, mais profondément tristes; aussi je n'en lis guère, car il me rend l'âme toute sombre. Cependant je sens que je commence à le goûter, et je l'admire comme un rare génie, surtout pour le temps où il a vécu... »

Mais cette lecture ne profite pas à de Brosses, qui continue de trouver Dante un poëte tout à fait sec et *sans aménité :*

« Je ne puis m'empêcher d'ajouter encore ici que plus je lis le Dante, plus je reste surpris de cette préférence que je lui ai vu donner sur l'Arioste par de bons connaisseurs : il me semble que c'est comme si on mettait le *Roman de la Rose* au-dessus de La Fontaine. J'avoue que le Dante ne me plaît qu'en peu d'endroits et me fatigue partout. »

De Brosses a beau faire, il est trop Français à sa date, il ne peut venir à bout d'admirer Dante.

Ce sont là les dispositions naturelles et sincères,

c'est le point de départ d'où l'esprit français eut à s'élever graduellement pour arriver à la connaissance et à l'admiration sentie de Dante; mais par combien d'efforts! et que d'appareils, que de machines il fallut pour le remorquer en quelque sorte, jusqu'à ce qu'il pût entrer librement et voguer, comme il paraît faire aujourd'hui, dans ce lac supérieur!

Honneur à Rivarol! On dira de sa traduction tout le mal qu'on voudra, on ne lui enlèvera pas le mérite d'avoir le premier chez nous apprécié avec élévation la nature et la qualité du génie de Dante. Sans doute il le sentit plutôt en artiste qu'en philosophe ou en historien; il le prit plutôt par le style que par l'ordre de ses idées; il méconnut le théologien; il négligea le côté tendre, suave même et idéalement amoureux; il ne l'aborda que par *l'Enfer*, ne le suivit point au-delà, et y laissa ses lecteurs comme si ç'avait été le vrai but. Il vit surtout, dans l'étude qu'il en faisait, un thème d'innovation et d'audace pour sa propre manière de dire et pour l'expression française qu'il s'efforçait d'aiguiser et de renouveler. Quoi qu'il en soit, ce dilettante brillant et incrédule dut à quelque chose de fier et de hardi qu'il avait dans l'imagination, et qui tenait sans doute à ses origines méridionales, d'être le premier chez nous à parler dignement de Dante, et même de le juger très-finement sur des beautés de détail et d'exécution qui semblaient être du ressort des seuls Italiens :

« Il faut surtout varier ses inversions, disait-il en pensant au travail imposé aux traducteurs; le Dante dessine quelquefois l'attitude de ses personnages par la coupe de ses phrases ; il a des brusqueries de style qui produisent de grands effets; et souvent, dans la peinture de ses supplices, il emploie une fatigue de mots qui rend merveilleusement celle des tourmentés. » — « Quand il est beau, disait-il encore, rien ne lui est comparable. Son vers se tient debout par la seule force du substantif et du verbe, sans le concours d'une seule épithète. »

Rivarol a prononcé le nom de Pascal à propos de Dante. Si en effet une poésie eût pu convenir à Pascal, et non point à cause de la seule misanthropie et de l'effroi, c'est bien celle de Dante, là où il est beau, — cette poésie la plus contraire à tous vains oripeaux et à tout jargon, et où l'invisible même est rendu avec tant de géométrie et de réalité.

La Harpe, après Rivarol, rétrogradait et se repliait sur le jugement de Voltaire, lorsqu'en quelques lignes rapides de son *Cours de Littérature* il parlait de l'ouvrage de Dante comme « d'un poëme monstrueux et rempli d'extravagances, que la manie paradoxale de notre siècle, disait-il, a pu seule justifier et préconiser. » Il lui faisait d'ailleurs la grâce d'y reconnaître, sans doute sur parole, « une foule de beautés de style et d'expressions qui devaient être vivement senties par les compatriotes du poëte, et même quelques morceaux assez généralement beaux pour être admirés par toutes les nations. »

On en était là au commencement de ce siècle. M. de Chateaubriand, dans le *Génie du Christianisme*, rencontrait tout d'abord l'ouvrage de Dante au premier rang des poëmes chrétiens dont il devait désirer établir l'excellence, sinon la prééminence sur les poëmes anciens. Mais il ne le prit que rapidement, par les traits les plus connus, et en se portant bientôt de préférence sur Milton. La bizarrerie du poëme continuait à être un obstacle et une sorte d'épouvantail : cette bizarrerie ne pouvait cesser d'être réputée telle que lorsqu'on aurait pénétré dans l'œuvre par la vraie voie, par la véritable entrée qui était encore peu expugnable, celle du Moyen-Age.

Ce n'était point précisément l'aspect bizarre qui effrayait Népomucène Lemercier lorsqu'il appréciait, avec instinct et sens toutefois, le poëme de Dante dans quelques pages de son *Cours analytique de Littérature*, et lorsqu'il faisait précéder plus tard son étrange drame de *la Panhypocrisiade* d'une Épître dédicatoire à *Dante Alighieri*. Mais il fallait d'autres introducteurs encore que ceux-là pour apprivoiser à l'idée de Dante.

Ginguené le premier se distingue bien méritoirement dans les études critiques sérieuses et suivies, qui vont s'ouvrir pour ne plus cesser. Cet écrivain laborieux et instruit, ayant été ministre de France à Turin sous le Directoire, y apprit à fond la littérature italienne et y amassa les matériaux du Cours qu'il professa, et de l'ouvrage qu'il écrivit ensuite, sur ce sujet alors trèsnouveau. Dante y tient une grande place; Ginguené l'analyse, l'explique, le loue ou le critique en toute connaissance de cause; et, sans rompre ouvertement en visière avec la façon légère et irrévérente du dixhuitième siècle, il tend à la détruire par l'exposé même des faits, et à nous transporter peu à peu et comme par une montée unie dans l'intelligence de ce difficile poëte. Mais il est des courants de pensée qu'on ne peut établir qu'en combattant nettement les courants contraires; il est des révolutions dans le goût et dans les manières de voir qui ne peuvent réussir qu'en s'appelant de leur nom et se dessinant hardiment, et non par voie insensible et de transaction. Pour produire tout son effet et pour donner à ses jugements toute leur portée, il faut se dire et dire aux autres qu'on retourne les points de vue, si on les retourne en effet.

Sismondi, par son livre sur la *Littérature du Midi*, venait en aide, mais n'ajoutait pas à ce que disait Ginguené sur Dante, et d'ailleurs il n'avait qu'à demi un pied en France.

Un homme plus jeune, sorti comme Ginguené de la philosophie du dix-huitième siècle, et qui tenait par ses habitudes premières à la société d'Auteuil, Fauriel était destiné à opérer ce changement profond dans le goût, je ne dirai pas du public, mais de tous les littérateurs instruits et de la portion la plus éclairée de la jeunesse française. Esprit sagace, libre de préventions, adonné pendant des années aux investigations les plus actives et aux recherches silencieuses, particulièrement doué du génie des origines, il comprenait les choses par leur esprit même et les exprimait ensuite sans y rien ajouter d'étranger. Lié à l'Italie par des amitiés illustres, en commerce familier avec des hommes tels que Monti et Manzoni, il s'initia par eux aux beautés de Dante (car encore une fois il faut un initiateur quand on aborde Dante à première vue); mais il joignit à ces indications exquises du goût italien tout un lent accompagnement de preuves, de faits et d'inductions convergentes, qui remettaient Dante en action et debout au milieu de son siècle, non plus comme une singularité ni comme une bizarrerie, mais bien au contraire comme un résumé plein d'harmonie et comme un merveilleux couronnement.

Ces recherches de Fauriel, connues bien des années avant qu'il les écrivît et même avant qu'il les professât, transpirant hors du cercle intime où il vivait, communiquées par lui à tous ceux qui l'interrogeaient avec la libéralité du savant généreux et du galant homme, viennent seulement d'être réunies en volumes et de paraître dans leur ensemble (1) : on peut dire qu'elles étaient depuis longtemps dans la circulation, et que le niveau du goût en France (je ne parle que de la classe instruite) s'en est ressenti.

Il ne serait pas juste de ne point compter parmi les

(1) *Dante et les Origines de la Langue et de la Littérature italiennes*, Cours fait à la Faculté des lettres de Paris par M. Fauriel; — 2 vol. in-8°, chez Durand, rue des Grès, 5 (1854).

puissants stimulants que reçut l'opinion française sur Dante, et dans un temps où Fauriel ne travaillait encore que dans l'ombre, les leçons éloquentes de M. Villemain dans son Cours de la Sorbonne. Les beautés de *la Divine Comédie*, les difficultés qu'elle continue d'offrir, les disparates qui nous y frappent, ses rapports avec l'histoire, ce qui est du temps et ce qui semble en avant du temps, tout cela était touché, parcouru, soulevé avec ce talent unique qui caractérisait le professeur en M. Villemain, et le tout s'animait d'un enthousiasme général qui laissait place pour les réserves que l'admiration elle-même ne saurait s'empêcher de poser. Ces sortes de leçons de M. Villemain étaient comme un nuage électrique et coloré qui passait sur les têtes de la jeunesse.

La moderne école poétique française, qui s'était plus d'une fois essayée sur Shakspeare, ne pouvait entièrement négliger Dante. Sincèrement épris de l'Italie, de sa musique, de son ciel et de ses grands auteurs, M. Antoni Deschamps donna en vers un extrait des plus beaux morceaux traduits de l'*Enfer*, du *Purgatoire* et du *Paradis*. Tout dernièrement un jeune et courageux émule, M. Louis Ratisbonne, en a tenté en vers une traduction complète qu'il poursuit : noble effort, en partie heureux; et qui est encore à saluer là même où il semble à peu près impraticable. M. Antoni Deschamps en 1829 avait cueilli, pour les répandre, un choix de fleurs sévères. — En ce même temps, un autre poëte du groupe (1) essayait de rendre en vers quelques-uns des accents et un mémorable passage de cette *Vita nuova* de Dante, dont M. Delécluze a donné, depuis, la traduction complète en prose.

(1) Moi-même, dans la pièce XVIIIe du Recueil de poésies intitulé *les Consolations*, qui parut en mars 1830.

Cependant, ce que je demanderai la permission d'appeler l'*école de Fauriel*, poursuivait son œuvre d'érudition et d'analyse, appliquées méthodiquement et par tous les côtés à la *Divine Comédie*. M. Ampère, au milieu des diversités si riches de sa curieuse intelligence, revenait souvent à Dante avec une prédilection, ingénieuse toujours, et toujours munie de lumières nouvelles. Dans quelques routes qu'il se répandit, il en faisait un de ses points de vue préférés; il en ornait et en perfectionnait comme à plaisir les accès et les moindres chemins. Mais celui qui a le plus fait dans cette voie ardue, et qui a le plus travaillé à l'aplanir, est un homme déjà ravi par la mort, et qui jeune, dès l'entrée, avait fait quelques pas de plus dans la direction de Fauriel. M. Ozanam (contraste singulier!) était aussi différent de Fauriel par ses origines morales que deux esprits peuvent l'être: nourri du christianisme domestique le plus pur et le plus fervent, il abordait Dante comme le jeune lévite approche de l'autel et monte les degrés du sanctuaire. Fauriel, l'ancien ami et l'admirateur de Cabanis, devint pourtant le maître et l'un des guides exacts d'Ozanam : c'est que l'amour de la science et d'une science vraie, cette autre religion sincère, les unissait et les rapprochait étroitement par l'inspiration comme dans les résultats. M. Ozanam, doué d'enthousiasme, et les yeux dirigés vers un soleil qui l'éclairait plus vivement sur quelques points, et qui l'éblouissait peut-être sur quelques autres, a porté l'admiration plus loin qu'il n'est donné à de moins ardents de la concevoir et de la soutenir pour ces formes si compliquées de l'esprit humain au Moyen-Age : il a du moins rassemblé tout ce qui peut aider à faire mieux comprendre le monument poétique dans l'explication duquel il a gravé son nom. Aujourd'hui en France, l'étude critique de *la Divine Comédie*, inépuisable dans le détail, est fixée quant à l'ensemble et a comme donné son dernier mot.

Il est bien prouvé que de même qu'on a dit qu'un peu de philosophie et de science éloigne de la religion et que beaucoup de philosophie y ramène, de même il y a un degré de poésie qui éloigne de l'histoire et de la réalité, et un degré supérieur de poésie qui y ramène et qui l'embrasse. Le poëme de Dante, c'est l'expression de l'histoire de son temps prise au sens le plus étendu, l'expression non-seulement des passions, des haines politiques, des luttes, mais encore de la science, des croyances et des imaginations d'alors. Ce que Vico avait dit ingénieusement de Dante considéré par lui comme une sorte d'historien idéal, une étude critique et une élaboration attentive de chaque ordre de faits l'ont vérifié rigoureusement et confirmé.

Il n'est pas moins certain que l'inspiration première et principale de *la Divine Comédie* est une inspiration toute personnelle, et, si l'on peut dire, lyrique. Amoureux dès l'âge de neuf ans de la jeune Béatrix, qui n'en avait que huit, Dante conserva toute sa vie le culte inconcevable de cette ardeur qui semblerait fabuleuse si elle n'était d'accord avec les idées raffinées qui se professaient en cet âge chevaleresque. Cet amour, dont les principaux accidents et les aventures se bornèrent à quelques saluts, à quelques regards échangés et à quelques sourires, tout au plus à de rares paroles, et qui ne devait empêcher aucune des deux personnes qui s'en entretenaient ainsi, de s'engager un peu plus tôt ou un peu plus tard dans les liens positifs du mariage; cet amour qui semblait d'ailleurs à jamais rompu par la mort prématurée de Béatrix vers l'âge de vingt-six ans, devint et continua d'être la pensée profonde, supérieure, le ressort le plus élevé de la conduite et des entreprises de Dante. Il resta pour lui le signe ou, plus exactement, l'essence et la flamme de la plus haute vertu ; ce fut son Étoile. Toutes les fois qu'il s'engagea dans des actes par lesquels il semblait y déroger, il lui arrivait bientôt de s'en repentir, d'en rougir à ses propres yeux dans le secret, et de désirer expier sa faute et la réparer. Ayant chanté ses premières amours d'enfant dans des poésies délicates et subtiles, il se dit que ce n'était point assez et qu'il fallait élever à la beauté et à la reine de son cœur un monument dont il fût à jamais parlé : *la Divine Comédie* naquit dans sa pensée, et il mit des années à la construire, à la creuser, à l'exhausser dans tous les sens, à y faire entrer tout ce qui pouvait la vivifier ou l'orner aux yeux de ses contemporains, afin de faire plus visible et plus brillant le trône d'où il voulait présenter Béatrix au monde.

La poésie en langue vulgaire, qui commençait à fleurir en Italie, n'y avait pas encore obtenu l'estime qui lui était due ; goûtée des femmes et des jeunes gens, elle était peu prisée des théologiens et des doctes. Dante chercha à lui donner des accents nouveaux, plus énergiques, plus en rapport avec la précision du latin, à l'élever au-dessus des patois et des idiomes particuliers en en faisant une sorte de langue composite qui fût universelle par toute l'Italie ; et en même temps il la chargea d'exprimer des vérités, des raisonnements ou spéculations si abstruses et si hardies qu'il obligea les savants eux-mêmes à respecter ce nouvel écrivain aussi érudit et aussi scientifique que pas un d'eux. Dans une langue qui ne savait guère encore, comme il le dit, que bégayer *papa* et *maman*, il trouva moyen d'exprimer le fond de l'univers et la cime des subtilités divines. — Pour nous il a fait plus : il a fait entrer dans le langage du genre humain nombre de ces paroles décisives qui marquent les grands moments de la vie et de la destinée, ou qui fixent la note inimitable de la passion, et qui se répéteront telles qu'il les a dites, tant qu'il y aura des hommes.

Il avait déjà commencé ce poëme avant les événements politiques qui le mirent à la tête des affaires de son pays, et qui bientôt le firent bannir de Florence à l'âge de trente-sept ans (1302), pour errer près de vingt ans encore (1321) sans y rentrer jamais. Ses animosités, ses rancunes personnelles et ses haines, ses indignations patriotiques et généreuses, ses tendres souvenirs des amis, des maîtres et des compagnons regrettés et pleurés, il y introduisit successivement tout cela par une suite d'épisodes coupés et courts, la plupart brusquement saillants avec des sous-entendus sombres, et il était permis à ceux qui restaient en chemin dans la lecture et qui ne la poussaient point au delà d'un certain terme, de ne pas apercevoir dans l'éloignement la figure rayonnante de Béatrix et de ne pas lui faire la part principale et souveraine qui lui revient. Longtemps on n'a connu Dante qu'incomplétement et par les chants de *l'Enfer*. Il serait temps, dit Fauriel, d'en finir une bonne foi avec ce préjugé. Dante fier, sombre, bizarre et dédaigneux dans cette partie de son poëme, apparaît différent à mesure qu'on avance; son côté tendre, affectueux et touché, ses trésors de mélodie et de tendresse, les nombreuses comparaisons d'abeilles, de colombes et d'oiseaux, qui lui échappent si souvent et qui s'envolent sous ses pas, toutes ces grâces plus fraîches à sentir dans un génie grandiose et sévère, appartiennent aux deux dernières parties de son poëme et s'y développent par degrés. C'est là que cette âme hautaine redevient presque enfantine et toute tremblante sous le regard enfin retrouvé de Béatrix. Le nœud de tout le poëme est à la fin du *Purgatoire*, dans les chants où Béatrix lui apparaît triomphante, le force à rougir et à confesser ses torts, et les lui pardonne en le ravissant après elle jusque dans les Cieux. Elle n'avait jusque-là, dit-elle, trouvé d'autre moyen de salut pour lui que de lui faire voir l'Enfer et les damnés, afin de le ramener au bien par la crainte; mais désormais l'amour seul va y suffire. L'hymne d'amour dès ce moment a commencé, et l'on nage déjà dans l'allégresse. Ce sont là des scènes incomparables de pureté, d'émotion, et qui repoussent bien loin toutes les explications allégoriques qu'on a voulu en donner : leur commentaire est à jamais écrit dans tous les cœurs délicats et sensibles. Mais comme Dante est un génie compliqué et qui pense toujours à plus d'une chose à la fois, il n'est pas moins vrai qu'en même temps que l'apothéose de Béatrix, de la femme aimée, est le but principal de *la Divine Comédie*, le poëte, pour mieux parer et honorer cette âme céleste, lui a prêté bien des traits allégoriques par lesquels il tend à la transformer insensiblement et à la confondre dans la plus noble et la plus lumineuse des sciences selon le Moyen-Age, dans la Théologie elle-même. M. Ozanam a bien démêlé et démontré ce double caractère.

De sorte que si Dante avait écrit lui-même le Commentaire de son grand poëme, comme il l'a fait pour d'autres de ses poëmes moindres, il aurait pu soutenir doublement qu'en effet Béatrix était bien la Béatrix qu'il avait aimée, la fille de Folco de' Portinari de Florence, et qu'elle n'en était pas moins aussi, en définitive, la Théologie sublime, revêtue de rayons, et dirigeant l'œil humain, qui la considère et qui l'étudie, vers les plus hautes vérités.

Mais nous autres que la philosophie du Moyen-Age intéresse moins que ce qui y perce d'imagination gracieuse et d'éternelle sensibilité humaine, ce sera toujours à un point de vue plus réel et plus ému que nous nous plairons, au milieu de toutes les difficultés et des énigmes du voyage, à noter des endroits comme ceux-ci, où le poëte, guidé par Béatrix dans les cercles du Ciel, et approchant de la dernière béatitude, se montre ingénument suspendu à son regard, et nous la montre, elle, dans l'attitude de la vigilance et de la plus tendre maternité :

« Comme l'oiseau, au dedans de son feuillage chéri, posé sur le nid de ses doux nouveau-nés, la nuit, quand toutes choses se dérobent ; qui, pour voir l'aspect des lieux désirés, et pour trouver la nourriture qu'il y va chercher pour les siens et qui le payera de toutes ses peines, prévient le moment sur la branche entr'ouverte, et d'une ardente affection attend le soleil, regardant fixement jusqu'à ce que l'aube paraisse : ainsi ma Dame se tenait droite et attentive, tournée vers l'horizon, etc., etc. »

C'est dans de tels passages que Dante justifie complétement le mot de Manzoni, qui dit de lui que, pour la langue italienne, il n'a pas été seulement le maître de la colère, mais celui du sourire.

On sent la difficulté qu'il y a à rendre une telle langue dans la nôtre, et à traduire en étant clair et fidèle à la fois. Parmi les traductions de *la Divine Comédie* les plus estimées et faites en toute intelligence du texte, on cite celle de M. Fiorentino, et aussi celle de M. Brizeux. Dans la nouvelle traduction qui nous occupe, je remarque et je loue le soin d'être, autant que possible, coulant et facile en français, d'unir la fermeté du ton à l'aisance du tour et du nombre. Cette traduction peut se lire avec ou sans l'italien. Dans le calque trop complet et trop systématique qu'on veut faire d'un texte original, il arrive quelquefois qu'on reste plus voisin de l'idiome étranger que du nôtre, et que la traduction aurait besoin d'être traduite elle-même : c'est là un inconvénient que M. Mesnard a cherché à éviter, en infusant çà et là une nuance, je ne dirai pas de paraphrase, mais d'éclaircissement dans le texte, et il en résulte que la lecture continue de son *Enfer* est aussi agréable que peut l'être une lecture continue de

Dante. Car, n'oublions jamais que Dante est moins à lire qu'à étudier sans cesse. S'il nous est donné aujourd'hui, grâce à tant de travaux dont il a été l'objet, de le mieux comprendre dans son esprit, et de le révérer inviolablement dans son ensemble, nous ne saurions abjurer (je parle au moins avec la confiance de sentir comme une certaine classe d'esprits) notre goût intime, nos habitudes naturelles et primitives de raisonnement, de logique, et nos formes plus sobres et plus simples d'imagination; plus il est de son siècle, moins il est du nôtre. On est revenu de l'idée de trouver dans les œuvres du passé, fût-ce même dans les chefs-d'œuvre, des modèles parfaits d'idéal et de pure et facile beauté. Il y a une part à faire, en toute production plus ou moins ancienne, à ce qui est des mœurs, des coutumes, des particularités religieuses ou même de certaines conventions poétiques, et le beau immortel ne se dégage pour nous qu'après quelque effort et quand on s'est remis au point de vue. Toutefois c'est encore dans les *exemplaires* grecs et latins, ou dans les productions chrétiennes appartenant à des âges plus doux, qu'on retrouve le genre de beautés le plus direct, le plus naturel et, pour nous, le plus aisé à sentir, le plus exempt de toutes les ligatures et de tous les emboîtements pédantesques qui, en le reconstituant, ont déformé à de certains siècles et mis à la gêne l'esprit humain. Les beautés chez Dante sont grandes, et elles sont d'un ordre si imprévu, si puissant et si élevé, qu'on ne regrette point, quand on les possède une fois, la peine qu'elles ont coûtée; elles ont pourtant coûté une grande peine, et il est de ceux qu'on admire, en étant obligé de les conquérir à chaque pas et à chaque instant. On a sans cesse à arracher le rameau d'or du milieu des épines qui le défendent et qui renaissent. Mon respect en est d'autant plus grand pour ceux qui comme M. Mesnard s'engagent, par un motif désintéressé d'étude, dans un travail dont le charme même est déjà une preuve de mérite et un titre de noblesse pour l'esprit. Je voudrais être plus autorisé en ces matières pour mieux motiver mon éloge et pour engager l'honorable auteur à poursuivre. Pope, s'entretenant avec ses amis, racontait combien de cruels moments il avait passés dans les premiers temps qu'il avait entrepris de traduire Homère : il se sentait effrayé de son engagement; c'était une inquiétude qui le poursuivait partout, c'était pour lui un cauchemar dont il aurait désiré qu'on le délivrât, disait-il, même au prix de la vie. Il lui arrivait souvent d'en rêver et de voir Homère en songe. Mais, on l'a remarqué, c'était sans doute Homère vengeur qui lui apparaissait, et qui le voulait punir des infidélités élégantes et des trahisons toutes volontaires qu'il exerçait sur ce simple génie. Si Dante apparaît en songe à son nouveau traducteur, je suis bien sûr que ce sera sous un tout autre aspect, et seulement pour lui rendre plus faciles et plus clairs tels ou tels passages obscurs du pèlerinage entrepris (1).

(1) Sur quelques points pourtant, je crois que Dante demanderait à son nouvel interprète plus de scrupule encore et une plus grande religion d'exactitude. Ainsi dès l'entrée de l'Enfer (chant III) :

> Per me si va nella città dolente;
> Per me si va nell' eterno dolore;
> Per me si va tra la perduta gente...

« Toute oreille, a dit à ce sujet M. de Chateaubriand, sera frappée de la cadence monotone de ces rimes redoublées où semble retentir et expirer cet éternel cri de douleur qui remonte du fond de l'abîme. Dans les trois *Per me si va*, on croit entendre le glas de l'agonie du chrétien. » — Or, M. Mesnard a traduit : « Par moi l'on entre dans la cité des douleurs; par moi, dans la plainte éternelle; par moi, au milieu des races perdues. » Le *si va* a disparu; le tintement du glas est abrégé; l'écrivain français a craint d'être trop monotone. — On m'assure que M. Mesnard aurait désiré, sur sa traduction, un plus grand nombre de ces remarques de détail : c'est la convenance seule, et je dirai, la politesse qui m'a empêché de les multiplier de peur de paraître déprécier un travail dont l'ensemble est satisfaisant et dont l'intention avant tout est recommandable.

Lundi, 18 décembre 1854.

LE PRÉSIDENT HÉNAULT

SES *MÉMOIRES* ÉCRITS PAR LUI-MÊME

Recueillis et mis en ordre par son arrière-neveu

M. le Baron DE VIGAN (1).

Le président Hénault a été avant tout un homme de société. Heureux dès sa jeunesse, ayant reçu du Ciel la fortune, la bonne mine, le désir de plaire et l'art de jouir, il vécut de bonne heure dans le meilleur monde; il respira, sur la fin du règne de Louis XIV, cet air civilisé le plus doux et le plus tempéré pour lequel il était fait; il continua sa carrière fort avant dans le dix-huitième siècle sans en partager les licences ni les ardeurs, fut l'ami intime et le familier de tous les gens en place, le patron ou l'amphitryon des gens de lettres, parmi lesquels il prit un rang distingué que chacun s'empressa de lui offrir. Il n'eut d'autre malheur que de se survivre un peu dans les dernières années et de baisser en esprit avant de s'éteindre. Lorsqu'on a annoncé ses *Mémoires*, j'ai eu aussitôt une extrême envie de les lire, persuadé que nul n'était aussi à même que lui de nous introduire dans cette société du commencement du dix-huitième

(1) Librairie de Dentu, Palais-Royal.

siècle, sur laquelle on a jusqu'ici assez peu de témoignages détaillés et de confidences originales. Je dirai plus tard jusqu'à quel point mon attente a été remplie; je veux commencer par présenter une idée du genre d'existence, du genre d'esprit et de mérite qui caractérisent le président.

Le président tout court, c'est ainsi qu'on appela le président Hénault après que Montesquieu fut mort. « J'ai soupé hier chez le président. — Soupez-vous ce soir chez le président? » Tout le monde, dans la bonne société, vers 1760, entendait ce que cela voulait dire. Hénault naquit à Paris, le 8 février 1685, d'un père fermier général, homme riche, qui aimait les Lettres, et même assez particulièrement pour prendre le parti de Corneille contre Racine, et pour se mêler à cette petite guerre que soutinrent Thomas Corneille et Fontenelle. Le jeune Hénault fit ses études au collége des Jésuites, sous les meilleurs professeurs, et sa philosophie aux Quatre-Nations. Il se distingua dès l'abord par une grande facilité et du talent d'écrire. Il eut pour condisciples et pour amis de collége quantité de fils de famille qui devinrent depuis des personnages, et avec qui il resta lié. Hénault avait quinze ans au moment des débuts de Massillon à Paris et de son premier éclat dans les chaires : ce fut son premier enthousiasme; l'ambition de l'éloquence le saisit, et il voulut entrer à l'Oratoire. Il y entra en effet, y prit l'habit, et y resta deux ans. Puis il en sortit avec autant de facilité qu'il y était entré. Plusieurs de ses supérieurs le regrettèrent, et l'un d'eux même le pleura; Massillon, qui en avait mieux jugé, dit en riant : « Mon Père, est-ce que vous avez jamais cru qu'il nous resterait? »

Mais il demeura toujours quelque chose au président Hénault de ces années passées à l'Oratoire; il lui arriva plus d'une fois d'en regretter l'innocence et la paix; il a même célébré en vers ces agréables ombrages où se menaient de doux et sérieux entretiens; ces retraites riantes, disait-il, *où le désir est calme et la chaîne légère.* Il en conserva mieux qu'une impression sensible, il en sauva quelques principes qu'il retrouva en avançant dans la vie, et qui le rattachent au dix-septième siècle : il y a en lui un coin par lequel il se séparera du dix-huitième.

En attendant, il entra dans le monde et se mit à vivre de la vie la plus répandue et la plus diversement amusée : il allait d'abord dans le monde de la finance, où se rencontraient toutes sortes de gens de qualité; il voyait beaucoup les coryphées de la littérature, La Motte, Rousseau, La Faye et bien d'autres. Devenu magistrat sans en avoir l'air, reçu président au Parlement avec dispense d'âge (1706), il ne concourait pas moins pour les prix de l'Académie française, faisait des tragédies, qui tombaient comme de raison (c'est Collé qui le dit), mais sous un autre nom que le sien, des chansons, au contraire, qui avaient la vogue, et il prenait pied partout dans la meilleure société, et bientôt même en Cour. Cependant il trouvait du temps pour des applications plus graves; son esprit juste cherchait à simplifier tout ce qu'il étudiait, et se dirigeait avec utilité vers l'histoire.

Ici, nous nous trouvons dans une sorte d'embarras à l'égard du président Hénault : les jugements sur son compte sont assez divers. Voltaire, qui l'a plus loué que personne, a retiré, à la fin, tous ses éloges, lorsqu'il a vu le président mourir en reniant la philosophie. Grimm, Collé, ont parlé de lui avec esprit, mais avec quelque dédain et bien de la sévérité. Celui qui me paraît l'avoir jugé à la fois avec indulgence et une mesure équitable, est le marquis d'Argenson, dans le Portrait qu'il a tracé de lui :

« Le président Hénault, dit-il, ne tiendra peut-être point au temple de Mémoire une place aussi distinguée que les deux autres (c'est-à-dire que Fontenelle et que Montesquieu, qui n'était point encore, à cette date, l'auteur de l'*Esprit des Lois*). Il est moins vieux que Fontenelle et moins gênant, parce qu'il exige moins de soins et de complaisances. Au contraire, il est très-complaisant lui-même, et de la manière la plus simple, et l'on peut dire la plus noble ; les actes de cette vertu ont l'air de ne lui rien coûter. Aussi y a-t-il des gens assez injustes pour croire qu'il prodigue sans sentiment et sans distinction les politesses à tout le monde : mais ceux qui le connaissent bien et le suivent de près, savent qu'il sait les nuancer, et qu'un jugement sain et un grand usage du monde président à la distribution qu'il en fait. Son caractère, surtout quand il était jeune, paraissait fait pour réussir auprès des dames ; car il avait de l'esprit, des grâces, de la délicatesse et de la finesse. Il cultivait avec succès la musique, la poésie et la littérature légère. Sa musique n'était point savante, mais agréable ; sa poésie n'était point sublime ; il a pourtant essayé de faire une tragédie : elle est faible, mais sans être ni ridicule ni ennuyeuse. Du reste, ses vers sont dans le genre de ceux de Fontenelle : ils sont doux et spirituels ; sa prose est coulante et facile ; son éloquence n'est point mâle ni dans le grand genre, quoiqu'il ait remporté des prix à l'Académie française, il y a déjà plus de trente ans. Il n'est jamais ni fort, ni élevé ; ni fade, ni plat. Il a été quelque temps Père de l'Oratoire ; il a pris dans cette société le goût de l'étude, et y a acquis quelque érudition, mais sans aucune pédanterie. On m'a assuré qu'au Palais il était bon juge, sans avoir une parfaite connaissance des lois, parce qu'il a l'esprit droit et le jugement bon. Il n'a jamais eu la morgue de la magistrature ni le mauvais ton des Robins. Il ne se pique ni de naissance ni de titres illustres ; mais il est assez riche pour n'avoir besoin de personne... »

On trouve dans ce Portrait sorti d'une plume amie tout ce qui peut expliquer les succès et la réputation du président dans le monde et en son bon temps.

Les Recueils de l'Académie française nous ont conservé le Discours par lequel le président débuta dans les Lettres proprement dites. L'usage était alors, pour les prix d'éloquence, de composer de véritables sermons en plusieurs points sur une pensée ou un texte de l'Écriture. Le président eût le prix en 1707, à l'âge de vingt-deux ans, pour un Discours sur ce sujet proposé par l'Académie, « qu'il ne peut y avoir de véritable bonheur pour l'homme que dans la pratique des vertus chrétiennes. » En 1709 il n'eut qu'un accessit sur cet autre sujet, « que rien ne rend l'homme plus véritablement grand que la crainte de Dieu. » Les approbateurs, qui sont le théologal de Paris et le curé de Saint-Eustache, ne peuvent contenir leur admiration pour ce Discours, « que la piété et l'éloquence, est-il dit, semblent avoir formé de concert. » En janvier 1713 le président donnait à la Comédie-Française, sous le nom de Fuselier, une tragédie, *Cornélie Vestale*, qui n'eut que cinq représentations. Le sujet est une passion pour une vestale, et l'auteur, qui appelle cette pièce un accident de l'amour, avait dû y peindre quelque ardeur réelle qu'il éprouvait alors, et à travers peut-être une grille de couvent. Il écrivait des années après à Horace Walpole, qui lui avait fait la galanterie de lui demander cette tragédie pour l'imprimer à son château de Strawberry-Hill :

« Elle fut assez bien reçue (ou plutôt *assez mal reçue*), et j'eus du moins la sagesse de ne la pas faire imprimer : cependant j'y pensais souvent, comme on fait à une première passion. On me flattait sur les détails de cette pièce : en effet, c'était le premier essor d'une âme tout étonnée des sentiments qu'elle éprouve la première fois, la pure fleur du sentiment qui paraît exagéré quand on ne l'a pas connu, et qui est pourtant l'amour. On s'en moquera tant que l'on voudra ; le reste de la vie n'est que de la galanterie, de la convenance, des traités, dont la condition secrète est de songer à se quitter au moment que l'on se choisit, comme l'on dit que l'on parle de mort dans les contrats de mariage. Je regrettais de temps en temps le sort de cette orpheline qui ne trouvait pas d'établissement... »

Mais ce qui procurait au président plus de réputation que cette *Cornélie* aussitôt oubliée, c'étaient des couplets dans le genre de ceux qui commencent ainsi, et qui ont en effet moins de fadeur qu'ils n'en promettent :

Il faut, quand on s'aime une fois,
S'aimer toute la vie, etc.

Une vraie romance. Ces couplets ou d'autres du même ton, chantés et applaudis aux soupers du président, faisaient bientôt les délices des toilettes et des boudoirs.

Le président Hénault pourtant allait peu à peu devenir un homme sérieux; mais là encore, et lorsqu'il se trouvera mêlé aux choses plus importantes, il y entrera du jeu et de la représentation plus que du fond. Le moment de la majorité du roi approchait; le 22 février (1723), un lit de justice devait être tenu au Parlement pour cette déclaration solennelle; le roi y devait parler, le Régent aussi, le chancelier ou le garde des sceaux également, et enfin le premier président du Parlement y avait son rôle à part. Le cardinal Dubois cherchait quelqu'un qui fît convenablement, avec sûreté et tact, tous ces discours officiels, moins celui du premier président, de qui on ne disposait pas. Il en parla à M. d'Argenson le cadet, alors lieutenant de police, et l'ami intime du président Hénault : M. d'Argenson indiqua celui-ci. Le cardinal Dubois d'abord se mit à rire ; il ne connaissait jusque-là le président que par ses chansons ou ses galanteries. M. d'Argenson le rassura et lui dit qu'il pouvait se fier à lui et à sa plume, qui unissait le sens et la grâce à la facilité.

Mais voilà que de son côté le premier président M. de Mesme, qui avait de l'amitié pour Hénault, et qui passait sa vie avec lui dans les mêmes sociétés, lui parla de son discours prochain et des divers canevas ou projets qu'il en avait fait faire par de très-mûrs conseillers; il lui demanda de mettre tout cela en ordre et de lui rédiger un discours qui fût en situation : ce que fit volontiers notre président.

Le jour de la séance arriva. Le roi entra au Parlement : « M. d'Argenson et moi, dit le président Hénault, nous nous étions mis à côté l'un de l'autre, fort curieux de savoir si le cardinal aurait fait usage de mon travail, si le garde des sceaux (d'Armenonville) aurait consenti à adopter un discours qu'il n'avait pas composé ; enfin si M. le premier président (de Mesme) en aurait fait autant. Jamais, que l'on me pardonne ce petit mouvement de vanité! jamais je n'aurai eu un plaisir plus vif que de m'entendre réciter mot pour mot. Ce qui augmente le mérite de l'ensemble de ces discours, c'est la variété des tons qu'il a fallu prendre. » Et en effet, lit-on dans les *Mémoires de Maurepas*, « il fallait que le roi et le duc d'Orléans parlassent avec dignité de la Régence et des prérogatives du Gouvernement; il fallait, d'un autre côté, que le premier président observât le ton accoutumé et les principes de sa Compagnie. Hénault imita tous les tons. » On remarqua même que le discours du garde des sceaux eut quelque chose d'impératif; et à un moment, le ton du premier président, en revanche, eut un accent qui se ressentait de l'opposition de la veille ou qui promettait celle du lendemain. Hénault, sur son siége, pouvait sourire et jouir à bon droit du succès de sa pièce : elle avait mieux réussi cette fois que *Cornélie*, et les acteurs étaient de première qualité.

Il fut assez coutumier du fait, et ce n'est pas la seule cérémonie dont il ait fait les frais et dont il ait écrit les doubles rôles. Il fut reçu à l'Académie française cette même année (1723), et il y succéda au cardinal Dubois. Il fit un Discours tout à la louange de ce dernier, comme on le pense bien ; mais il lui arriva un accident dans l'intervalle de l'élection à la réception : le Régent mourut subitement le 2 décembre; il lui fallut donc faire une autre harangue (cela se voit quelquefois), « parce que, dit-il fort sensément, ce qu'il convenait de dire sous le Régent n'était plus de saison sous M. le Duc, qui lui succéda. » Tout cela n'est rien, et une harangue aussi courte qu'on les faisait alors se refait aisément en huit jours. Ce qui est plus piquant, c'est que M. de Morville, son ami intime et devenu ministre des Affaires étrangères à la place du cardinal Dubois, ayant été choisi par l'Académie française, dont il était membre, pour le recevoir, n'eut pas le temps d'écrire son Discours et demanda au récipiendaire de le lui composer ; ce que fit volontiers Hénault, se donnant le plaisir de se célébrer lui-même par la bouche de son ami. En effet, dans le Discours de M. de Morville, nous lisons, et les assistants purent entendre ces paroles :

> « Il y a longtemps, monsieur, que votre amour pour les Lettres est célèbre dans cette Compagnie ; les applaudissements que vous y recevez aujourd'hui ne vous sont pas inconnus ; vous y devez être accoutumé, et vous les avez obtenus dans un âge auquel on ferait un mérite d'en concevoir l'espérance. Tant de talents soutenus ou plutôt rendus utiles par des qualités plus précieuses encore, par la douceur de vos mœurs, par la sûreté de votre commerce, par la conciliation que vous apportez aux affaires, par la pénétration aussi vive que réfléchie dont vous les démêlez, par l'attention que vous avez et qui est si nécessaire, en persuadant les autres, de leur laisser croire que vous ne pensez que d'après eux ; enfin par tout ce qui réconcilie les hommes de mérite avec ceux qui pourraient en être jaloux : voilà ce qui fait souhaiter de vous avoir pour confrère, et, si j'ose parler de moi, voilà ce qui rend votre amitié si désirable. »

Et ce qui ne laisse pas d'être assez joli, le Discours de M. de Morville eut beaucoup plus de succès que celui du président et l'effaça même dans l'opinion du jour. C'est ainsi qu'autrefois, étant au collége, Hénault avait fait une composition de vers latins pour son camarade et concurrent Chauvelin, qui se trouvait ce jour-là pris de migraine, et celui-ci avait été *empereur*, comme on disait, ou premier de la classe. Hénault raconte tous ces dessous de cartes en se jouant, et comme un homme qui tient plus à être dans le secret de la coulisse et à manier les ficelles qu'à obtenir le renom public et la gloire.

Nous avons vu de nos jours de ces hommes d'esprit,

témoins de tout, consultés sur tout, qui faisaient au besoin les mots spirituels des grands jours et des circonstances d'apparat ; qui écrivaient sous main les discours, les déclarations solennelles, et quelquefois rédigeaient des chartes : ces hommes-là ont trop vu, trop regardé la tapisserie par l'envers ; ils ne prennent les choses ni les personnages bien au sérieux, et ne s'y prennent pas trop eux-mêmes ; éclairés d'ailleurs, serviables, indulgents, d'un amour-propre aussi commode que d'autres l'ont ombrageux et cruel. Tel était un peu le président Hénault, dont la plume ainsi fut mainte fois employée par les ministres ses bons amis.

Son *Nouvel Abrégé chronologique de l'Histoire de France* parut pour la première fois en 1744, et, grâce à la position sociale de l'auteur, obtint à l'instant beaucoup de succès et un succès mérité :

> Hénault, fameux par vos soupés
> Et par votre Chronologie, etc.,

a dit Voltaire par un mot qui résume tout, et qui insinue le correctif dans la louange ; il a dit autre part du président en des termes tout flatteurs : « Il a été dans l'histoire ce que Fontenelle a été dans la philosophie ; il l'a rendue familière. » Il faut bien, au reste, se garder de prendre à la lettre tous les éloges que Voltaire donne au président en ces années où il croyait avoir besoin de lui en Cour, le président étant devenu surintendant de la maison de la reine ; il ne l'appelle pas seulement un homme *charmant*, à qui il dit : « Vous êtes aimé comme Louis XV » ; il le déclare son *maître*, « le seul homme qui ait appris aux Français leur histoire, » et qui y a trouvé encore le secret de plaire. Plus tard on a voulu faire payer ces excès d'éloges en refusant tout au président. On a dit que c'était l'abbé Boudot, de la Bibliothèque du roi, qui lui avait préparé cet ouvrage et qui en avait rassemblé les matériaux. Le président Hénault, qui prêtait volontiers aux autres, n'a jamais été homme à s'approprier le travail d'autrui; il s'est fait aider de l'abbé Boudot et l'en a bien récompensé sans doute : mais ce qui distingue son utile volume, c'est le cachet qu'il y a mis. On y cherche une date, qu'on y trouve, et on y trouve de plus une idée, un fait, un trait : en un mot, il ne se peut de table des matières en histoire dressée avec plus d'esprit et d'agrément, ni avec plus de lumières. Pour ne rien excéder, n'en disons pas un mot de plus.

La lecture du Théâtre de Shakspeare, qu'on traduisait alors, donna au président l'idée d'un *Nouveau Théâtre français*, et de pièces historiques où se retraceraient en dialogues animés les principaux événements de nos annales : c'était une idée, et le président n'en manquait pas. Ce qui lui manquait, c'était le travail qui creuse, l'attention qui concentre, c'était la puissance de talent qui réalise :

« Tout rappelle à notre esprit, disait-il dans la préface de son *François II*, les objets où il se plaît davantage; et comme je m'occupe assez volontiers de l'histoire, je n'ai presque vu que cela dans Shakspeare... En voyant la tragédie de *Henri VI*, j'eus de la curiosité de rapprendre dans cette pièce tout l'historique de la vie de ce prince, mêlée de révolutions si contraires l'une à l'autre et si subites qu'on les confond presque toujours, malgré qu'on en ait... Et tout à coup, oubliant que je lisais une tragédie, et Shakspeare lui-même aidant à mon erreur par l'extrême différence qu'il y a de sa pièce à une tragédie, je me suis cru avec un historien, et je me suis dit : Pourquoi notre histoire n'est-elle pas écrite ainsi? et comment cette pensée n'est-elle venue à personne? »

Mais, dans son *François II*, l'exécution manque, et l'on se dit avec madame du Deffand écrivant à Horace Walpole : « Vous avez dû recevoir le *François II* du président. La Préface m'en avait plu, j'ai voulu lire la pièce : le livre m'est tombé des mains. La curiosité m'a prise de lire votre Shakspeare : je lus hier *Othello;* je viens de lire *Henri VI.* Je ne puis vous exprimer quel effet m'ont fait ces pièces... » Voltaire eut toute une discussion avec le président au sujet de ce *François II :* « Je voudrais que, quand il se portera bien, disait-il, et qu'il n'aura rien à faire, il remaniât un peu cet ouvrage, qu'il pressât le dialogue, qu'il y jetât plus de terreur et de pitié, etc. » Bons conseils à suivre lorsque le démon intérieur s'en mêle. Moyennant toutes ces conditions, et « un peu de cette hardiesse et de cette liberté anglaise qui nous manque, » Voltaire promettait au *François II* de valoir mieux que toutes les pièces de Shakspeare : c'était là une pure gaieté.

Le président Hénault n'était pas de force à remplir de tels cadres; il se plaisait pourtant à les concevoir, à les proposer aux autres, et on doit lui en savoir gré : « Il se plaît à démêler dans toutes sortes de genres, a dit madame du Deffand, les beautés et les finesses qui échappent au commun du monde; la chaleur avec laquelle il les fait valoir fait quelquefois penser qu'il les préfère à ce qui est universellement trouvé beau; mais ce ne sont point des préférences qu'il accorde, ce sont des découvertes qu'il fait, qui flattent la délicatesse de son goût et qui exercent la finesse de son esprit. » En un mot, par une certaine liberté de goût et un dégagement de pensée, le président Hénault tenait à quelques égards de l'école littéraire de Fontenelle plus que de celle de Voltaire et de Despréaux : il y avait des commencements de novateur dans cet amateur.

Les *Mémoires* de sa façon, qu'on vient de publier, ont l'inconvénient même de sa vie; ils sont épars et décousus. Il les a commencés tard, dans sa vieillesse, vers 1763; il y suit peu l'ordre chronologique, et, à propos de chaque personne qu'il rencontre, il se laisse aller volontiers à en tout dire, ce qui le force à revenir sans cesse sur ses pas. Il parle de lui, au début, en termes modestes, et qui sont faits pour être agréés :

« Je n'ai point joué de rôle, dit-il, mais j'ai souvent été *témoin*. J'ai eu de bonne heure assez d'amis et beaucoup de *connaissances*; et le hasard a fait que ces amis et connaissances ont occupé dans la suite les plus grandes places : en sorte que, pour le dire en passant, je me suis toujours trouvé, par ce même hasard, dans l'intimité avec les hommes les plus considérables de mon temps, ce qui a pu faire dire et ce qui a fait dire en effet que je recherchais la faveur. On aurait pu se contenter de remarquer, si on avait voulu, que j'avais fait d'assez bons choix dans ma jeunesse. Ce que j'atteste, c'est que je n'ai jamais fait de mal à personne; que le peu de crédit que j'avais n'a jamais, par ma volonté, tourné à mon profit; que je ne l'ai employé qu'au profit de mes parents, de mes amis et de mes connaissances; et que je n'ai pas laissé de rendre de grands services, dont on s'est souvenu, — si l'on a voulu. J'ai beaucoup désiré de plaire, et l'on m'en a encore fait le reproche : c'était tout au plus un ridicule par le peu de succès; mais le principe n'en est peut-être pas criminel... »

Le ton est en général indulgent; il y revient avec complaisance sur les diverses sociétés où il a vécu, et il fait quelques portraits de femmes qui ne sont, en général, que des esquisses; mais il en est d'une touche agréable. Je recommande entre autres les pages sur madame de Flamarens. Littérairement, il a parlé de Fontenelle avec étendue et prédilection; de La Motte, il a dit à merveille :

« Il a traité de presque tous les genres de belles-lettres, tragédie, comédie, églogue, poëme, fable, chanson, dissertation critique, etc. Ç'a été sans doute un bel esprit; de ses poésies, ses opéras resteront, et surtout ses ballets; de ses fables, l'invention plaira toujours à l'esprit; il a quelquefois attrapé le naturel, jamais le naïf. On ne saurait dire ce qui manque à sa prose : elle est pure, harmonieuse, exacte, *mais elle n'invite point à continuer...* »

Marié et veuf d'assez bonne heure, le président ne se remaria point; il donne à sa femme, mademoiselle de Montargis, des regrets qui peignent assez bien le mélange de ses sentiments : « Et, d'ailleurs, dit-il, où aurais-je jamais retrouvé une femme telle que celle que je venais de perdre? douce, simple, m'aimant uniquement, crédule sur ma conduite qui était un peu irrégulière, mais dont la crédulité était aidée par le soin extrême que je prenais à l'entretenir, et par l'amitié tendre et véritable que je lui portais. » Madame du Deffand est très-bien traitée dans ces *Mémoires*, et s'y montre presque sans ombre, sous ses premières et charmantes couleurs; mais la personne évidemment que le président a le plus aimée est madame de Castelmoron, « qui a été pendant quarante ans, dit-il, l'objet principal de sa vie. » La page qui lui est consacrée est dictée par le cœur; il y règne un ton d'affection profonde, et même d'affection pure : « Tout est fini pour moi, écrit le vieillard après nous avoir fait assister à la mort de cette amie; il ne me reste plus qu'à mourir. »

On raconte que dans les derniers instants de la vie du président et lorsqu'il n'avait plus bien sa tête, madame du Deffand, qui était dans sa chambre avec quelques amis, lui demanda, pour le tirer de son assoupissement, s'il se souvenait de madame de Castelmoron : « Ce nom réveilla le président, qui répondit qu'il se la rappelait fort bien. Elle lui demanda ensuite s'il l'avait plus aimée que madame du Deffand? *Quelle différence!* s'écria le pauvre moribond. Et puis il se mit à faire le panégyrique de madame de Castelmoron, et toujours en comparant ses excellentes qualités aux vices de madame du Deffand. Ce radotage dura une demi-heure en présence de tout le monde, sans qu'il fût possible à madame du Deffand de faire taire son panégyriste ou de le faire changer de conversation. Ce fut le chant du cygne... » C'est Grimm qui vient de parler si méchamment. Ceux qui voudront ajouter foi à un récit qui fut sans doute inventé ou tout au moins brodé par la malignité, pourront y trouver une confirmation dans ces

Mémoires, par la manière tout exaltée et tendre dont il est parlé de madame de Castelmoron : cependant ils n'y trouveront que bien peu de chose sur les défauts de madame du Deffand qui sont l'autre moitié de la scène.

Vers l'âge de cinquante ans (1735), le président fit une maladie grave, et madame de Castelmoron en profita pour déterminer sa conversion ou tout au moins sa résipiscence; il fit une confession générale et prit dès lors le parti de la dévotion qu'il soutint assez bien, et où il se fortifia dans les dernières années. De quelle nature fut, dans le principe, cette religion du président Hénault? Il ne faudrait peut-être pas trop l'approfondir. Je n'oserais répondre qu'un peu d'épicuréisme bien entendu ne s'y soit point glissé à l'origine. Je croirais volontiers qu'il a pu se dire tout bas que, chimère pour chimère, celle qui laisse l'espérance, et n'est point sujette à être détrompée, est encore la meilleure qu'on ait à choisir et à cultiver en vieillissant. Les malins et satiriques dirent dans ce temps-là, en faisant allusion à son goût pour la faveur : « Vous verrez qu'il a pris le bon Dieu pour un homme en place. » — Il aurait prêté à ce mot, si lui-même, comme on l'assure, il avait dit plus gaiement qu'il ne convient, en parlant de la confession générale qu'il fit alors et qui dura longtemps : « On n'est jamais plus riche que lorsqu'on déménage. » Toutefois, les impressions premières qu'il avait anciennement reçues dans l'Oratoire, la compagnie de la pieuse reine Marie Leczinska dont il était devenu le surintendant, et, on peut dire, l'ami, et qu'il comparait un peu magnifiquement à *la grande reine Blanche,* une certaine disposition affectueuse et plus sensible qu'on ne suppose, qui lui faisait rechercher les consolations au delà de la vie, tout contribua, en définitive, à lui donner, dans son retour, une sincérité selon sa nature et digne de respect. Un jour, âgé de quatre-vingts ans, il écrivit à Voltaire une lettre fort belle de sens et d'intention ; il venait de lire une des facéties irréligieuses que ce versatile génie avait publiées sous le nom d'un *abbé Bazin*, et où il sapait à plaisir toutes sortes de choses respectables. Le président écrivit donc à Voltaire, et après avoir loué en lui avec effusion le talent sérieux, éloquent, le pathétique auteur d'*Adélaïde du Guesclin* et de *Tancrède*, il ajoutait ceci à l'adresse du soi-disant abbé Bazin :

« Je ne suis point théologien, ainsi je ne m'aviserai pas de lui répondre (à cet abbé Bazin) ; mais je suis homme et je m'intéresse à l'humanité. Je trouve, je vous l'avoue, une barbarie insigne dans ces sortes d'ouvrages. Que lui a fait ce malheureux qui vient de perdre son bien, dont la femme vertueuse vient de mourir, suivie d'un fils unique qui donnait les plus grandes espérances ? Que va-t-il devenir ? Il avait le secours de la religion, il pouvait se sauver dans les bras de l'espérance, et attendre de la Providence, qui avait permis ce concours de malheurs pour éprouver sa constance, de l'en dédommager par le bonheur à venir. Point du tout, M. l'abbé Bazin lui ravit cette ressource, et lui ordonne d'aller se noyer ; car il n'a pas d'autre chose à faire... Ah ! du moins la religion des Païens avait-elle des ressources : Pandore leur avait laissé une boîte au fond de laquelle était l'espérance ; elle était cachée sous tous les maux, comme si elle était réservée pour en être la réparation ; et nous autres, plus barbares mille fois, nous anéantissons tout ; nous n'avons conservé que les malheurs ; nous détruisons toute spiritualité... Adieu, mon cher confrère ; Dieu vous fasse la grâce de couronner tous les dons dont il vous a comblé, par une véritable gloire qui n'aura point de fin !... »

Sans doute Voltaire data du jour où il avait reçu cette lettre l'affaiblissement de tête du président, et quand celui-ci fut mort (24 novembre 1770), il écrivit à madame du Deffand, moins d'un mois après :

« Je m'en étais douté il y a trente ans, que son âme n'était que molle, et point du tout sensible ; qu'il concentrait tout dans sa petite vanité ; qu'il avait l'esprit faible et le cœur dur ; qu'il était content pourvu que la reine trouvât son style meilleur que celui de Moncrif, et que deux femmes se le disputassent; mais je ne le disais à personne. Je ne disais pas même que ses *Étrennes mignonnes* (l'*Abrégé chronologique*) ont été commencées par Dumolard et faites par l'abbé Boudot. Je reprends toutes les louanges que je lui ai données :

> Je chante la palinodie ;
> Sage du Deffand, je renie
> Votre président et le mien.
> A tout le monde il voulait plaire ;
> Mais ce charlatan n'aimait rien ;
> De plus, il disait son *Bréviaire.* »

Dans ce dernier mot est tout le secret de cette colère et de cette grande vengeance. Le président Hénault n'appartenait point au parti, et semblait même avoir donné des gages au parti contraire (1).

Les *Mémoires* du président nous le présentent sous un jour favorable avec ses meilleures qualités sociales, et quoiqu'ils n'aient pas tout l'intérêt qu'on en aurait pu attendre, ils serviraient aujourd'hui sa réputation, ils la rajeuniraient aux yeux de tous, s'ils avaient été publiés comme ils auraient pu l'être. Ici, j'ai un devoir pénible et désagréable à remplir, mais je ne puis l'éluder. S'il n'y avait dans l'édition à laquelle est attaché le nom d'un arrière-neveu de l'auteur que des inexactitudes légères, en si grand nombre qu'elles fussent, j'aimerais à les passer sous silence : malheureusement toute la partie historique en est atteinte et compromise, ainsi qu'on va en juger. Dès l'abord je remarque que les noms propres sont défigurés étrangement. Tous les gens du métier savent que le livre intitulé *Bolœana* a été écrit par De Losme de Monchesnay ; à la page 3 des *Mémoires*, ce Monchesnay s'appelle *Moncheux*. Que le janséniste Fouillou y soit appelé *Fouillon* (page 42) ;

---

(1) On trouve dans les Lettres d'Horace Walpole quelques traits qui peignent le président Hénault sous sa dernière forme et dans sa décrépitude. J'en ai cité quelque chose dans l'article sur madame du Deffand, au tome Ier de ces *Causeries du Lundi.*

que le cardinal de Bonzi y soit appelé *Bouzi* (page 48) ; que M. d'Ormesson, le célèbre rapporteur dans le procès de Fouquet, y soit changé en *Darmesson* (p. 272) ; qu'on lise, à côté du nom de Choiseul, *Blainville* pour Stainville (p. 214) ; que M. Klinglin, le préteur de Strasbourg, y devienne *Glinglin* (p. 157), etc., etc., ce sont des inexactitudes qu'à la rigueur un lecteur instruit peut rectifier : voici qui est plus grave. Strasbourg porte malheur à l'éditeur. On sait que le grand Frédéric, à peine monté sur le trône, voulut voir la France et fit une pointe *incognito* à Strasbourg, où il fut reçu par le maréchal de Broglie. Ce maréchal si connu est devenu ici le maréchal *du Bourgck* (p. 176), ce qui est par trop méconnaissable.

Ce ne sont là encore que des bagatelles. On sait que dans les dernières années de Louis XIV, à l'instant le plus critique de la guerre de la Succession (1709), le duc d'Orléans noua en Espagne une intrigue politique restée assez obscure, et qu'un homme de sa confiance, Flotte, fut arrêté porteur de papiers. Dans les *Mémoires* actuels on fait dire au président Hénault voulant justifier le duc d'Orléans à ce sujet (p. 64) : « Qu'est-ce que cette affaire de *flotte arrêtée* en Espagne? » Comme s'il s'agissait de vaisseaux et non d'un homme.

Le président Hénault ne fait pas autant de cas de M. de Machault qu'on le paraît faire volontiers depuis quelque temps ; peu importe ! il raconte que M. de Machault dut quitter à un certain moment les finances où il avait soulevé trop d'opposition, et qu'après lui le contrôle général fut donné... à qui ?... ouvrez un livre d'histoire ou l'*Almanach royal*, et vous verrez qu'à cette date de 1754 celui qui succéda à M. de Machault fut M. de Séchelles. Or, dans les *Mémoires* du président tels qu'on nous les donne il est dit (p. 203) : « Le contrôle général fut donné à M. de *Suselly*, si connu par ses grands talents et par etc., etc. » Suit tout un portrait de ce nouveau personnage historique, M. de *Suselly*, auquel s'entremêle bizarrement et d'une manière inintelligible le nom de M. de Séchelles (p. 204) comme d'un personnage distinct, lorsque ce dernier nom est plus lisible sur le manuscrit.

Ce n'est pas tout. Le président Hénault, qui se répète assez souvent, recommence à un autre endroit cette histoire de M. de Séchelles : à ce second endroit, le nom est bien lu (p. 239), il s'agit bien de M. de Séchelles, mais en revanche le nom de M. de Machault devient sujet à bévue, et M. de Séchelles y est présenté comme ayant succédé à un contrôleur général qu'on appelle M. de *Marchand*. M. de Séchelles avait pour gendre M. de Moras qui fut ministre également ; dans ces *Mémoires* on y ajoute ce détail singulier (p. 204), que M. de *Suselly* a pour gendre un M. de *Maras*. C'est à n'en plus finir. Avec des éditions semblables, on crée des ministres comme des maréchaux de France, à volonté.

Il est question (p. 254) d'un mémorable édit du chancelier d'Aguesseau, dont la date est mal donnée, et qui place son auteur « à côté de *Gonnelieu*, de L'Hôpital. » Probablement il faut lire, au lieu de ce *Gonnelieu* qui est encore un ministre d'une création toute nouvelle : « à côté du *chancelier* de L'Hôpital. »

Frédéric donne un grand développement à l'Académie de Berlin : Euler quitte Pétersbourg pour y venir ; on lit dans les présents *Mémoires* (p. 216) : « M. *Jouvriges*, depuis grand chancelier, est secrétaire perpétuel de l'Académie, et M. *Fermey* (en est) l'historiographe. » Tout le monde connaît de nom M. Formey et non *Fermey* ; nous connaissons moins, mais pourtant nous ne pouvons ignorer le jurisconsulte Des Jariges (et non *Jouvriges*), qui fut d'ailleurs grand chancelier et célèbre dans son pays. — Encore un ministre créé par un caprice d'imprimeur.

Je laisse les noms propres, et j'en viens à des fautes d'un autre genre dont il est besoin d'être averti. En voici une qui saute aux yeux et qui n'est qu'embarrassante. Il est question (p. 24) du comte de Verdun « dont *la fille,* dit-on, avait épousé *la fille aînée* du maréchal de Tallard. » Je serais dans une grande inquiétude et perplexité pour savoir, dans ce mariage, qui des deux était la fille ou le garçon, si Saint-Simon ne nous disait : « Le maréchal de Tallard s'en alla en Forez marier son fils aîné à la fille unique de Verdun, très-riche héritière. »

Le cardinal de Bouillon, qui a mécontenté Louis XIV, reçoit l'ordre de quitter Rome et d'aller en exil dans une de ses abbayes ; mais s'il quitte Rome, où le doyen des cardinaux se meurt, il court risque de ne pas devenir doyen du Sacré-Collége à son tour ; car il faut être à Rome pour succéder : « On peut juger de l'embarras du cardinal de Bouillon, *entre* l'exil et le décanat. » Ici on lit (p. 17) la même phrase avec cette différence : «...*outre* l'exil et le décanat, » ce qui n'a aucun sens. »

Rien n'est plus français que le vaudeville, c'est-à-dire la chanson gaie ou maligne. Le président Hénault, parlant du maréchal de Belle-Isle, son ami, remarque qu'il n'a pas échappé plus qu'un autre au vaudeville, à la chanson, et il ajoute quelques réflexions sur ce genre de raillerie à la française (p. 270) : « Quand ce petit poëme, dit-il, est porté à la licence et peut déchirer les réputations, surtout par rapport aux mœurs, il ne saurait être trop détesté... Le vaudeville qui n'est que gai n'a pas grand danger ; cependant, etc. » Cela paraît tout simple ; mais il m'a fallu deviner, car dans les *Mémoires,* on lit : « Le vaudeville qui n'est que coi n'a pas grand danger. » *Coi* au lieu de *gai !*

C'est sans doute à une faute de ce genre qu'il faut attribuer cet étrange passage sur l'abbé de Bernis à ses débuts, « qui continuait, dit-on (p. 209), à faire des vers quelquefois *obscènes*, et toujours trop abondants... » Je suis persuadé, d'après le courant de la phrase et du sens, qu'au lieu de ce vilain mot, que ne justifient point les poésies légères de l'abbé de Bernis, il faut lire un tout autre mot plus simple, et par exemple : « Des vers quelquefois agréables, et toujours trop abondants. »

Dans l'histoire des troubles du Parlement, il y a un exil et un retour qui sont racontés par le président avec assez d'intérêt. On avait établi une Chambre royale pendant cet exil ; mais cette Chambre royale, peu soutenue par le Gouvernement même, manqua son effet, et la *considération*, et par conséquent la prétention du Parlement, s'augmenta du discrédit même de la Chambre qu'on avait voulu lui substituer. Or, on lit (p. 207), au rebours du sens : « La *modération* du Parlement augmenta du discrédit de la Chambre royale. » C'est le contraire.

Je ne suis pas au bout de ma liste (1) : c'en est plus qu'assez, ce me semble, pour prémunir le public, et aussi pour avertir l'éditeur de vouloir bien, après révision, après collation totale de l'imprimé avec le manuscrit, ajouter au plus vite un ample *Errata*, accompagné de quelques cartons, à un ouvrage qui, dans son état actuel, fourmille d'erreurs, et est certes le moins digne d'un homme comme le président Hénault, qui a consa-

(1) Et encore (page 251), à l'endroit où le président se plaît à décrire le château des Ormes, magnifique résidence de son ami M. d'Argenson après sa disgrâce : « Ce qui rend la position de ce château singulière, dit-il, c'est qu'il est entre le grand chemin et la rivière. Le grand chemin est celui de Bordeaux, qui, ainsi que la rivière, borde le parc. La *porte* est dans le château... » Ce n'est point seulement la *porte* (il en faut bien une), c'est la *poste* qui, étant dans le château, y amenait tout naturellement les visiteurs.

cré la meilleure part de ses loisirs à étudier l'histoire et à en répandre des notions exactes.

Lorsqu'on aura réparé de si incroyables négligences, ces *Mémoires* pourront réellement justifier ce qui est dit dans l'Avant-propos, être lus avec agrément et profit, et répondre au désir de l'arrière-neveu de l'auteur, qui a été, dit-il, « d'ajouter quelques feuillets aux diverses Collections qui enrichissent l'histoire de la société française (1). »

(1) Les amateurs de la bonne littérature historique apprendront avec plaisir que M. Monmerqué possède d'autres Mémoires du président Hénault, qui sont d'un intérêt sérieux en ce qu'ils traitent des affaires du Parlement dans lesquelles le Président fut très-mêlé comme négociateur officieux pour le ministère et pour la Cour. Il est à désirer que M. Monmerqué, ce consciencieux éditeur, profite de l'espèce d'occasion qu'ont créée les Mémoires si mal donnés par M. de Vigan, pour publier les siens : l'injure faite à la réputation du président Hénault sera réparée.

Lundi, 25 décembre 1854.

CHARRON

Montaigne se présente volontiers à nous, donnant la main à son ami Étienne de La Boétie, suivi de sa fille d'alliance mademoiselle de Gournay, et accompagné de son second et disciple Charron. On s'est, depuis quelque temps, fort occupé des autres, mais on a négligé ce dernier; on ne le lit plus du tout, lui qui a été si lu dans les premières années du dix-septième siècle, et qui était même estimé alors par de bons esprits (médiocres juges en cela) égal ou supérieur à Montaigne. C'était l'opinion de Gabriel Naudé. Au commencement du dix-huitième siècle, Bolingbroke, écrivant à l'abbé Alary et lui citant un passage de Charron qu'il trouvait admirable, disait encore : « Charron, qui avait autant d'esprit et plus de sens que son compatriote Montaigne. » Je voudrais, en parlant aujourd'hui de Charron, bien établir le caractère de son mérite et son exact rapport avec Montaigne. Le jugement que j'aurai à donner ne sera pas nouveau, mais il n'a pas été mis suffisamment en lumière jusqu'ici, et ce qui a été dit de vrai sur un ou deux points essentiels est demeuré trop épars et sans assez de développement.

Pierre Charron (ou le Charron) dont l'ouvrage le plus connu, le livre de *la Sagesse*, ne parut qu'en 1601, naquit en plein seizième siècle, en 1541, à Paris, d'un père libraire, qui n'eut pas moins de vingt-cinq enfants. Né et nourri au milieu des livres, élevé dans le quartier latin, il témoigna de bonne heure des dispositions excellentes que ses parents mirent à profit. Il apprit tout ce qu'on apprenait à l'Université au seizième siècle, et alla ensuite étudier le droit à Orléans et à Bourges. Il se fit recevoir avocat, et fréquenta quelque temps le Palais; mais prévoyant trop d'obstacle et d'ennui dans la pratique, par la dépendance où se trouvaient les avocats vis-à-vis des procureurs, il se tourna du côté de l'Église, et muni comme il était de toute sorte de doctrine, doué d'une faconde naturelle, et d'une parole abondante et démonstrative, il devint prêtre et prédicateur. Il réussit dans cet enseignement de la chaire : ce fut particulièrement sa condition. Les curés de Paris l'employèrent d'abord à l'envi dans leurs paroisses, et plus tard des évêques se le disputèrent et le voulurent avoir pour théologal dans leurs diocèses. Il semble qu'il y ait loin de là à être le disciple, et, comme on l'a dit, le secrétaire de Montaigne. Charron ne le fut pas dans sa jeunesse. Ayant quitté Paris après ses premiers succès dans la chaire, il fut attaché successivement par ses fonctions à diverses églises du Midi; et ne resta pas moins de dix-sept ou dix-huit ans sans revenir dans la capitale; toutefois, après une si longue absence, il avait dessein d'y revenir, mais pour s'y ensevelir dans la retraite : il avait fait vœu de se faire Chartreux, et ce n'était point une ferveur de jeune homme, puisqu'alors Charron n'avait pas moins de quarante-sept à quarante-huit ans. A cette date de 1588 où la Ligue faisait sa levée de boucliers, et où les dissensions religieuses et civiles recommençaient avec fureur, Charron cherchait-il simplement un abri, un lieu d'isolement et d'asile, même au prix de sa liberté extérieure, et en l'achetant par des austérités rigoureuses? Il a écrit dans son livre de *la*

Sagesse, en distinguant chez les hommes les divers genres de vie, soit tout à fait privée et intérieure, soit de famille, soit publique, que « de ces trois vies, interne, domestique, publique, qui n'en a qu'une à mener, comme les ermites, a bien meilleur marché de conduire et ordonner sa vie, que celui qui en a deux; et celui qui n'en a que deux, est de plus aisée condition, que celui qui a toutes les trois. » Serait-ce dans ce sens tout philosophique qu'il voulait devenir ermite ou religieux? Et pourtant, ayant été refusé pour son âge, qui le rendait impropre aux austérités, par le prieur de la Chartreuse de Paris d'abord, comme aussi par le provincial des Célestins vers qui ensuite il se tourna, on le voit plein d'inquiétude et de scrupule jusqu'à ce que des docteurs autorisés l'aient rassuré et lui aient dit qu'il pouvait, en conscience, se regarder comme relevé de son vœu. En cette même année 1588, si enflammée pour tous, et où il paraît qu'il avait lui-même sa fièvre et ses ardeurs, il fut près d'entrer dans la Ligue, comme il en convint quelques mois après, en écrivant à un docteur de Sorbonne de ses amis :

« Un temps a été, disait-il, que je marchandais d'être de la Ligue et y ai mis un pied dedans : car, en vérité je n'en fus jamais du tout, ni résolûment; voire leurs actions m'ont outrément offensé. Ce qui m'y avait poussé était principalement le fait de Blois (l'assassinat du duc et du cardinal de Guise) qui m'a fort affligé, non pour autre raison que pour le défaut que je trouvais en la manière et procédure de l'exécution. Or ce grand bouillon de colère et indignation étant aucunement refroidi, et là-dessus ayant ouï parler des gens de toute sorte, consultant à part moi souvent de ce qu'en conscience il en faut tenir et croire, enfin je me suis aperçu bien changé... »

Il est à remarquer que la date de cette lettre, qui est d'avril 1589, coïncide avec les premiers temps de la connaissance que fit Charron de Montaigne (1) : je n'irai

(1) M. Grün, dans *la Vie publique de Montaigne,* pages 373, 374,

pas jusqu'à conjecturer que, dès les premiers entretiens, Montaigne fut pour quelque chose dans ce changement de Charron. Il serait singulier que cette ardeur de retraite qui le poussait vers les Chartreux se fût, à un an seulement de distance, retournée en ferveur d'admiration et d'enthousiasme pour l'auteur des *Essais :* c'est ce qui semblerait cependant ressortir des faits. L'intérieur de cette vie nous échappe, et nous ne voyons que les résultats. Ce qui est certain, c'est qu'en 1589, après avoir prêché le carême à Angers, et un carême très-vif (1), Charron retourna à Bordeaux, « où, dit-on, il

eut que leur connaissance ait commencé plus tôt qu'on ne l'admet communément ; il en allègue pour preuve un *ex dono* d'ouvrage, qui porte la date de juillet 1586. A la bonne heure, si cet *ex dono* est authentique ! Mais en ce cas Charron n'aurait guère profité du commerce de son sage ami, puisqu'il était resté jusqu'en 1589 un prédicateur plein de passion.

(1) Dans l'ouvrage intitulé : *La Réforme et la Ligue en Anjou*, par M. Ernest Mourin (1856), on lit page 218 (aux années 1588-1589) des extraits du Journal de Louvet, sergent-royal au Présidial d'Angers. Louvet (an 1588, octobre ; an 1589, février), admire surtout M. Charron, prêtre séculier, docteur en théologie, venu de la ville de Bordeaux, « qui faisait des sermons pleins de grant doctrine et duquel les doctes disaient ledict sieur Charron être le plus grant prédicateur de France. » Et quelques pages après (p. 241) : « A Angers comme à Paris, dit M. Mourin, la chaire était devenue une tribune : les orateurs attisaient sans cesse les haines des masses. Charron, l'éloquent missionnaire de la Ligue, et un moine augustin, nommé Racineux, dirigèrent les premières attaques contre Henri IV et ses adhérents. Dans tous leurs sermons, on les entendait parler contre les huguenots, et reprendre ceux qui les maintenaient et supportaient : *Que c'étaient faux catholiques, et qu'il ne fallait obéir à un roi hérétique et qui était chef des huguenots, qui serait cause de la perdition de la religion catholique, apostolique et romaine au royaume de France, et que les huguenots abattraient toutes les églises* (Louvet, 1589, août.) » Louvet ajoute que les huguenots se plaignirent au gouverneur : et sous ce nom de *huguenots,* l'écrivain ligueur comprend tous les royalistes qui blâmaient ces prédications incendiaires. Rochepot (le gouverneur) imposa silence à Racineux et à Charron « *sous peine de pugnition corporelle* ; mais pour deux énergumènes dont on fermait la bouche, observe M. Mourin, il s'en levait

prit connaissance et vécut fort familièrement avec messire Michel de Montaigne, chevalier de l'Ordre du roi, auteur du livre intitulé les *Essais*, duquel il faisait un merveilleux cas; et le sieur de Montaigne l'aimait d'une affection réciproque, et avant de mourir (ce qui eut lieu trois ans après), par son testament il lui permit de porter après son décès les pleines armes de sa noble famille, parce qu'il ne laissait aucun enfant mâle. » Charron ne s'en tint pas aux armes de noblesse, il prit la devise morale de son maître et de son ami; et dans la maison qu'il fit bâtir à Condom, l'an 1600, il fit graver ces mots : *Je ne sais.*

Montaigne disait : *Que sais-je?* Dans la simple différence de ce petit mot on entrevoit assez bien, a remarqué M. Nisard, la différence qu'il y a entre les deux écrivains, l'un plus léger et jouant avec sa propre doctrine, l'autre affirmatif et méthodique jusque dans le doute, et de plus y mettant l'affiche.

En attendant, Charron continuait son office de théologal et d'homme d'Église et combattait avec sincérité les Protestants : il composait à Bordeaux, pendant ces années de troubles, et il publiait en 1594 son livre intitulé *les Trois Vérités*. C'était une réponse un peu tardive à un livre (le *Traité de l'Église*) que Du Plessis-Mornay avait publié en 1578, et qu'il avait dédié à Henri IV, alors simple roi de Navarre et défenseur du parti calviniste. Au moment de la conversion de Henri IV, Charron pensa qu'il était bon et opportun de publier une

---

bientôt vingt autres prêts à continuer leur œuvre avec la même violence et le même succès. » Charron un *énergumène!* Cela, malgré tout, m'étonne, et nonobstant le Journal de Louvet et l'adoption qu'en fait M. Mourin, j'aurais besoin, en ce qui le concerne, de quelques explications plus satisfaisantes : je suis sûr qu'il y en avait.
— M. Poirson, discutant le témoignage de Louvet, a également exprimé des doutes. (Voir *Revue des Sociétés savantes des départements*, 1859; deuxième série, tome I, page 568.)

réfutation de cet ancien Traité, et qui fût en même temps une exhortation claire et démonstrative, une sorte de manifeste résumant le vœu de tous les bons Français et leur désir de voir les principaux compagnons du roi de Navarre imiter l'exemple de leur roi. Ces trois Vérités qu'il veut établir sont : 1° qu'il y a un Dieu ; 2° que de toutes les religions la Chrétienne est la seule vraie ; 3° qu'entre les diverses créances ou communions dites chrétiennes, la Catholique romaine est la seule véritable. Il traite brièvement des deux premiers points et réserve tous ses développements pour la troisième Vérité qu'il dédie expressément à Henri IV ; et dans cette Dédicace il exprime particulièrement sa joie comme Parisien « pour cette tant douce et gracieuse, et en toutes façons tant miraculeuse réduction de cette grande ville du monde à l'obéissance de son vrai et naturel roi, à son devoir et à son repos. »

C'était l'heure de la *Satyre Ménippée*, cette œuvre parisienne aussi et si décisive pour le triomphe de la bonne cause. Charron à sa manière, et sous sa forme grave, servait la même cause, celle de la restauration royale et de l'autorité rétablie.

Ce livre de controverse par un catholique royaliste eut du succès : l'évêque de Cahors, entre autres, messire Antoine d'Ebrard de Saint-Sulpice, sur la seule lecture de la première édition, voulut en rapprocher de lui et en posséder l'auteur ; il n'eut point de cesse qu'il n'eût établi Charron dans sa maison épiscopale avec charge et fonction de prêcher en son église les dimanches et fêtes. C'est tout en vaquant à cette charge publique de prédication que l'auteur trouva le temps de répondre, dans une seconde édition (1595), aux critiques que les Protestants avaient faites de son livre. Nous n'avons pas à entrer ici dans les détails de cette polémique ; il nous suffira de marquer en traits généraux les caractères de la controverse et du Christianisme de Charron.

Quelques-uns de ces caractères ne laissent pas d'étonner au premier abord : en effet Charron s'y montre plus sceptique dans l'exposé de certaines vérités naturelles qu'on ne s'y attendrait d'après son rôle public de théologien, et il nous est possible, sans trop de difficulté, de retrouver le lien qui unit ses ouvrages de religion et d'apologétique à celui qu'il composera bientôt à un point de vue tout philosophique, comme disciple de Montaigne, et sous le titre humain de *la Sagesse*.

Bayle a déjà remarqué, en s'en réjouissant et en s'en emparant dans un sens quelque peu équivoque, que Charron n'affaiblit jamais et n'énerve point les objections qu'il expose, et il a l'air de croire que ce n'est pas sans dessein que les réponses ne sont pas toujours aussi fortes chez lui que les objections mêmes. C'est ainsi que dans la démonstration de la première Vérité, qui est l'existence de Dieu, avec les attributs principaux qui en achèvent l'idée, Charron, au lieu de s'appuyer sur le sens commun, sur le sentiment général humain si d'accord avec cette croyance, insiste bien plutôt d'abord sur les difficultés et les impossibilités de concevoir dans sa grandeur propre cette idée infinie; il dit avant Pascal, et en termes encore plus formels, qu'il y a une sorte de négation absolue non-seulement du Dieu-Providence, mais de la Cause première, qui ne se peut loger « que dans une âme extrêmement forte et hardie; » il est vrai qu'il ajoute aussitôt : en une âme « forcenée et maniaque. » Laissons ces discussions sujettes à piége, et exposons dans son ensemble le sens désormais évident et la direction incontestable, tant de la théologie que de la philosophie de Charron. Pascal, si bien connu aujourd'hui, nous servira au besoin de lumière pour le bien comprendre et l'éclairer.

Même lorsqu'il traite des dogmes et qu'il se livre à un enseignement théologique, ainsi qu'il l'a fait dans son traité des *Trois Vérités* (1594), et dans ses *Discours chrétiens* (1600), Charron est sceptique de méthode, c'est-à-dire qu'il insiste avec un certain plaisir et une assez grande force de logique sur les preuves de la faiblesse et de l'incapacité humaine : douter, balancer, surseoir, tant qu'on n'a pas reçu de lumières suffisantes, est l'état favori qu'il propose à quiconque veut devenir sage; et néanmoins son avis se distingue, à ce qu'il prétend, de celui des purs Pyrrhoniens, « bien qu'il en ait l'air et l'odeur, » en ce qu'il admet qu'on se soumette en attendant et que l'on consente à ce qui paraît meilleur et plus vraisemblable. Loin que cet apparent pyrrhonisme soit contraire à la religion et à la piété, c'est, selon lui, la chose qui y peut le plus aider et servir, comme faisant place nette au dedans et rendant la maison vide pour y recevoir un hôte nouveau. Il le dit quelque part très-ingénieusement (j'y rajeunis à peine quelques mots) :

« Il semble que pour planter et installer le Christianisme en un peuple mécréant et infidèle comme maintenant est la Chine, ce serait une très-belle méthode de commencer par ces propositions et persuasions : Que tout le savoir du monde n'est que vanité et mensonge; — Que le monde est tout confit, déchiré et vilainé d'opinions fantasques, forgées en son propre cerveau; — Que Dieu a bien créé l'homme pour connaître la vérité, mais qu'il ne la peut connaître de soi, ni par aucun moyen humain, et qu'il faut que Dieu même, au sein duquel elle réside, et qui en a fait venir l'envie à l'homme, la révèle comme il a fait, etc., etc. Ayant bien battu et gagné ce point et rendu les hommes comme Académiciens et Pyrrhoniens, il faut proposer les principes du Christianisme comme envoyés du Ciel et apportés par l'Ambassadeur et parfait confident de la Divinité, autorisé et confirmé en son temps par tant de preuves merveilleuses et témoignages très-authentiques. Ainsi cette innocente et blanche surséance et libre ouverture à tout est un grand préparatoire à la vraie piété, et à la recevoir comme je viens de dire, et à la conserver : car avec elle il n'y aura jamais d'hérésies et d'opinions triées, particulières, extravagantes;

jamais Pyrrhonien ni Académicien ne sera hérétique; ce sont choses opposites... »

On ne saurait voir plus à nu toute la méthode de Charron et de son école; et quant à l'objection qui se présente et qu'il se faisait lui-même, qu'il reste toujours à savoir si un tel homme ainsi façonné et rompu à l'habitude sceptique, et garanti, il est vrai, des hérésies et nouveautés, sera jamais chrétien au fond et orthodoxe, Charron s'en remet pour cela à l'action directe et divine, sans trop s'expliquer. Ici il est faible, et c'est en le comparant avec Pascal que ce côté faible, et ce qui lui manque, va surtout éclater.

Ce qui lui manque, c'est ce qui fait l'âme et l'honneur, je ne dirai pas de la méthode (elle peut paraître hasardeuse), mais de la doctrine et du génie de Pascal, ce qui en fait la puissance et l'attrait : c'est le désir et le tourment, c'est le cœur. Chez Charron, on voit trop l'arrangement et l'art, et une sorte d'insouciance d'arriver. Après tout, assez peu lui importe qu'on atteigne à cette croyance vive qui est la source unique de la vérité et du bonheur, selon Pascal et les vrais croyants. A le bien écouter, même en ses Homélies, il semble qu'il ait toujours par-devers lui et en secret un autre refuge et comme une place de sûreté dans un certain système de sagesse philosophique. Charron fait consciencieusement son devoir comme controversiste, comme prédicateur; il amasse ses preuves, il fait servir sa philosophie comme une espèce de machine ou de tour pour battre en brèche la place ennemie: puis, quand il estime que la brèche est suffisante, il ordonne et fait avancer ses preuves directes; mais tout cela sans feu, sans flamme; on sent toujours l'homme qui a dit : « Au reste, il faut bien savoir distinguer et séparer nous-mêmes d'avec nos charges publiques : un chacun de nous joue deux rôles et deux personnages, l'un étranger et apparent, l'autre propre et essentiel. Il faut discerner la peau de la chemise (1) : l'habile homme fera bien sa charge...; il l'exercera, car elle est en usage en son pays, elle est utile au public, et peut-être à soi; le monde vit ainsi, il ne faut rien gâter... » Voilà ce qu'on sent trop dans Charron, ce que les contemporains y voyaient peut-être moins distinctement que nous, et ce que son livre de *la Sagesse* nous a appris à discerner en lui. Il a le malheur, pour un chrétien et pour un homme né depuis l'Évangile, de croire à des étages différents d'esprits, à des séparations presque absolues entre le vulgaire ou le commun des hommes pour lequel il n'a que du mépris et du dédain, les esprits moyens et médiocres qui flottent un peu au-dessus sans pouvoir assez s'en détacher, et les sages qui jouissent de la douceur suprême dans un inviolable et inaccessible retranchement. Par *vulgaire*, il n'entend pas le peuple proprement dit, « mais les esprits populaires, de quelque robe, profession et condition qu'ils soient, » gens opiniâtres à ce qu'ils ont une fois pris à cœur, et qu'il y a péril à venir heurter dans leurs préjugés établis : « dont il a semblé à plusieurs, dit-il, qu'il n'y faut aucunement toucher, mais laisser le moutier où il est, laisser rouler le monde comme il a accoutumé, et se contenter d'en penser ce qui en est; et que ce n'est raison que les sages se mettent en peine pour les fols opiniâtres. Cette opinion, ajoute-t-il cependant, me semble trop rude et éloignée de charité, et il y a comme en toute chose une médiocrité plus douce, qui est de ne forcer ni presser, mais *tout simplement montrer et proposer le meilleur*; car il y a

(1) C'est du Montaigne. Dans une bonne édition de Charron, à chaque passage un peu vif, à chaque expression pittoresque, il devrait y avoir une note indiquant l'endroit de Montaigne d'où c'est pris. Mais refera-t-on jamais une édition de Charron ?

toujours en ce grand nombre quelques-uns capables et disposés à suivre en le leur montrant seulement au doigt. » Mais quoique Charron, dans son bon esprit, se fasse cette objection conforme à la charité, et qu'il y obtempère en quelque mesure, comme on sent bien que le raisonneur en prend ici à son aise! qu'on est loin de Pascal! comme il y a plus de charité véritable et de tendresse dans la parole impérieuse en apparence et despotique de celui-ci! Pascal n'a point un double rôle; ce n'est point M. le théologal d'un côté, et le disciple de Sénèque ou de Montaigne de l'autre : en lui l'apologiste et l'homme ne font qu'un; il y est tout entier, corps et âme. Dans ce drame que nous dévoilent ses *Pensées*, l'acteur est le même que le héros, et l'un et l'autre ne sont que l'homme souffrant, cherchant, désirant, et, quand il a trouvé, criant aux autres : *Suivez-moi!* C'est le naufragé qui, réchappé à peine, veut sauver ses compagnons de naufrage; car lui, il n'a pas sa porte de derrière comme Charron, son belvéder philosophique, son rocher du sage. Pascal n'a rien de ces arrière-fonds de pensée; il sait bien qu'il se noie, s'il n'embrasse cette voie unique de salut; et c'est pourquoi il se jette à corps perdu dans la recherche, y associant tous les hommes ses frères. Tel est, le talent y aidant, le secret pour nous de sa puissance, de sa haute et religieuse beauté.

Et comment voulez-vous que Charron, dans sa controverse chrétienne et dans les Discours religieux qu'on a de lui, ait touché au vif la fibre humaine, lorsqu'au fond il a en tel mépris ceux qu'il appelle dogmatistes et qui affirment, c'est-à-dire qui n'osent se maintenir dans cet état de balance parfaite où il place le bonheur et la sagesse? Il faut l'entendre parler, quand il est chez lui et non plus dans la chaire, de ceux « à qui, par crainte et faiblesse, le cœur fait mal, étant sur une haute tour et regardant en bas. Peu de gens, remarque-t-il, ont la force et le courage de se tenir droits sur leurs pieds, il faut qu'ils s'appuient ; ils ne peuvent vivre s'ils ne sont mariés et attachés ; n'osent demeurer seuls de peur des lutins : craignent que le loup les mange : gens nés à la servitude! » Mais c'est Tibère (il le sait bien) qui a prononcé ce mot peu pitoyable (*O homines ad servitutem nati!*), que Charron ne craint pas de mettre dans la bouche du sage. Il y a quelque égoïsme et bien de la superbe dans ce portrait si méprisant du monde, mis en regard de cette sorte d'insensibilité mi-sceptique et mi-stoïque qu'il caresse et qui est son idéal secret.

Un noble esprit de notre temps (M. Joubert) a dit, pour donner à entendre ce qu'il y a de divin dans le Christianisme : « On ne peut ni parler contre le Christianisme sans colère, ni parler de lui sans amour. » C'est cet amour qu'on ne rencontre point dans les écrits religieux de Charron.

Je n'irai pas pourtant jusqu'à en conclure qu'il n'y avait point une part de Christianisme sincère en lui, même depuis qu'il eut connu Montaigne, et une part de Christianisme plus grande et plus profonde qu'il ne le soupçonnait lui-même en certains moments où il s'entêtait en artiste de son idée de sagesse. Qu'on veuille bien se reporter au temps : des membres du Parlement comme les Harlay, plus tard les Molé, les Lamoignon, étaient de bons et fidèles sujets, et à la fois ils étaient ou ils se croyaient un peu Romains : il y en avait qui étaient *Pompeiens*, c'est-à-dire pour Pompée et le parti de la république contre César, ce qui ne les empêchait pas d'être en réalité de bons royalistes ; de même jusqu'à un certain point alors, quand on était homme d'étude et de cabinet, on était stoïcien ou sceptique en philosophie, on était partisan de Sénèque ou d'Épictète ou de Cicéron (selon son goût et son humeur), et l'on était cependant chrétien dans la pratique et l'habitude, dans le cœur même un peu. Le premier mouvement de Charron, frappé d'apoplexie foudroyante dans une rue de Paris où il tomba et où il mourut, fut de se jeter à genoux pour prier Dieu.

Ainsi donc, à les prendre pour ce qu'ils sont, les ouvrages de controverse et de théologie de Charron, antérieurs à sa *Sagesse*, et qui ne sont pas si en contradiction avec elle qu'ils le paraissent, purent obtenir dans leur temps un succès assez remarquable, et ils avaient leur à-propos. Ils venaient dans les premières années du règne de Henri IV pour rattacher à la religion de l'État et à celle du prince nombre d'esprits raisonneurs, sérieux, assez philosophiques, et surtout politiques. Au sortir des disputes et des guerres religieuses, Charron avait mille choses justes à dire, et dont la convenance était sentie par tous les hommes de bonne foi qu'un zèle extrême ne passionnait pas pour le parti contraire. Il ne niait point qu'il n'y eût certaines réformes possibles à apporter dans l'Église, mais il demandait que ces réformes fussent faites par qui de droit, et il observait judicieusement que, pour y aider, la première condition était de demeurer dans le giron et de n'en point sortir. Tout ce qu'il dit contre l'esprit d'opiniâtreté et de nouveauté qui fait les sectes est encore excellent à lire ; il disait, par exemple :

« Je voudrais que tous ces remueurs de ménage et troubleurs de l'ancienne religion, qui se disent chrétiens et tenir leur religion du Ciel, considérassent bien ce que dit Plutarque de la religion de son temps, vaine et humaine : Ceux, dit-il, qui mettent en doute les opinions de la religion me semblent toucher une grande, hardie et dangereuse question ; car l'ancienne et continuelle foi et créance qui nous est témoignée par nos ancêtres nous devrait suffire, étant cette tradition le fondement et base de toute religion ; et si la fermeté de la créance venue de main en main vient à être ébranlée ou remuée en un seul point, elle devient suspecte et douteuse en tous les autres. — Voilà ce qu'un Païen très sage a dit très-sagement...

Ces raisons, en partie morales, en partie politiques, et dont les adversaires ne laissaient pas dans leurs Réponses et réfutations d'indiquer le point faible (1), étaient pourtant bien reçues au lendemain des révolutions et quand un souffle plus doux circulait déjà; elles aidaient auprès de beaucoup d'esprits à l'œuvre d'apaisement et de pacification, qui était celle de Henri IV.

Charron était âgé de soixante ans et avait titre *théologal et chantre* dans l'église cathédrale de Condom, lorsqu'il publia à Bordeaux, en 1601, son célèbre ouvrage intitulé *de la Sagesse*, qui n'est guère qu'une rédaction plus méthodique et une ordonnance régulière de tout ce qu'on trouve dans les *Essais* de Montaigne. Les trois livres dont se compose l'ouvrage roulent : 1° sur l'homme, sa misère, ses faiblesses, ses passions; sur la vie humaine, ses fluctuations et sa brièveté; sur les différents états, conditions et genres de vie qui distinguent les hommes; 2° sur la manière de s'affranchir des erreurs, de l'opinion ou des passions; 3° enfin, sur les quatre vertus de prudence, justice, force et tempérance. Qui prendrait la peine de lire plume en main Montaigne et d'y relever tout ce qui est dit sur les divers sujets et titres qui se rencontrent dans *la Sagesse* de Charron, trouverait non-seulement le fond et la substance de ses pensées, mais encore la forme même et le détail de son expression. Seulement, Charron abrége, coordonne et enchaîne. Il ne s'en est pas tenu à Montaigne : en ce qui est des passions et affections particulièrement, il avertit qu'il n'a vu personne « qui les dépeigne plus naïvement et richement que le sieur Du Vair en ses petits livrets moraux. » Il reconnaît donc qu'il s'en est fort servi. Un écrivain moderne, M. Sapey, dans un

---

(1) Le point faible, c'est qu'avec cette manière de raisonner, le monde serait resté éternellement Païen.

Essai sur la Vie et les Ouvrages de Guillaume Du Vair, publié en 1847, a relevé ces imitations ou plutôt ces copies qu'a faites Charron de certaines pages de Du Vair, et pour qu'on en pût mieux juger, il a rangé les unes et les autres sur deux colonnes parallèles, par exemple :

DU VAIR.	CHARRON.
Philosophie morale des Stoïques.	*De la Sagesse* (liv. I, chap. 26).
« ... L'espérance, allumant de son doux vent nos fols désirs, embrase en nos esprits un feu plein d'une épaisse fumée, qui nous éblouit l'entendement, et, emportant avec soi nos pensées, les tient pendues entre les nues, nous ôte tout jugement, et nous fait songer en veillant. Tant que nos espérances durent, nous ne voulons point quitter nos désirs, etc. »	« Les désirs et cupidités s'échauffent et redoublent par l'espérance, laquelle allume de son doux vent nos fols désirs, embrase en nos esprits un feu d'une épaisse fumée, qui nous éblouit l'entendement, et, emportant avec soi nos pensées, les tient pendues entre les nues, nous fait songer en veillant. Tant que nos espérances durent, nous ne voulons point quitter nos désirs, etc. (1). »

On pourrait faire pareil rapprochement de lui à Montaigne dans une quantité de pages; ce que le vieux Sorel avait déjà remarqué, et ce qui a fait dire à Balzac, je crois, que Charron n'était que le *secrétaire* de Montaigne et de Du Vair. Pour Montaigne, on a encore appelé Charron son ordonnateur judicieux ou son sergent de bataille. Plusieurs s'y sont trompés : Gabriel Naudé, plus docte en latin qu'en français, paraît décerner à Charron une préférence qui supposerait en lui ce dont il manque le plus, c'est-à-dire l'originalité. Un jésuite, homme de grand mérite, le Père Buffier, qui, dans son *Cours de Sciences*, a consacré tout un chapitre au livre de Charron, a dit : « Il n'est guère d'ouvrage

(1) Il y aurait aussi à voir si Du Vair et Charron, se rencontrant si bien, n'ont pas sous les yeux un même auteur et exemplaire ancien qu'ils traduisent.

de morale plus rempli que celui-ci, ni qui contienne plus de choses dans un moindre volume. L'auteur a possédé sa matière et *l'a tirée de son propre fonds* (c'est le contraire), y mettant beaucoup de réflexions particulières; donnant un tour singulier à celles qui sont communes, s'énonçant d'une manière propre à faire penser plus qu'il ne dit, et réveillant l'attention par la vivacité de ses expressions, quelque usées qu'elles commencent d'être... » Mais ce ne sont pas seulement les pensées, ce sont le plus souvent les expressions mêmes de Charron qui sont prises de Montaigne. Ainsi, sur le sujet de la faiblesse et de l'inconstance de l'homme, on lit d'une part dans Montaigne, et de l'autre dans Charron :

MONTAIGNE.	CHARRON.
Liv. I, chap. 1er.	Liv. I, chap. 5.
« Certes, c'est un sujet merveilleusement vain, divers et ondoyant que l'homme ; il est malaisé d'y fonder jugement constant et uniforme. Voilà Pompeius qui pardonna, etc., etc. »	« L'homme est un sujet merveilleusement divers et ondoyant, sur lequel il est très-malaisé d'y asseoir jugement assuré; jugement, dis-je, universel et entier, etc., etc. »

Montaigne cite, à l'appui de son dire, l'exemple de Pompée pardonnant à la ville des Mamertins en considération d'un citoyen généreux, et il l'oppose à ce que fit Sylla devant Péruse (ou plutôt Préneste), où il avait un hôte à la considération de qui il n'accorda rien. Or cet exemple de Pompée se trouve précisément, dans Charron, à la page précédente, ainsi que divers autres exemples de Scanderbeg, de l'empereur Conrad, d'Alexandre le Grand, etc., lesquels se retrouvent tous chez Montaigne, mais plus développés et à quelque distance les uns des autres. Charron les a seulement rapprochés et condensés à son article de la *Présomption*. On lit encore :

DANS MONTAIGNE.	DANS CHARRON.
Liv. II, chap. 12.	Liv. I, chap. 7.
« La plus calamiteuse et fragile de toutes les créatures, c'est l'homme, et quant et quant la plus orgueilleuse : elle se sent et se voit logée ici parmi la bourbe et le fient du monde, attachée et clouée à la pire, plus morte et croupie partie de l'univers, au dernier étage du logis et le plus éloigné de la voûte céleste, avec les animaux de la pire condition des trois (espèces) ; et se va plantant par imagination au-dessus du cercle de la lune, et ramenant le ciel sous ses pieds... »	« ... L'homme croit que le ciel, les étoiles, tout ce grand mouvement céleste et branle du monde, n'est fait que pour lui... Et le pauvre misérable est bien ridicule. Il est ici-bas logé au dernier et pire étage de ce monde, plus éloigné de la voûte céleste, en la cloaque et sentine de l'univers, avec la bourbe et la lie, avec les animaux de la pire condition..., et se fait croire qu'il est le maître commandant à tout, que toutes créatures, même ces grands corps lumineux, incorruptibles, desquels il ne peut savoir la moindre vertu, et est contraint tout transi les admirer, ne branlent que pour lui et son service... »

Ici Charron combine et resserre deux passages différents; il écourte Montaigne, mais il ne saurait faire oublier ni supprimer cette admirable interrogation que l'on dirait de Pascal s'adressant des objections à lui-même :

« Qui lui a persuadé que ce branle admirable de la voûte céleste, la lumière éternelle de ces flambeaux roulant si fièrement sur sa tête, les mouvements épouvantables de cette mer infinie, soient établies et se continuent tant de siècles pour sa commodité et pour son service? Est-il possible de rien imaginer si ridicule que cette misérable et chétive créature, etc., etc. ? »

De tout ce parallèle qui se pourrait continuer à l'infini, il ne faudrait point conclure à une lutte entre Montaigne et Charron, ni encore moins à une tricherie de ce dernier. Honnête homme, écrivain probe, et par-dessus tout admirateur passionné de Montaigne, Charron est aussi loin d'une telle ambition qu'incapable d'un pareil procédé; il ne vise qu'à mettre les pensées qu'il admire et qu'il accueille dans un plus beau jour et dans un ordre plus exact, pour les répandre et les faire réussir auprès d'un plus grand nombre d'esprits; il les range mieux pour les faire pénétrer. C'est là son but, et, à quelques égards, ce fut son succès. Ce n'est point de sa part une question d'amour-propre; il a gardé cela des érudits, que pour lui, en fait de bonnes pensées, *citation* vaut *invention*. Il ne songe pas plus à dérober Montaigne qu'il ne songe à dépouiller tous ces auteurs latins dont les mots et les sentences, en leur langue, nourrissent, soutiennent à chaque instant son discours, et qu'il fait entrer continuellement dans sa trame sans les citer. Cela dit, nous arrivons à l'examen de quelques parties de ce livre qui a de l'exagéré et du systématique, mais qui aussi a eu du bon et de l'utile. Nous aurons à voir en quoi Charron, à son moment, a été un des précepteurs de la raison publique.

Mardi, 2 janvier 1855.

CHARRON

(FIN)

L'exagération ou, pour parler franc, le faux du livre de Charron est de même nature que dans Montaigne : seulement on en est plus frappé et cela saute plus aux yeux, parce qu'il a dégagé la doctrine de Montaigne de toute la partie badine qui déroute, mais aussi qui amuse; il a pressé et rapproché les conclusions, les propositions. Or, dans la peinture générale qu'il fait de l'homme, il commence par étaler, sans compensation et sans contre-poids, toutes les causes de misère, d'incertitude et d'erreur; il humilie l'homme tant qu'il peut, et, à ne considérer même les choses qu'au point de vue purement naturel, il ne tient point compte de cette force sacrée qui est en lui, de cette lumière d'invention qui lui est propre et qui éclate surtout dans certaines races, de ce coup d'œil royal et conquérant qu'il lui est si aisé, à l'âge des espérances et dans l'essor du génie, de jeter hardiment sur l'univers. Tout cela est-il erreur? tout ce qui s'accorde si bien avec la destinée terrestre et sociale de l'homme ne doit-il pas être considéré bien moins comme une illusion que comme une harmonie? Charron n'entre en rien dans cette intelligence et cette explication vraiment philosophique de l'humanité, qui, pour la mieux comprendre, en suivrait d'abord les directions générales et en reconnaîtrait les vastes courants : il prend l'homme au rebours et dans ses écarts ; il l'observe malade, infirme, le voit toujours en faute, dans une sottise continuelle, dans une malveillance presque constante : « La plupart des hommes avec lesquels il nous faut vivre dans le monde, dit-il quelque part, ne prennent plaisir qu'à mal faire, ne mesurent leur puissance que par le dédain et injure d'autrui. » De ce qu'il y a certains cas où les sens se trompent et ont besoin d'être redressés, il en conclut que ce qui nous arrive par leur canal n'est qu'une longue et absolue incertitude. Les sens trompent la raison, et en échange ils sont souvent trompés par elle : « Voyez quelle belle science et certitude, dit-il, l'homme peut avoir, quand le dedans et le dehors sont pleins de fausseté et de faiblesse, et que ces parties principales, outils essentiels de la science, se trompent l'une l'autre. » Il en résulte à ses yeux que les animaux, qui semblent aller plus à coup sûr, ont bien des avantages sur l'homme ; peu s'en faut par moments qu'il ne leur accorde une entière préférence. Il tient fort du moins à ce qu'il y ait « un grand voisinage et *cousinage* entre l'homme et les autres animaux. Ils ont, pense-t-il, plusieurs choses pareilles et communes, et ont aussi des différences, mais non pas si fort éloignées et dispareilles qu'elles ne se tiennent : l'homme n'est du tout au-dessus, ni du tout au-dessous. » Il fait une cote mal taillée, et voilà une sorte d'égalité établie. En un mot, dans toute sa première partie, Charron taquine l'homme et lui fait échec sur tous les points, mais sans rire comme Montaigne, avec gravité, en s'appesantissant ; et tout cela pour arriver à le relever ensuite et le restaurer moyennant la construction de sa lente et artificielle sagesse.

Il doit cependant au commerce de son maître et ami,

et à son propre sens, bien de bonnes pensées qu'il exprime heureusement : dès le début de son second livre, où il en vient à exposer les instructions et règles générales de sagesse, il remarque combien, telle qu'il l'entend et qu'il la conçoit, elle est chose rare dans le monde, et il le dit avec bien de la vivacité (je suppose que l'expression dans ce qui suit est de lui et non de Montaigne, car je n'ai pas tout vérifié, et l'on a toujours à prendre garde, quand on loue Charron, d'avoir affaire à Montaigne lui-même) : .

« Chacun, dit-il donc, se sent de l'air qu'il haleine et où il vit, suit le train de vivre suivi de tous : comment voulez-vous qu'il s'en avise d'un autre? Nous nous suivons à la piste, voire nous nous pressons, échauffons; nous nous coiffons et investissons les vices et passions les uns aux autres; personne ne crie *Holà!* Nous faillons, nous nous mécomptons. Il faut une spéciale faveur du Ciel, et ensemble une grande et généreuse force et fermeté de nature, pour remarquer l'erreur commune que personne ne sent, s'aviser de ce de quoi personne ne s'avise, et se résoudre à tout autrement que les autres.

« Il y en a bien aucuns et rares, je les vois, je les sens, je les fleure et les haleine avec plaisir et admiration : mais quoi? ils sont ou Démocrites ou Héraclites. »

C'est-à-dire que, de ces hommes plus sages, les uns rient, et les autres pleurent : les uns se moquent et prennent tout par le ridicule, les autres penchent du côté de la plainte ou de la crainte, n'osent parler que bas et *à demi-bouche;* ils déguisent leur langage; ils mêlent et étouffent leur pensée; ils ne parlent pas sec, distinctement, clairement :

« Je viens après eux et au-dessous d'eux, ajoute Charron; mais je dis de bonne foi ce que j'en pense et en crois, clairement et nettement. Je ne doute pas que les malicieuses gens de moyen étage n'y mordent : eh! qui s'en peut garder? Mais je me fie que les simples et débonnaires, et les Éthériens et sublimes en jugeront équitablement... »

Il a l'air ici de vouloir s'appuyer sur le double assentiment des sages et des simples, et de ne faire bon marché que de l'entre-deux ; mais cela est dit pour la forme, et il se soucie très-peu des simples et du peuple. Je sais qu'il a soin de définir le peuple ou vulgaire comme étant formé, à ses yeux, d'esprits de toutes classes, de même qu'il appelle du nom de pédants beaucoup de ceux qui ont des robes et beaucoup aussi qui n'en ont pas ; malgré ces distinctions judicieuses, on peut dire toutefois qu'il est contre le vulgaire avec excès (1), et qu'il se met par là en contradiction avec son propre but, qui est avant tout de vulgariser la sagesse. C'est un reste d'école chez lui : il ne devine pas assez qu'un moment approche où il y aura accession ouverte et libre de tous les esprits sur quantité de questions, et que le philosophe et le vrai sage sera tenu, dans ses solutions, de compter de plus en plus avec le sentiment de ce grand nombre dont on fait partie soi-même, et avec cette philosophie irréfléchie, mais nécessaire, qui résulte de l'humaine et commune nature.

Un des mots qu'employait le plus habituellement le spirituel et naïf Joinville, s'entretenant avec son royal maître saint Louis, c'est le mot de *prud'homie :* ce même mot dans un sens purement moral et philosophique est aussi celui de Charron. *Prud'homie* parfaite, selon lui, a pour fondement « un esprit universel, galant, libre, ouvert et généreux, un esprit voyant partout, s'égayant par toute l'étendue belle et universelle du monde et de la nature. » La vertu ou vraie prud'homie, que Charron veut édifier là-dessus, est à son tour « libre et franche, mâle et généreuse, riante et joyeuse, égale, uniforme et constante, marchant d'un pas ferme, fier et hautain, allant toujours son train, sans regarder de

---

(1) *Vox populi, vox stultorum*, dit-il crûment, en parodiant le *Vox populi, vox Dei*. C'est aussi l'inverse de cet autre mot connu : « Il y a quelqu'un qui a plus d'esprit que Voltaire, c'est tout le monde. »

côté ni derrière, sans s'arrêter et altérer son pas et ses allures pour le vent, le temps, les occasions. » Le ressort de cette prud'homie, « c'est la loi de nature, c'est-à-dire, l'équité et raison universelle qui luit et éclaire en un chacun de nous. Qui agit par ce ressort, agit selon Dieu.... » Charron ici, comme en quelques autres endroits, se trouve en contradiction avec son premier scepticisme fondamental, et moyennant cette lumière naturelle qui luit en chacun et qu'il semble reconnaître, il est plus voisin des Platoniciens qu'il-ne croit. C'est ainsi qu'en d'autres passages, il présente la philosophie comme l'aînée de la théologie, de même que la nature est l'aînée de la grâce; ce qui ne peut être dit raisonnablement que d'une philosophie capable d'atteindre d'elle-même, et par une pleine vue, à des principes que la théologie viendrait ensuite confirmer ou couronner. Les sceptiques, s'ils n'y prennent garde, ont de ces contradictions-là.

Un endroit de Charron relatif à la prud'homie a été très-remarqué et a été aussi sujet à objection. Il accorde beaucoup à la piété, à la véritable, qu'il distingue soigneusement et en traits vigoureux d'avec la superstition; puis il ajoute un avis nécessaire, dit-il, à celui qui prétend à la sagesse, qui est, d'une part, de ne point séparer la piété de la vraie prud'homie, et d'autre part, et encore moins, de ne les confondre et mêler ensemble : « Ce sont deux choses bien distinctes et qui ont leurs ressorts divers, que la piété et la probité, la religion et la prud'homie, la dévotion et la conscience : je les veux toutes deux jointes en celui que j'instruis ici,... mais non pas confuses. » Le Père Buffier, d'ailleurs très-équitable envers Charron, a relevé ce passage en disant : « Une probité sans religion serait une probité sans rapport à la Divinité et indépendante de la loi de Dieu. Or, quel fondement inébranlable pourrait avoir cette probité? »

On ne voit pas, en effet, pourquoi, dans une institution et formation parfaite de l'homme, la piété, comme l'entendait dans l'antiquité un Énée selon Virgile, un Plutarque ou un Xénophon, et à plus forte raison comme l'entendent les vrais chrétiens selon l'Évangile, ne contribuerait pas, tout en couronnant et faisant fleurir la probité en nous, à l'arroser de plus et à la vivifier dès le principe et à la racine. Charron ici, dans sa définition tant de la probité que de la religion, et du lien qui les unit, a été tout occupé d'éviter à son homme de bien la crainte des châtiments futurs pour unique principe d'action, et il a trop oublié la charité et l'amour. Toutefois, sa pensée et sa recommandation, pour être appréciées comme il faut, ne doivent point se séparer des temps où il écrivait : qu'on se reporte, en effet, à ce lendemain des guerres civiles et des fanatismes sanglants, à ces horreurs récentes exercées des deux parts au nom de la religion et d'une fausse piété, et l'on concevra tout le sens et l'application de cet endroit; il redoute la confusion si facile à faire quand un zèle excessif s'en mêle; il craint à bon escient et par expérience que l'on ne traite comme malhonnêtes gens et criminels tous ceux qui ne pensent point en matière de foi comme nous-mêmes, et il cherche, en émancipant moralement la probité, à bien établir qu'il y a des vertus respectables qui peuvent subsister à côté et indépendamment de la croyance. C'était là une des leçons de Charron qui allaient droit à l'adresse de ses contemporains.

On citerait de Charron quantité de beaux et judicieux passages pour la tolérance et contre les dogmatistes opiniâtres, qui veulent donner la loi au monde : « Où le moyen ordinaire fait défaut, l'on y ajoute le commandement, la force, le fer, le feu. » Il parle avec bien de l'humanité et du bon sens contre la question et la torture : avec bien du sens aussi contre l'autorité en matière de science. Dans tout cet ordre moral et pratique, Charron, à son heure, est un instituteur utile et l'un des artisans éclairés qui préparent l'esprit de la société moderne. Dans l'analyse et la description qu'il donne des quatre vertus essentielles, à l'article de la *Prudence*, il traite de la prudence politique, de celle qui est requise dans le Souverain pour gouverner ses États. A cet endroit, Charron reconnaît qu'il a puisé abondamment dans le traité de *Politique* de Juste Lipse, comme précédemment il l'avait reconnu pour Du Vair. Il ne fait que changer la méthode de Lipse, mais il a pris le fond : « La moëlle de son livre est ici, » dit-il. C'est de cette sorte que partout il ne se donne que pour l'économe, le distributeur public des bonnes et saines lectures qu'il a digérées et recueillies. En retraçant un portrait du parfait Souverain en ces belles années de Henri IV, il semble quelquefois dessiner d'après nature, mais il laisse aux lecteurs les applications à faire, et il ne le dit pas.

Son chapitre sur l'Éducation, sur les devoirs des parents envers les enfants, vient bien après ceux de Rabelais et de Montaigne sur le même sujet et en est comme une rédaction complète et nouvelle. Il s'occupe de l'enfant dès avant la naissance, et donne là-dessus, comme ferait un médecin, des prescriptions qui sont de pure hygiène. L'enfant aussitôt né, il songe à la nourrice : « Selon la raison, dit-il, et tous les sages, ce doit être la mère; » et il cite à ce sujet ce que dit le philosophe Favorinus chez Aulu-Gelle et ce que répétera Rousseau (1).

(1) Dans un lieu où les développements seraient permis, il y aurait à citer au long et à mettre en regard les passages de ces divers auteurs ; c'est ce qu'il me fut permis de faire un jour dans une de mes leçons à l'École normale et à propos de ces idées de Charron sur la convenance qu'il y a pour les mères d'allaiter elles-mêmes leurs enfants ; ayant produit le plaidoyer de Favorin, je disais à mes jeunes et studieux auditeurs : « Je cherche à établir dans vos es-

Il fait commencer l'instruction dès les plus tendres années de l'enfant; il montre la force des premières impressions, il développe le *quo semel est imbuta recens...* :
« Cette âme donc toute neuve et blanche, tendre et molle, reçoit fort aisément le pli et l'impression que l'on lui veut donner, et puis ne le perd aisément. » Cette jolie et franche expression (une *âme toute neuve et blanche, mens novella*) est-elle bien de lui? Il a beaucoup d'expressions de cette sorte, fraîches ou fortes, et presque toujours vives, dont il nourrit et anime sa diction; il dira, parlant des enfants : « Il faut leur grossir le cœur d'ingénuité, de franchise, d'amour, de vertu et d'honneur. » Il dira, parlant de la différence trop souvent profonde et de l'abîme qu'il y a, — qu'il y avait alors,— entre le sage et le savant : « Qui est fort savant n'est guère sage, et qui est sage n'est pas savant. Il y a bien quelques exceptions en ceci, mais elles sont bien rares. Ce sont des grandes âmes, riches, heureuses. Il y en a eu en l'Antiquité, mais il ne s'en trouve presque plus. » Il dira de Scipion accusé et dédaignant de se défendre : « Il avait le cœur trop gros de nature pour se savoir être criminel, etc. » Que ces expressions soient

---

prits une filiation naturelle. On est accoutumé à rapporter à Jean-Jacques Rousseau l'honneur de ce conseil : il lui a donné, en effet, dans l'*Émile*, l'aile et le souffle de son éloquence. Il a été le dernier venu et qui a fait le plus de bruit sur cette question. Mais l'humanité va, incessamment, apprenant et oubliant tour à tour : et vous avez vu que l'éloquence aussi et le souffle n'avaient pas manqué dans le conseil donné par un philosophe et un sage gaulois parlant en grec à un Romain de ses amis, par Favorin, né à Arles, l'une des lumières du siècle des Antonins. Vous êtes remplis encore de cette parole abondante, douce, affectueuse, onctueuse, fondée en raisons de physiologie et d'hygiène, solide à la fois et moralement persuasive, qu'Aulu-Gelle déclare cependant n'avoir pu reproduire qu'imparfaitement avec l'infériorité de son latin et de la langue romaine elle-même. Il nous faut voir maintenant le même conseil sous la plume brûlante et entraînante de Jean Jacques. Il y a de la raison, il y a aussi de la rhétorique chez tous deux, etc. »

à lui ou primitivement à Montaigne, il a le talent de les poursuivre et de les continuer ; il est homme à en trouver à son tour de pareilles, et qui ne déparent pas celles qu'il tient de l'original. Charron, à force d'en user, en a fait son ordinaire. Il a le vocabulaire à la fois solide et coloré.

Quant au fond, il recommande tout ce que son maître a également recommandé, de ne point laisser les valets ni servantes *embabouiner* cette tendre jeunesse de sots contes ni de fadaises; de ne pas croire que l'esprit des enfants ne se puisse appliquer aux bonnes choses aussi aisément qu'aux inutiles et vaines : « Il ne faut pas plus d'esprit à entendre les beaux exemples de Valère Maxime et toute l'Histoire grecque et romaine, qui est la plus belle science et leçon du monde, qu'à entendre *Amadis de Gaule*... Il ne se faut pas défier de la portée et suffisance de l'esprit, mais il le faut savoir bien conduire et manier. » Il s'élève contre la coutume, alors presque universelle, de battre et fouetter les enfants ; c'est le moyen de leur rendre l'esprit bas et servile, car alors « s'ils font ce que l'on requiert d'eux, c'est parce qu'on les regarde, c'est par crainte et non gaiement et noblement, et ainsi non honnêtement. » Dans l'instruction proprement dite, il veut qu'en tout on vise bien plutôt au jugement et au développement du bon sens naturel qu'à l'art et à la science acquise ou à la mémoire ; c'est à cette occasion qu'il établit tous les caractères qui séparent la raison et la sagesse d'avec la fausse science. Il ne s'agit pas de faire de son élève un *clerc*, et aussi, quand il sera dans le monde, il n'y fera point de *pas de clerc* :

« Venez à la pratique, prenez-moi un de ces savanteaux, menez-le-moi au Conseil de Ville, en une assemblée en laquelle l'on délibère des affaires d'État, ou de la police, ou de la ménagerie : vous ne vîtes jamais homme plus étonné : il pâlira, rougira, blémira, toussera;

mais enfin il ne sait ce qu'il doit dire. S'il se mêle de parler, ce seront de longs discours, des définitions, divisions d'Aristote : *Ergo*, etc. Écoutez en ce même Conseil un marchand, un bourgeois, qui n'a jamais ouï parler d'Aristote; il opinera mieux, donnera de meilleurs avis et expédients que les savants (1). »

Le tout est de distinguer entre la bonne instruction et la fausse. La véritable est celle qui ne s'applique point extérieurement et machinalement à l'esprit, qui ne lui impose pas des formes une fois trouvées, et par lesquelles on se croit dispensé du ressort intérieur et de l'invention naturelle. Il ne s'agit pas enfin de s'informer du savoir et des opinions d'autrui pour en faire montre, il faut les rendre nôtres : « Il ne faut pas les loger en notre âme, mais les incorporer et transsubstancier. Il ne faut pas seulement en arroser l'âme, mais il la faut teindre et la rendre essentiellement meilleure, sage, forte, bonne, courageuse : autrement de quoi sert d'étudier? » Et ici vient l'exemple des mouches à miel « qui n'emportent point les fleurs comme les bouquetières (dont il vient de parler), mais s'asseyant sur elles comme si elles les couvaient, en tirent l'esprit, la force, la vertu, la quintessence, et s'en nourrissent, en font substance, et puis en font de très-bon et doux miel, qui est tout leur : *ce n'est plus thym ni marjolaine.* » Le jour où Charron a ainsi emprunté à Montaigne, et en propres termes, cette délicieuse et inoubliable image pour la mettre couramment au beau milieu de son texte, il a été bien modeste, et il a donné pour jamais, devant le monde et devant la postérité, sa mesure comme écrivain, sa démission comme auteur original.

Nous n'aurions qu'à continuer la lecture de ce chapitre pour avoir à renouveler les remarques du même genre, et aussi pour apprécier l'utilité dont Charron a

(1) N'est-ce pas ici, au sérieux, la leçon pratique que Molière a mise partout en action dans ses comédies?

pu être dans les progrès si lents de l'éducation publique dans notre pays. Il a tout à fait pressenti la méthode de Messieurs de Port-Royal, lorsqu'il a engagé le maître « à souvent interroger son écolier, à le faire parler et dire son avis sur tout ce qui se présente. » — « Il faut, dit-il, réveiller et échauffer leur esprit par demandes, les faire opiner les premiers et leur donner même liberté de demander, s'enquérir, et ouvrir le chemin quand ils voudront. Si, sans les faire parler, on leur parle tout seul, c'est chose presque perdue : l'enfant n'en fait en rien son profit, pour ce qu'il pense n'en être pas d'écot; il n'y prête que l'oreille, encore bien froidement; il ne s'en pique pas comme quand il est de la partie. » Mais cela est bien plus aisé à pratiquer lorsqu'on n'a qu'une élite et un choix d'élèves, comme c'était le cas pour les écoles de Port-Royal, que lorsqu'on en a toute une armée comme dans les colléges; le très-grand nombre permet peu cette coopération *de vive voix* de tous à leur propre enseignement.

Sans entrer dans une analyse exacte et complète, j'ai à peu près touché à tout ce qu'il nous importe le plus de noter en Charron. A mesure qu'on avance d'ailleurs dans la lecture de son livre, on s'aperçoit qu'il a tout dit, et il s'en aperçoit lui-même en procédant par de nombreux renvois. Le livre, tel qu'il était, eut beaucoup de succès dès l'instant de la publication (1604). Les esprits solides et qui ne haïssent pas la pesanteur préférèrent même tout d'abord Charron à Montaigne. D'un jardin anglais ou du verger d'Alcinoüs il avait fait une pièce de terre labourable : il fut réputé excellent. D'autres esprits cependant prirent l'alarme; ce procédé didactique mettait trop en lumière le désaccord de quelques opinions de l'auteur avec sa condition de prêtre et de théologien; et comme l'a dit Voltaire :

Montaigne, cet auteur charmant,

> Tour à tour profond et frivole,
> Dans son château paisiblement,
> Loin de tout frondeur malévole,
> Doutait de tout impunément,
> Et se moquait très-librement
> Des bavards fourrés de l'École ;
> Mais quand son élève Charron,
> Plus retenu, plus méthodique,
> De Sagesse donna leçon,
> Il fut près de périr, dit-on,
> Par la haine théologique.

Charron ne fut nullement près de périr, il dut cependant songer à se défendre : il le fit dans un Sommaire de son livre ou *Petit Traité de la Sagesse*, qui ne parut qu'après sa mort. Ce qui parlait surtout en sa faveur, c'était sa vie, la pureté de ses mœurs, l'égalité et la tranquillité de son âme : « C'est une science divine et bien ardue, disait-il, que de savoir jouir loyalement de son être, se conduire selon le modèle commun et naturel, selon ses propres conditions, sans en chercher d'autres étranges. » Cette science pratique, à laquelle, sauf de rares et courts instants de passion, il avait toujours été disposé, il paraît qu'il l'avait tout à fait acquise en vieillissant ; l'équilibre de son humeur et de son tempérament l'y aidait ; il avait pris pour sa devise : *Paix et peu*, et il la justifiait par toute sa vie. Des prélats distingués n'avaient pas cessé, depuis sa publication de *la Sagesse*, de l'estimer comme auparavant et de le vouloir attirer à eux. L'évêque de Boulogne-sur-Mer, qui était à la fois prieur de l'abbaye de Saint-Martin-des-Champs à Paris, offrit à Charron sa théologale, et celui-ci eût peut-être accepté s'il n'avait craint, à cet âge déjà avancé, l'air humide du rivage de la mer. Il vint pourtant à Paris pour remercier l'évêque de Boulogne, qui s'y trouvait, et de plus pour vaquer à la réimpression de son livre, auquel il avait apporté en quelques endroits des adoucissements et des précautions. C'est pendant ce séjour

que, le dimanche 16 novembre 1603, il fut frappé
poplexie foudroyante dans la rue Saint-Jean-de-Beau
au coin de celle des Noyers ; il avait soixante-deux
La seconde édition de *la Sagesse* ne parut donc qu'
sa mort, et comme l'auteur n'était plus là pour la
veiller et se défendre, il s'éleva des difficultés dans
quelles intervinrent utilement le premier prés
Achille de Harlay et le président Jeannin : ce der
dont la religion n'était pas suspecte, fut chargé p
chancelier d'examiner cette seconde édition (1604),
laquelle il fit de petits retranchements et introc
quelques corrections, y jetant çà et là quelques pa
thèses explicatives ; moyennant quoi il l'approuva
tement.

La réputation de Charron se soutint pendant tou
première moitié du dix-septième siècle. Goûté et
par ces hommes de l'école érudite et libre, La Moth
Vayer, Gassendi, Naudé, il eut l'honneur d'être bu
quement insulté par le Père Garasse :

« Quant au sieur Charron, disait ce facétieux dénonciater
beaux esprits de son temps, je suis contraint d'en dire un mo
désabuser le monde et les faibles esprits qui avalent le venin c
de quelques douces paroles et de pensées aucunement favorable
quelles il a tirées de Sénèque et naturalisées à la française, sar
bonnement ce qu'il faisait ; car c'était un franc ignorant, et sem
à ce petit oiseau du Pérou, qui s'appelle le Tocan, et qui n'a rie
le bec et la plume. Il est vrai que quelques-uns lui ont fait cett
rité de revoir ses écrits, et nommément sa *Sagesse* et sa *D*
(probablement ses *Discours chrétiens*), pour en retrancher le
apparentes impiétés ; mais on peut dire que les OEuvres
Charron ressemblent à une vieille roue toute rompue et démer
etc. »

Et Garasse continue de jouer sur ce nom de *Cha*
et sur le chariot qu'il n'a pas su mener. Parmi
pourtant qui critiquèrent le livre de *la Sagesse*, il e
un qui mérite d'être distingué, c'est l'auteur de l'
intitulé *Considérations sur la Sagesse*, publiées en 1

et qu'on dit être le médecin Chanet : il est modeste, il est modéré de ton, il se montre plein d'égards pour l'auteur qu'il réfute. Cela est d'autant plus remarquable que ce livre fut composé par l'auteur encore très-jeune et au sortir des écoles ; après l'avoir laissé dormir quelques années, il se décida à le faire imprimer et à dire hautement son avis, qui était celui de beaucoup de gens, au risque seulement de déplaire à ceux (car il y en avait) « qui prenaient Charron pour Socrate et l'*Apologie de Raimond Sebond* pour l'Évangile. » — A cela près, disait-il, « je ne laisse pas d'estimer Charron, et de croire qu'il doit être estimé savant, et encore plus judicieux ; que son livre de *la Sagesse* est fort bon en gros, et qu'il y a fort peu de savants hommes en France qui n'aient profité de sa lecture. Ceux qui auront assez de loisir pour lire plus avant, verront que j'aime la réputation de cet auteur ; que je fais valoir quelques-unes de ses opinions, et que je respecte toutes les autres. » Chanet se met donc à réfuter Charron et Montaigne (sans nommer ce dernier) sur les principes de leur scepticisme ; il se sert de ses connaissances en médecine et en histoire naturelle pour rabattre de ce qu'ils ont dit des animaux et pour maintenir l'homme à son rang légitime (1). Il montre qu'il y a une certitude suffisante dans les notions qui nous viennent par les sens. Dans le spectacle de ce monde et dans le rôle qui y est départi à l'homme, il plaide, par des raisons plausibles,

---

(1) La tactique de Montaigne, de Bayle et autres sceptiques, c'est ou bien de rabaisser l'homme jusqu'au niveau des bêtes pour lui ôter le privilége de l'immortalité, ou bien d'élever les bêtes quasi jusqu'au rang de l'homme pour forcer à conclure que, s'il a une âme immortelle, elles en doivent avoir une également : or c'est là une conclusion qui répugne et devant laquelle on recule volontiers. Chanet ne se laisse point envelopper dans ce dilemme : il observe et trace les limites, les distinctions spécifiques entre l'homme et les bêtes, et qui lui paraissent suffire pour motiver la différence des destinées.

les causes finales, et maintient pour vrai le but apparent des choses, en se tenant au point de vue de l'optique humaine. Il donne raison à plus d'un préjugé contre le paradoxe. Si j'osais traduire toute mon idée en des matières qui ne sont pas miennes, je dirais que le médecin Chanet défend le sens général et le sens commun en philosophie, l'opinion des demi-savants et du peuple, par des raisons qui, légèrement rajeunies un siècle plus tard, seront assez celles de l'École écossaise. Il a des pages très-ingénieuses, très-fines, sur l'instinct et la raison, sur les caractères qui les spécifient, perfection prompte, courte et immobile, d'un côté, perfectibilité de l'autre. C'est un naturaliste religieux, mais observateur, et qui suit la voie expérimentale. Enfin le meilleur éloge qu'on puisse faire de cette Réfutation trop peu connue, c'est que, pour le ton comme pour le fond, elle eût été digne d'être estimée par Charron lui-même (1).

Dès la seconde partie du dix-septième siècle Charron n'était plus guère qu'un nom, et on ne le lisait qu'assez peu, j'imagine, bien que les Elzevirs en eussent multiplié les exemplaires dans les bibliothèques. Le dix-huitième siècle ne l'a pas ressuscité. Montaigne, de mieux en mieux lu et compris, et qui est autant un poëte qu'un philosophe, a dispensé de Charron qui, à bien des

---

(1) Le peu qu'on sait sur l'auteur de ce livre est dû à Gui Patin, dans une de ses lettres à Spon (17 août 1643) : « Des *Considérations sur la Sagesse de Charron*, dit-il, le vrai auteur, qui n'aime pas d'être connu, est M. Chanet, médecin de La Rochelle. J'ai eu le livre manuscrit entre les mains fort longtemps pour en avoir le Privilége. Les imprimeurs, au lieu de P. C. (au titre), qui serait *Pierre Chanet*, ont failli en mettant P. G. Il est âgé d'environ quarante ans. Il est fort savant, sanguin, mélancolique, qui a fort voyagé. Il était fils d'un ministre de Marans, qui est encore vivant; il est de la religion de son père, (et) qui médite autre chose. Il est ici fort loué; on dit qu'il écrit presque aussi bien que Balzac. » Ce dernier éloge portait à faux; Chanet n'écrit point pour faire de belles phrases ni en rhétoricien, mais seulement pour exprimer sa pensée.

égards, n'a fait autre chose que donner une édition didactique des *Essais*, une table bien raisonnée des matières, et qui n'avait point ce qui fait vivre. Pourtant, par son jugement plein et sa ferme démarche d'esprit, par son style sain, grave et scrupuleux, et qui eut même son éclat d'emprunt, il mérite estime et souvenir comme tout ancien précepteur qui a été utile en son temps; l'histoire littéraire lui doit de le placer toujours à la suite de Montaigne, comme à la suite de Pascal on met Nicole, — comme autrefois on mettait à côté de La Rochefoucauld M. Esprit qu'on fait bien de ne plus y mettre (1).

(1) Je cherche à réunir sur Charron et autour de Charron, sur lequel je ne reviendrai pas, tout ce que m'ont pu suggérer les lectures réitérées que j'ai eu à en faire dans mes jours d'enseignement. Il paraît qu'il avait été dans un temps le confesseur de la reine Marguerite, un confesseur commode, lorsqu'elle habitait dans le Midi. Il lui avait présenté le jeune Scipion Du Pleix, qui devint dans sa vieillesse un auteur si encroûté et si suranné. A propos de certaines locutions de la langue française, à l'article *faire croire* ou *faire accroire*, Scipion Du Pleix, dans sa polémique contre les novateurs, disait : « Il me souvient que René Charron, Parisien (que j'ai connu familièrement en ma jeunesse, lui étant théologal à Condom), homme plus signalé par la pureté de son style que par celle de sa croyance, rejetait et condamnait ce verbe *accroire* et disait toujours *faire croire*. Je ne voudrais pas pourtant l'imiter en cela, non plus qu'en ses mœurs et en sa doctrine. » Quoi qu'il en soit, Charron continuera d'offrir un problème psychologique et biographique, non entièrement résolu. C'est singulier, un homme qui va être sceptique et prudent, l'un des précepteurs les plus autorisés de l'école de la prudhomie et de la raison, et qui veut se faire chartreux à quarante-sept ans, et qui, à quarante-huit, n'est pas encore guéri, dans ses prédications, des chaleurs et des entraînements populaires ! On a beau admettre toutes les formes de maturité et d'expérience ; on a beau se dire que Charron était un de ces esprits à qui il n'est pas donné de faire leur initiation par eux-mêmes, de se donner l'impulsion, qui l'attendent d'autrui, mais qui n'ont besoin que de ce premier mouvement, de cette chiquenaude du voisin, pour prendre leur assiette et arriver à la pleine possession de leur pensée ; on a beau se donner cette explication, il reste un coin d'obscurité et d'incertitude. Enfin, pour mieux séparer encore Charron de Montaigne, dans l'impression

que font aujourd'hui leurs écrits, je ne crois pouvoir mieux faire que de donner le témoignage d'un illustre étranger sur Montaigne, Jean de Muller. Ce témoignage moins connu que d'autres a cela de particulier qu'il porte précisément sur le charme de la manière de Montaigne, en ce qu'elle a de plus opposé à la méthode de Charron : « Dans mon innocente et fortunée solitude, écrivait Jean de Muller (1784-1785), je travaille dix ou onze heures par jour à mon livre (sa grande Histoire helvétique); vient ensuite une heure donnée à la correspondance, le reste à la société; ma société du matin, c'est Moïse ou Paul, celle du soir Cicéron, Métastase et Montaigne; parfois, quand l'horizon se trouble, vient un certain ami bien cher qui ne me quitte guère, nommé Horace; il me dit : « *Deme supercilio nubem...* » Et à son frère, dans une lettre du 4 décembre 1788 : « Je te conseille de composer souvent; cela est indispensable à un esprit comme le tien; écris tes pensées sur les choses, les livres, les hommes; qu'il sorte de là une collection *à la Montaigne*. Ne t'inquiète de rien que de la vérité : que ce ne soit pas un système dont le poids et les chaînes accablent l'esprit, mais des enfants de l'amour nés dans des heures pastorales, pour toi, pour nous, pour tes amis, pour le monde. » Et encore : « Après cela, précisément dans l'intérêt de ma santé, je relis le sage Montaigne, comme on prend un calmant; il est si serein, si spirituel, si content ! Il répand une teinte si bienfaisante sur toutes les affaires de la vie ! Sa sagacité n'a pas de quoi nous étonner : l'œil que rien ne trouble n'a pas de peine à voir clair. Quelle éloquence parfois unie à l'aménité d'Horace ! Tâchons comme lui de glisser doucement sur le fleuve du temps; arrêtons-nous près des rives fleuries, et souvenons-nous pendant la tempête que le terme de notre course est aux Iles Fortunées où *meminisse jurabit*. Montaigne aussi vit son pays déchiré, et plus cruellement que le nôtre, et pourtant il vécut (*pas tout à fait*) jusqu'aux jours du bon Henri, qui ferma les plaies de la patrie. » (Lettre du 3 juillet 1799.) — Ce sont là de ces choses dont la lecture de Charron ne donnera jamais l'idée et qu'inspire, que renouvelle d'âge en âge le commerce familier des seuls génies immortels.

Lundi, 9 janvier 1855.

INSTRUCTION GÉNÉRALE

SUR

L'EXÉCUTION DU PLAN D'ÉTUDES DES LYCÉES

ADRESSÉE A MM. LES RECTEURS

PAR M. FORTOUL

Ministre de l'instruction publique.

Cette *Instruction*, datée du 15 novembre dernier, et qui présente tout un Plan détaillé d'études, a pour objet de rendre de plus en plus faciles et praticables les règlements qui, depuis deux ans déjà, ont renouvelé les méthodes de l'enseignement dans les colléges ou lycées. Cette réforme, étant une des choses les plus considérables qu'on ait tentées depuis longtemps dans l'éducation de la jeunesse, et devant avoir l'influence la plus directe et la plus profonde sur l'avenir de la société, mérite d'être exposée dans son esprit, et je tâcherai de le faire en dégageant cet examen de tout ce qui pourrait le masquer ou l'embarrasser, et sans y rien mêler qui puisse paraître injuste envers personne.

Chacun sait et voit chaque jour plus nettement ce que c'est que la société moderne, et les devoirs laborieux qu'elle impose à chacun presque au sortir de l'enfance. Très-peu de jeunes gens, et cela est heureux, peuvent se passer d'un état, d'une profession ; ceux même qui le pourraient sentent de bonne heure (ou les familles le sentent pour eux) qu'ils doivent faire comme s'ils en avaient besoin. Mais quel état choisir ? Toutes les carrières sont ouvertes à tous, et une ambition, louable dans son principe quand elle n'est pas trop en disproportion avec les moyens et qu'elle s'appuie sur d'honnêtes efforts, porte chacun à se pousser, à s'élever, ou du moins à pousser les siens et à porter ses enfants là où l'on n'a pas atteint soi-même : de là bientôt un concours de tous dans les mêmes voies d'études et vers un petit nombre de professions plus particulièrement en estime ; de là l'encombrement de quelques carrières. De longues années de paix avaient produit cet inconvénient au plus haut degré. Les hommes éminents et zélés qui avaient présidé à l'Instruction publique pendant ces années, d'ailleurs florissantes, n'avaient pas été sans songer à l'inconvénient et sans prévoir le danger. On avait cherché à diminuer le nombre croissant des candidats aux carrières dites libérales, en n'admettant que les seuls d'entre eux vraiment capables ; les épreuves imposées étaient devenues plus sérieuses, plus difficiles : on faisait la barrière plus haute, pour que tous indifféremment ne pussent la franchir. Mais, d'une autre part, ce besoin d'un état n'était pas distinct, chez un grand nombre, de la poursuite d'un emploi, d'une place ; et de ce côté, la presse et l'encombrement aussi se produisant, on avait dû établir des conditions, des difficultés, une sorte de barrière : des certificats d'études, des diplômes littéraires étaient exigés pour l'entrée et pour les moindres emplois dans les administrations ; et ces diplômes, souvent en disproportion avec le but nouveau de la carrière, devenaient, dans bien des cas, un obstacle. L'Université, dirigée par des chefs illustres, peuplée de maîtres habiles, ne laissait rien à désirer pour la solidité et l'éclat des études littéraires classiques ; les hautes sciences trouvaient aussi toute satisfaction en elle. Pourtant, dans une société où l'industrie, et les arts dont elle dispose, gagnaient de plus en plus et pénétraient la vie ; où les sciences physiques, dans leurs mille applications, se partageaient le monde; où mille voies légitimes étaient offertes à l'activité et à l'intelligence humaine, il était difficile (chose singulière !) et quelquefois pénible de faire un choix. En France, le principe de l'émulation, ou, si l'on veut, l'aiguillon de l'égalité, est puissant; on ne veut pas être moins prisé qu'un autre, on n'aime à se donner à soi-même le certificat d'aucune infériorité. Avec une intelligence forte et un travail vigoureux, on pouvait sans doute tenir le grand chemin, parcourir la route entière des études classiques, et au plus vite, en toute hâte, se diriger encore à temps, si l'on en avait la volonté, vers les études spéciales, mathématiques et autres, qui ouvraient l'entrée des grandes écoles savantes ; mais la question alors était *Tout ou rien*, et un faux pas au terme faisait échouer. Il était fâcheux, il le devenait de plus en plus, que, sans déroger, sans déchoir, on ne pût à un certain moment, et tout en participant dans une juste mesure à la culture réputée la plus noble et la plus délicate, se diriger vers les connaissances précises dont on devait faire le principal de son fonds social et son instrument de travail et de vie. Il fallait, pour devenir un homme utile dans les carrières du haut commerce et de l'industrie, être ouvertement un transfuge des écoles de Rome et de la Grèce. Bien des jeunes gens s'en fussent accommodés encore ; les familles, elles, ne s'en accommodaient pas autant, et l'on maintenait jusqu'au bout, dans une voie d'études trop souvent suivies à contre-cœur, des intelligences sans vocation qui s'y traînaient et n'y marchaient pas.

Et ceux même que des dispositions heureuses engageaient avec succès dans cette voie des belles études classiques, et plus tard des professions dites libérales, il n'était pas sans inconvénient pour eux (quand ils voulaient être avocats, par exemple, magistrats, et non médecins) qu'ils pussent à la rigueur ignorer, toute leur vie, tant de choses qui sont devenues d'une utilité journalière, d'une pratique si familière et si indispensable. Je sais bien que Socrate, en son temps, se détournait des sophistes, des prétendus sages qui raisonnaient à perte de vue sur le principe des choses, sur les vents, les eaux, les saisons ; Socrate avait raison de se passer de la mauvaise physique de son temps, de ses hypothèses ambitieuses et prématurées, pour ne s'occuper que de l'homme intérieur et lui prêcher le fameux *Connais-toi toi-même*. « C'est une grande simplesse, a dit Montaigne tout socratique en ce point, d'apprendre à nos enfants *Quid moveant Pisces…*, la science des astres et le mouvement de la huitième sphère, avant les leurs propres. » A cela je répondrai encore que Montaigne n'avait pas tort de préférer de beaucoup l'étude morale à celle d'une astronomie compliquée et en partie fausse. Mais aujourd'hui il ne s'agit de rien sacrifier, car une science véritable est née, elle est désormais organisée avec ses méthodes évidentes et sûres, la science de Galilée, de Pascal, de Descartes, de Newton, celle de Harvey, de Franklin, de Lavoisier, de Cuvier. L'observation et l'expérience en sont le point de départ et le contrôle permanent ; l'induction et le raisonnement s'y mêlent avec plus ou moins de précaution ou de certitude, selon la nature des objets et l'ordre des faits. C'est donc une autre étude à associer à l'étude de Socrate, et une étude qui ne la contrarie pas, mais qui plutôt conspire amicalement avec elle, dans des traces voisines de sagesse et de lumière.

Qu'on veuille bien se rendre compte de l'état réel du

monde et du milieu de société où nous vivons. La science de tous côtés nous invite et nous entoure de ses spectacles ou de ses effets, qui ne peuvent plus être pour nous des mystères. — Nous savons la géographie de notre globe. Regardons en haut : comment se fait-il que nous ignorions si aisément ce qu'on peut appeler la géographie des cieux ? — Mais ceci est de tous les temps : ce qui est plus particulièrement du nôtre, c'est l'application perpétuelle de la science à tout ce qui améliore et perfectionne la vie : l'éclairage, le chauffage de nos maisons, cette eau qui d'elle-même monte à tous les étages, ces jeux de lumière et de soleil où se peignent comme magiquement nos portraits, ces nouvelles rapides que nous recevons d'une santé chérie avec la vitesse de la foudre, cette vapeur furieuse et soumise qui nous emporte presque au gré de la pensée, tout cela nous pose à chaque instant des problèmes que la paresse seule de l'esprit pourrait ne pas agiter et ne pas s'inquiéter de résoudre. Or, dans ces matières, pour ne point se payer de mots, il faut savoir les éléments de la science, de plus d'une science, et nous voilà bon gré mal gré embarqués. Quoi ? à quinze ans ou à dix-huit, vous comprendriez Virgile, Homère et Tacite, et vous ne sauriez point ces choses qui de toutes parts viennent piquer votre curiosité et tenter vos yeux ! Il n'y aurait qu'un sauvage qui serait plus indolent que vous.

Mais vous préférez le monde moral, la pensée, l'expression d'un sentiment. Il s'agit bien de vos goûts et de vos préférences ! Jouissez-en, faites en jouir ceux qui vous entourent, si vous excellez à les exprimer ; mais ne les imposez point là où ils sont hors de leur sphère, et lorsque surtout il n'est point question de les étouffer, mais seulement d'y adjoindre ce qui est la loi du temps.

Combien de fois, dans ces luttes parlementaires où la

question de l'enseignement public moderne se débattait, les esprits impartiaux n'étaient-ils point partagés et ne souffraient-ils pas? M. Arago soutenait une thèse, celle des sciences contre les langues anciennes savantes : tant qu'il parlait science il avait raison, et il ne devenait choquant que lorsqu'il attaquait à outrance ce qu'il eût suffi de circonscrire et de limiter. M. Saint-Marc Girardin défendait les études classiques avec l'autorité qu'il a et la grâce qu'il y savait mettre : notre cœur à nous qui sommes plutôt du vieux monde, était pour lui ; et pourtant notre raison, notre bon sens reconnaissait qu'il y avait du vrai dans les assertions positives du savant qui voulait faire brèche, et qui représentait toute une race vigoureuse d'esprits.

Il y avait danger, si la question était restée longtemps encore à l'état de conflit et de lutte. Une révolution politique survenant (en 1848), on avait pu craindre que l'enceinte classique du temple ne fût envahie et comme emportée d'assaut. En ces sortes de moments on tient peu de compte des nuances, et on est plus tenté de supprimer que de concilier. Je voudrais bien établir la difficulté telle qu'elle était réellement, en la dégageant des accessoires, et en la posant dans ses termes les plus nets, et, s'il le faut, un peu grossis.

L'éducation en France devait-elle être maintenue la même au fond, dans les mêmes principes et la même voie que du temps du bon Rollin ?

Devait-elle être modifiée, et plus que modifiée, renouvelée de fond en comble et sur d'autres bases, comme l'exigeaient des savants distingués, et (en laissan M. Arago de côté), comme le demandait déjà en son temps Franklin ?

Franklin, ce me semble, est un nom qui peut s'opposer avec avantage et sans défaveur à celui de Rollin ou de Quintilien. Or, tout en s'occupant, il est vrai, de l'Amérique, mais en pensant aussi beaucoup à l'Europe, Franklin a porté les jugements les plus irrévérencieux et les plus moqueurs sur le système d'éducation qui continuait de prévaloir sous ses yeux. Il avait l'habitude de s'exprimer à ce sujet sous la forme, à lui si familière, de l'apologue, et il disait :

« Il y a dans l'humanité un inexplicable préjugé en faveur des anciennes coutumes et habitudes, qui dispose à les continuer même après que les circonstances qui les avaient rendues utiles ont cessé d'exister. J'en pourrais citer mille exemples, mais un seul me suffira. Il y eut un temps où l'on pensa que les chapeaux étaient une partie utile du costume ; ils tenaient chaud à la tête et la protégeaient contre les rayons du soleil, contre la pluie, la neige, la grêle, etc. — Quoique, pour le dire en passant, ce ne soit pas le plus ancien usage ; car parmi les restes sans nombre de l'Antiquité, bustes, statues, bas-reliefs, médailles, on ne voit jamais que la figure humaine soit représentée avec un chapeau ni rien qui y ressemble, à moins que ce ne soit une tête de soldat, laquelle alors a un casque ; et ce n'est point, évidemment, comme faisant partie du costume ordinaire, mais comme protection contre les chocs du combat.

« Quoi qu'il en soit, nous ne savons pas, continue ironiquement Franklin, à quelle époque les chapeaux furent, pour la première fois, introduits, mais dans le dernier siècle ils étaient généralement en usage par toute l'Europe. Peu à peu cependant, à mesure que la mode des perruques et celle des coiffures élégantes prévalut, les gens comme il faut perdirent l'habitude de mettre leur chapeau pour ne point déranger l'édifice artificiel ou la poudre de leur chevelure ; les parapluies commencèrent à faire l'office du chapeau ; cependant on a continué de considérer celui-ci comme une part si essentielle de la toilette, qu'un homme du monde n'est point censé habillé sans en avoir un ou quelque chose d'approchant, qu'il porte sous le bras ; si bien qu'il y a quantité de gens polis dans toutes les Cours et les capitales d'Europe qui n'ont jamais, eux ni leurs pères, porté un chapeau autrement que *sous le bras*, quoique l'utilité d'une telle mode ne soit aucunement évidente, et que ce soit même très-gênant.

« Or la coutume qui prévaut d'avoir des écoles où, de nos jours, l'on enseigne indistinctement à tous nos enfants les langues grecque et latine, je ne la considère pas sous un autre point de vue que comme le *chapeau sous le bras* de la moderne littérature. »

La forme est assez fine, ainsi qu'on doit l'attendre de

Franklin ; le fond est d'une crudité et d'un radicalisme qui égale tout ce que nous avons pu entendre à ce sujet. Franklin tenait tant à cette idée, qu'il l'exprimait toutes les fois que l'occasion s'en présentait, en variant légèrement son apologue (1). Jamais, je l'espère bien, une telle négation du passé n'eût pu prendre et réussir absolument en France, dans cette France où le génie littéraire a sa patrie, où la tradition du talent a ses autels, où le sentiment de la beauté latine et de la grandeur romaine a passé si profondément dans notre veine nationale et dans nos propres origines. Toutefois, je confesse ma crainte : si Franklin et son système s'étaient trouvés nettement en face de Rollin et de sa religion des Anciens, s'il y avait eu guerre ouverte et dé-

(1) C'est à propos de l'Académie de Philadelphie dont il était l'un des principaux fondateurs, et qui avait dévié de sa destination première en admettant dans une trop forte proportion l'enseignement du grec et du latin, que Franklin dans sa vieillesse exprimait de la sorte son opposition à l'envahissement prolongé des langues savantes et à la part disproportionnée qu'elles prenaient dans l'éducation de ceux qui devaient avoir, toute leur vie, autre chose à faire. Il disait encore « que lorsque l'usage de porter de larges manches ou parements avec des boutons avait commencé, il y avait à cela une raison : les parements pouvaient être rabattus sur les mains, et les préserver ainsi de l'humidité et du froid. Mais les gants devinrent de mode, et les larges parements se trouvèrent inutiles : ce qui n'empêcha point qu'on ne les conservât. Ainsi tout de même des chapeaux à cornes : le large bord, quand il était rabattu, garantissait de la pluie et du soleil. On en vint à se servir des parapluies, et cependant l'usage prévalut de garder cette forme de chapeaux, quoiqu'elle fût plus incommode qu'utile. C'est justement ce qui était arrivé pour le latin. Lorsque presque tous les livres en Europe étaient écrits en cette langue, l'étude en était essentielle dans tout système d'éducation ; mais maintenant on en a rarement besoin si ce n'est comme luxe et agrément, puisqu'il a partout cédé la place, comme véhicule de pensée et de connaissances, à quelqu'une des langues modernes. » — Franklin est un homme qui a tant de perspicacité et qui est tellement doué de l'instinct et du sentiment des temps modernes, que j'ai cru que son opinion, même paradoxale, méritait d'être rappelée avec toutes ses variantes et dans toute son étendue.

clarée entre eux, je ne sais comment le bon recteur se serait défendu en définitive ; comment il aurait maintenu l'utilité sociale et perpétuelle de sa méthode, comment il aurait fait pour persuader qu'il avait suffisamment de quoi pourvoir à toutes les nécessités du monde réel et de la vie moderne. Certes le physicien de Philadelphie, même en n'ayant pas raison sur tous les points, aurait eu beau jeu à triompher en public de celui que toutes ses nobles études n'empêchèrent pas d'assister aux convulsions et de croire aux miracles du cimetière de Saint-Médard.

Grâce à Dieu, l'alternative ne s'est jamais posée dans des termes si impérieux, si pressants ; et ce sera l'honneur du Gouvernement actuel et de son impartiale sagesse (1), c'est en particulier le service éminent qu'aura

(1) Au tome III (1848) des OEuvres de Louis-Napoléon Bonaparte, on lit (page 13) une lettre du prince datée de décembre 1842 et adressée à M. Thayer pour être communiquée à M. Arago. Après quelques idées et souvenirs personnels relatifs aux études mathématiques de l'empereur Napoléon : « Permettez-moi de terminer par un dernier aperçu philosophique, dit le prince. Les grands hommes ont toujours une grande influence sur les générations qui les suivent, quoique cette influence soit souvent niée et combattue. C'est ainsi que l'influence de Charlemagne s'est fait sentir pendant plusieurs siècles, et que même aujourd'hui l'éducation de la jeunesse obéit encore à l'impulsion donnée par ce grand homme. A l'époque où le Christianisme s'élevait avec les Barbares au-dessus de l'Empire romain, l'Église était le flambeau de la science, l'espoir de la civilisation. Par elle seule, il était possible d'adoucir les mœurs et de discipliner les hommes d'armes. Charlemagne se servit de son prestige, la rappela à la sévérité de ses principes et lui donna une grande prépondérance. Pour arriver à elle, qui régnait encore et à Constantinople et à Rome, il fallait savoir le grec et le latin ; ces deux langues étaient donc la base de toute science, le chemin obligatoire par où l'on devait passer pour arriver de l'ignorance au savoir, de la barbarie à la civilisation. Eh bien ! quoique notre état social ait complètement changé depuis mille ans, quoique les portes de la science aient été enfoncées par les laïques, c'était encore, il y a cinquante ans, la méthode ecclésiastique que l'on suivait dans l'éducation, et il fallait une révolution comme celle de 89 et un homme comme Napoléon pour élever

rendu M. le ministre de l'Instruction publique, d'avoir arrêté à temps le choc, d'avoir amené la conciliation avant que le duel s'envenimât. Lumières antiques et lumières modernes, voilà ce qu'il importait plus que jamais d'assembler, de graduer selon une méthode amie, et d'enseigner ouvertement dans un juste concert. Le temps seul peut confirmer et louer dignement des réformes de ce genre : je ne veux que reconnaître et signaler l'effort, l'attention ingénieuse et vigilante, la compréhension étendue et flexible, la sollicitude patiente qui témoigne d'une véritable piété pour toute connaissance humaine et divine, et d'un intérêt affectueux pour la jeunesse.

Il n'est personne qui, après avoir lu l'*Instruction* pré-

---

au-dessus des langues mortes les sciences physiques et mathématiques qui doivent être le but de notre société actuelle, car elles forment des travailleurs au lieu de créer des oisifs.

« En politique, comme en éducation, *remplacer* l'édifice de Charlemagne, telle était la mission de l'Empereur ; mais le temps lui a manqué en cela comme en toute chose. Et n'est-ce pas inconcevable de voir encore aujourd'hui qu'on exige un examen de latin pour entrer aux écoles Polytechnique et militaires ? Du latin au dix-neuvième siècle, pour apprendre à construire des navires de guerre ou des places fortes ! du latin pour apprendre à lancer des boulets, ou pour appliquer dans les arts les sciences chimiques et mécaniques !

« C'est en faisant ces rapprochements qu'on acquiert la triste conviction que des esprits même élevés sont souvent esclaves des préjugés et de la routine. Les habitudes les plus futiles et les plus inutiles ont d'immenses racines dans le passé, et, quoique de prime-abord il semble qu'il suffise d'un souffle pour les détruire, elles résistent souvent et aux convulsions des sociétés, et aux efforts d'un grand homme. »

Cette opinion personnelle du prince, qu'on vient de voir si formellement exprimée, étant telle et si en accord avec celle de Franklin, il est plus facile encore d'apprécier la haute impartialité que le même prince devenu empereur, et pouvant tout, a apportée dans la solution pratique, et combien il s'est montré l'homme de son nouveau rôle et de sa destinée publique, lorsque, dans l'œuvre de conciliation, il a laissé faire une si large part à l'opinion opposée.

sente, puisse refuser ces qualités à M. Fortoul. Parcourant dans le plus grand détail le cercle entier des études, depuis les classes les plus humbles jusqu'à celles de rhétorique et de logique, il s'attache à exposer dans quel esprit, dans quelle mesure chaque ordre d'enseignement doit être dirigé et distribué. Dans des matières si diverses et où les particularités en apparence les plus minutieuses ne sauraient être négligées, le ministre a dû s'autoriser et s'aider (et il se plaît à le reconnaître) des rapports et des souvenirs de MM. les inspecteurs généraux ; il a joint les fruits de leur pratique à la sienne propre et à sa riche expérience universitaire. Parmi ces inspecteurs généraux dont le tribut s'est versé et fondu si utilement dans la nouvelle *Instruction*, il est impossible de ne pas rappeler des hommes tels que MM. Dumas et Le Verrier, Brongniart et Bérard dans l'ordre des sciences. M. Nisard a rendu témoignage pour les lettres, M. l'abbé Noirot pour la philosophie. Les classes de grammaire ont eu pour explorateurs assidus et précis MM. Alexandre et Dutrey. M. Ravaisson, dont l'esprit métaphysique est si ami des arts, a apporté des vues sur l'enseignement du dessin. Muni de tous ces éléments sûrs d'appréciation et les coordonnant dans un esprit d'unité, avec intérêt et lumière, M. Fortoul a présenté aux maîtres en chaque branche une idée nette du genre de services qu'on attend d'eux, et, qui plus est, comme un spécimen et un modèle de la classe même qu'ils ont à faire, avec tout ce qui doit y entrer. Des juges, d'ailleurs équitables, ont cru trouver trop de régularité et de mécanisme dans l'indication stricte des heures, des minutes consacrées à chaque portion des devoirs dans les classes ; mais il semble qu'en se représentant avec une précision si parfaite les exercices de chaque groupe successivement, le ministre ait voulu ne pas s'en tenir à une idée prise de loin et de haut, comme cela est trop ordinaire ; qu'il ait voulu communiquer aux maîtres le sentiment de l'importance qu'il met à un parfait accord entre les facultés diverses. Cette omniprésence de la pensée supérieure sur tous les points de l'organisation, à une époque de réforme et de création récente, est bien plutôt propre à vivifier les ressorts qu'à les ralentir et à les gêner.

Et puis, ne l'oublions pas, nous qui datons d'un autre âge, nous avons pu être élevés dans un esprit un peu différent, sans que cet esprit (qui nous a réussi, je le veux bien croire) doive être constamment appliqué dans sa forme première et doive faire loi. Les générations, en se succédant, ont leur courant général tracé en plus d'un sens et leur souffle divers. Sous le précédent Empire, il y a près de cinquante ans déjà, lorsque l'Université eut sa fondation et sa renaissance, bien des débris vivaient encore, bien des germes fermentaient qu'il suffisait de rapprocher et de mettre en contact pour qu'il en sortît des productions variées et puissantes. Une longue et forte culture s'en est suivie, où tout n'a pas été parfaitement sage et sain sans doute, mais où, avec quelque hasard, il y a eu bien de la spontanéité féconde et du noble éclat. Ceux qui sont venus un peu plus tard ont encore hérité de ce mouvement et de cette impulsion antérieure, et ils en aiment le souvenir. Il faut toutefois reconnaître que le genre d'ardeur qui animait les générations de ce temps-là est depuis longtemps épuisé, et que tout le bien ou même le mal qu'on en pouvait attendre en est sorti. Le monde a changé de tour et de manière de voir ; il est devenu positif, comme on dit : je le répète sans idée de blâme : car, si par *positif* on entend disposé à tenir compte avant tout des faits, y compris même les intérêts, — disposé à ne pas donner à la théorie le pas sur l'expérience. — disposé à l'étude patiente avant la généralisation empressée et brillante, — disposé au travail et même à la discipline plutôt que tourné à la fougue sonore et au rêve ; si par *positif* on entend toutes ces choses et d'autres qui peuvent devenir d'essentielles qualités, au milieu de tout ce que laisserait de regrettable l'espèce des qualités et des défauts contraires, il y aurait encore de quoi se raffermir et se consoler. Mais, regret ou non, il en faut prendre son parti, et, comme l'a dit il y a longtemps Euripide (c'est bien lui en effet qui l'a dit, et non pas un autre) : « Il n'y a pas à se fâcher contre les choses, car cela ne leur fait rien du tout (1). » L'esprit des générations a donc changé, c'est un fait ; elles sont devenues peut-être plus capables d'une direction précise et appropriée ; elles en ont plus besoin aussi, et il me semble que la pensée qui a présidé à l'*Instruction* présente et qui s'y diversifie en nombreuses applications est de nature à convenir à ces générations nouvelles, à soutenir, à développer leur bon sens, leurs qualités intelligentes et solides, à tirer le meilleur parti de leur faculté de travail, à les préparer sans illusion, mais sans faiblesse, pour la société telle qu'elle est faite, pour le monde physique tel qu'elles ont à le connaître et à le posséder : — et tout cela en respectant le plus possible la partie délicate à côté de l'utile, et en laissant aussi debout que jamais ces antiques images du beau, impérissables et toujours vivantes pour qui sait les adorer.

(1) En rappelant ce mot dans un autre article (celui des *Regrets*, au tome VI de ces *Causeries*), je l'avais attribué à tort à madame de Staël : il lui ressemble en effet, il est spirituel, il avait cours dans son monde ; mais il n'était ni d'elle ni de Turgot, à qui je vois qu'on l'a aussi attribué : il est purement et simplement d'Euripide, cité par Stobée (titre 54) :

Τοῖς πράγμασιν γὰρ οὐχὶ θυμοῦσθαι χρεών,
Μέλει γὰρ αὐτοῖς οὐδέν.

Et c'est ici que la reconnaissance des amis des lettres et des études classiques est due à M. Fortoul pour le ménagement habile et tout affectueux qu'il a su garder. Lui-même né et sorti des lettres, il n'aurait pu leur faire la moindre injure sans manquer à son passé ; il a donc, dans une combinaison qui est son œuvre, concilié son culte pour elles, le culte de la tradition, avec la part légitime que réclamaient des sœurs rivales, et qui, si elles n'étaient admises, allaient devenir impérieuses. Il a fait taire la querelle, a mis l'union en pratique, en a confié les bienfaits au temps (et le temps de nos jours est rapide) : pour employer des noms déjà cités et qui nous aident à figurer le résultat, il a donné satisfaction à Franklin sans faire réellement tort à Rollin (1).

Il serait difficile de rien extraire ici d'un travail qui s'adresse particulièrement aux gens du métier; dont tous les articles, développés avec un soin égal, sont destinés à l'application, et où rien n'est donné à l'effet. Cependant je regretterais de ne point citer quelque chose de la partie neuve et qui m'a le plus intéressé, de celle qui traite de l'introduction régulière des sciences (géométrie, cosmographie, chimie, physique) dans les classes des lettres, dans la division supérieure, c'est-à-dire à partir de la troisième jusqu'à la rhétorique. Les personnes qui avaient pu s'effaroucher d'abord en craignant que ces études sérieuses trop multipliées ne vinssent peser sur l'esprit de la jeunesse et l'accabler tristement, devront se rassurer en voyant le sens et la

---

(1) M. Fortoul est mort subitement à Ems, le 7 juillet 1856, et l'on peut dire qu'en disparaissant si tôt, il a laissé son idée orpheline. Il ne lui a pas été donné de la suivre dans son application et de la perfectionner. Aussitôt après sa mort, il y a eu réaction de la part des préjugés intéressés, et la routine a repris ses avantages. D'autres ministres ont succédé, qui ont tenu peu de compte de leur prédécesseur. De cette succession de médecins à vues diverses, il résulte finalement que l'instruction publique laïque est assez malade en France (1867).

proportion dans lesquels elles sont enseignées. Je dirai qu'à les présenter comme on le fait, ces études sont bien plutôt propres à éclairer l'esprit et à le remplir de notions vives et d'agréables lumières. *Apprendre peu, mais bien*, c'est la règle. Ne pas pousser ces premiers cours au delà des notions désormais indispensables à tout homme éclairé, mais donner à ces notions toute leur netteté et leur application usuelle, c'est la recommandation expressément faite aux professeurs. Et pour la chimie, par exemple, telle que doivent l'apprendre les élèves de la section littéraire, en seconde et en rhétorique, laissons parler le programme :

« Après ces premiers pas (les premières définitions et notions données en troisième), les études se spécialisent ; mais qu'on se garde d'aller trop loin. Il est vrai que l'enseignement de la chimie devient plus complet en seconde et en rhétorique, mais le programme serait mal interprété, si, abusant de son étendue, on en profitait pour entrer dans des développements qui ne sont pas faits pour les classes de nos lycées.

« Avant Lavoisier, la chimie minérale, déjà explorée, offrait une multitude de sentiers et de labyrinthes dont son génie a saisi les rapports et tracé le plan. Bientôt l'accès en est devenu facile aux commençants eux-mêmes, par la découverte de cette nomenclature précise comme l'algèbre, pure et sonore comme une langue antique, qu'on aime à entendre appeler la nomenclature française. Voilà le champ d'études assigné à l'enseignement des lycées.

« Conservons-lui sa prudente réserve ; qu'il embrasse tout ce qui est classique, mais qu'il s'y renferme ! Qu'il ne se hâte pas de répudier cette belle méthode, ce beau langage, qui ont fait de la chimie française une école de logique pratique, en même temps qu'elle est l'interprète le plus sûr de la philosophie naturelle, le moyen d'analyse le plus puissant dans la discussion des procédés des arts !...

« Si, en sortant du lycée, les jeunes gens ont conservé une notion précise et durable de la nature et des propriétés de quelques corps d'un intérêt universel, comme l'air, l'eau, les métaux usuels, les acides, les alcalis et les sels les plus communs ; si les phénomènes de la combustion, ceux de la respiration et de la nutrition des plantes, ceux de la respiration et de la nutrition des animaux, ont été soigneusement étudiés devant eux, l'enseignement de la chimie aura atteint son but.

« Mieux vaut restreindre ces études aux grands objets et y faire pénétrer d'une main sûre la jeunesse de nos lycées, que de les étendre hors de propos sur des détails qu'aucun lien logique ne rattache au plan général...

« Aussi, les professeurs des lycées, convaincus que leur mission n'est pas de former quelques chimistes, mais bien de faire circuler dans la masse même de la nation les connaissances chimiques les plus générales et les plus utiles, ne s'étonneront pas d'avoir à revenir trois fois, en trois ans, sur l'exposition des principes.

« Ces principes, ces notions générales, tout homme bien élevé doit les posséder, les conserver toute sa vie. Il faut donc les épurer, les simplifier, les éclairer sous tous leurs aspects d'une lumière si vive, que, dans le jeune auditoire, aucune intelligence ne puisse rester rebelle au sentiment de ces grandes vérités.

« Rien de plus propre à conduire à ce but désirable que des expériences bien choisies, exécutées et discutées avec attention...

« On ne saurait trop le répéter aux professeurs : Bornez votre enseignement ; loin de vous engager par delà le programme, restez en deçà plutôt. Mais quand vous faites une expérience fondamentale, analysez-en les conditions essentielles avec soin ; faites-en bien ressortir les conséquences immédiates. Quand vous exposez un sujet d'un intérêt général, résumez-en l'histoire ; rendez ainsi familière la logique des inventeurs ; apprenez à vos élèves à connaître et à vénérer les noms des hommes illustres qui ont créé la science. Défiez-vous des exposés abstraits...

« Ce sont les faits qui ont servi de point de départ à toutes les découvertes de la chimie ; ce sont les faits qui la guideront encore dans l'avenir. Sa logique est là, non pas ailleurs...

« Tout ce qui tend à confondre l'étude des sciences physiques avec les observations et les notions de la vie commune, doit être saisi avec empressement. L'élève s'accoutume par là à raisonner ses impressions, à classer ses remarques, à les préciser. Il acquiert pour toute la vie l'habitude de raisonner en chimiste, au lieu de se borner à savoir par cœur, pour quelques mois, le texte de son cours...

« Aussi, pour la parfaite exécution du nouveau plan d'études, les professeurs trouveront-ils bien plus de profit à préparer leur leçon dans le laboratoire même, au milieu des appareils, en prenant part à la disposition matérielle des expériences, qu'à l'étudier dans leur cabinet, abstraction faite des objets qu'ils vont avoir à manier et à faire passer sous les yeux des élèves. Car c'est dans la nature, bien plus que dans les livres, qu'il faut chercher des inspirations pour un enseignement qui doit demeurer élémentaire, pratique et toujours approprié aux intelligences moyennes...

« A mesure que l'enseignement se fortifie, on peut donner aux exercices un caractère plus profitable : poser aux élèves des problèmes numériques et en faire contrôler la solution de temps en temps... Par quelques exercices de ce genre, les jeunes gens apprennent bientôt à calculer, à peser, à mesurer, et on leur inspire le goût de l'expérience avec la confiance dans ses enseignements.

« Le professeur ne négligera pas de résoudre devant eux les petits problèmes d'analyse que la leçon comporte, surtout lorsqu'il s'agit de substances d'un emploi commun. Mises à leur place, ces notions entrent sans fatigue dans l'esprit des élèves, trouvent plus tard dans la vie leurs applications, et contribuent au plus haut degré à donner à l'enseignement de la chimie son véritable caractère.

« Enfin, dans chaque lycée, on mettra à profit les ressources de la localité pour fournir aux élèves des occasions d'étude dans les ateliers ou manufactures de l'industrie. Il est rare qu'on ne puisse pas organiser huit à dix promenades par an dans ce but. Le professeur doit conduire lui-même les élèves. Il doit leur fournir les explications dont ils ont besoin, mais les abandonner pourtant à leur curiosité propre, et les accoutumer à recueillir directement des ouvriers les informations dont ils ont besoin.

« Ces promenades sont, de tous les sujets de composition à donner aux élèves, les meilleurs... »

Il me semble qu'il n'y a dans de telles études, entremêlées aux leçons les plus élevées des lettres, rien d'accablant, rien qui émousse le sentiment de l'admiration ni qui jure avec l'idée du beau. Si j'osais faire un rapprochement qui n'est qu'exact, c'est ainsi, dans un livre célèbre, que Ponocrates, devançant le progrès des temps, en agissait avec son élève, et qu'il l'exerçait aux notions pratiques de la vie, tout en le maintenant d'ailleurs en commerce étroit et familier avec les grands auteurs de l'Antiquité, avec Hippocrate comme avec Homère. La lecture de ces pages de l'*Instruction* serait faite, en vérité, pour donner à quelques-uns des disciples purs de Quintilien le regret de n'avoir point été élevés ainsi. Mais encore une fois, il ne s'agit plus d'avoir à opter exclusivement ni de rien sacrifier, et Quintilien, à côté de Lavoisier et des autres maîtres, garde encore sa belle et bonne part.

Pour moi, simple rapporteur et jusqu'ici très-peu juge en ces matières, j'ai été amené naturellement à m'en occuper, au moment où des devoirs nouveaux m'appellent à un enseignement imprévu (1). C'est l'heure aussi où j'ai à me recueillir pour me rendre digne, à mon tour, d'entretenir le feu sacré sur ces hauteurs religieuses de l'Antiquité. Il n'en est point des Anciens comme des Modernes : les Anciens sont des vieillards; on ne les aborde qu'avec révérence et lenteur, il ne convient pas de les brusquer. En remerciant donc les lecteurs qui m'ont suivi jusqu'ici avec tant de bienveillance dans mes excursions toutes modernes, j'ai besoin de leur demander de me laisser pour quelque temps interrompre ces communications habituelles : le jour où je me sentirais en mesure de les reprendre, serait, on peut le croire, un jour heureux pour moi.

(1) Je voulais parler de la chaire de Poésie latine au Collége de France à laquelle je venais d'être nommé, sur la présentation presque unanime du Collége même et de l'Académie des Inscriptions. Mais quand je ne songeais qu'à bien faire dans cette carrière nouvelle, d'autres ne songeaient qu'à m'entraver dès le seuil et à m'ôter la parole, comme ils eussent fait dès longtemps de ma plume, s'ils l'avaient pu. Le travail critique de ces cinq années, qui se trouve recueilli dans ces onze volumes, et dans lequel je crois avoir fait preuve quelquefois de fermeté véridique, n'a pas été étranger à ces démonstrations malveillantes et à cette légère avanie. Il n'est que juste, et c'est mon droit, presque mon orgueil, en terminant ces volumes, d'y rattacher ce qui en a été le remercîment public et la récompense. — J'avais choisi pour sujet du cours Virgile et l'*Énéide*. Le volume intitulé : *Étude sur Virgile*, en est sorti.

───────

C'est ici la fin des premières *Causeries du Lundi* qui, commencées au *Constitutionnel* et continuées sans interruption au *Moniteur*, ont tenu bon chaque semaine pendant cinq années accomplies ; on vient de voir le dernier article de cette série que j'aie donné au *Moniteur*. — Le morceau suivant, sur *Werther*, a été inséré dans la *Revue Contemporaine* en juin 1855, et les autres l'ont été, vers le même temps, dans l'*Athenæum*. Les articles du *Moniteur* recommencent dans le courant du tome XIIe.

WERTHER

CORRESPONDANCE DE GŒTHE ET DE KESTNER

Traduite par M. L. POLEY (1).

Werther est un des livres qui ont eu le plus d'influence et qui ont le plus excité la curiosité publique en tout pays. On en sait maintenant l'histoire, et l'on démêle la double part de vérité et d'invention dont il se compose, presque aussi bien que l'auteur lui-même. Il est vrai que c'est par l'auteur qu'on le sait et de plus par ceux des principaux intéressés qu'il y a fait entrer tout vifs. Ils se sont plaints, ils ont réclamé, on a leurs lettres; l'auteur seul n'aurait pas tout dit : « Préparé à tout ce que l'on pourrait alléguer contre *Werther*, a dit Gœthe en ses Mémoires, je ne me fâchai pas de toutes les contradictions; mais je n'avais pas pensé qu'une souffrance insupportable me serait réservée par es âmes bienveillantes et sympathiques : car au lieu

---

(1) A la librairie de Glaeser, rue Jacob, 9. — M. Poley, anciennement attachée à la légation de Prusse, qui appartient à l'Allemagne par la langue et à la France par un long séjour, a traduit cette *Correspondance* comme il est à souhaiter qu'on fasse toujours pour ces sortes d'ouvrages : ce qui importe en effet, c'est bien moins d'éviter quelques incorrections de style que de conserver la parfaite exactitude et le caractère de l'original : et c'est à quoi M. Poley a réussi.

de me dire d'abord sur mon petit livre quelque chose de non désobligeant, on voulait savoir avant tout ce qu'il y avait de réel dans les faits ; ce que je ne me souciais pas du tout de dire, et je m'en expliquai hautement d'une manière très-peu aimable : car pour répondre à cette question, il m'aurait fallu remettre en pièces l'opuscule auquel j'avais si longtemps pensé pour donner à ses nombreux éléments une unité poétique, et j'aurais dû en détruire la forme de telle sorte que les véritables éléments constitutifs eux-mêmes, là où ils n'auraient pas été complétement anéantis, eussent été au moins défaits et dissous. » — Il se compare encore à l'artiste grec qui composa sa Vénus de traits divers empruntés à diverses beautés ; et c'est ainsi qu'il a fait dans *Werther*, dit-il, tout en y laissant à sa Charlotte le caractère dominant du principal modèle. Quant à nous, aujourd'hui, qui venons de lire la Correspondance de Gœthe avec la vraie Charlotte et avec Kestner son époux, et qui avons en même temps relu *Werther*, il nous semble (pour emprunter aussi une image à la Grèce) que nous pourrions dessiner la ligne sinueuse qui unit l'épaule d'ivoire de Pélops au reste du corps vivant, c'est-à-dire séparer les parties artificielles et factices d'avec celles qui étaient la vérité même. Nous serions étonné si de ce simple exposé il ne ressortait pas pour tous une leçon d'art et de goût. Essayons un peu.

Gœthe, âgé de vingt-trois ans, dans la plénitude et le vague d'un génie qui est à la veille de produire, mais qui hésite encore, le front chargé de nuages et de pensées qui vont en tous sens, le cœur gonflé de sentiments et ne sachant qu'en faire (sera-ce une passion ? sera-ce un poëme ?), Gœthe docteur en droit, beau, noble, aimable, après de fortes et libres études commencées à Leipzig, continuées à Strasbourg, et ayant su résister dans cette dernière ville à l'attraction vers la France, est rappelé à Francfort sa cité natale, et de là il est envoyé par son père à Wetzlar en Hesse pour se perfectionner dans le droit et y étudier la procédure du tribunal de l'Empire; mais en réalité, et sans négliger absolument cette application secondaire, il est surtout occupé de lire Homère, Shakspeare, ou de se porter vers tout autre sujet « selon que son imagination et son cœur le lui inspireront. »

Et en effet, dans cette période d'entreprise encore confuse et de méditation ardente où il se trouvait, il s'était dit, pour un temps, de s'affranchir par l'esprit de tout élément et ascendant étranger, de donner un libre cours à sa faculté intérieure, à ses impulsions et à ses impressions, de se laisser faire naïvement à tous les êtres de la nature, à commencer par l'homme, et d'entrer par là dans une sorte d'harmonie et d'intimité avec tout ce qui vit. En parlant de Gœthe, il faut nous défaire de quelques-unes de nos idées françaises par trop simples, et consentir à nous mettre avec lui dans cet état, pour ainsi dire, d'enthousiasme prémédité, qui ressemble un peu dans l'ordre de la poésie à ce que Descartes a fait dans la sphère philosophique. La préméditation, d'ailleurs, n'était pas aussi nette pour lui dans le moment même qu'elle lui a paru depuis et qu'il nous l'a exprimé lorsqu'il y est revenu avec la supériorité du critique contemplateur dans ses Mémoires. Quoi qu'il en soit, il se fit Werther, ou, si vous aimez mieux, il se laissa être Werther pendant quelques saisons, sans l'être au fond véritablement. Ce n'était qu'une forme de la vie, la forme la plus exaltée et la plus fougueusement expansive qu'il avait à traverser avant d'arriver à l'équilibre définitif et à cette activité sereine qui comprendra tout.

Gœthe était donc à Wetzlar dans l'été de 1772. Après les premiers ennuis de l'installation et un premier coup d'œil peu favorable donné à la ville, il cherche à se distraire par des promenades solitaires dans la charmante vallée de la Lahn ; il emporte avec lui son Homère, l'*Odyssée* qu'il lisait beaucoup alors, tout occupé de revenir à la nature, et il croit voir des tableaux approchants et des idylles dans ce qu'il observe à chaque pas. Les premières lettres de son *Werther* expriment cette disposition enivrée et enchantée avec un feu, une vie, un débordement d'expression que rien n'égale et que lui-même, vieilli, se reconnaissait impuissant à ressaisir : « En vérité, disait-il en écrivant ses Mémoires, le poëte invoquerait vainement aujourd'hui une imagination presque éteinte ; vainement il lui demanderait de décrire en vives couleurs ces relations charmantes qui autrefois lui firent de la vallée qu'arrose la Lahn un séjour si cher. Mais, par bonheur, un Génie ami a depuis longtemps pris ce soin, et l'a excité, dans toute la force de la jeunesse, à fixer un passé tout récent, à le retracer et à le livrer hardiment au public dans le moment opportun : chacun devine qu'il s'agit ici de *Werther*. » Observation bien juste et sentie ! il est des fruits (et ce sont ceux de l'imagination et de la fleur de l'âme), qui ne se cueillent bien qu'à l'heure unique et désirée. Attendez, laissez passer la saison, allez vous figurer qu'ainsi, selon le vieux précepte, vous les laisserez mieux mûrir et que vous saurez les perfectionner en les retardant : erreur et oubli de la fuite rapide des Heures, de ces Heures qui s'appellent aussi les Grâces ! Vous aurez peut-être d'autres fruits, mais vous n'aurez plus les mêmes, et si ce sont ceux d'autrefois que vous voulez après coup cueillir, ils n'auront jamais plus pour vous ni pour d'autres leur duvet, leur saveur et leur parfum.

Werther est le livre et le poëme de sa saison. L'auteur d'abord place exactement son héros dans la disposition où il était lui-même. Werther est artiste; au milieu de toutes ses expansions et ses abandons, il a souci de son talent : en face de cette belle vallée, par une matinée du printemps, il ne songe pas seulement à en jouir, il songe à en tirer quelque parti *comme peintre,* et, s'il reste inactif, il a du regret :

« Je suis si heureux, mon ami, dit-il (1), si abîmé dans le sentiment de ma tranquille existence que mon talent en souffre. Je ne pourrais pas dessiner un trait, et cependant je ne fus jamais plus grand peintre. Quand les vapeurs de la vallée s'élèvent devant moi, qu'au-dessus de ma tête le soleil lance d'aplomb ses feux sur l'impénétrable voûte de l'obscure forêt, et que seulement quelques rayons épars se glissent au fond du sanctuaire; que couché sur la terre dans les hautes herbes, près d'un ruisseau, je découvre dans l'épaisseur du gazon mille petites plantes inconnues; que mon cœur sent de plus près l'existence de ce petit monde qui fourmille parmi les herbes, de cette multitude innombrable de vermisseaux et d'insectes de toutes les formes, que je sens la présence du Tout-Puissant qui nous a créés à son image, et le souffle du Tout-Aimant qui nous porte et nous soutient flottants sur une mer d'éternelles délices; mon ami, quand le monde infini commence ainsi à poindre devant mes yeux et que je réfléchis le ciel dans mon cœur comme l'image d'une bien-aimée, alors je soupire et m'écrie en moi-même : « Ah! si tu pouvais exprimer ce que tu éprouves! si tu pouvais exhaler et fixer sur le papier cette vie qui coule en toi avec tant d'abondance et de chaleur, en sorte que le papier devienne le miroir de ton âme, comme ton âme est le miroir d'un Dieu infini !... » Mon ami... Mais je sens que je succombe sous la puissance et la majesté de ces apparitions. »

On a entendu la plainte profonde du talent ; et lorsque ce talent réussit à se faire jour et à trouver des sujets tout préparés qui se détachent au milieu de ces exubérantes images, l'ivresse est complète, et il semble qu'il ne manque rien à la jouissance du promeneur. *Lire Homère, s'asseoir sous les tilleuls d'une cour d'auberge rurale, y dessiner le pêle-mêle d'un devant de*

(1) Je me sers, pour ces citations de *Werther,* de la traduction de M. P. Leroux.

grange et l'enfant de quatre ans qui, pendant que la mère est absente, tient entre ses jambes son petit frère âgé de six mois, qu'il appuie doucement contre sa poitrine, — voilà une journée délicieuse : « Et au bout d'une heure je me trouvai avoir fait un dessin bien composé, vraiment intéressant, sans y avoir rien mis du mien. Cela me confirme dans ma résolution de m'en tenir désormais uniquement à la nature : elle seule est d'une richesse inépuisable; elle seule fait les grands artistes. » Ce que Werther dit là de la peinture, il l'entend également de la poésie : « Il ne s'agit que de reconnaître le beau et d'oser l'exprimer : c'est, à la vérité, demander beaucoup en peu de mots. » Et il cite en exemple une rencontre qu'il a faite, le jeune garçon de ferme amoureux de la fermière veuve, et amoureux tendre, timide, passionné : « Il faudrait te répéter ses paroles mot pour mot, si je voulais te peindre la pure inclination, l'amour et la fidélité de cet homme. Il faudrait posséder le talent du plus grand poëte pour rendre l'expression de ses gestes, l'harmonie de sa voix et le feu de ses regards. Non, aucun langage ne représenterait la tendresse qui animait ses yeux et son maintien; je ne ferais rien que de gauche et de lourd. » Dans toutes ces premières pages de *Werther*, on se sent dans le vrai, on est avec Gœthe tel qu'il était alors; et toute la première partie de la relation avec Charlotte ou *Lotte* (comme elle s'appelle familièrement) produit le même effet.

Gœthe, après quelque temps de séjour à Wetzlar, avait fait connaissance avec la famille de monsieur Buff, bailli de l'Ordre allemand, et il avait été frappé tout d'abord de la beauté, de la dignité virginale, de l'esprit de sa fille Lotte, âgée de près de vingt ans, qui, sans être l'aînée de la maison, servait de mère depuis près de deux ans à ses frères et sœurs, et n'en était pas moins aimable dans la société, où elle déployait une gaieté vive et naturelle. Ce fut le 9 juin 1772 qu'il la rencontra pour la première fois à un bal champêtre à Wolpertshausen; et peu auparavant, tout près de là, au village de Gaubenheim, il avait fait la connaissance de Kestner, sans savoir sa liaison avec Charlotte. Les circonstances de la rencontre du bal, telles qu'elles sont consacrées dans *Werther*, ne diffèrent du vrai que par de légères variantes. Ainsi le village de Gaubenheim est devenu *Wahlheim*. Il n'est pas exact que durant le bal, entendant prononcer le nom d'*Albert*, c'est-à-dire de Kestner, Gœthe ait demandé qui il était, et que Charlotte ait répondu : « Pourquoi vous le cacherais-je ? c'est un galant homme auquel je suis promise. » Le lien qui unissait alors Charlotte et Kestner était tout moral et tacite, et Charlotte n'en aurait point parlé ainsi à première vue. Il n'est pas exact non plus que, dans le jeu innocent, improvisé pendant l'orage, Charlotte ait donné si lestement des soufflets à ceux qui ne devinaient pas juste; ces soufflets sont un enjolivement et un ressouvenir de quelque autre scène arrivée ailleurs et avec une autre, et ils ne s'accordent point avec le caractère de gaieté sans doute, mais non de folâtrerie, de la véritable Charlotte.

Comment savons-nous si bien tout cela ? C'est que Kestner, l'Albert du roman, a écrit et donné tous les éclaircissements désirables sur *Werther*. Kestner, né à Hanovre, âgé en 1772 de trente et un ans, résidait depuis quelques années, en qualité de secrétaire d'ambassade, à Wetzlar; il y avait été introduit de bonne heure dans la famille de monsieur Buff, et il avait contracté avec Charlotte un de ces liens de cœur purs, respectueux, patients, que le mariage devait couronner. Il y devint l'ami de Gœthe, qu'il eut le mérite d'apprécier du premier jour à sa valeur; et ce qui est vrai encore, c'est que pendant toute cette belle saison de 1772, Gœthe, accueilli par lui, adopté par Charlotte et par toute la famille, mena une vie d'exaltation, de tendresse, d'intelligence passionnée par le sentiment, d'amour naissant et confus, d'amitié encore inviolable, une vie d'idylle et de paradis terrestre impossible à prolonger sans péril, mais délicieuse une fois à saisir. Il eut, en un mot, une saison morale toute poétique et divine, quatre mois célestes et fugitifs qui suffisent à illuminer tout un passé. Voilà ce qu'il a peint admirablement dans son *Werther*, ce qui en fait l'âme, et qui en reste vrai pour nous encore, à travers toutes les vicissitudes de la mode et des genres.

L'orage toutefois était imminent et s'amassait en lui, un orage qui n'éclata point. L'idylle resta pure. Gœthe, sage et fort jusque dans ses oublis, s'éloigna à temps. Il avait fait la connaissance de Charlotte le 9 juin 1772, et il partit brusquement de Wetzlar le 11 septembre. Sauf une courte visite de trois jours qu'il revint y faire du 6 au 10 novembre de cette même année, il ne revit plus Charlotte que bien tard, lorsqu'il avait soixante-dix ans, et elle plus de soixante, et qu'elle était la respectable mère de douze enfants.

Gœthe ne songea point à faire tout aussitôt un roman et un livre de cette liaison qui n'avait rien pour lui d'une aventure. Ses Mémoires sont un peu vagues sur ce point et ne suivent pas les événements d'assez près. On y voit qu'il fit, au printemps de l'année suivante probablement (car les dates précises n'y sont point marquées), un voyage près de Coblentz pour s'y distraire, et qu'il y devint légèrement amoureux d'une des filles de madame de La Roche : « Rien n'est plus agréable, dit-il à ce sujet, que de sentir une nouvelle passion s'élever en nous lorsque la flamme dont on brûlait auparavant n'est pas tout à fait éteinte : ainsi à l'heure où le soleil se couche, nous voyons avec plaisir l'astre des nuits se lever du côté opposé de l'horizon : on jouit alors du double éclat des deux flambeaux célestes. » Cela nous apprend du moins que l'amour qu'il pouvait avoir gardé pour Charlotte n'avait rien de furieux ni d'égaré.

Les lettres qu'on a de Gœthe, adressées à Kestner pendant les mois qui suivent l'instant de la séparation, nous le prouvent aussi, tout en nous donnant assez bien la mesure de cette espèce de culte d'imagination et de tendresse idéale, mystique, pourtant domestique et familière, mêlée de détails du coin du feu. Il a beau souffrir, il ne regrette point l'emploi qu'il a fait de ses derniers mois : non, ce n'est pas un mauvais Génie qui l'a conduit à ce bal où il a fait la connaissance de Lotte : « Non, c'était un bon Génie, s'écrie-t-il, je n'aurais pas voulu passer mes jours à Wetzlar autrement que je ne l'ai fait; et pourtant les Dieux ne m'accordent plus de tels jours, ils savent me punir et me *Tantaliser*. » A Francfort, où il est revenu vivre près de sa famille, il a dans sa chambre la silhouette de Lotte attachée avec des épingles au mur; il lui dit le bonsoir en se couchant, et le matin, il prend plus volontiers ces épingles-là que d'autres pour s'habiller. Il a (comme dans *Werther*) le nœud de ruban rose qu'elle portait au sein la première fois qu'il la vit; il est fort question à plusieurs reprises d'une certaine *camisole à raies bleues* dans laquelle elle est adorable en négligé, et qu'il regretterait de loin de lui voir quitter. Pourtant, dans tout cela rien de sensuel, et quand il dit à Kestner que ce n'est jamais dans le sens humain qu'il la lui a enviée, on le croit. Seulement sa Laure et sa Béatrix ont le costume et le déshabillé d'une idylle des bords du Rhin; on a quelque peine à s'y faire. Comprenons l'amour vrai sous toutes les formes et dans tous les costumes avec ce qu'il a de désintéressé. Saint-Preux, chez Jean-Jacques, n'a-t-il pas dit : « Assis aux pieds de ma bien-aimée, je teillerai du chanvre, et je ne désirerai rien autre chose, aujourd'hui, demain, après-demain, toute la vie. » Gœthe, qui cite ce mot du cœur en se l'appliquant, le renouvelle par une légère variante : « Avec vous (Lotte et Kestner), je désirais autrefois de cueillir des groseilles et de secouer des pruniers, demain, après-demain, et durant toute ma vie. »

J'ai dit qu'après les avoir quittés, il ne se mit pas tout aussitôt à écrire *Werther*. En effet, s'il le médita et le couva dès auparavant, il ne dut point commencer à l'écrire avant le mois de septembre 1773, c'est-à-dire un an après son départ de Wetzlar, et lorsqu'il eut publié son drame de *Goetz*. Dans l'intervalle, il s'était passé deux événements. Le jeune Jérusalem, fils d'un théologien connu, et secrétaire de légation, qui se trouvait à Wetzlar en même temps que Gœthe, jeune homme romanesque et lettré, épris d'une passion malheureuse pour la femme d'un de ses collègues, se tua d'un coup de pistolet à la fin d'octobre 1772. Sans être très-lié avec Kestner, c'était précisément à celui-ci qu'il avait emprunté des pistolets sous le prétexte d'un voyage. Gœthe, comme tout le jeune monde allemand d'alors, fut très-frappé de cette mort sinistre, et il s'enquit très-curieusement des détails auprès de Kestner, qui les lui donna par écrit. C'est alors qu'il conçut l'idée d'identifier bientôt l'histoire de ce Jérusalem avec celle d'un amoureux comme lui-même l'avait été ou aurait pu l'être, et de faire du tout un personnage romanesque intéressant, et qui aurait pour le vulgaire le mérite de finir par une catastrophe. Mais l'idée sommeilla en lui environ dix mois avant qu'il la mît en œuvre. Un second événement, qui dut lui donner de l'aiguillon dans l'intervalle, fut le mariage de Kestner avec Charlotte, qui s'accomplit vers Pâques 1773 ; non pas qu'il eût du tout, à cette occasion, l'envie de se brûler la cervelle ; il a soin, dans sa Correspondance, de rejeter bien loin une pareille pensée, et je crois fort que c'est sincère. Cependant, il dit dans ses Mémoires que « la mort de Jérusalem, occasionnée par sa malheureuse passion pour la femme d'un ami, l'éveilla comme d'un songe et lui fit faire avec horreur un retour sur sa propre situation. » Mais, dans ses Mémoires, il entendait ceci d'un commencement de passion plus récente qu'il croyait éprouver pour la fille de madame de La Roche, la même personne qu'il avait vue il y avait peu de temps à Coblentz, et qui venait de se marier à Francfort. L'idée de ces relations fausses et de ces engagements sans issue lui fut donc vivement retracée par la mort de Jérusalem. Quoi qu'il en soit, tout se passa dans le domaine de l'imagination. S'il souffrait, il le dissimule bien dans ses lettres d'alors à Kestner et à Charlotte, qui, tout à fait fiancés, n'attendent que le prochain printemps pour s'épouser. Dans ce qu'il leur écrit durant cet hiver de 1772-1773, qui précède le mariage, il paraît gai, heureux ou du moins libre, et tourmenté du besoin d'aimer et du vague de la passion plutôt que d'aucune particulière blessure. Il a sur la fête de Noël une lettre à Kestner pleine de joie, de cordialité, de sentiment pittoresque, et aussi de sentiment de famille :

« Hier (veille de Noël), mon cher Kestner, j'ai été avec plusieurs braves garçons à la campagne ; notre gaieté a été bruyante : des cris et des rires depuis le commencement jusqu'à la fin. Ordinairement ce n'est pas de bon augure pour l'heure prochaine ; mais y a-t-il quelque chose que les saints Dieux ne puissent pas accorder s'il leur plaît ! Ils m'ont donné une joyeuse soirée ; je n'avais pas bu de vin, mon œil était sans trouble pour jouir de la nature. La soirée était belle ; lorsque nous rentrâmes, la nuit survint. Il faut que je te dise que mon âme se réjouit toujours quand le soleil a disparu depuis longtemps, la nuit occupant l'horizon entier, de l'orient jusqu'au nord et au sud, et qu'un cercle demi-obscur seulement luit du côté de l'occident; la plaine offre un spectacle magnifique. Quand j'étais plus jeune et plus ardent, j'ai regardé souvent, pendant mes excursions, ce crépuscule durant des heures entières. Je me suis arrêté sur le pont (1) : la ville sombre des deux côtés, l'horizon brillant silencieusement, le reflet dans le fleuve, ont produit sur mon âme une impression délicieuse que j'ai retenue avec amour. Je courus chez les Gerock, et demandai un crayon et du papier, et je dessinai, à ma grande joie, le tableau entier aussi chaud qu'il se représentait dans mon âme; tous partagèrent ma joie sur ce que j'avais fait, et leur approbation me rassura. Je leur proposai de jouer aux dés mon dessin; ils ne voulurent pas, et me demandèrent de l'envoyer à Merck. Il est maintenant suspendu au mur de ma chambre, et me fait aujourd'hui autant de plaisir qu'hier. Nous avions passé ensemble une belle soirée *comme des hommes auxquels le bonheur vient de faire un grand cadeau*, et je m'endormis en remerciant les Saints dans le ciel pour la joie d'enfants qu'ils ont voulu nous accorder pour la nuit de Noël... »

Telle était sa disposition trois mois après avoir quitté Charlotte, sept semaines après la mort du jeune Jérusalem, et quand il avait déjà en idée le germe de *Werther*.

Gœthe, on le sait, aimait à patiner; on n'a pas oublié son plus beau portrait de jeunesse, tracé par sa mère même :

« — Mère, vous ne m'avez pas encore vu patiner, et le temps est beau; venez donc, et comme vous êtes, et tout de suite. — Je mets, disait la mère racontant cela depuis à Bettine, je mets une pelisse fourrée de velours cramoisi qui avait une longue queue et des agrafes d'or, et je monte en voiture avec mes amis. Arrivés au Mein, nous y trouvons mon fils qui patinait : il volait comme une flèche à travers la foule des patineurs; ses joues étaient rougies par l'air vif, et ses cheveux châtains tout à fait dépoudrés. Dès qu'il aperçut ma pelisse cramoisie, il s'approcha de la voiture, et me regarda en souriant très-gracieusement. — Eh bien! que veux-tu? lui dis-je. — Mère, vous n'avez pas froid dans la voiture, donnez-moi votre manteau de

---

(1) On se rappelle le bel endroit de *René* : « Quand le soir était venu, reprenant le chemin de ma retraite, je m'arrêtais sur les ponts pour voir se coucher le soleil... » Dans le tableau naturel que nous trace Gœthe, on remarquera, comme différence fondamentale avec Chateaubriand, le sentiment cordial et domestique, la *joie d'enfants* à cette veillée de Noël.

velours. — Mais tu ne veux pas le mettre, au moins? — Certainement que je veux le mettre. — Allons, me voilà ôtant ma bonne pelisse chaude; il la met, jette la queue sur son bras, et s'élance sur la glace comme un fils des Dieux. Ah! Bettine, si tu l'avais vu! il n'y a plus rien d'aussi beau, j'en applaudis de bonheur! Je le verrai toute ma vie, sortant par une arche du pont et rentrant par l'autre : le vent soulevait derrière lui la queue de la pelisse qu'il avait laissé tomber. »

On a le portrait par la mère; or, voici le glorieux pendant par Gœthe lui-même. N'oublions pas que dans ce temps il lisait continuellement Homère, et qu'il était plein de ces magnifiques images de l'Olympe. On était au mois de février 1773; il écrit à Kestner dans une espèce d'hymne triomphal :

« Nous avons une glace superbe pour patiner en l'honneur du soleil. J'ai exécuté hier des rondes de danse. J'ai encore d'autres sujets de joie que je ne puis pas dire (Ne serait-ce point l'idée de *Werther* qui déjà remue et qui veut sortir?); ne vous en inquiétez pas. Je suis presque aussi heureux que deux personnes qui s'aiment comme vous; il y a en moi autant d'espérance qu'il y en a chez des amoureux; j'ai même depuis pris plaisir à quelques poésies et autres choses pareilles. Ma sœur vous salue, mes demoiselles vous saluent, mes Dieux vous saluent, nommément le beau Pâris à ma droite et la Vénus d'or de l'autre côté, et Mercure, le messager, qui se réjouit des courriers rapides, et qui attacha hier à mes pieds ses belles et divines semelles d'or, qui le portent avec le souffle du vent à travers la mer stérile et la terre sans limites (1). Et ainsi les personnages chéris du Ciel vous bénissent. »

Admirable élan et salut vraiment divin! C'est peut-être ce même jour où il comparait ses rapides patins aux *semelles d'or* de Mercure, que sa mère aussi le comparait,

---

(1) Il se rappelle en cet endroit l'*Odyssée*, livre 1, vers 96-99.

lui, à un fils des Dieux. Nous reconnaissons là le souffle des premières et belles parties de *Werther*, de celles où l'auteur se répand sympathiquement par toute la nature et voudrait s'en emparer : « Ah! pour lors, combien de fois j'ai désiré, porté sur les ailes de la grue qui passait sur ma tête, voler au rivage de la mer immense, boire la vie à la coupe écumante de l'Infini!... » Ce sera aussi le cri de René : « Levez-vous, orages désirés!... » Ce sera celui de Lamartine : « Que ne puis-je porté sur le char de l'Aurore!... » Mais chez ces deux poëtes il s'y mêle une teinte de sombre ou de mélancolique que n'a pas le Werther du début.

Car on l'a très-justement remarqué, et les lettres de Gœthe, écrites dans le cours de cette inspiration, nous le confirment; ce n'est pas le désespoir, c'est plutôt l'ivresse bouillonnante et la joie qui président à la conception de *Werther;* c'est le génie de la force et de la jeunesse, l'aspiration, douloureuse sans doute, mais ardente avant tout et conquérante, vers l'inconnu et vers l'infini. Tout ce qui est sorti de cette source élevée et débordante y est sincère, et a jailli de l'imagination et de la pensée de Gœthe. Voilà le vrai du livre et son cachet immortel; le reste, désespoir final, coup de pistolet et suicide, y a été ajouté par lui après coup pour le roman et pour la circonstance : c'est ce qui ressemble le moins à Gœthe, et qui se rapporte à l'aventure de ce pauvre Jérusalem, le côté faux, commun, exalté, digne d'un amoureux d'Ossian, non plus d'un lecteur d'Homère (1).

Gœthe (et il l'a dit) s'est guéri lui-même en faisant

---

(1) En France, nous n'avons longtemps connu *Werther* que par ce côté exagéré et faux. J'ai pris soin ailleurs (article sur Charles Nodier, *Portraits littéraires*, tome Ier) d'en noter le contre-coup dans notre littérature, depuis Ramond, auteur des *Aventures du jeune d'Olban*, publiées en 1777, jusqu'à Nodier lui-même qui donnait *le Peintre de*

Werther; il s'est débarrassé de son mal en le peignant, mais il l'a en même temps inoculé aux autres; et alors pourquoi leur a-t-il indiqué un faux remède? Là est le vice de *Werther.* La vraie conclusion de *Werther* pour les artistes (car Werther est un artiste ou veut l'être), ce serait la conclusion qu'a choisie Gœthe lui-même, s'occuper, produire, se guérir en s'appliquant ne fût-ce qu'à se peindre; et si tous, dans cette tâche, n'atteignaient pas aussi haut qu'un Gœthe le peut faire, ils y gagneraient du moins de sortir de leur mal, de le traverser, et de se rattacher bientôt derechef aux attraits puissants de la vie.

La différence des impressions du lecteur à celles de l'auteur est ici par trop forte et trop criante; elle n'est pas juste. Quoi? *Werther* une fois fait, et même à mesure qu'il le conçoit et le compose, Gœthe retrouve sa sérénité; il a triomphé de ses sentiments puisqu'il les a magnifiquement exprimés. Il est comme Neptune dans la tempête de Virgile, lequel, bien que fortement ému au dedans (*graviter commotus*), lève un front tranquille et pacifique à la surface des mers : *summa placidum caput extulit unda.* Voilà pour l'auteur. — Mais les lecteurs, au contraire (je parle des premiers lecteurs, de ceux de 1774), qui trouvent dans le prodigieux petit livre tous leurs sentiments, jusque-là confus, exprimés au vif et en traits de feu, s'y prennent, ne s'en déta-

---

Salzbourg en 1803. Les imitateurs français se sont surtout rattachés à *Werther* par la fièvre de tête, par les dehors, le costume, le suicide et l'explosion finale, enfin par les défauts. — Je lis dans la *Revue des deux Mondes* du 15 juillet 1855 un article sur *Werther*, par M. Émile Montégut, ou plutôt un hymne plein de feu, d'âme et de tendre intelligence. Le type y est saisi et embrassé dans son entier comme par un jeune frère. Mais il a fallu quatre-vingts ans de tâtonnements, et, j'ajouterai, l'éducation tout exotique de M. Émile Montégut, pour qu'on arrivât en France à une interprétation si intime, si complète dans le meilleur sens, et à la fois si exempte de danger.

chent plus, passent, sans s'en apercevoir, du Werther-*Gœthe* au Werther-*Jérusalem*, et sont ainsi conduits, par cette contagion du talent et de l'exemple, à l'idée du suicide. Il y a là, si je l'ose dire, moins encore un tort peut-être qu'une inexpérience chez Gœthe. Eût-il conclu de même s'il avait prévu tout l'effet de son roman, cet effet qu'il a comparé à celui d'une allumette qui met le feu à une mine? Il est difficile à un artiste de résister à l'à-propos, et de renoncer à un grand succès. Gœthe, averti à l'avance, eût donc bien pu ne vouloir rien changer, sans compter qu'un autre dénoûment n'était pas si aisé à offrir. Ce qui est certain, c'est que toute la jeunesse allemande fut à l'instant et profondément atteinte et ébranlée. L'artiste sain, vigoureux, généreux, avait substitué à sa propre méthode de guérison dont il gardait le secret, une solution maladive et banale à l'usage du vulgaire. La fin de *Werther* laissait en vue et livrait aux regards du public un faux Gœthe au lieu du vrai, un fantôme creux et trompeur après lequel la foule allait courir, comme Turnus dans le combat s'acharne à poursuivre le fantôme d'Énée qui l'égare, tandis que le véritable héros est ailleurs et dans le lieu de l'action. Aujourd'hui, pour le jugement définitif du livre et le rang qui lui est dû dans l'ordre des œuvres de l'art, cette fin de *Werther* nuit aux parties principales, et quand on considère le caractère si opposé de l'auteur, et ses destinées en un sens si inverse, elle a peine à ne pas nous faire l'effet d'une mystification.

Mais de fait, et même chez un artiste de tout temps si réfléchi, si maître de soi dès sa jeunesse, les choses se passèrent plus au hasard et plus confusément. Pour revenir à la Correspondance de Gœthe avec les époux Kestner, dont le mariage se fit en avril 1773, on y suit assez bien les traces du projet et de la composition, jusqu'au moment où toute la pensée prend flamme. Ce mariage, en s'accomplissant, dut lui donner l'idée du désespoir qu'il n'avait pas, mais qu'un autre aurait pu avoir. Pour lui, qui s'est chargé d'envoyer de Francfort les anneaux d'alliance et qui y a joint toutes sortes de bons souhaits, il se contente, pour punir à sa manière les nouveaux mariés, de leur écrire : « Je suis vôtre, mais, pour le moment, je ne suis guère curieux de voir ni vous, ni Lotte. Aussi sa silhouette disparaîtra de ma chambre le premier jour de Pâques, qui sera probablement le jour de votre mariage, ou même dès après-demain, et elle n'y sera de nouveau suspendue que quand j'apprendrai que Lotte est mère. Une nouvelle époque commencera alors, et je ne l'aimerai plus, mais j'aimerai ses enfants, — un peu, il est vrai, à cause d'elle, mais cela ne fait rien... » Et même cette menace amicale, il ne l'exécute pas; la silhouette reste là suspendue comme par le passé. Qui plus est, une amie qui revient de la noce lui apporte le bouquet de mariage de Lotte, et il s'en pare. Cependant la grande consolation intérieure, l'occupation poétique dure et augmente : il publie son *Goetz de Berlichingen;* il écrit des drames, des romans, dit-il, et autres choses de ce genre (juin 1773); et en septembre il commence sa confidence couverte de *Werther* aux jeunes époux désormais installés à Hanovre : « Je fais de ma situation le sujet d'un drame que j'écris en dépit de Dieu et des hommes. Je sais ce que dira Lotte quand elle le lira, et je sais ce que je lui répondrai. » Et encore : « O Kestner, je me trouve bien heureux! quand ceux que j'aime ne sont pas près de moi, ils sont pourtant toujours devant moi. Le cercle des nobles cœurs est la plus précieuse de mes acquisitions. » — « Vous êtes toujours près de moi quand j'écris quelque chose. Je travaille maintenant à un roman, mais cela va lentement... Encore une confidence d'auteur : mon idéal grandit et embellit de jour en jour, et si ma vivacité et mon amour ne m'abandonnent pas, il y aura encore beaucoup de choses pour ceux que j'aime, et le public en prendra aussi sa part. »

Lorsqu'il a fini son *Werther* et qu'il s'apprête à le publier, il a une crainte, c'est de blesser les jeunes époux : il glisse dans ses lettres toutes sortes de précautions à cet égard, des précautions mystérieuses et pour eux obscures, mais qui avaient pour but de les prévenir et de les empêcher de se trop choquer. Lorsque Lotte est mère pour la première fois, mère d'un garçon dont il est parrain, ou du moins dont il a choisi le nom, il écrit à Kestner : « Je ne puis pas me la figurer comme une femme en couches; c'est décidément impossible. Je la vois toujours telle que je l'ai quittée; ainsi, je ne te connais pas en ta qualité de mari; je ne connais d'autres relations que nos anciennes, *auxquelles j'ai associé dans une certaine occasion des passions étrangères*. Je vous en avertis pour que vous ne vous en fâchiez pas. » — « Adieu, mes amis (que j'aime tant que j'ai été forcé de prêter et d'accommoder la richesse de mon amour à la représentation fictive du malheur de notre *ami*). Vous saurez plus tard le sens de cette parenthèse. » Cet *ami*, c'est Werther. En juin 1774, dans une lettre à Charlotte, il l'annonce positivement sous ce nom : « Adieu, ma chère Lotte, je vous enverrai bientôt un ami qui me ressemble beaucoup, et j'espère que vous le recevrez bien. Il s'appelle *Werther*, et vous expliquera lui-même ce qu'il est et ce qu'il a été. » Et le 27 août, avec ce tutoiement sentimental ou poétique qui nous étonne un peu, mais qui probablement n'a rien de choquant de l'autre côté du Rhin : « O Lotte!... je t'enverrai prochainement un livre, appelle-le comme tu voudras, des prières ou un trésor, pour te rappeler matin et soir les bons souvenirs de l'amitié et de l'amour. » Que ce soit à Lotte qu'il parle ainsi et qu'il semble adresser particulièrement son livre, on le conçoit : il espère plus d'indulgence et de grâce auprès d'elle qu'auprès de Kestner.

Il a raison. Le livre paraît : un des premiers exemplaires arrive à Hanovre. Or, jugez de l'impression pénible qu'il dut faire à une première lecture sur les deux jeunes époux, qui y voyaient toute leur liaison de ces quatre divins mois dans la vallée de la Lahn divulguée en même temps et comme profanée par un mélange avec d'autres événements et des circonstances étrangères, moins délicates et moins pures. A une seconde et troisième lecture, ils purent toutefois s'apaiser un peu, Lotte surtout, j'imagine, qui, dans le secret de son cœur, sentait qu'au fond elle était l'âme et la divinité d'un beau livre. Mais Kestner supportait plus difficilement cette publicité et le rôle qui lui était fait, ce rôle d'Albert froid, flegmatique et médiocre. On a sa première lettre de plainte à Gœthe : « La ressemblance (avec Albert) ne porte, il est vrai, disait-il en terminant, que sur le côté extérieur, et, grâce à Dieu, seulement sur l'extérieur ; mais si vous teniez à l'y introduire, était-il donc nécessaire d'en faire un être aussi apathique? Peut-être était-ce dans l'intention de vous placer fièrement à côté de lui et pour pouvoir dire : *Voyez quel homme je suis, moi!* »

Gœthe s'empressa de répondre, d'expliquer, de se justifier, de demander un répit à ses amis irrités et alarmés pour qu'ils pussent juger de l'effet général avec plus de sang-froid et au vrai point de vue : « Il faut, mes chers irrités, que je vous écrive tout de suite pour en débarrasser mon cœur. C'est fait, c'est publié; pardonnez-moi si vous pouvez. Je ne veux décidément rien entendre de vous avant que le résultat ait démontré l'exagération de vos craintes, avant que vos cœurs aient mieux apprécié dans ce livre l'innocent mélange de vérité et de fiction » (octobre 1774).

Et ici, pour ne faire tort ni injustice à personne, établissons nettement les deux aspects de la question, les deux points de vue. Il y a celui de la vie régulière et de la famille, de la morale domestique et sociale, ce qui saute aux yeux tout d'abord pour peu qu'on se place en idée dans la situation. Imaginez le désagrément et la peine pour un honnête homme comme Kestner, heureux d'épouser celle qu'il aime depuis des années, l'emmenant comme en triomphe de Wetzlar à Hanovre, la présentant avec orgueil à tous les siens, et remplissant avec considération un emploi honorable, imaginez-le, après dix-huit mois de mariage, recevant de son meilleur ami, en cadeau, ce petit volume, où il est crayonné d'une manière assez reconnaissable sous les traits d'Albert; où sa fiancée paraît à bien des moments près de lui échapper; où elle n'est guère retenue que parce qu'elle est supposée déjà liée à lui par un engagement positif. Ajoutez, pour combler le désagrément, que l'aventure de Jérusalem se confondant dans le roman avec l'amour de Gœthe, et Kestner ayant réellement prêté ses pistolets à Jérusalem, qui s'en était servi pour se tuer, on ne savait plus comment séparer à temps l'Albert de la fin du roman d'avec celui de la première moitié. Kestner recevait donc des lettres de condoléance, et à demi curieuses, par lesquelles on le plaignait de son accident, d'avoir eu un ami si entreprenant, si malheureux, et qui avait dû troubler étrangement sa lune de miel et son bonheur. Il répondait par des explications et des éclaircissements qu'on a, et qui sont précieux pour nous, en ce qu'ils déterminent exactement la part de vérité et de fiction dans *Werther*, et le procédé de composition. On trouvera même, en les lisant, que Kestner n'est pas aussi blessé au fond qu'il aurait droit de l'être : « Vous voyez, écrit-il à un ami, que vous n'avez pas eu raison de me plaindre. C'est malgré nous que ce livre nous met dans les conversations du public; mais nous avons la satisfaction de savoir que c'est sans raison et sans motifs. Grâce à Dieu, nous avons vécu et nous vivons encore ensemble heureux et contents. » Il n'est que bien modéré quand il s'échappe jusqu'à dire : « Un de mes amis m'écrivait dernièrement : *Sauf le respect pour votre ami, il est dangereux d'avoir un auteur pour ami.* Il a bien raison. » Il est assez disposé, d'ailleurs, à excuser Gœthe auprès de ceux qui le blâmeraient trop : « Vous comprendrez qu'il ne m'a pas rendu un service, — sans dessein, il est vrai, et dans l'exaltation d'auteur ou par étourderie, — en publiant *les Souffrances du jeune Werther*. Il y a dans ce livre beaucoup de choses qui nous fâchent, moi et ma femme; son succès nous contrarie encore davantage. Pourtant je suis disposé à lui pardonner; mais il ne doit pas le savoir, pour qu'il soit plus circonspect dorénavant. » Excellent ami! il était dans le vrai en pardonnant : pourtant il ne se rendait pas tout à fait compte du procédé de Gœthe, quand il l'attribuait à une légèreté de jeunesse. En effet, ce n'était, de la part de celui-ci, ni étourderie, ni vague exaltation : c'était un acte de conquérant et de grand-prêtre de l'Art, qui prend ce qui est à sa convenance et met en avant je ne sais quel droit supérieur et sacré. Gœthe en a fait une doctrine.

C'est le second point de vue; et, tel qu'il nous est exprimé par Gœthe, on conviendra qu'il ne se présente ni sans beauté, ni sans grandeur. Gœthe a senti bien vite, même à travers les premières irritations des deux amis, qu'ils ne lui en veulent pas mortellement, et il s'empresse de profiter de la disposition pour les remercier, pour les ramener et les entraîner, s'il le peut, dans le sens de son œuvre :

« Oh! si je pouvais me jeter à ton cou, écrit-il à Kestner (21 novembre), me jeter aux pieds de Lotte pendant une minute, une seule minute, et tout ce que je ne pourrais expliquer dans des volumes serait effacé et expliqué! — Oh! m'écrierais-je, vous manquez de foi, ou du moins vous n'en avez pas assez! — Si vous pouviez sentir la millième partie de ce qu'est *Werther* pour des milliers de cœurs, vous ne regretteriez pas la part que vous y avez prise... Au péril de ma vie, je ne voudrais pas révoquer *Werther*; et crois-moi, tes craintes, tes *gravamina* disparaîtront comme des spectres de la nuit, si tu prends patience : et ensuite je vous promets d'effacer, d'ici à un an, de la manière la plus charmante, la plus unique et la plus intime, tout ce qui pourrait encore subsister de soupçon, de fausse interprétation dans ce bavard de public qui n'est qu'un troupeau de pourceaux (1). Tout cela disparaîtra comme du brouillard devant un vent pur du nord. — Il faut que *Werther* existe, il le faut! Vous ne le sentez pas, *lui*; vous sentez seulement *moi* et *vous;* et ce que vous croyez y être seulement *collé* y est *tissé*, en dépit de vous et d'autres, d'une manière indestructible... Oh! toi, crie-t-il à Kestner, tu n'as pas senti comment l'Humanité t'embrasse, te console! »

Kestner, dans son modeste intérieur, fut quelque temps à se remettre de cette brusque invasion et de cette embrassade en masse de l'Humanité. Mais certes, on n'a jamais plaidé avec plus de hauteur et de passion le droit qu'a l'œuvre, fille immortelle du génie, d'éclore à son heure, de jaillir du divin cerveau, et de vivre, dût-elle, en entrant, heurter quelques convenances établies, et froisser quelques susceptibilités même légitimes.

Gœthe revient en un autre endroit sur cette promesse mystérieuse qu'il n'a pas exécutée, d'inventer je ne sais

(1) N'est-ce pas pourtant un peu en vue de ce gros public qu'il a immolé en partie ses amis, ou du moins sacrifié la pudeur de l'amitié ?

quoi, je ne sais quel nouveau roman ou poëme, qui, par un coup de son art, placerait les deux époux au-dessus de toutes les allusions et de tous les soupçons : « J'en ai la puissance, dit-il avec l'orgueil de celui qui est dans le secret des Dieux et qui tient le sceptre de l'apothéose, mais ce n'est pas encore le temps. » — S'il ne réussit point tout à fait à entraîner avec lui Kestner dans cette marche en triomphe vers l'idéal, celui-ci, du moins, n'était pas indigne de sentir ce qu'il y avait d'élevé dans de telles paroles, et il répondait à ceux qui le questionnaient sur cet étrange et assez dangereux ami : « Vous ne vous imaginez pas comment il est. Mais il nous causera encore de grandes joies, quand son âme ardente se sera un peu calmée. »

Ces joies ne furent que lointaines et telles que les peut procurer un ami, homme de génie, à ceux qui, séparés par les situations et les circonstances, se sentent avec lui un nœud étroit dans le passé. Il est impossible de ne pas remarquer que, *Werther* fait et publié, la correspondance se ralentit aussitôt et ne consiste plus qu'en billets de plus en plus rares. Gœthe reste avec les Kestner et avec la famille de Charlotte dans des termes affectueux et intimes, mais à distance; et l'on se dit involontairement : Qu'avait-il affaire d'eux désormais? Il en avait tiré l'usage principal qu'il en désirait, l'œuvre! — Tantôt c'est sa mère, tantôt c'est sa sœur, qui écrivent pour lui et qui l'excusent. Moins de deux ans après la publication de *Werther*, la vie ducale de Gœthe a commencé : « Vous êtes sans doute étonné du silence du docteur (Gœthe), écrit sa mère à un frère de Charlotte (février 1776). Il n'est pas ici; il est depuis trois mois à Weimar chez le duc, et Dieu sait quand il reviendra. Mais il apprendra avec plaisir que j'ai écrit à son cher ami, car je ne saurais vous dire combien il a toujours parlé de vous et de votre famille. Il a toujours considéré le temps passé dans votre famille comme le plus heureux de sa vie. » Sur ce point, Gœthe est invariable. Il a dans le passé, dans le souvenir des jours qu'il a vécu à Wetzlar, au sein de *la famille allemande*, entre Charlotte et Kestner, sa saison d'âge d'or, un cercle pur et lumineux que rien n'éclipsera : « Vous avez été pour moi jusqu'ici, écrira-t-il à Kestner des années après, l'idéal d'un homme heureux par l'ordre et par la modération des désirs. » — « J'apprends avec plaisir, lui dit-il encore, ce que vous m'écrivez de vos enfants. Celui qui a son univers dans sa famille est heureux. Reconnaissez bien votre bonheur, et sachez que des positions plus brillantes ne sont guère à envier. » De telles paroles sont faites pour se joindre désormais à la lecture de *Werther* et pour en corriger la moralité finale par un témoignage qu'on ne saurait récuser.

Croirait-on, quand on n'a lu de Gœthe que *Werther*, qu'à un moment c'est lui, l'enthousiaste d'hier, qui va donner à Kestner, à l'ancien *Albert* lui-même, le meilleur conseil de vie pratique? et il le lui donne dans des termes à la Franklin : « Vous me demandez un conseil (septembre 1777) ; c'est difficile de loin. Le meilleur conseil, et à la fois le plus loyal et le plus éprouvé, est: *Restez où vous êtes*. Supportez maints désagréments, chagrins, passe-droits, etc., parce que vous ne vous trouverez pas mieux quand vous aurez changé de séjour. Restez fidèlement et avec fermeté à votre place. Dirigez vos efforts sur un seul but. Vous êtes l'homme pour cela, et vous *avancerez en restant*, parce que tout ce qui est *derrière vous* recule. Celui qui change de position perd toujours moralement et matériellement *les frais de voyage et d'établissement*, et reste en arrière. Je te dis cela en ma qualité d'homme du monde, qui apprend peu à peu comment les choses se passent. » Ce sont là les suites réelles de *Werther*, du vrai Werther guéri et calmé, et qui sont à opposer, en bonne critique et en saine morale, à la catastrophe romanesque.

Une autre conclusion également imprévue qui s'y rattache, c'est que dans l'année qui suivit celle de la publication de *Werther*, Gœthe devint l'ami du jeune duc de Saxe-Weimar, et bientôt son principal conseiller, son ministre. « Mes chers enfants, écrivait-il de Weimar le 9 juillet 1776 à Kestner et à sa femme, il y a tant de choses qui m'agitent. Autrefois, c'étaient mes propres sentiments ; maintenant ce sont en outre les embarras d'autres personnes que je dois supporter et arranger. Apprenez seulement ceci : je demeure ici et je puis y jouir de la vie à ma façon et de façon à me rendre utile à un des plus nobles cœurs. Le duc, avec lequel j'ai, depuis neuf mois, des rapports d'âme les plus sincères et intimes, m'a attaché aussi à ses affaires. Que Dieu bénisse nos relations ! » Et le 23 janvier 1778 : « J'ai, en outre de mes fonctions de conseiller intime, la direction du département de la guerre et des chaussées, avec les caisses. L'ordre, la précision et la promptitude sont des qualités dont je tâche tous les jours d'acquérir un peu. » Au milieu de cela, des voyages en Suisse, en Italie, l'étude dans toutes les directions, la comparaison étendue dans toutes les branches des beaux-arts et des littératures ; bientôt les sciences naturelles qui vont s'y joindre ; une vie noble, assise, bien distribuée et ordonnée, occupée et non affairée, à la fois pratique et à demi contemplative (« Je demeure hors de la ville, dans une très-belle vallée où le printemps crée dans ce moment son chef-d'œuvre »); tout ce qui, enfin, devait faire de cette riche organisation de Gœthe le modèle et le type vivant de la critique intelligente et universelle. Un moment, dans les premières années de cette existence nouvelle à Weimar, il a l'idée de se plaindre de son esclavage; un reste de misanthropie werthérienne s'est glissé sous sa plume, mais il a le bon esprit aussitôt de s'en repentir : « Que le style de ma dernière lettre ne vous fâche pas, écrit-il à Kestner (mars 1783). Je serais le plus ingrat des hommes, si je n'avouais pas que j'ai une meilleure position que je ne mérite. » Il sent que dans ce monde de luttes et où si peu arrivent, ce serait offenser Dieu et les hommes que de se plaindre pour quelques ennuis passagers, quand il a trouvé un cadre si orné et si paisible à son développement et à toutes les nobles jouissances de son être.

En 1783, il eut l'idée de faire quelques changements à *Werther :* « J'ai repris dans des heures calmes mon *Werther*, et, sans toucher aux parties qui ont fait tant de sensation, je pense le hausser de quelques degrés. J'avais l'intention de faire d'Albert un caractère que pouvait bien méconnaître le jeune homme passionné, mais pas le lecteur; cela produira un effet excellent et longtemps désiré. J'espère que vous en serez satisfait. » — *Albert*-Kestner, à qui Goethe écrivait cela, prit la nouvelle avec feu, et il revint sur son désir d'obtenir les modifications qu'il avait à cœur. J'ignore s'il les obtint toutes; il faudrait pour cela comparer entre elles les diverses éditions de *Werther*, comme nous le faisons aujourd'hui en France pour nos *Manon Lescaut* et nos *La Bruyère*.

Je l'ai dit : s'il est permis de conjecturer, je crois que Kestner dut toujours garder quelque chose de pénible sur le cœur à l'occasion de *Werther*, mais Lotte au fond n'en fut point offensée : je me la figure plutôt tacitement enorgueillie et satisfaite dans son silence. Puis, les années s'écoulant et la mort achevant d'épurer et de consacrer les souvenirs, le quatrième de ses douze enfants à qui elle avait transmis plus particulièrement sans doute une étincelle de son imagination et de sa douce flamme, s'aperçut qu'après tout il y avait là, mêlé à de l'affection véritable, un de ces rayons immortels de l'art que le devoir permettait ou disait de dégager, que c'était un titre de noblesse domestique, même pour son père, de l'avoir emporté sur Gœthe, et que de la connaissance plus intime des personnes il allait rejaillir sur les plus modestes un reflet touchant de la meilleure gloire. Il s'est donc mis à réunir toutes les lettres et les pièces qui se rapportent à cette liaison de Gœthe avec ses parents et qui éclairent la composition de *Werther*, et il les a fait précéder d'une Introduction. Au moment de les publier lui-même, ce fils de Charlotte mourut, mais les autres membres de la famille ont voulu accomplir son vœu, et c'est ainsi que l'ouvrage a paru l'année dernière en Allemagne. Il me semble cette fois que l'Ombre de Kestner lui-même y a souri, et qu'il a pardonné enfin sans aucune réserve à ce glorieux ami dont il devient, bon gré mal gré, le compagnon dans l'immortalité. Et n'est-ce pas Gœthe qui lui écrivait un jour sur la première page d'un poëme de Goldsmith dont il lui faisait cadeau : « N'oublie pas celui qui de tout son cœur t'a aimé et *a aimé avec toi?* »

JOURNAL

DU

MARQUIS DE DANGEAU

Tomes III, IV et V.

Cette intéressante publication se poursuit avec activité. Le cinquième volume paraît en ce moment. J'ai parlé précédemment des deux premiers, et dans des articles insérés au *Moniteur* (1) j'ai cherché à marquer de quel secours pouvaient être les faits purement extérieurs, recueillis par Dangeau, et de quelle utilité à l'éclaircissement de certaines questions toutes morales et politiques, et par exemple à celle de la révocation de l'Édit de Nantes. Je demande aujourd'hui à poursuivre cette espèce d'analyse pour les autres volumes, et à rendre quelque chose de l'effet général qui résulte d'une lecture suivie.

Cet effet, chez Dangeau, est toujours masqué par du cérémonial, et il faut quelque temps pour s'en débarrasser. Le tome III s'ouvre au 1er octobre de l'année 1689, quand la France est engagée dans une grande guerre européenne qui chaque jour s'étend et qui oblige

(1) Voir au commencement du présent volume.

de faire face sur toutes les frontières, sur le Rhin, en Flandre et aux Pyrénées, bientôt du côté des Alpes, et déjà aussi dans les colonies et sur les mers. L'Empire et l'Allemagne, la Hollande, l'Espagne, l'Angleterre, la Savoie tout à l'heure, on a à tenir tête à toutes ces puissances, et on y réussit d'abord sans trop de fatigue et sans presque qu'il y paraisse au dedans. La Cour n'a jamais paru plus tranquille et plus brillante. — « Samedi 1er octobre, à Versailles. — Le roi et Monseigneur s'amusèrent le matin à faire tailler les arbres verts de Marly; ils en partirent l'après-dînée après avoir joué aux portiques... » — « Lundi 3. — Le roi dîna à son petit couvert avec Monseigneur; sur les cinq heures il alla faire la revue de ses mousquetaires et puis se promener dans le potager... » — « Mercredi 5. — Le roi dîna à son petit couvert et alla tirer... » — Les soirs il y a comédie ou appartement, jeux avant et après souper. C'est là le commencement et la fin de la plupart des journées chez Dangeau. Monseigneur continue de chasser chaque matin et de prendre *son loup*, tant qu'il y a des loups; car à la fin il en a tant tué qu'à de certains jours il n'en trouve plus. On a, par Dangeau, le nom exact de tous les jeux auxquels on jouait à la Cour de Louis XIV et où le roi prenait part lui-même. Rabelais nous a donné la liste complète de ceux de Gargantua enfant après ses repas et les grâces dites : « Puis... se lavoit les mains de vin frais, s'écuroit les dents avec un pied de porc, et devisoit joyeusement avec ses gens. Puis, le vert étendu, l'on déployoit force cartes, force dez et renfort de tabliers. Là jouoit

au flux,
à la prime,
à la vole,
à la pile,
à la triomphe, etc., etc. »

Et l'on en a ainsi pendant plusieurs pages. Pour Louis XIV et Monseigneur on dresserait une liste pareille, et l'on sait maintenant qu'ils jouaient à l'hombre, — au reversis, — au brelan, — au lansquenet, — aux portiques, — à culbas, — au trou-madame, — à l'anneau tournant, — à la roulette, — à l'*escarpoulette*, etc. C'est à n'en pas finir. Les nouvelles les plus importantes de la guerre s'y entremêlent et sont enregistrées à côté : on a la physionomie exacte des choses. La Dauphine, près de qui Dangeau est chevalier d'honneur, meurt vers ce temps-là ; on a le cérémonial de ses funérailles dans la dernière précision. Au moment où le corps de la Dauphine est exposé dans sa chambre, avant l'autopsie, il s'est commis une irrégularité dont le narrateur ne manque pas de nous avertir : « Madame la Dauphine a été à visage découvert jusqu'à ce qu'on l'ait ouverte, et on a fait une faute : c'est que pendant ce temps-là, les dames qui n'ont pas droit d'être assises devant elle pendant sa vie, n'ont pas laissé d'être assises devant son corps à visage découvert. » Les choses se passent plus correctement en ce qui est des évêques : « Il a été réglé, nous dit Dangeau, que les évêques qui viennent garder le corps de madame la Dauphine auront des chaises à dos, parce qu'ils en eurent à la reine ; l'ordre avait été donné d'abord qu'ils n'eussent que des tabourets. » L'acte de l'adoration de la Croix, le jour du vendredi saint, est avant tout, chez Dangeau, l'occasion d'une querelle de rang, d'un grave problème de préséance : « Ce matin, les ducs ont été à l'adoration de la Croix après les princes du sang. MM. de Vendôme et les princes étrangers ne s'y sont pas trouvés » (de peur de compromettre leurs prétentions). Dangeau ne trouve pas à tout cela le plus petit mot pour rire, et s'il ne prend pas feu comme Saint-Simon, que ces sortes de questions ont le privilége de faire déborder, il s'applique à bien exposer les points en litige, comme un rapporteur sérieux et convaincu. Il relate en greffier d'honneur combien, au service funèbre solennel de cette même Dauphine, il y eut de chaises vides entre les princes ou princesses et les premiers présidents, soit du Parlement, soit de la Chambre des Comptes, combien on fit de révérences auxdits princes et princesses. Il ne manque à rien, et trouve moyen de suivre quelques-unes de ces difficultés d'étiquette même de loin, et de l'armée du Rhin, où il est allé. Un procès s'est élevé entre M. de Blainville, grand maître des cérémonies, et M. de Sainctot, qui n'est que maître des cérémonies. Le roi prend lui-même connaissance de l'affaire et décide; presque tout est jugé en faveur de Sainctot, qui a pour lui une longue possession : il restera indépendant de M. de Blainville, ne prendra point l'ordre de lui, marchera à sa gauche, mais sur la même ligne, etc. « La seule chose qui est favorable à M. de Blainville, ajoute Dangeau, c'est qu'il aura la queue de son manteau plus longue d'une aune que celle de M. de Sainctot; et ainsi les charges ne sont pas égales, mais elles ne sont pas subordonnées. » Il semble à quelqu'un de spirituel avec qui je lis ce passage, que Dangeau, cette fois, a été à une ligne près de trouver cela ridicule, mais qu'il n'a pas osé. Non, je ne crois pas que Dangeau, même en cet endroit, ait été si près de sourire; on n'a jamais pris plus constamment au sérieux toutes ces puérilités majestueuses, qui avaient, au reste, leurs avantages, si on ne les avait poussées si à bout. On a connu, depuis, les inconvénients du sans-gêne dans les hommes publics et dans les choses d'État. Toujours des excès.

Dangeau, fidèle menin, accompagne Monseigneur à l'armée du Rhin (mai 1690). C'est la seconde campagne de Monseigneur, qui à la première, dix-huit mois auparavant, s'était assez distingué. Il ne se passe rien d'important dans celle-ci. Au lieu des chasses de Monseigneur, Dangeau nous rend exactement toutes ses revues, les fourrages de l'armée, le *tous-les-jours* du camp, comme il faisait du train de Versailles. Les questions de *cérémonial* et de *salut militaire* ne sauraient être oubliées : « En arrivant ici (au camp de Lamsheim), Monseigneur vit toute l'infanterie en bataille sous une ligne à quatre de hauteur.... M. de La Feuillée, lieutenant général, qui était demeuré ici pour commander l'infanterie, salua Monseigneur de l'épée, à cheval. » Monseigneur, toutefois, dans cette campagne, s'il ne fait rien d'extraordinaire, ne manque à rien d'essentiel : il remplit les devoirs de son métier, il fait manœuvrer son monde. Dans ses différentes marches, il étudie le terrain et les campements, ce qui s'y est fait autrefois de considérable. Il se fait montrer par le maréchal de Lorges les postes qu'occupaient à Sasbach Montécuculli et Turenne, l'endroit où celui-ci a été frappé à mort, et l'arbre au pied duquel on le transporta pour y mourir. Mais au milieu des qualités honnêtes et régulières du Dauphin, on regrette de ne sentir aucune étincelle ; il n'a pas le démon en lui. Parti le 17 mai de Versailles, il s'en revient à la fin de septembre sans avoir rencontré ni fait naître d'occasion, sans avoir rien tenté de mémorable. Il rejoint à Fontainebleau la Cour, et Dangeau qui ne le quitte pas rentre dans ses eaux.

L'année suivante se passe mieux. Louis XIV part le 17 mars 1691 pour se mettre en personne à la tête de son armée de Flandre. On a ici, en suivant Dangeau pas à pas, une impression bien nette de ce qu'était un de ces fameux siéges classiques de Louis XIV, solennels, réguliers, un peu courts à notre gré, toujours sûrs de résultat, pleins d'éclat pourtant, de nobles actions, de dangers et de belles morts. Le roi, dès l'automne dernier, s'était dit qu'il fallait frapper un coup. Le bruit se répand à Versailles, dans les premiers jours de mars, qu'on va faire un *gros siége;* on ne dit pas encore de quelle place : sera-ce Mons? sera-ce Namur? Cette année, ce sera Mons. Le roi le déclare le mercredi 14 à Versailles, à son lever. Chacun s'empresse d'en être; nous avons la composition de cette brillante armée, dont la tête est formée de princes et des plus beaux noms de noblesse et de guerre. La place est investie par Boufflers. Vauban, *l'âme des siéges*, est parti de Valenciennes pour être devant Mons à l'arrivée du roi. Louvois, cette autre providence, a tout préparé et a fait dresser de longue main les instructions, les études. Les choses se passent comme on l'avait prévu et à point nommé. Louis XIV, son fils, son frère, n'ont plus qu'à sortir à cheval le matin, et à avoir l'œil à ce qui s'exécute. On ouvre ce que Vauban appelle le *dispositif* de la tranchée le samedi 24. Le roi pendant le siége, et, malgré la goutte dont il ressent quelque accès, persiste à monter à cheval et à aller à la tranchée : « Il n'a mis pied à terre que vis-à-vis de la batterie, raconte Dangeau (27 mars); ensuite il a visité tout le travail qu'on a fait, et a été aux travaux les plus avancés. Il ne s'est pas contenté de cela, et pour mieux voir, il s'est montré fort à découvert; il s'est même mis fort en colère contre les courtisans qui l'en voulaient empêcher, et a monté sur le parapet de la tranchée, où il a demeuré assez longtemps. Il était aisé aux ennemis de reconnaître son visage, tant il était près. Monsieur le Grand (le grand écuyer), qui était près de lui, a été renversé de la terre du parapet que le canon a percé, et en a été tout couvert sans en être blessé pourtant. » Au retour de cette inspection, Louis XIV travaille avec ses ministres et tient conseil comme s'il était à Versailles. Tout son monde de Versailles est là, même Racine, le gentilhomme ordinaire, qui prend ses notes pour l'histoire dont il est chargé et qu'il n'écrira pas; on a de lui une lettre intéressante à Boileau, aussi exacte et circonstanciée que peut l'être la relation de Dangeau lui-même. L'accident principal du siége est l'attaque d'un ouvrage à cornes qui défend la place : « Samedi 31 avril. — Vauban a dit au roi que, s'il était pressé de prendre Mons, on pouvait dès aujourd'hui se rendre maître de l'ouvrage à cornes; mais que, puisque rien ne pressait, il valait mieux encore attendre un jour ou deux, et *lui* sauver du monde. » Ce n'est pas le monde qu'on sauve, c'est du monde qu'on veut sauver à Louis XIV. L'attaque, même différée d'un jour, coûta cher pourtant : l'ouvrage à cornes fut pris d'abord, puis perdu; il fallut revenir à la charge le lendemain. La plupart des officiers y furent tués ou blessés. Un Courtenay mousquetaire y fut tué, un descendant légitime de Louis le Gros et, à sa manière, un petit-fils de France. « Je voyais toute l'attaque fort à mon aise, écrit Racine à Boileau, d'un peu loin à la vérité; mais j'avais de fort bonnes lunettes, que je ne pouvais presque tenir ferme tant le cœur me battait à voir tant de braves gens dans le péril. » Le roi, à ce siége de Mons comme l'année suivante à celui de Namur, s'offre bien à nous dans l'attitude sinon héroïque, du moins royale, et il satisfait à l'honneur, au courage, à tous ses devoirs, y compris l'humanité : « Jeudi 5 avril. — Le roi, en faisant le tour des lignes, a passé à l'hôpital pour voir si l'on avait bien soin des blessés et des malades, si les bouillons étaient bons, s'il en mourait beaucoup, et si les chirurgiens faisaient bien leur devoir. » La ville a demandé à capituler après seize jours de tranchée ouverte : « Le roi, dit Dangeau, a donné ce matin (9 avril) à Vauban 100,000 francs, et l'a prié à dîner, honneur dont il a été plus touché que de l'argent. Il n'avait jamais eu l'honneur de manger avec le roi. » La garnison, composée d'environ cinq mille hommes, sort de la place le lendemain 10; Monseigneur assiste au défilé : « Le gouverneur salua Monseigneur de l'épée, et sans mettre pied à terre; il lui dit qu'il était bien fâché de n'avoir pu tenir plus longtemps, afin de contribuer davantage à la gloire du roi. » Ainsi tout se passait de part et d'autre en parfait honneur et en courtoisie.

Les campagnes durent peu quand le roi y est. Le roi, son siége fait et son coup de foudre lancé, revient à temps, cette année 1691, pour entendre la messe le dimanche de Pâques 15 avril à Compiègne, et pour faire ses Pâques le dimanche d'après à Versailles. Les chasses et les jeux recommencent.

C'est l'impression générale seulement que je veux donner. Assez d'autres chercheront dans le Journal de Dangeau tel ou tel fait particulier; très-peu de monde aura la patience de le lire d'un bout à l'autre comme on lit un livre. J'avouerai que cette lecture un peu prolongée, quand on s'y applique, produit une fatigue et un cassement de tête par cette succession de faits sans rapport et sans suite qui font l'effet d'une mascarade. On serait tenté, au sortir de là, de prendre un livre de raisonnement et de logique pour se reposer. Mais enfin, en poursuivant cette lecture à travers les mille particularités dont elle se compose, et en faisant la part de la bienveillance et de l'optimisme de Dangeau, décidé à trouver tout bien, on arrive à un résultat qui, selon moi, ne trompe point : on ressent et l'on respire ce qui est dans l'air à un certain moment. Eh bien! même à travers cette guerre immense et laborieuse, les années 1691, 1692, 1693, sont encore fort belles, et continuent de donner une bien haute idée de Louis XIV. Au milieu de la grandeur, la gaieté de la Cour, la légèreté même survivent et se perpétuent, grâce surtout à ces charmantes filles du roi, la princesse de Conti et madame la

Duchesse. Ce n'est plus l'âge des La Vallière, des Soubise, des Montespan, dansant avec Louis ou autour de Louis *sous des berceaux de fleurs;* mais c'est encore le beau moment des promenades des dames sur le canal de Versailles, des collations de Marly, de Trianon, et les enchantements n'ont point cessé. Ils ne cesseront sensiblement que dans les dernières années de cette guerre. Et par cela seul que Dangeau écrit jour par jour, ce nous sera un *témoin de ce changement graduel;* il ne sera pas en son pouvoir de le dissimuler.

Nous sommes encore ici dans les temps qui précèdent la date à laquelle s'ouvrent les Mémoires de Saint-Simon. Celui-ci ne les commence, en effet, qu'avec le siége de Namur en 1692, ce qui donne plus de prix aux faits antérieurs racontés par Dangeau et aux notes que Saint-Simon y joint, et qui n'ont pas toutes passé en substance dans son grand ouvrage. La mort soudaine de Louvois au sortir d'un travail avec Louis XIV (16 juillet 1691) est un des endroits de Dangeau que Saint-Simon commente le plus; il fait de ce grand ministre un admirable portrait, où cependant, à force de vouloir tout rassembler, il a introduit peut-être quelques contradictions et des jugements inconciliables, comme lorsque après l'avoir représenté si absolu, si entier, il veut qu'il n'ait été bon qu'à servir en second et sous un maître. Il s'y est donné aussi toute carrière pour le soupçon et pour les profondeurs mystérieuses, ayant bien soin de faire entendre que cette mort subite n'est pas venue au hasard, et laissant planer l'accusation dans un vague infini. Il paraît croire, d'ailleurs, que si Louvois n'était pas mort à propos ce jour-là, les ordres étaient donnés pour le conduire à la Bastille. A force d'être curieux et soupçonneux, il y a des moments où Saint-Simon devient crédule. Restons dans les limites sévères de l'histoire. Louis XIV sentit à la fois qu'il faisait une perte et qu'il était délivré d'une gêne. Le roi d'Angleterre lui ayant envoyé faire des compliments sur la mort de Louvois, il répondit à celui qui venait de sa part : « Monsieur, dites au roi d'Angleterre que j'ai perdu un bon ministre, mais que ses affaires et les miennes n'en iront pas plus mal pour cela. » Vraies paroles et vrai sentiment de roi! Louis XIV, dans Lyonne, dans Colbert même et dans Louvois, a des ministres et des instruments puissants, mais pas de collègues. On a fait abus, de nos jours, de ces collègues et de ces maîtres qu'on a donnés à Louis XIV.

Ce qui est bien sensible chez Dangeau, c'est qu'à l'instant où il perd Louvois, Louis XIV se met en devoir de s'en passer. Son emploi étant donné un peu pour la forme et par complaisance au jeune M. de Barbezieux, le roi, qui se fait comme son tuteur et son garant, s'applique plus que jamais au travail; il devient son propre ministre à lui-même :

« Vendredi 31 août (1691), à Marly. — Le roi se promena tout le matin dans ses jardins; il travailla beaucoup l'après-dînée, comme il fait présentement tous les jours. »

Il se met à faire la revue détaillée de ses troupes en ordonnateur en chef :

« Mercredi 7 novembre (1691), à Marly. — Le roi alla le matin sur la bruyère de Marly, devant la grille, faire la revue de deux compagnies de ses gardes du corps, celle de Luxembourg et celle de Lorges; il les vit à cheval et à pied, et homme par homme, et se fit montrer les gardes qui s'étaient distingués au combat de Leuze pour les récompenser. »

« Samedi 17, à Versailles. — Le roi, après son dîner, fit sur les terrasses de ses jardins la revue de huit compagnies de son régiment des gardes, des quatre qui montent et des quatre qui descendent la garde. Il en avait déjà fait autant dimanche. Il est plus sévère qu'aucun commissaire. »

Il va encore à la chasse quand il peut, il s'amuse à tirer, ou à voir tailler ses arbres ; mais le soir, même quand il y a appartement, il s'accoutume à n'y point aller. Il finira par passer tous ses soirs chez madame de Maintenon, à y travailler avec ses ministres. Quelques passages rapprochés, et qui deviennent aussi fréquents chez Dangeau que l'étaient autrefois les articles des jeux et des divertissements, en diront plus que tout :

« Dimanche 6 janvier (1692), à Versailles. — Le soir il y eut appartement; mais le roi n'y vient plus. M. de Barbezieux est malade depuis quelques jours, et le roi travaille encore plus qu'à son ordinaire. »

« Lundi 28, à Versailles. — Le roi ne sortit point de tout le jour, non plus qu'hier. Il donne beaucoup d'audiences, et travaille tout le reste du jour ; il s'est accoutumé à dicter et fait écrire à M. de Barbezieux, sous lui, toutes les lettres importantes qui regardent les affaires de la guerre. »

« Mercredi 2 avril, à Versailles. — Le roi et Monseigneur entendirent les ténèbres à la chapelle ; ensuite le roi travailla avec ses ministres. Il n'y a point de journée présentement où le roi ne travaille huit ou neuf heures. »

Cela se soutient et se régularise de plus en plus les années suivantes, et Dangeau, par des résumés de fin d'année, prend soin de constater cette réforme de plus en plus laborieuse de régime, qui suit la mort de Louvois. Louis XIV, en un mot, à cette époque où il allait dater de la cinquantième année de son règne (14 mai 1692), se mettait à l'ouvrage plus que jamais, et à son métier de roi sans plus de distraction. S'il y fit des fautes, il ne cesse d'y mériter l'estime. Il avait cinq grandes armées sur pied : celle de Flandre, sous M. de

Luxembourg; celle d'Allemagne, sous M. de Lorges; de la Moselle, sous M. de Boufiers; d'Italie, sous Catinat; de Roussillon, sous le duc de Noailles; je ne parle pas des flottes, alors si actives. Il se décide, pour cette campagne de 1692, à faire encore quelque gros siége; ce sera celui de Namur. — « Jeudi 10 avril, à Versailles. — Le roi tient conseil de guerre le matin avec M. de Luxembourg, M. de Barbezieux, Chanlay et Vauban. On fait partir Vauban incessamment, et on ne doute pas que le roi ne partît bientôt si la saison était moins retardée. » Ce Chanlay dont il est parlé, et que Dangeau, annoté par Saint-Simon, nous fait particulièrement connaître, était de ces seconds indispensables à la guerre, un officier d'état-major accompli, parfait à étudier les questions, les lieux, à dresser des instructions et des mémoires, à juger des hommes. Louvois l'avait légué à Louis XIV, qui voulait en faire un ministre : à quoi la modestie de Chanlay résista. Ces parties sérieuses et toutes pratiques du règne de Louis XIV trouvent leur ouverture et leur éclaircissement par bien des passages de Dangeau. On part de Versailles pour le siége de Namur le 10 mai; on arrive devant la place le lundi 26 (1). Le roi y est pris de goutte; ce qui ne l'empêche pas de tout voir, de donner ordre à tout. La ville

(1) On a ici pour auxiliaire de Dangeau Racine en personne, qui dans une lettre à Boileau, datée du camp de Gévries, le 21 mai 1692, décrit une revue qu'a passée le roi. Mais quelle revue! « Le roi, dit-il, fit hier la revue de son armée et de celle de M. de Luxembourg. C'était assurément le plus grand spectacle qu'on ait vu depuis plusieurs siècles. Je ne me souviens point que les Romains en aient vu un tel; car leurs armées n'ont guère passé, ce me semble, quarante ou tout au plus cinquante mille hommes; et il y avait hier six vingt mille hommes ensemble sur quatre lignes. » Il faut lire toute cette description. Racine se figure que le soleil n'a jamais éclairé un égal rassemblement de troupes ni un pareil ordre de bataille; mais, en fait de revues, écoutez ceux qui en reviennent, la dernière est toujours la plus belle. C'est comme pour les feux d'artifice.

se rend après sept ou huit jours de tranchée; le château tient un peu plus longtemps. C'est encore un beau siége classique, régulier, modéré, courtois. Dès le premier jour les dames de qualité s'effrayent de rester dans la ville; on demande pour elles un passe-port : « Le roi l'a refusé; cependant les dames sont sorties et sont venues à une maison près de la Sambre. Le roi y a envoyé le prince d'Elbeuf. Il voulait qu'elles retournassent dans la ville; mais elles persistèrent à n'y vouloir point retourner, et apparemment le roi aura la bonté de se relâcher; il leur a même envoyé à souper. » Et le lendemain le roi envoie des carrosses à ces dames pour les conduire à une abbaye voisine. « Outre les quarante femmes qui sont sorties du côté du roi, il y en a eu encore trente, dit Dangeau, qui sont sorties du côté de M. de Bouflers. » Le roi, tout souffrant et peu valide qu'il est, s'expose suffisamment. A une action, pendant le siége du château, il reste toujours à cheval à une demi-portée de mousquet de la place, et quelques gens sont blessés fort loin derrière lui. Valeur et politesse, discipline et humanité, l'impression qui nous reste de tout cela, sans aller jusqu'à l'enthousiasme lyrique de Boileau, est celle de quelque chose de noble, d'honorable et de bien royal. Il arrive là, à cette prise de Namur, ce qui est plus d'une fois arrivé à la France dans le temps d'une victoire remportée sur terre, c'est un désastre sur mer : on apprend la défaite de M. de Tourville à La Hogue. A son retour de Namur à Versailles, et dès le premier soir, Louis XIV voit entrer M. de Tourville, qui venait le saluer. Il lui dit tout haut, dès qu'il l'aperçoit : « Je suis très-content de vous et de toute la marine; nous avons été battus, mais vous avez acquis de la gloire et pour vous et pour la nation. Il nous en coûte quelques vaisseaux; cela sera réparé l'année qui vient, et sûrement nous battrons les ennemis. » Parole encore de vrai roi, qui n'a ni l'humeur du despote, irrité que les choses lui résistent, ni la versatilité du peuple, dont les jugements varient selon le bon ou le mauvais succès.

Cette année 1692 nous offre aussi le très-beau combat de Steinkerque, livré le 3 août par le maréchal de Luxembourg. Dangeau, qui dans le premier moment de la nouvelle l'appelle le combat d'Enghien, nous dit : « Samedi 9 août, à Versailles. — M. le comte de Luxe arriva ici ; il apporta au roi une Relation fort ample de M. de Luxembourg de tout ce qui s'est passé au combat. Le roi nous a dit qu'il n'avait jamais vu une si belle Relation, et qu'il nous la ferait lire. » Les éditeurs ont eu l'heureuse idée de nous faire le même plaisir que Louis XIV à ses courtisans, c'est-à-dire de nous donner le texte même de la Relation de M. de Luxembourg, conservée au Dépôt de la guerre, et de laquelle s'étaient amplement servis les historiens militaires du règne ; mais dans sa première forme et dans son tour direct, elle a quelque chose de vif, de spirituel, de brillant et de poli qui justifie bien l'éloge de Louis XIV, et qui en fait de tout point une page des plus françaises.

L'admiration de Dangeau est communicative, va-t-on me dire ; prenez garde d'y trop donner. Je rends ce que j'éprouve en ces bons endroits, comme encore on me laissera citer ce mot de Louis XIV, conservé par Dangeau, lorsque deux ans après environ le vainqueur de Steinkerque et de Nerwinde, Luxembourg, se meurt : « Vendredi 31 décembre 1694, à Versailles. — M. de Luxembourg à cinq heures du matin s'est trouvé mal, et sa maladie commence si violemment que les médecins *le* désespèrent. Le roi en paraît fort touché, et a dit ce soir à M. mon frère : « Si nous sommes assez « malheureux pour perdre ce pauvre homme-là, celui « qui en porterait la nouvelle au prince d'Orange serait

« bien reçu » Et ensuite il a dit à M Fagon, son premier médecin : « Faites, monsieur, pour M. de Luxem-
« bourg tout ce que vous feriez pour moi-même si j'étais
« dans l'état où il est. »

Louis XIV n'offre pas d'abord des trésors à celui qui sauvera M. de Luxembourg; il dit ce simple mot humain : *Faites comme pour moi-même.* Ce sont là de rares moments dans sa vie de roi trop asiatique et trop idolâtré : il n'est que plus juste d'en tenir compte.

La campagne de 1692 fut la dernière de Louis XIV qui mérite ce nom; car celle de l'année suivante ne parut qu'un voyage brusquement interrompu. Parti de Versailles le 18 mai 1693 pour l'armée de Flandre, Louis XIV, plus lent qu'à l'ordinaire, n'ayant rien arrêté de précis et s'étant trouvé pendant quelques jours malade au Quesnoy, fait mine de s'avancer du côté de Liége; puis tout d'un coup, le 9 juin, au camp de Gembloux, il déclare qu'il s'en retourne à Versailles. Cette résolution soudaine étonna beaucoup. Le roi ne se montrait pas en cela fidèle à son principe, qui était de ne point s'en retourner sans avoir fait quelque chose. Il renonce désormais à être général et à aller de sa personne à la guerre. Jusque-là, quand il l'avait fait, ç'avait été très-honorablement, bien que toujours dans son rôle de roi. Il ne cherchait point les périls, mais aussi il ne les évitait pas. Dangeau, pas plus en cette dernière occasion qu'en aucune autre, ne se permet le moindre commentaire : mais ce qu'il y a d'un peu lourd ou de peu svelte jusque dans la force et la grandeur de Louis XIV, paraît bien dans le détail journalier de sa relation. Cet appesantissement en partie physique qui augmentait avec l'âge, cet enchaînement aux habitudes, ce besoin d'avoir toujours autour de soi une grosse Cour, finirent par retenir le monarque à Versailles et dans ses maisons.

Si l'espace me le permettait, j'aurais à noter, dans le tome V^e, les teintes plus sombres qui se laissent apercevoir à travers l'uniformité officielle et l'impassibilité souriante de Dangeau. Ainsi on ne joue plus tant à la Cour; la santé du roi se dérange plus souvent, quoiqu'à chaque indisposition Dangeau prenne soin de nous rassurer. Les gouttes, les fièvres, aidées des médecines de précaution dont Fagon abuse, tournent en habitude chez Louis XIV, malgré son fonds d'excellente constitution. En même temps les impôts augmentent; les capitations ne rendent qu'avec lenteur. Le roi, qui a retranché une moitié sur les étrennes de ses enfants (1694) et deux cents chevaux de son écurie, cherche à étendre ses économies sur tout ce qui est dépenses de luxe; et sur les courriers que les généraux multipliaient sans nécessité pour la moindre affaire, et sur les Gobelins dont on a congédié tous les ouvriers. On ne paye plus l'Académie des sciences, ni « la petite Académie que M. Bignon avait fait établir pour la description des arts, » celle qui est devenue l'Académie des inscriptions. Même au travers du Dangeau, cela s'entend, tout crie misère. Des désertions, des révoltes dans les troupes se font sentir. Les nouvelles levées d'hommes sont de plus en plus difficiles, et d'odieux recruteurs y emploient la violence à l'insu du roi. Il est temps, c'est l'impression qu'on a, que la paix se fasse, et que le traité de Riswick arrive pour procurer à la France un intervalle de repos qui, malheureusement, ne sera pas assez long.

Les anecdotes, les portraits et croquis qu'on pourrait extraire de ces derniers volumes seraient sans fin, et Saint-Simon se greffant sur Dangeau produit des fruits qui ont une saveur tout à fait neuve. J'ai remarqué plus d'une jolie anecdote, une entre autres, toute littéraire, qui montre que ce n'est pas seulement de nos jours que l'ironie s'est glissée sous un air d'éloge dans le discours d'un directeur de l'Académie française recevant un nouveau confrère. Elle mérite d'être présentée dans tout son développement, et je la réserve pour samedi prochain (1).

(1) Cet article et les trois suivants ont été insérés dans l'*Athenæum* qui paraissait le samedi

UNE
RÉCEPTION ACADÉMIQUE EN 1694

D'APRÈS DANGEAU

(Tome V.)

J'ai promis une anecdote littéraire, ou plutôt c'est toute une scène à laquelle Dangeau et Saint-Simon nous permettent d'assister, et j'en vais donner un compte-rendu fidèle comme si elle s'était passée de nos jours, sans rien inventer, sans rien ajouter.

L'évêque comte de Noyon, François de Clermont-Tonnerre, est un des originaux du dix-septième siècle. C'était, comme le savent tous ceux qui ont lu les mémoires et correspondances de ce temps-là, un composé de vanité, de jactance nobiliaire, de zèle épiscopal, de savoir confus, d'éloquence bizarre et parfois burlesque. Qualités et défauts ainsi amalgamés et arborés avec faste faisaient de lui un homme des plus en vue, toujours en avant, actif, infatigable, moins incommode encore qu'amusant, dont tout le monde se moquait, mais qui dans ce rôle naïf qu'il avait accepté, et dont il prenait les bénéfices avec les charges, trouvait parfois des mots piquants, des ripostes imprévues, comme il arrive aux sots qui ont quelque esprit. Enfin il occupait de lui les autres partout où il paraissait, et c'était ce qui le flattait le plus. Issu d'une illustre famille, et en qui l'orgueil héréditaire surpassait encore les titres, il avait poussé plus loin qu'aucun autre de ses membres cette infatuation de la naissance, mais il ne s'y était pas endormi, et avait voulu que l'évêque en lui et le saint égalât le gentilhomme, j'allais dire le prince. Né vers 1629, son éducation avait été antérieure aux réformes du goût qui marquèrent la seconde moitié du dix-septième siècle. Dès ses débuts, il s'était signalé en Sorbonne, puis dans les chaires; il avait prêché bien jeune un Avent au Louvre : son éloquence, applaudie d'ailleurs, ne devait pas être de celles qui présageaient la venue de Bourdaloue. De bonne heure évêque, il porta dans son diocèse un zèle de missionnaire en même temps que des airs de souverain. Charitable et glorieux, il exposait sa vie en administrant les sacrements à des pestiférés, et il exigeait de ses curés, quand il les visitait, des honneurs plus que pontificaux. Parlant du Pape, il lui échappait quelquefois de dire *M. de Rome* comme d'un simple évêque. Au reste, selon l'usage du monde envers ces réputations riches, une fois faites et adoptées, on lui prêtait quantité de mots, et on lui attribuait tout ce qui était digne de lui. Ce personnage original qu'on aimait assez, sauf à en rire, et qui s'était fait une place à part dans les Assemblées du Clergé et à la Cour, s'était mis comme tout son siècle sur le pied d'admirer Louis XIV, de l'adorer passionnément, et de le lui dire. Le roi goûtait donc M. de Noyon, et c'était un plaisir pour lui, presque une gaieté de le voir : ce que le prélat avait de naturellement excentrique frappait d'abord l'esprit juste de Louis XIV, et lui épanouissait le front; et il en recevait aussi des flatteries, des déclarations de tendresse d'une brusquerie imprévue et neuve qui n'y gâtait rien. Une place à l'Académie française étant venue à vaquer par la mort de Barbier d'Aucour, simple avocat et littérateur (septembre 1694), le roi témoigna qu'on lui ferait plaisir d'élire M. de

Noyon. Cela dut paraître à l'Académie une fantaisie et presque une plaisanterie du monarque, mais on ne discutait point alors de telles choses, et M. de Noyon fut nommé à l'unanimité.

Le directeur ou plutôt le chancelier de l'Académie, pour cette circonstance, était l'abbé de Caumartin, tout récemment nommé, et reçu depuis quelques mois à la place de l'abbé de La Vau. L'abbé de Caumartin, alors âgé seulement de vingt-six ans, était de la fleur du monde poli, du monde choisi, railleur et finement éclairé. Fils de l'ami le plus intime du cardinal de Retz et de sa seconde femme, mademoiselle de Verthamon, de celle sous les auspices et d'après l'inspiration de laquelle Fléchier écrivit ses *Grands Jours de Clermont*, il avait vu la grâce et l'ingénieuse ironie présider à son berceau. Élevé sous les yeux de son père, frère d'un aîné d'un autre lit (M. de Caumartin, l'intendant des finances) et qui était très en crédit et très à la mode; n'ayant lui-même jamais rien écrit ni ne devant rien écrire, mais ayant tout appris dès l'enfance, histoire, chronologie, médailles, théologie enfin, et n'étant surchargé de rien, il avait été reçu à l'Académie dans cette grande jeunesse pour sa pure distinction personnelle : « La brigue ni la faveur, a-t-on eu le soin de nous dire, n'avaient eu aucune part à ce choix : son mérite seul avait parlé pour lui. » Perrault, qui fut chargé de le recevoir, le loua comme un prodige de facilité et d'érudition, dont tous les savants étaient émerveillés et que la Sorbonne avait peine à contenir. Pour nous, c'est son esprit fin et railleur qui nous touche et nous atteint uniquement (1). L'abbé de Caumartin eut l'idée assez

---

(1) Voici deux portraits, l'un de M. de Noyon et l'autre de l'abbé de Caumartin, que je tire d'un opuscule où l'on ne s'aviserait guère de les aller chercher, du *Tombeau de Santeul*, par l'abbé Faydit (1698). On y suppose que l'Académie française, en apprenant la mort

naturelle que l'évêque de Noyon, du moment qu'il entrait à l'Académie, ne devait pas être reçu comme un autre, et oubliant la gravité du rôle auquel il n'était pas encore accoutumé, il osa songer à le railler en face, et presque au nom de la Compagnie, du droit que les délicats croient si aisément avoir sur la vanité et sur la sottise qui vient s'étaler. L'éclat en fut si public que Dangeau a forcé sa discrétion d'académicien jusqu'à raconter l'aventure; il dit dans son Journal, à la date du lundi 13 décembre 1694 : « M. l'évêque de Noyon fut reçu à l'Académie : l'abbé de Caumartin répondit à sa harangue; il (l'évêque) en fut content quand il l'entendit, et même il l'avait vue (cette Réponse) et approuvée auparavant; cependant on lui persuada depuis qu'il avait sujet de s'en plaindre, et il s'en plaignit au roi. Ce discours de l'abbé de Caumartin était fort éloquent et fort agréable, plein de louanges; mais on prétend qu'elles étaient malignes. » Saint-Simon, en ajoutant à nos renseignements, charge un peu la scène, mais nous en fait sentir tout le comique et le dramatique. Nous avons d'ailleurs les discours qui furent

du célèbre poëte latin, manifesta son deuil et ses regrets, et cela devient une occasion de tracer un léger crayon de chaque académicien. Ce sont des esquisses au naturel, faites sans idée de satire et selon l'opinion courante :

« *François de Clermont*, évêque-comte de Noyon, à qui tout le Vermandois est soumis. tire son illustre origine du tonnerre. Son âme, qui est toute de feu et toute céleste, se ressent du lieu d'où elle sort. Il tonne par son éloquence avec piété dans les chaires des prédicateurs. Il a remporté des triomphes sur l'hérésie. Il remplit admirablement bien tous les devoirs de la dignité pastorale. »

Un peu plus loin, et sans qu'on ait songé au contraste, l'abbé de Caumartin nous est rendu dans sa grâce parfaite et son amabilité :

« *L'abbé de Caumartin* est également versé dans la scholastique et dans la positive. Il est profond dans la science des Saints Pères. Il joint à une grande érudition une grande pureté de mœurs et une innocence merveilleuse. Sa jeunesse et sa bonne mine rendent sa vertu plus agréable et recommandable : la science de la religion en lui est accompagnée d'une parfaite connaissance des belles-lettres. »

prononcés de part et d'autre, et nous sommes en mesure non point d'en rabattre, mais de nous faire une idée parfaitement nette de la comédie et d'en bien juger.

L'attente de cette réception qui se faisait au Louvre était grande : il n'y avait qu'un petit nombre de places dans ce temps-là pour les auditeurs, elles furent recherchées du plus grand monde de la Cour. M. de Noyon n'avait pas quitté Versailles la semaine d'auparavant, et il y faisait la principale figure, recevant à l'avance et prenant au sérieux les compliments de chacun. Quand on sut que le jour était fixé, le roi dit tout haut : « On reçoit M. de Noyon lundi à l'Académie, je m'attends à être seul ce jour-là. »

M. de Noyon, qui voulut se surpasser dans sa harangue ou du moins se montrer égal à lui-même, commença par un exorde des plus singuliers et tout à fait amphigourique. Faisant allusion à cette première idée d'Académie française qui lui avait été suggérée par Louis XIV : « Il est vrai, je l'avoue, et qui ne le sait pas? disait-il, le sublime Génie qui anime et soutient cet illustre Corps m'a seul inspiré le glorieux dessein d'en être membre; et comme, étant supérieur à tout, il n'a que de grandes vues, j'en reçois heureusement celles que je n'aurais osé prendre de mon chef, et que vous avez bien voulu rendre effectives. Telles sont les grâces de Louis le Grand, grâces semblables aux influences du plus beau des astres, et qui me donnent droit de dire avec plus de justice, à l'honneur du roi, que Tertullien n'écrit pour flatter les princes de l'Afrique : l'État et le Ciel ont le même sort, et doivent leur bonheur à deux soleils..... »

A ces mots, le voisin de Racine dut se pencher vers lui et lui rappeler à l'oreille la harangue de maître Petit-Jean :

Quand je vois le soleil, et quand je vois la lune...

Et le voisin de La Bruyère reçu l'année d'auparavant et avec un si éloquent discours, put lui dire : « Ah! monsieur, vous ne nous aviez pas préparés à ce langage-là. »

La suite du compliment de M. de Noyon répond de tout point au début : « Entrons, dit-il, dans notre sujet et remarquons les âges différents de l'Académie française, — née sous les auspices du cardinal duc de Richelieu fonda*teur;* — élevée par les soins du chancelier Séguier conserva*teur;* — fortifiée des doctes écrits de mon prédéces*seur;* — consommée et comblée de toute la gloire de Louis le Grand son auguste et magnifique protec*teur;* — ouvrages dignes de leurs au*teurs*/*auteurs* dignes de leurs ouvrages, etc. »

Cette harmonie baroque, à laquelle l'intention du débit devait ajouter tout son poids, ressemblait à un tintement de cloche avant la cérémonie. C'était d'ailleurs la division exacte de son discours que l'orateur venait de marquer selon sa méthode.

L'éloge obligé de Richelieu, par où il reprenait, était d'une grande bigarrure de ton; la familiarité s'y mêlait avec l'emphase. On y voyait l'église de Luçon encore toute remplie des souvenirs de *son cher Armand*, et aussitôt après on avait à suivre *le vol de cet aigle* qui s'élevait de la terre au ciel. C'eût été affaire à un Bossuet de rendre naturels ces contrastes, et de les envelopper dans un même mouvement : M. de Noyon n'y allait qu'à l'étourdie. L'orateur ne montrait pas seulement la maison d'Autriche abaissée et réduite aux abois, mais encore les *éléments* soumis et assujettis par ce génie supérieur : des quatre éléments, toutefois, un seul était pris au propre, l'*eau* de la mer retenue par la digue de La Rochelle; les autres éléments ne figuraient qu'à l'état métaphorique : c'était le *feu* de la rébellion éteint avec celui de l'hérésie; c'était l'*air* devenu plus serein, et la *terre* étonnée de tant de prodiges. Il y avait un coin de

Scarron dans cette éloquence, et un reste de Camus, l'évêque de Belley, de joyeuse mémoire.

Le chancelier Séguier, qui après la mort du grand cardinal avait donné asile dans son hôtel à l'Académie errante, était célébré comme l'hôte des *Anges visibles de la science*. Les figures et les personnages de l'Écriture, Élisée, Pharaon, Moïse revenaient de temps en temps. Tertullien surtout avait faveur dans l'esprit du prélat, et au jugement des auditeurs, ce lui était une marque de plus de mauvais goût.

On a dit que, s'étant fait un point d'honneur de ne jamais parler des personnes d'une naissance commune, M. de Noyon avait affecté de ne rien dire de son prédécesseur Barbier d'Aucour. Cependant le discours tel qu'il est imprimé contient quelques éloges très-honnêtes et suffisants. Ont-ils été ajoutés après coup, comme on l'a prétendu? J'ai peine à le croire, d'autant plus que cet endroit est comme enchâssé dans le tissu même du discours. Il n'y aurait pourtant rien d'absolument impossible ni de trop étonnant à cette omission première.

Arrivant à l'éloge de Louis le Grand, l'orateur ne se contient plus : « Vous le voyez, messieurs, et je le sens encore plus, *je tremble de peur et je suis transporté de joie...* » C'est ici que Tertullien revenait encore assez singulièrement : « Il y a deux personnes dans un même homme, lorsque la Providence l'élève aux premières places : la personne particulière et la personne publique. Tertullien distingue d'abord l'homme et César, et forme ensuite des vœux proportionnés à ces deux états. » A l'exemple de Tertullien, le prélat envisageait donc Louis *homme*, et ensuite Louis *roi*. Il divisait cette fin de harangue en deux points comme un sermon; insistant sur les grâces de l'homme et s'y laissant ravir, il posait en principe « qu'il vaudrait mieux être Louis sans être roi, que d'être roi sans être Louis. — Rare et inimitable original! s'écriait-il aussitôt; son air charmant et majestueux se répand sur toutes ses actions; sa maison royale emprunte quelques rayons de sa gloire; son âge est mûr et parfait; le travail infatigable lui est devenu naturel... Son amour extrême pour nous sacrifie toutes ses veilles à notre repos, et s'il abrége et méprise le temps du sommeil, c'est parce qu'il le passe sans nous... Ne vous étonnez pas, messieurs, du zèle de ce discours : chaque mot est un trait de flamme... »

Cela paraissait ridicule, dit de ce ton, même alors, — surtout alors (1). Il y avait dans cette fin de discours des choses d'ailleurs assez honorables sur les impôts, sur la paix dont l'orateur exprimait le vœu; mais il s'y perdait de plus en plus dans des phrases qui, dès qu'elles n'amusaient plus, allaient donner de l'ennui.

L'abbé de Caumartin commença, et rien qu'à son accent vif et fin, la malice à l'instant fut réveillée. La moitié de son succès était déjà dans le discours qu'on venait d'entendre. Le public, ou du moins cette élite du monde qui tenait lieu alors de public, était décidée à être des trois quarts dans l'ironie pour peu qu'il s'y prêtât; et il s'y prêta plus même qu'il n'était nécessaire :

« Monsieur, dit-il, si les places de l'Académie française n'étaient considérées que par les dignités de ceux qui les ont remplies, nous n'aurions osé vous offrir celle dont vous venez de prendre possession, et peut-être n'auriez-vous pas eu vous-même tout l'empresse-

---

(1) Car aujourd'hui, il est bon de le savoir, nous sommes aussi très-ridicules quand nous louons, mais nous ne nous en apercevons pas. Il est vrai que nous ne louons plus les rois et les princes, nous louons les comédiens, les gens de lettres, c'est-à-dire nous nous louons nous-mêmes; nous parlons de l'actrice régnante en des termes à faire rougir le grand Condé, et du romancier à la mode comme on ne parlerait pas de M. de Turenne. C'est notre marotte que d'autres un jour relèveront.

ment que vous avez témoigné pour l'avoir. Le confrère que nous avons perdu ne devait rien à la fortune : riche dans toutes les parties qui font un véritable homme de lettres, il n'avait aucun de ces titres éclatants qui relèvent son successeur : son esprit aisé et pénétrant, etc... »

Aisé et *pénétrant*, les deux qualités qui manquaient le plus à M. de Noyon ! — Pressé d'arriver à l'éloge direct de son nouveau confrère, l'abbé de Caumartin ne craignit pas de toucher le point délicat, la solidité des titres académiques, et tout en caressant le glorieux personnage sur ses autres qualités et prétentions extérieures de manière à le gonfler devant tous, il se piqua de lui faire accroire qu'il ne tenait qu'à lui de pouvoir s'en passer :

« C'est ce qui nous le fait regretter avec justice, disait-il en parlant des mérites modestes de Barbier d'Aucour, et notre consolation serait faible, si elle n'était fondée que sur la différence de vos conditions. Nous connaissons ce sang illustre *en qui toutes les grandeurs de la terre se trouvent assemblées*, et qui tient par TANT *d'endroits à* TANT *de maisons souveraines*; nous vous voyons revêtu du titre auguste qu'un de nos rois a dit être le plus glorieux qu'on pût donner à un fils de France (*le titre de Pair*); nous respectons en vous le sacré caractère que le Fils de Dieu a laissé dans son Église comme le plus grand de ses bienfaits : et cependant, monsieur, ce n'est pas à toutes ces qualités éclatantes que vous devez les suffrages de notre Compagnie; *c'est à un esprit plus noble encore que votre sang, plus élevé que votre rang*. Nous ne craignons point de vous déplaire en vous dépouillant, pour ainsi dire, de *tant de grandeurs*. Est-ce d'aujourd'hui que vous marchez sans elles, et la dignité d'Académicien est-elle la première où vous êtes parvenu *comme un autre homme qui ne serait pas né ce que vous êtes*? C'est un pompeux cortége qui vous accompagne, et qui ne vous mène pas. Vous le prenez, vous le quittez selon qu'il vous convient, et il est de l'intérêt de votre gloire de vous en détacher quelquefois, afin que les honneurs qu'on vous rend ne soient attribués qu'à votre seul mérite. »

L'ayant ainsi habilement dépouillé des grandeurs mêmes dont il vient de l'envelopper et de le draper à plaisir, il va prendre le prélat, sinon comme un écrivain, du moins comme un orateur, comme un des maîtres de la parole; et c'est ici qu'il entre dans le vif, que le persiflage s'aiguise et s'enhardit, et que l'exécution commence. Puis ne perdons rien du jeu de scène : pendant que l'un pique, joue et enfonce, l'autre, qui se croit loué, se rengorge et jouit; et l'auditoire, — cet auditoire qui se compose de la fleur de la Ville et de la Cour, de témoins de la qualité des Hamilton, des Coulanges et des Caylus, saisit chaque nuance, achève chaque intention, et la redouble en applaudissant (1).

« La place que vous occupez aujourd'hui, continuait donc l'abbé de Caumartin, en prenant résolûment l'encensoir, vous était due depuis longtemps. *Cette éloquence dont nous sommes encore tout éblouis, et dont vous avez créé le modèle, vous accompagne partout.* Ce n'est point dans vos harangues, ce n'est point dans vos sermons qu'elle se renferme; *on la retrouve dans vos lettres, et dans vos conversations les plus familières.* Les figures les plus hardies et les plus marquées, celles que les plus grands orateurs n'emploient qu'en tremblant, vous les répandez avec profusion, vous les faites passer dans des pays qui jusques ici leur étaient inconnus; et ces Ordonnances véritablement apostoliques, destinées au seul gouvernement des âmes, au lieu d'une simplicité négligée qu'elles avaient avant vous, sont devenues chez vous des chefs-d'œuvre de l'esprit humain. Pendant que l'Église voit avec édification dans ces sages règlements la vérité de la doctrine, la pureté de la morale, l'intégrité de la discipline, l'autorité de la hiérarchie, établies, soutenues et conservées dans le diocèse de Noyon depuis l'heureux temps de votre épiscopat, nous y voyons encore ces

(1) En citant ces noms élégants de Coulanges et de Caylus, je ne veux pas dire que les dames auxquelles je fais allusion pour l'esprit de malice délicate, assistassent à cette séance de l'Académie où l'on reçut M. de Noyon. Les femmes, à cette date, ne venaient pas encore aux assemblées de l'Académie française. La première fois qu'elles s'y glissèrent (c'est Dangeau encore qui nous l'apprend dans la suite de son Journal), ce fut huit ans plus tard (7 septembre 1702) pour la réception d'un autre évêque, et d'un évêque aussi dont on voulait se moquer. Les nièces de M. de Chamillart évêque de Senlis, et leurs amies, se firent un malin plaisir d'assister à sa réception, du fond d'une tribune qu'on avait pratiquée dans un cabinet voisin : ce fut une grande nouveauté. Jusque là, et depuis l'admission du public en 1672, il n'y avait eu que des hommes. M. de Noyon dut donc se contenter pour son triomphe, d'avoir la fleur des courtisans.

divisions exactes, ces justes allusions, ces allégories soutenues, et surtout une méthode qu'on ne voit point ailleurs, et sans laquelle on suivrait difficilement des idées aussi magnifiques que les vôtres!... »

On applaudit à outrance; M. de Noyon resplendit dans son nuage de gloire. Nous sommes au plus fort de cette pluie d'épigrammes fines qui ne laisse pas de répit et qui ne cesse plus :

« La véritable éloquence, poursuivait sans pitié l'abbé de Caumartin, doit convenir à la personne de l'orateur : la vôtre ne laisse pas ignorer à ceux qui vous entendent ou qui vous lisent, d'où vous venez et ce que vous êtes. Si votre style est noble, il est encore plus épiscopal (*M. de Noyon, pour le coup, était homme à avoir fourni ce trait-là et à l'avoir indiqué de sa main sur le manuscrit*). Partout vous faites voir d'heureuses applications de l'Écriture, de doctes citations des Pères; *vous les possédez tous*, et s'il y en a quelqu'un qui se présente à vous plus ordinairement que les autres (*Tertullien sans doute*), c'est par la sympathie des imaginations sublimes que la nature n'accorde qu'à ses favoris. Que de puissants motifs à l'Académie pour vous choisir, et quel bonheur pour elle de pouvoir, en vous associant, satisfaire en même temps à la justice, à son inclination, et *à la volonté de son Auguste Protecteur! Il sait mieux que personne ce que vous valez, il vous connaît à fond, il aime à vous entretenir, et lorsqu'il vous parle, une joie se répand sur son visage, dont tout le monde s'aperçoit.* Il a souhaité que vous fussiez de cette Compagnie, et nous avons répondu à ses désirs par un consentement unanime. Après l'éloquent panégyrique que vous venez de faire de ce grand prince, je n'obscurcirai point par de faibles traits les idées grandes et lumineuses que vous en avez tracées : je dirai seulement que pendant qu'il soutient seul le droit des rois et la cause de la religion, il veut bien encore être attentif à la perte que nous avons faite, et la réparer dignement *en nous donnant un sujet auquel, sans lui, nous n'aurions jamais osé penser*. C'est à vous, Monsieur, à joindre vos efforts aux nôtres pour lui témoigner notre profonde reconnaissance. »

Tel est presque en entier ce discours qui fit alors tant de bruit, qu'on n'osa imprimer d'abord dans les Recueils de l'Académie française, et qui ne fut imprimé que plus tard dans ceux qu'on publiait en Hollande. Saint-Simon, qui nous a donné tant de détails animés sur cette séance et sur les suites, dit que l'abbé de Caumartin « composa un discours confus et imité au possible du style de M. de Noyon, » et qu'il y contrefit le *galimatias* de celui qu'il voulait railler. Cela, on le voit, n'est pas tout à fait juste, et il ne manque rien à ce discours pour être en parfait contraste avec le genre de l'évêque. Mettez-y les airs et les accents, et vous avez le morceau le plus nettement français; tout y pétille d'esprit et d'impertinence. C'est le modèle classique du persiflage; — une scène en prose du *Méchant*, et plus comique que la comédie.

Mais il fallait tout ce commentaire pour bien entendre. Le persiflage est ce qui a le plus besoin d'être expliqué.

Fénelon, au sortir de la séance, dit à l'abbé de Caumartin, et en y mettant toute l'intention et le fin sourire : « Monsieur, je vous ai entendu et *entendu!* »

L'évêque de Noyon fut quelques jours à s'apercevoir qu'il était la fable du monde; il ne s'en doutait pas. Il dut attendre que l'archevêque de Paris, M. de Harlay, qui tenait à lui être désagréable, l'éclairât là-dessus, et lui fît tomber les écailles des yeux. La colère succéda à l'extrême jubilation. Il courut se plaindre au Père de La Chaise, puis au roi, demandant justice d'un *petit prestolet*, d'un *petit bourgeois* qui s'était attaqué en public à un homme comme lui (1). Ce qu'il y avait de

---

(1) Voici une Lettre burlesque qui courut dans le temps, et par laquelle M. de Noyon était censé se plaindre au roi; elle paraît être de M. de Coulanges :

« LETTRE DE MONS L'ÉVÊQUE DE NOYON SUR LA HARANGUE DE M. L'ABBÉ DE CAUMARTIN, PRÉSIDENT EN L'ACADÉMIE LE JOUR DE LA RÉCEPTION DE CET ÉVÊQUE.

« L'abbé de Caumartin, sifflé, soufflé, pressé, poussé, excité, remué, agité, tourmenté, persécuté par je ne sais quel esprit malin à moi inconnu jusqu'ici, a fait contre moi un Discours à l'Académie, critique, caustique, satirique, comique, allégorique, hyperbolique, emphatique, ironique, fanatique, fantastique, extatique, excentrique. La charité chrétienne ne me permet pas d'en faire à Votre

plus mortifiant, c'est que l'abbé de Caumartin lui avait d'avance soumis hypocritement son discours, que le prélat l'avait lu, approuvé, corrigé, dit-on, en quelques endroits, et qu'il y avait rehaussé peut-être quelques louanges. Le roi prit mal cette espièglerie d'un homme d'esprit dans un personnage public. Il dut rire comme tout le monde dans le premier moment, mais il resta mécontent en définitive. La mesure avait été passée, la convenance violée, ce que ce roi ne pardonnait jamais. Que dis-je ? on l'avait fait servir lui-même, dans quelques phrases du discours, d'instrument et de passe-port à la moquerie. Le roi, nous apprend Saint-Simon, eut d'abord la pensée d'exiler l'abbé de Caumartin dans une abbaye qu'il avait en Bretagne, et s'il ne le fit pas, il ne perdit jamais le souvenir de cette faute. L'aimable abbé n'obtint d'évêché qu'après la mort du monarque. S'il avait rêvé plus, si ses grands talents précoces lui avaient inspiré des désirs naturels d'élévation, et avaient fait tirer autour de lui, comme nous l'entrevoyons, d'ambitieux augures, tout manqua, et sa carrière fut en quelque sorte brisée par une première légèreté.

Quelques jours après cette mésaventure de M. de Noyon (21 décembre), le roi le désignait pour faire la harangue de clôture de la prochaine Assemblée du Clergé : « C'est d'ordinaire, nous dit Dangeau, le président (de l'Assemblée) qui nomme l'évêque qui doit

---

Majesté une censure affirmative, mais la vérité chrétienne m'oblige de dire, sinon ce qu'il est, au moins ce qu'il n'est pas. Il n'est ni long ni court, ni bas ni sublime, ni sérieux ni badin. Il n'est ni sacerdotal par rapport à lui, ni épiscopal par rapport à moi, ni royal par rapport à Votre Majesté. Il n'est pas sacerdotal par rapport à lui, car il n'a pas dit un seul mot de l'Écriture Sainte, des Pères de l'Église, ni des Conciles œcuméniques, et ce sont les seules paroles qui doivent sortir de la bouche d'un prêtre. Il n'est point épiscopal par rapport à moi, car il manque au respect qu'il me doit par la soumission établie dans l'ordre de la juridiction ecclésiastique. Il n'est point royal par rapport à Votre Majesté, car il ne dit rien d'Elle, sinon que vous riez toutes les fois que vous me voyez... » (Manuscrits de la Bibliothèque impériale, Résidu de Saint-Germain, n° 16. Portefeuille 1er du docteur Vallant, page 15.)

haranguer le roi; ainsi M. l'archevêque de Paris qui présidera aurait pu nommer qui il lui aurait plu; mais il a consulté le roi, qui a accordé cette grâce-là à M. de Noyon qui l'a demandée. » M. de Noyon brûlait de se relever par quelque harangue de sa disgrâce académique, et Louis XIV dans sa bienveillance lui en procurait l'occasion.

Le 26 janvier 1695, M. de Noyon était invité à un Marly; il n'y était jamais venu jusque-là. On le logea au sixième pavillon. Le roi lui ayant demandé le soir comment il se trouvait à Marly : — « A Marly, Sire? répondit-il en souriant, j'espère que Votre Majesté m'y logera une autre fois, car pour celle-ci, je ne suis qu'aux faubourgs. » On voit que ce n'était pas précisément d'esprit ni de trait que manquait M. de Noyon; mais son trait d'esprit partait encore de sa vanité, de sa plénitude. On frappait sur le ballon gonflé, et il y avait du ressort.

Il était si incurable qu'en 1698, quatre ans après sa mystification d'Académie, il se fit adresser et dédier par le président Cousin l'*Histoire de plusieurs Saints des maisons des Comtes de Tonnerre et de Clermont*. Il voulait de la généalogie jusque dans le Ciel. C'était lui qui avait fourni les mémoires : « Monseigneur, lui disait le rédacteur dans la Dédicace, j'ai si peu de part à cette Histoire, qu'en vous l'offrant, je ne puis espérer qu'elle me serve ni à me faire un mérite auprès de vous, ni à m'acquitter d'une dette. Tout ce qu'il y a de plus grand dans les Saints qu'elle célèbre vous appartient... Vous êtes encore plus riche de votre fonds que des titres que vous ont laissés vos ancêtres. L'éclat d'une maison qui a donné par ses alliances augustes tant de princes à la France, tant de saints à l'Église, tant de souverains à de grands pays, semble encore au-dessous de la gloire d'avoir acquis un si rare mérite par votre propre application. » — En un mot, il se faisait dire au sérieux et sans rire ce que l'abbé de Caumartin lui avait déjà dit en face et en badinant.

A l'Académie, ce fut M. de Noyon qui, en mai 1699, fonda à perpétuité le prix de poésie, qui n'avait été jusque-là que précaire : il est vrai que le sujet prescrit devait être à tout jamais la louange de Louis le Grand. C'est ainsi que de sa part il se mêlait comme inévitablement du ridicule, même à une noble pensée.

Bon homme au fond, dans une grande maladie qu'il fit, il voulut se réconcilier avec l'abbé de Caumartin, et après sa guérison, il alla jusqu'à solliciter pour lui auprès du roi l'évêché toujours refusé. D'Alembert, dans ses Éloges des académiciens, a consacré à M. de Noyon, sous le titre d'*Apologie*, une Notice équitable et indulgente. Il y apprécie le procédé de l'abbé de Caumartin avec la même sévérité et du même point de vue qu'avait fait Louis XIV : « Nous nous croyons obligé de dire (ce sont les paroles de d'Alembert) que, si le directeur eut dessein en cette occasion d'immoler bénignement le récipiendaire à la risée publique, il eut un tort très-grave, et à l'égard de son confrère et à l'égard de son Corps. Quelque jugement que l'orateur de la Compagnie porte en secret sur celui qu'il est chargé de recevoir, lui eût-il refusé son suffrage, eût-il traversé son élection, fût-il même son ennemi, il doit oublier tout, dès qu'il se trouve à la tête de la Société respectable qui vient d'adopter le nouvel académicien. Simple organe de ses confrères en cette circonstance, et réduit à exprimer leurs sentiments, lors même qu'ils ne sont pas les siens, il est, au moins pour ce moment, voué ou, si l'on veut, condamné à l'éloge, comme le récipiendaire l'est à la timidité et à la modestie. L'évêque de Noyon, ainsi que nous l'avons vu, avait fait son devoir de *récipiendaire :* nous laisserons à décider si l'abbé de Caumartin fit son devoir de *directeur*. »

Malgré des principes si justement établis, il a été difficile que la scène de M. de Noyon et de l'abbé de Caumartin ne se renouvelât point quelquefois. Je n'ai garde de songer à ce qui a pu se passer de nos jours, et qui n'offrirait, je veux le croire, que de lointaines ressemblances; mais une scène presque pareille à celle qu'on vient de voir a été la réception de La Harpe par Marmontel, le 20 juin 1776. Le public, alors tout littéraire, et très-occupé de ces sortes de querelles, s'était fait de La Harpe une idée très-malicieuse, peu favorable, et qui ne répondait point aux mérites étendus qu'il a déployés depuis. Il succédait à Colardeau, et l'éloge du doux et intéressant poëte parut aussitôt la satire indirecte, mais sensible, de l'irritable et belliqueux récipiendaire. Une fois entré dans cette voie d'interprétation, le public ne s'arrêta plus, il chercha finesse à chaque phrase, et il prêta peut-être à l'honnête Marmontel plus de malice qu'il n'en avait eu d'abord. Marmontel, toutefois, s'il n'avait ni dans la pensée, ni dans le ton, de cette ironie consommée de l'abbé de Caumartin, n'était pas tout à fait innocent (1).

Revenant à Dangeau et à son Journal, qui a été le point de départ de tout ce développement et de cette petite chronique rétrospective, je ne veux pourtant point fermer les volumes sans payer, avec mes remercîments et mes éloges, mon tribut de critique aux

---

(1) On peut voir encore, dans la Correspondance de Grimm, la réception de M. de Roquelaure, évêque de Senlis comme Chamillart, et qui prêtait aussi à la raillerie (4 mars 1771). La réponse de l'abbé de Voisenon fut un persiflage continuel : le public éclatait de rire à chaque phrase. — Enfin, rien ne m'empêche plus aujourd'hui de dire que la réception de M. de Vigny, par M. Molé, qui s'est passée sous nos yeux, a offert un parfait pendant à la réception de M. de Noyon, mais avec moins de gaieté et plus d'amertume.

excellents éditeurs. Leur texte de Dangeau me paraît très-bien donné, et on y a joint, par des extraits du *Mercure* et autres journaux du temps, ce qui peut l'éclairer et le relever à propos sans le surcharger. Mais j'ai quelques corrections sérieuses à proposer pour le texte des notes de Saint-Simon. Le style de Saint-Simon, dans ces notes rapides, est plus pétulant, plus pressé, plus heurté que nulle part ailleurs; on y sent quelqu'un qui veut trop dire, qui veut tout dire à la fois. C'est comme une source abondante qui a à sortir par un goulot trop étroit, et qui s'y étrangle. Au milieu des plus heureux traits, il ne se donne pas le temps de mettre sur pied ses phrases. Dangeau dit quelque part (t. III, p. 204) qu'on a réglé à la Cour que ce ne seront plus les filles d'honneur qui quêteront, et que ce seront les dames. Sur quoi Saint-Simon ajoute au plus vite cette explication : « C'est qu'*il n'y ayant plus* de filles d'honneur que les deux souffertes à madame la princesse de Conti, il n'y avait plus personne pour quêter. » Mais cette incorrection parfois incroyable de diction ne doit pourtant pas faire admettre de lui toute locution étrange d'après une copie fautive. Et, par exemple, s'agit-il des gouverneurs et sous-gouverneurs qu'on place auprès des ducs d'Anjou et de Bourgogne, Saint-Simon n'a pas dit (t. III, p. 206) : « Les sous-gouverneurs eurent des *métiers* différents, aux yeux du duc de Beauvilliers qui les choisit, » mais il a dit « des *mérites* différents. » Il n'a pas dû dire, malgré ses gaietés de style, parlant de la vie débauchée que menait le chevalier de Bouillon (t. III, p. 264) : « M. de Bouillon (le père), ennuyé de ses déportements, lui en fit une forte *romancine*, » mais une forte *remontrance* (1). J'ai peine

---

(1) Ici j'avais tranché à faux : en effet, dans une lettre de Voltaire à d'Argental du 1ᵉʳ février 1762, on lit : « Je reçois le paquet avec ma *romancine*. Vraiment, comme on me lave la tête ! » Je retire donc

à croire aussi que Saint-Simon ait dit (t. IV, p. 479) les *folies* du cardinalat, pour les honneurs attachés à la dignité de cardinal; il a dû dire les *gloires* du cardinalat, ou peut-être simplement les *droits*. — Je ne sais (t. IV. p. 206) ce que peuvent être « les *carres* de jansénisme » par lesquels on voudrait nuire à la comtesse de Grammont auprès du roi, et qu'elle ne redoutait guère; je conjecture que ce sont des *tares*. — Le titre de *conseiller de Cour souveraine*, qu'on retranche en 1690 du serment des ducs et pairs, et qui y avait été introduit par M. de Guise, sous la Ligue, afin de flatter le peuple et le Parlement, donne lieu à une phrase de Saint-Simon (t. III, p. 199, à la deuxième ligne de la note) qu'il faut absolument refaire et restituer dans le sens, sinon dans les termes, que voici : « Il (ce titre) s'était *perpétué* après avoir été introduit par M. de Guise pour se rendre populaire. » — Enfin il n'est pas possible que dans une première partie de phrase (t. III, p. 362) Saint-Simon ait dit : « M. de Louvois n'était bon qu'à être *premier ministre en plein*, » et que dans le second membre de cette même phrase il se soit attaché à lui refuser précisément les principales qualités d'un premier ministre; j'aimerais mieux lire qu'il n'était bon qu'à être « premier ministre *en petit*, » quoique cela ne me satisfasse qu'à peu près. En soumettant ces difficultés de sens aux excellents éditeurs, je suis sûr d'attirer leur attention pour l'avenir et d'amener sur ce qui a échappé jusqu'ici des corrections et *leçons* meilleures que celles que je puis proposer.

ma remarque, et si je laisse l'endroit, c'est pour montrer combien nos jugements rapides sont incertains et pour avertir que je ne livre mes conjectures que sous bénéfice d'inventaire.

HENRI IV ÉCRIVAIN

PAR M. EUGÈNE JUNG

ancien élève de l'École normale, docteur ès lettres (1).

Ce volume est une thèse que M. Jung a soutenue devant la Faculté des lettres de Paris. C'est à cette destination particulière, et peut-être aussi au tour d'esprit de l'auteur, qu'il faut attribuer certaines formes, certaines divisions plus méthodiques et, pour tout dire, plus scolastiques qu'on ne voudrait en telle matière; mais il y a une véritable étude, une étude approfondie du sujet, beaucoup de vues justes, fines, pénétrantes, des remarques ingénieuses et solides. C'est un travail des plus estimables, qui mérite l'attention et les conseils de la critique, et dont elle peut elle-même profiter. J'y reviendrai après avoir expliqué à ma manière ce qu'on peut entendre par Henri IV écrivain.

Il y a longtemps que si les hommes écrivaient aussi bien qu'ils parlent, ou que si l'on écrivait pour eux ce qu'ils disent dans les circonstances décisives où ils se trouvent, il y aurait quantité d'écrivains qui n'en seraient que plus mémorables pour ne pas être du métier : mais, parmi ceux qui ont songé à écrire ou à dicter après coup ce qu'ils avaient dit ou ce qu'ils avaient fait, la plupart ont perdu, en se mettant dans cette position

(1) Un volume in-8, 1855; Paris, Treuttel et Wurtz.

et comme dans cette attitude nouvelle, une partie de leurs facultés, de leurs ressources; s'imaginant que c'était une grande affaire qu'ils entreprenaient, et préoccupés de leur effort, ils ont laissé fuir mille détails qui animent et qui donnent du charme; ils se sont ressouvenus froidement, ou du moins incomplétement; on n'a eu que l'ombre de leur action ou de leur verve première. De la parole vive au papier il s'est fait bien des naufrages. Cela est vrai surtout des époques où l'écriture était chose à part et réservée aux seuls clercs. Villehardouin ne nous a transmis qu'une faible idée des discours qu'il prononçait devant les Vénitiens ou dans l'armée des Croisés pour servir la cause commune et apaiser les différends. Joinville, dans sa narration, n'a su que nous bégayer avec un embarras qui a sa grâce les paroles bien autrement coulantes et abondantes de saint Louis. Aux époques cultivées, où les hommes d'État et de guerre sont instruits aux lettres et ont aisément la plume à la main, un autre écueil tout opposé, c'est qu'ils fassent trop les écrivains en se ressouvenant, et qu'ils ajoutent par la phrase aux circonstances de l'action. En général pourtant, les esprits les plus distingués entre ceux qui ont pris part aux grandes choses, mettent leur honneur et leur bon goût, quand ils en écrivent, à être ou à paraître simples.

Le nom d'écrivains proprement dits continue d'appartenir à ceux qui de propos délibéré choisissent un sujet, s'y appliquent avec art, savent exprimer même ce qu'ils n'ont pas vu, ce qu'ils conçoivent seulement ou ce qu'ils étudient, se mettent à la place des autres et en revêtent le rôle, font de leur plume et de leur talent ce qu'ils veulent : heureux s'ils n'en veulent faire que ce qui est le mieux et s'ils ne perdent pas de vue ce beau mot digne des temps de Pope ou d'Horace : « Le chef-d'œuvre de la nature est de bien écrire. »

Les autres, les hommes d'action, qui traitent de leurs affaires, ne sont écrivains que d'occasion et par nécessité ; ils écrivent comme ils peuvent et comme cela leur vient ; ils ont leurs bonnes fortunes.

Toutefois, la ligne qui sépare les uns des autres se confond souvent, et si l'on prend, par exemple, les noms des grands capitaines, des grands rois et ministres qui ont écrit, et dont la pensée se présente d'abord, César, Henri IV, Richelieu, Louis XIV, Frédéric, Napoléon, on trouvera que César et Frédéric avaient beaucoup du littérateur en eux, qu'il y avait en Richelieu de l'auteur, et de tous ces illustres personnages que je viens de citer, ceux qui sont le moins du métier, les seuls même qui n'en soient pas du tout, c'est encore Louis XIV et Henri IV.

On ne saurait en être moins que Henri IV, et cette entière liberté de dire, jointe à son esprit naturel et si plein de saillies, est souvent d'un grand charme. On se tromperait cependant si l'on abordait les volumes de sa Correspondance et le Recueil de ses Lettres missives, publiées avec beaucoup de soin par M. Berger de Xivrey, et qui sont arrivées déjà jusqu'au tome VI, — si, dis-je, on entamait cette lecture dans une pensée d'agrément littéraire ; c'est avant tout un livre d'étude et une vaste source de renseignements pour l'histoire ; la grâce, la galanterie, la gentillesse d'esprit, qui se rattachent à bon droit au souvenir de Henri IV, n'y sont qu'incidentes et clair-semées. Mais on y suit dans toutes ses traverses et ses épines cette vie laborieuse, morcelée, toujours en lutte, et qui n'eut que de rares éclaircies de soleil. Les lettres de Henri IV, quand c'est lui qui les fait, sont en général courtes, pressées, comme de quelqu'un qui monte à cheval ou qui en descend. M. Jung s'est attaché d'abord, et avec un esprit de critique précise et rigoureuse, à bien déterminer, dans cette quantité de dépêches et de pièces diverses, celles qui peuvent être considérées avec quelque certitude comme étant directement de la main ou de la dictée de Henri IV, et non point de la rédaction de ses secrétaires. Pour essayer moi-même d'appliquer quelque analyse ou de rattacher quelques observations à ces lettres, je choisirai celles qu'il a écrites à la comtesse de Grammont, l'une de ses premières maîtresses, et qui sont certainement tout entières de sa façon.

La comtesse de Guiche, ensuite de Grammont, appelée *la belle Corisandre*, fille d'un brave seigneur, M. d'Andouins, fut, avant Gabrielle, la maîtresse en titre de Henri tandis qu'il chevauchait dans le Midi et qu'il faisait son rude métier de roi de Navarre. Veuve depuis 1580 de Philibert de Grammont, qu'elle avait épousé en 1567, et dont elle avait deux enfants, elle ne pouvait guère, à la mort de son mari, avoir moins de vingt-sept à vingt-huit ans, c'est-à-dire à peu près l'âge de Henri. Elle lui rendit en Béarn des services d'amie avec dévouement et vaillance. La première lettre qu'on a de Henri à elle est de décembre 1585. Par suite du rapprochement de Henri III et de la Ligue, et de leur réconciliation qui s'est faite aux dépens des Protestants, le Béarnais vient d'être forcé de reprendre les armes et de recommencer sa vie d'escarmouches, de harcèlements et de surprises, jusqu'à ce que la journée de Coutras apprenne aux autres et à lui-même ce qu'il peut comme général. La première lettre de Henri le montre très-amoureux, et les ennemis qui le savent s'embusquent dans un moulin pour le prendre au passage, s'il se hasarde à courir vers la dame de ses pensées : « Ne craignez rien, mon âme, écrit Henri ; quand cette armée, qui est à Nogaro, m'aura montré son dessein, je vous irai voir, et passerai sur les ailes d'Amour, hors de la connaissance de ces misérables *terriens*, après avoir pourvu, avec l'aide de Dieu, à ce que ce vieux renard n'exécute son dessein. » *Terriens*, pour habitants de cette vile terre ; il y a ici du langage d'amour un peu alambiqué, et qui sent sa Cour de Henri III. Notre Henri, d'ailleurs, n'en abusera guère, et s'exprimera en général plus naïvement. Il parle dans cette lettre de sa femme la reine Marguerite, et dans des termes de mépris qu'il ne cherche pas à contenir ; Marguerite était alors au début de cette vie de scandale et d'aventures qu'elle menait à Agen ou en Auvergne, où elle alla s'enterrer : « Il est venu un homme, de la part de la dame aux chameaux (la reine Marguerite), me demander passe-port pour passer cinq cents tonneaux de vin, sans payer taxe, pour sa bouche ; et ainsi est écrit en une patente. C'est se déclarer ivrognesse en parchemin. De peur qu'elle ne tombât de si haut que le dos de ses bêtes, je le lui ai refusé... » On peut rapprocher ce passage d'un autre qui se lit dans une lettre par lui écrite à la même madame de Grammont au lendemain des scènes ensanglantées de Blois (1ᵉʳ janvier 1589) : «... Je n'attends que l'heure de ouïr dire que l'on aura envoyé étrangler la feue reine de Navarre. Cela, avec la mort de sa mère (Catherine de Médicis), me ferait bien chanter le Cantique de Siméon. » On voit que Henri ne dissimule point ses premiers mouvements, et qu'il écrit quelquefois ce que le bon goût du moins commanderait de retenir. Sa nature clémente vaut mieux que ces mots-là, qui sont rares. Les lettres à madame de Grammont, qui se succèdent fréquemment en ces années, sont moins d'amour que d'affaires ; elles se terminent par quelques galanteries empressées et courtes : « Je fais anhuy (aujourd'hui) force dépêches. Demain, à midi, elles partiront, et moi aussi, pour vous aller manger les mains. Bonjour, mon souverain bien. Aimez *Petiot*. 9ᵉ décembre (1585). » *Petiot*, c'est lui-même. Il avait alors contre lui deux armées qui s'étaient jointes, celles de M. de Mayenne et du maréchal de Matignon ; on comptait bien le tenir enveloppé et le prendre au passage de la Garonne, à son retour du Béarn, où il était allé pour affaires et aussi par amour. Il s'en tira en habile chasseur qui sait tous les sentiers. Deux lettres écrites vers ce temps à l'un de ses plus fidèles serviteurs et compagnons d'armes, M. de Batz, donnent idée de tout ce qu'il y a d'alerte, de gai, de familier dans sa manière :

« Monsieur de Batz, ils m'ont entouré comme la bête, et croient qu'on me prend aux filets. Moi, je leur veux passer à travers ou dessus le ventre. J'ai élu mes bons, et mon Faucheur en est. Grand damné, je te veux bien garder le secret de ton cotillon d'Auch à ma cousine (1) ; mais que mon Faucheur ne me faille en si bonne partie, et ne s'aille amuser à la paille, quand je l'attends sur le pré. » (11 mars 1586.)

Et encore le lendemain :

« Mon Faucheur, mets des ailes à ta meilleure bête ; j'ai dit à Montespan de crever la sienne. Pourquoi ! Tu le sauras de moi à Nérac ; hâte, cours, viens, vole : c'est l'ordre de ton maître, et la prière de ton ami. »

Ce sont là les lettres par excellence de Henri IV, courtes, fraîches, matinales, écrites le pied levé et déjà sur l'étrier, en partant pour dépister l'ennemi ou courir le cerf. Elles font l'effet du son du cor ou du clairon, réveil du chasseur ou du guerrier.

Les lettres de ce temps que Henri adresse à M. de Saint-Geniez, son lieutenant général en Béarn et l'un de ses meilleurs serviteurs, montrent à quel point il commence à s'occuper sérieusement de ses affaires, et, à cet âge de trente-trois ans où il est arrivé, à devenir tout à fait l'homme de conseil et de maturité qu'il sera

(1) C'est-à-dire probablement : « Je te garderai le secret auprès de ma cousine, madame de Batz, de tes fredaines à Auch. »

depuis : « N'accomparez plus les actions de feu Monsieur (le duc d'Alençon) aux miennes; si jamais je me fiai en Dieu, je le fais à cette heure; si jamais j'eus les yeux ouverts pour ma conservation, je les y ai. Devant que la fin de juin passe, vous direz que ma tête est la meilleure de mon Conseil. » (4 mai 1586.)

Madame de Grammont ne jette que de rapides diversions et n'obtient que de charmants éclairs à travers ces préoccupations nombreuses : « Je suis sur le point de vous recouvrer un cheval qui va l'entrepas, le plus beau que vous vîtes et le meilleur, force panache d'aigrette. Bonnières est allé à Poitiers pour acheter des cordes de luth pour vous; il sera à ce soir de retour... Mon cœur, souvenez-vous toujours de *Petiot*. Certes sa fidélité est un miracle. » (25 mai 1586.) — Un peu plus tard il lui offre un cadeau digne de l'antique idylle : « J'ai deux petits sangliers privés et deux faons de biche; mandez-moi si les voulez. » La belle Corisandre, on le voit par les écrits satiriques du temps, aimait cet attirail et cet entourage de singes, de chiens, de bouffons, d'animaux privés de toute espèce, et, au grand scandale des huguenots puritains, elle allait même dans cet équipage à la messe. Ce qui, tant qu'elle fut jeune et agréable, lui était une grâce, deviendra un ridicule et une manie en vieillissant.

Elle n'a pas à se plaindre pourtant et n'a rien à envier même à la belle Gabrielle, au moins si l'on en juge, comme aime à le faire la postérité, au point de vue poétique et littéraire; car assurément la plus ravissante lettre de Henri, la plus développée et la plus épanouie, celle où il se montre le mieux à nous dans un intervalle de paix pastorale et tendre et de repos, lui est adressée; c'est la lettre où il lui décrit le pays de Marans sur la Sèvre Niortaise; la voici, — voici ce coin de paysage délicieux :

« J'arrivai hier soir de Marans, où j'étais allé pour pourvoir à la garde d'icelui. Ha! que je vous y souhaitai! c'est le lieu le plus selon votre humeur que j'aie jamais vu. Pour ce seul respect, suis-je après à l'échanger (à l'obtenir par échange). C'est une île renfermée de marais bocageux, où de cent en cent pas il y a des canaux pour aller chercher le bois par bateau. L'eau claire, peu courante ; les canaux de toutes largeurs ; les bateaux de toutes grandeurs. Parmi ces déserts mille jardins où l'on ne va que par bateau. L'île a deux lieues de tour ainsi environnée ; passe une rivière par le pied du château, au milieu du bourg, qui est aussi logeable que Pau. Peu de maisons qui n'entre de sa porte dans son petit bateau. Cette rivière s'étend en deux bras, qui portent non-seulement grands bateaux, mais les navires de cinquante tonneaux y viennent. Il n'y a que deux lieues jusques à la mer. Certes c'est un canal, non une rivière. Contremont vont les grands bateaux jusques à Niort, où il y a douze lieues ; infinis moulins et métairies insulées ; tant de sortes d'oiseaux qui chantent ; de toute sorte de ceux de mer : je vous en envoye des plumes. De poissons, c'est une monstruosité que la quantité, la grandeur et le prix ; une grande carpe trois sols, et cinq un brochet. C'est un lieu de grand trafic, et tout par bateaux. La terre très-pleine de blés et très-beaux. L'on y peut être plaisamment en paix, et sûrement en guerre. *L'on s'y peut réjouir avec ce que l'on aime, et plaindre une absence. Ha! qu'il y fait bon chanter!* Je pars jeudi pour aller à Pons, où je serai plus près de vous ; mais je n'y ferai guères de séjour..... Mon âme, tenez-moi en votre bonne grâce ; croyez ma fidélité être blanche et hors de tache : il n'en fut jamais sa pareille. Si cela vous apporte du contentement, vivez heureuse. Votre esclave vous adore violemment. Je te baise, mon cœur, un million de fois les mains. Ce XVIIe juin (1586). »

C'est là, selon moi, la perle des lettres d'amour écrites par Henri IV. Gabrielle même, avec cette galante lettre datée de devant son portrait (*Je vous écris, mes chères amours, des pieds de votre peinture...*), n'a rien obtenu de si parfait ni de si joli. Quel paysage riant de fraîcheur, tout égayé de reflets et traversé de lumière! et comme il est bien français, agreste, naturel, voisin du peuple et de nous tous! Il n'est pas jusqu'à ce prix de la carpe et du brochet, cinq sous et trois sous, qui ne sente le roi homme de ménage, le roi de la *poule au pot*. Courier disait quelque part, en écrivant à ses amis de Paris, au fort de son enthousiasme pour la vie romaine : « Ne me parlez point de vos environs; voulez-vous comparer Albano et Gonesse, Tivoli et Saint-Ouen? La différence est à la vue comme dans les noms. » Laissons les environs de Paris, et ne prenons que les autres lieux de la *douce France*, comme disait Henri. Qu'a donc à désirer de plus ce Marans ainsi décrit, mis en regard des sites du dehors les plus consacrés et les plus célèbres? Nous aussi nous avons présentes à la pensée les descriptions de Pline le Jeune, sa peinture si nette et si soignée de la source du Clitumme, et celle du lac Vadimon. La première surtout rappelle quelques traits de la lettre de Henri, qui certes n'y pensait guère, et dont les lectures n'étaient jamais allées jusque-là. Je sais ce qu'on doit à Pline et à ce dieu révéré du Clitumme, avec ce petit temple de marbre blanc et ces chapelles d'alentour que l'on voyait étinceler à travers les bouquets de verdure, — fond de paysage du Poussin; — mais y a-t-il rien d'aussi doux et d'aussi pénétrant au cœur que ce pays tout naturel, cette petite Hollande et cette Venise sans nom, cette humble marine bocagère, où *il fait si bon chanter, où l'on se peut réjouir avec ce qu'on aime, et plaindre une absence?* La Fontaine, ou Racan son maître, auraient-il trouvé mieux que cela? et cette page heureuse, imprévue, transparente, échappée à un roi soldat dans une après-midi de rêverie et de loisir, n'est-elle pas une découverte pittoresque à laquelle il n'a manqué jusqu'ici qu'un cadre pour faire un tableau?

La lettre suivante à madame de Grammont, qui est de huit jours après, se ressent encore de cette joie, mais elle est plus courte : « Mon cœur, je ne la puis faire plus « longue, parce que je vais monter à cheval. » Avec cette lettre, Henri envoyait à la comtesse une copie de celle que la reine Élisabeth avait adressée à Henri III au sujet de son accommodement avec les Ligueurs. : « Vous y verrez, dit-il, un brave langage et un plaisant style. » Et, en effet, dans cette lettre énergique et d'une âme royale, Élisabeth faisait honte à Henri III de sa lâcheté à se défendre et de sa condescendance à des rebelles : « Mon Dieu ! est-il possible qu'un grand roi se soumette sans raison et contre honneur, en requérant paix de sujets traîtres et rebelles, et de ne leur faire du commencement trancher toute commodité de s'agrandir ?... Je m'étonne de vous voir trahi en votre Conseil même, voire de la plus proche qu'avez au monde (Catherine de Médicis). Pardonnez mon amour, qui me rend si audacieuse de vous parler si librement... Il vaudrait mieux perdre vingt mille hommes que régner au plaisir des rebelles... Pour l'amour de Dieu, ne dormez plus ce trop long sommeil. » Ce style généreux allait à Henri et aussi à la comtesse chevaleresque, qui savait au besoin faire preuve de virilité et de vaillance.

On a souvent raconté qu'après la victoire de Coutras (octobre 1587) les chefs protestants, et Henri tout le premier, ne surent point profiter de leurs avantages. Sully a dénoncé la vanité qu'eut le roi de Navarre d'aller présenter en personne à la comtesse « les enseignes, cornettes et autres dépouilles des ennemis qu'il avait fait mettre à part pour lui être envoyées. Il prit pour prétexte de ce voyage l'affection qu'il portait à sa sœur et au comte de Soissons, tellement qu'au bout de huit jours tous les fruits espérés d'une si grande et signalée victoire s'en allèrent en vent et en fumée. » Ce fut aussi la dernière faute signalée que fit faire l'amour à Henri; car plus tard, bien que ce fût toujours sa grande faiblesse, ceux qui l'ont bien connu assurent qu'il ne s'en laissa jamais entraîner au point d'y sacrifier l'intérêt pressant de ses affaires.

Dès 1587, nous voyons Henri se plaindre à la comtesse qu'elle le néglige : « Plus je vais en avant, et plus il semble que vous tâchiez à me faire paraître combien peu je suis non-seulement en votre bonne grâce, mais encore en votre mémoire. Par ce laquais vous avez écrit à votre fils et non à moi. Si je ne m'en suis rendu digne, j'y ai fait tout ce que j'ai pu. Les ennemis ont pris l'île de Marans devant mon arrivée, de façon que je n'ai pu secourir le château... » Ainsi tout se gâte vite. Ce joli lieu de Marans, qui nous a été dépeint tout à l'heure comme un séjour enchanté et tout propre à la félicité des amants, est devenu le théâtre de la guerre. Les ennemis l'ont pris; Henri le reprendra. Et cependant l'amour de la comtesse et de Henri a déjà reçu son atteinte et son échec; le doute s'y est glissé. Il est à croire que, si l'on avait les lettres de la comtesse, on verrait que c'est elle qui croyait la première avoir à se plaindre. Henri, à cette distance et séparé de ce qu'il aimait, n'était pas homme à être longtemps ni exactement fidèle; il pouvait l'être de cœur et de pensée, mais cela ne suffisait pas à la comtesse, qui d'ailleurs était défiante, comme n'étant plus de la première jeunesse : elle avait un fils déjà grand qui servait près de Henri.

Cette méfiance de la comtesse nous revient dans presque toutes les lettres du roi, qui est surtout occupé à la rassurer sur le chapitre de la fidélité : « (1er mars 1588) J'ai reçu une lettre de vous, ma maîtresse, par laquelle vous me mandez que ne me voulez mal, mais que vous ne vous pouvez assurer en chose si mobile que moi. Ce m'a été un extrême plaisir de savoir le premier; et vous avez grand tort de demeurer au doute qu'êtes. Quelle action des miennes avez-vous connue muable? je dis pour votre regard. *Votre soupçon tournait, et vous pensiez que ce fût moi.* » C'est bien agréablement dit; et pourtant je ne crois pas que la comtesse eût si tort. Il y a des moments de réconciliation et d'accord où il semble que tout soit effacé; Henri, qui a besoin de consolation et de douceur en ses peines politiques, voudrait croire à la durée de ces bons instants : « Mon cœur, je suis plus homme de bien que ne pensez. Votre dernière dépêche me rapporta (me rendit) la diligence d'écrire que j'avais perdue. *Je lis tous les soirs votre lettre. Si je l'aime, que dois-je faire celle d'où elle vient?* Jamais je n'ai eu une telle envie de vous voir que j'ai. Si les ennemis ne nous pressent, après cette assemblée je veux dérober un mois. Envoyez-moi Licerace (l'homme de confiance), disant qu'il va à Paris. Il y a toujours mille choses qui ne se peuvent écrire. » Et il touche un coin de défaut de la comtesse, qui nous est également attesté par les contemporains : si elle était capable d'affaires et de dévouement utile, elle l'était aussi de rancunes et d'intrigues; elle en voulait à ceux des serviteurs de Henri qu'elle jugeait opposés à elle et à son influence, à Castille, à d'Aubigné : « Faites, pour Dieu! ce que votre lettre porte, lui écrivait Henri; sera-t-il bien possible qu'avec un si doux couteau j'aie coupé le filet de vos bizarreries? Je le veux croire. Je vous fais une prière : que vous oubliiez toutes haines qu'avez voulu à qui que ce soit des miens. C'est un des premiers changements que je veux voir en vous. Ne craignez ni croyez que rien puisse jamais ébranler mon amour. J'en ai plus que je n'en eus jamais. Bonsoir, mon cœur; je m'en vais dormir, mon âme plus légère de soin que je n'ai fait depuis vingt jours. Je baise mes beaux yeux par millions de fois. Ce xxi° d'octobre (1588). »

D'Aubigné nous a raconté les causes, à son égard, de l'inimitié de la comtesse. Henri IV avait songé à épouser Corisandre comme il songea plus tard à épouser Gabrielle : car il y avait en lui de l'homme d'habitude en même temps que de l'inconstant. Henri n'était pas inconstant, en effet, par débauche d'imagination ni par caprice raffiné; il l'était tout simplement à la gauloise, par promptitude des sens et selon l'occasion ; mais il avait besoin à travers tout d'une fidélité et d'une habitude au logis, d'être père et d'en jouir, de s'ébattre autour d'un berceau ou sur un tapis avec des enfants. Il y avait en lui du bon mari, qui aimait à ses heures le coin du feu. C'était bien celui qui écrivait à la comtesse de Grammont : « Bonsoir, mon âme, je voudrais être au coin de votre foyer pour réchauffer votre potage. » Il lui aurait fallu une femme belle, accorte, pas trop jalouse et d'agréable humeur, douce à vivre, et sachant le prendre, comme on dit. Il ne rencontra rien de cela dans Marie de Médicis ; il croyait l'avoir trouvé ou à peu près dans Gabrielle, qui n'était digne d'un tel choix et d'une telle idée qu'à demi ; il l'aurait moins bien trouvé chez la noble Corisandre, dont la beauté un peu fière se fanait déjà, et dont l'esprit tournait à l'aigre et au bizarre. Henri cependant songea sérieusement, dit-on, à l'épouser, ou du moins il en parla comme aiment à faire les amoureux de l'objet qui les occupe. Il consulta un jour (vers 1586) sur ce point délicat d'Aubigné et Turenne, les remettant pour la réponse au lendemain. Le rusé Turenne (le futur duc de Bouillon) s'éclipsa sous prétexte d'un voyage, et laissa d'Aubigné porter seul le poids de la périlleuse consultation. De telles occasions n'étaient pas une gêne pour d'Aubigné, qui prit la balle comme elle lui venait, et qui fit ici le rôle que fera plus tard Sully, consulté de même au sujet de Gabrielle. Il se représente à nous comme ayant donné à son roi les meilleurs conseils dans un sens aussi politique que généreux, ce que la comtesse ne lui pardonna jamais.

Ces conseils ou ces vœux de d'Aubigné et des vrais amis de Henri pour que leur maître devînt un prince tout à fait à la hauteur de son mérite et de sa destinée, ne tardèrent point à se trouver justifiés et remplis.

L'année 1588 fut une année décisive pour le roi de Navarre. Le prince de Condé meurt empoisonné et le laisse seul à la tête du parti protestant, exposé à toutes les perfidies et à toutes les haines. Il découvre un assassin, un *tueur* pour lui-même. Henri, dès lors, a senti la responsabilité, comme nous dirions, qui pèse tout entière sur lui ; il a conscience qu'il est chargé d'une grande cause, d'une cause plus grande que celle même du parti protestant. La rupture de Henri III avec la Ligue l'avertit que l'heure est venue où la France elle-même a besoin de lui et l'appelle à son secours. On l'entrevoit dans ses lettres à la comtesse tout plein de pensées et d'angoisses qu'il ne peut confier au papier : « Envoyez-moi Licerace. Je vous manderai par lui les extrêmes peines où je suis. Je ne sais comme je les puis supporter (22 janvier 1588). » Et le 8 mars :

« Dieu sait quel regret ce m'est de partir d'ici sans vous aller baiser les mains ! Certes, mon cœur, j'en suis au grabat. Vous trouverez étrange (et direz que je ne me suis point trompé) ce que Licerace vous dira. Le Diable est déchaîné. Je suis à plaindre, et est merveille que je ne succombe sous le faix. Si je n'étais Huguenot, je me ferais Turc. Ha ! les violentes épreuves par où l'on sonde ma cervelle ! *Je ne puis faillir d'être bientôt ou fou ou habile homme. Cette année sera ma pierre de touche.* C'est un mal bien douloureux que le domestique. Toutes les gênes que peut recevoir un esprit sont sans cesse exercées sur le mien ; je dis toutes ensemble. Plaignez-moi, mon âme, et n'y portez point votre espèce de tourment : c'est celui que j'appréhende le plus. »

Cette année 1588, si grosse de complications et d'événements, fut sa pierre de touche en effet ; Henri, âgé pour lors de trente-cinq ans, en sortit l'homme d'État que nous connaissons. Henri IV (et cela me plaît en lui) n'est pas un de ces génies et de ces grands hommes qui jaillissent tout formés des mains de la nature et de la fortune. Ce n'est point un Alexandre, ce n'est point un

Octave. Un Octave qui est un politique tout fait dès vingt ans, et qui sait dès cet âge tout ce qu'il faut penser des hommes en certaines époques, jusqu'où on peut les pousser et comment oser les conduire, court risque par moments d'être un prodige ou même un monstre. Un Alexandre, c'est un héros d'Homère qui s'élance tout formé et d'un seul jet des mains de Philippe et d'Aristote, et qui conquiert le monde en faisant trois pas comme un jeune dieu. Henri IV n'est qu'un homme pareil à beaucoup d'autres, plus distingué seulement par l'ensemble; il est de ceux qui mûrissent, qui se forment successivement et s'achèvent; il a ses saisons, il fait ses écoles et ses apprentissages. On aime à voir, dans le politique consommé qu'il devint, l'homme qui a hérité de ses divers âges, et qui a gardé de sa jeunesse, jusque dans l'expérience finale, un fonds d'indulgence, de bonne humeur et de bonté.

Madame de Grammont resta encore quelque temps la maîtresse en nom de Henri, même après qu'il eut passé la Loire et qu'il eut fait sa jonction avec l'armée royale et catholique. Il lui écrit de Blois, le 18 mai 1589, dans les termes ordinaires : « Mon âme, je vous écris de Blois, où il y a cinq mois que l'on me condamnait hérétique et indigne de succéder à la couronne, et j'en suis à cette heure le principal pilier. Voyez les œuvres de Dieu envers ceux qui se sont toujours fiés en lui... Je me porte très-bien, Dieu merci; vous jurant avec vérité que je n'aime ni honore rien au monde comme vous; et vous garderai fidélité jusques au tombeau. Je m'en vais à Beaugency, où je crois que vous oirez bientôt parler de moi. Je fais état de faire venir ma sœur bientôt; résolvez-vous de venir avec elle. » Mais, dès ce temps-là, la comtesse a fait son deuil de cet amour qui n'est plus qu'en paroles. Elle sait à quoi s'en tenir sur la fidélité de Henri, qui, six mois auparavant, lui annonçait la mort d'un enfant qu'il avait eu de quelque maîtresse obscure. Le charme pour elle n'existe plus du tout, et elle prend l'habitude, dans son irritation, d'annoter les lettres qu'elle reçoit de Henri et de les charger dans les interlignes de contradictions piquantes et moqueuses; par exemple, à cet endroit où il est dit qu'il se propose de faire venir bientôt près de lui Madame Catherine, sa sœur, et qu'il la prie de l'accompagner, elle ajoute ironiquement : « Ce sera lorsque vous m'aurez donné la maison que m'avez promise près de Paris, que je songerai d'en aller prendre la possession, et de vous en dire le grand merci. » Il perce dans ce reproche un coin d'intérêt et de calcul qu'on ne voudrait pas en elle. Henri essaye encore de la détromper, ou plutôt de lui laisser quelque illusion : « Mon cœur, j'enrage quand je vois que vous doutez de moi, et de dépit je ne tâche point de vous ôter cette opinion. Vous avez tort, car je vous jure que jamais je ne vous ai aimée plus que je fais, et aimerais mieux mourir que de manquer à rien que je vous ai promis. Ayez cette créance, et vivez assurée de ma foi. » Il continue sur ce ton encore pendant toute l'année suivante; il la tient au courant de ses pas et démarches au temps d'Arques et d'Ivry, et durant ce siége de Paris où on le voit très-peu tendre pour les Parisiens qu'il affame de son mieux, et dont il plaint peu les misères. Il lui parle du jeune Grammont, qui est près de lui à ce siége, avec intérêt et désir de flatter le cœur d'une mère : « Je mène tous les jours votre fils aux coups et le fais tenir fort sujet auprès de moi; je crois que j'y aurai de l'honneur. » Les expressions de tendresse, *mon cœur, mon âme*, s'emploient toujours sous sa plume par habitude, mais on sent que la passion dès longtemps est morte; et enfin le moment arrive où, après quelques vives distractions qui n'avaient été que passagères, Henri n'a plus le moyen ni même l'envie de dissimuler : l'astre de Gabrielle a lui, et son règne commence (1591).

Il ne faut pas trop voir le lendemain de ces belles passions. La comtesse de Grammont, outrée de dépit, eut un tort envers Henri IV : elle voulut se venger; elle crut y réussir en ranimant les espérances de mariage du comte de Soissons avec Madame sœur du roi, sachant bien en cela lui déplaire et contrarier au vif ses intentions : « Elle se plaisait à le fâcher, dit Sully, pour ce que, l'ayant aimée, non-seulement il ne l'aimait plus et en aimait d'autres, mais même encore avait honte, à cause de la laideur où elle était venue, que l'on dît qu'il l'eût aimée. » Une lettre sévère de Henri la rappela à son devoir et la remit à son rang de sujette :

« Madame, lui écrivit-il (mars 1591), j'avais donné charge à *Lareine* (sans doute quelque messager) de parler à vous touchant ce qui, à mon grand regret, était passé entre ma sœur et moi. Tant s'en faut qu'il vous ait trouvée capable de me croire, que tous vos discours ne tendaient qu'à me blâmer et fomenter ma sœur en ce qu'elle ne doit pas. Je n'eusse pas pensé cela de vous, à qui je ne dirai que ce mot : que toutes personnes qui voudront brouiller ma sœur avec moi, je ne leur pardonnerai jamais. Sur cette vérité je vous baise les mains. »

Le charme avait fui il y avait longtemps; ici, c'est le dernier fil qui vient de se rompre.

Et toutefois, malgré l'impression de ce tort final, malgré ce désagréable affront que le temps avait fait à son visage, *la belle Corisandre*, comme on l'appelle encore cette aïeule du chevalier de Grammont, revue à son jour, nous laisse l'idée d'une amie dévouée, vaillante, romanesque; elle fut bien la maîtresse qu'on se figure au roi de Navarre en Guyenne pendant les luttes de son laborieux apprentissage, l'aidant de son zèle, de ses deniers, de la personne de ses serviteurs; elle fut à la peine et ne put atteindre jusqu'au jour du triomphe :

une autre hérita facilement de son bonheur. Elle eut du moins ses heures brillantes, son lendemain de Coutras, et ce qui est mieux, puisqu'il ne s'y mêle point le souvenir d'une faute, elle inspira un jour à celui qui l'aimait la joie, d'écrire cette page éclairée et durable sur Marans.

HENRI IV ÉCRIVAIN

PAR M. EUGÈNE JUNG

ancien élève de l'École normale, docteur ès lettres.

(FIN)

Quand il s'agit de Henri IV, fût-ce même à ce titre principal d'écrivain de courts billets et d'auteur de vives harangues, il n'est point possible de ne pas parler un peu du roi et de l'homme.

Sa réputation en France a eu ses vicissitudes. Vivant et régnant, il était apprécié à son prix, et dans toute l'étendue de ses qualités de souverain et de sauveur par tous les hommes patriotiques et sages. Sa grandeur d'âme, son habileté, son infatigable vigilance, sa supériorité sur ceux qui l'entouraient et dont il se servait utilement, tout cela était senti d'une manière directe et présente, bien autrement efficace qu'aujourd'hui l'histoire, à l'aide de ses pièces et de ses études, ne peut arriver à le reproduire et à le démontrer. Il fallait avoir passé par la Ligue pour avoir ce sentiment-là. Quand nous voyons dans la série des Lettres missives de Henri IV son voyage en Limousin, dans l'automne de 1605, pour y étouffer quelque rébellion, sa lettre écrite de Bellac au landgrave de Hesse, où il se plaint des menées du duc de Bouillon, ce chef astucieux d'une intrigante famille laquelle a eu grand besoin de Turenne pour se faire pardonner de la France tous ses méfaits; quand on lit ces pièces instructives, on n'a pas encore l'impression soudaine que faisait éprouver aux hommes de sens et aux amis de leur pays le réveil de ces remuements funestes, chers à quelques ambitieux mécontents; et c'est ce que Malherbe, si sensé *quoique* poëte (1), a rendu dans une strophe admirable de son Ode, ou plutôt de sa Prière à Dieu pour le roi allant en Limousin :

> Un malheur inconnu glisse parmi les hommes,
> Qui les rend ennemis du repos où nous sommes :
> La plupart de leurs vœux tendent au changement;
> Et comme s'ils vivaient des misères publiques,
> Pour les renouveler ils font tant de pratiques,
> Que qui n'a point de peur, n'a point de jugement.

Avoir peur en 1605, peur que les plaies de la patrie ne se rouvrissent et que, Henri IV manquant, tout ne manquât avec lui, c'était, au gré de Malherbe, donner marque de jugement. De telles notes, parties du cœur et des entrailles du bon sens, en disent plus que les dossiers les mieux assemblés; ou plutôt le dossier qu'on rassemble et de tels accents qu'on ressaisit s'éclairent l'un par l'autre.

Henri IV mort, le regret et le deuil furent immenses. La France ne fut un peu consolée que lorsqu'elle se vit rentrée, par la domination de Richelieu, dans une autre période de grandeur; mais l'idée de bonté qui faisait partie du souvenir de Henri IV ne perdait pas à la comparaison, et alla même en s'exagérant avec les années. On parla insensiblement de son règne comme d'un âge

---

(1) J'ai besoin d'expliquer ce *quoique*; car bon sens et haute poésie, selon moi, vont très-bien ensemble. Mais, chez les poëtes moins complets, l'accord semble plus rare. Et puis, j'ai surtout pensé aux génies nos contemporains qui, en ceci, n'offrent pas tous l'exemple d'un parfait équilibre.

d'or Cette première forme de la renommée de Henri IV a été consacrée par l'Histoire qu'écrivit de lui le bon évêque Hardouin de Péréfixe, précepteur de Louis XIV (1661) (1).

Dans la seconde moitié du dix-septième siècle, Louis XIV remplit tout, et sa personnalité glorieuse supporte difficilement les comparaisons même avec les monarques de sa race; il y eut éclipse de Henri IV. Mais la mémoire du bon roi et des mérites de son règne demeura à l'état de culte chez quelques hommes instruits, sensibles aux perfectionnements et aux arts de la paix, et au bien-être du peuple. C'est auprès d'un de ces vieillards respectables, M. de Caumartin, ancien conseiller d'État, que Voltaire, pendant un séjour à la campagne, se prit d'enthousiasme pour cette grande renommée royale; et il se mit aussitôt à la célébrer, tout en l'accommodant à sa manière et en la traitant dans le goût des temps nouveaux · il fit *la Henriade*, et plus tard le chapitre de l'*Essai sur les Mœurs*, intitulé : *De Henri IV*.

Au milieu de bien des vues justes et rapides qui recommandent ce chapitre, il y abondait trop pourtant dans le sens de bonhomie et d'attendrissement. Et par exemple il représentait son héros comme laissant entrer par compassion des vivres dans Paris assiégé, tandis que c'était tout le contraire, et que Henri IV se plaignait de ses serviteurs (tels que Givry, et particulièrement M. d'O), qui en divers temps y avaient laissé entrer des vivres par connivence. De même, dans la harangue de Henri IV à l'Assemblée des Notables de Rouen, Voltaire semblait prendre au pied de la lettre cette gracieuse et débonnaire promesse de *se mettre en tutelle* entre leurs

(1) Voir aussi, et surtout, le commencement des *Mémoires* de l'abbé de Marolles, où il est parlé des dernières années du règne de Henri IV : c'est une idylle.

mains, tandis que Henri entendait bien ne faire là qu'une politesse; et comme Gabrielle, au sortir de cette séance, s'étonnait qu'il eût ainsi parlé de se mettre en tutelle : « Il est vrai, répondait-il, mais, ventre saint-gris! je l'entends avec mon épée au côté. »

Le dix-huitième siècle, qui aimait la déclamation, poussa le plus possible dans le sens du Henri débonnaire et vertueux. On eut le Henri IV à la Collé, du moins le plus gai de tous, — le Henri IV à la Legouvé, et précédemment à la Bernardin de Saint-Pierre, une sorte de Henri dans le genre de Stanislas le philosophe bienfaisant. Il avait du profil de Louis XVI (1). De nos jours, en 1814, la Restauration des Bourbons n'était pas propre à diminuer cette manière sentimentale et paterne de présenter le bon Henri. *Charmante Gabrielle* était devenu un air national, un air de famille; on pleurait toujours quand on prononçait le nom de Henri IV. Il était temps de revenir à la sévère histoire et à la réalité. La lecture des Mémoires de d'Aubigné, et aussi celle des Historiettes de Tallemant qu'on publia vers 1834, y servirent beaucoup; j'oserai dire qu'une réaction commença. On se plut à savoir tous les petits défauts de Henri IV, ses malices, ses avarices, ses faiblesses même au physique. Un historien, homme d'étude et d'esprit, très-curieux de recherches, et ennemi du lieu

---

(1) Un livre qui contribua beaucoup à accréditer cette idée légendaire de Henri IV, ce furent les Mémoires de Sully arrangés et rajeunis par l'abbé de L'Écluse (1745). Le marquis d'Argenson, qui avait conseillé à l'abbé ce travail, écrivait en ces termes naïfs l'impression qu'il avait reçue à la lecture : « Excellent livre, qu'on ne peut trop lire. On y voit que Henri IV n'était qu'un bonhomme et un brave militaire qui gâtait ce à quoi il touchait, mais qui avait bon cœur et revenait toujours à son Sully; que Sully fit toute sa grandeur, etc., etc. » (Manuscrits de d'Argenson, Bibliothèque du Louvre, dans le volume intitulé : *Remarques en lisant.*) — Et qu'on s'étonne, après cela, du rôle qu'on a fait à Charlemagne avec son archevêque Turpin et ses douze Pairs, dans les romans de chevalerie!

commun, ancien royaliste d'ailleurs, M. Bazin, satisfit et résuma à merveille cette disposition clairvoyante et railleuse dans un article tout ironique sur Henri IV (1837), qui a l'air par endroits d'une impertinence, et qui certainement est inconvenant par le ton. On s'y guérissait du moins du faux et fade Henri. Aujourd'hui on est rentré dans une voie plus large ; l'abondance des faits recueillis a remis chaque portion du caractère dans son vrai jour ; l'anecdote n'y est plus supprimée par l'histoire et ne la prime pas non plus. Quand on a lu les derniers jugements de M. de Carné sur Henri IV, ou encore ceux que M. Chéruel établit et entoure de preuves dans sa récente et louable *Histoire de l'Administration monarchique en France*, on ne voit rien à désirer d'essentiel : on possède un Henri IV vrai, dans l'équilibre de ses qualités et dans son ensemble ; on a fait, pour ainsi dire, le tour du personnage.

M. Jung, qui l'a aussi fort bien étudié et considéré par tous ses aspects, s'est trop préoccupé pourtant de certaines restrictions et de je ne sais quels reproches faits à ce restaurateur de la France, lorsqu'il a dit en concluant l'un de ses principaux chapitres : « Henri IV n'est pas sans reproche ; il a poussé ses qualités jusqu'aux défauts ; mais, considéré tout entier par les côtés qu'admire la raison et par ceux que condamne la morale ; regardé, en un mot, des hauteurs de l'histoire, et non par les dessous d'une chronique méticuleuse, Henri IV ne sera jamais haïssable. » — Ainsi Henri IV, somme toute, *n'est pas haïssable!* Voilà, certes, une belle grâce, une généreuse concession faite à celui qui fut longtemps réputé le plus adorable des rois, et qui est resté si marqué de bonté jusque dans son expérience prudente et sa politique. Il y a dans ce jugement de M. Jung sur Henri IV un effort à être juste, comme de quelqu'un qui n'est pas tout à fait de la lignée ni de la morale française, et qui paraît plus puritain que généralement nous ne le sommes (1).

Le jeune et studieux docteur a du reste très-bien indiqué la physionomie et les traits de l'orateur chez Henri IV. Sans parler des allocutions de guerre à Coutras et à Ivry, on a de ce roi douze ou treize harangues adressées soit à l'Assemblée des Notables, soit à des Parlements, à des Chambres des comptes, soit à des Corps de ville ou à des députés du Clergé. Ces harangues sont vives et assez courtes, animées de certains mots saillants qu'on retient et qui sont la signature de celui qui les a prononcées. On perdrait sa peine d'y chercher l'application des règles de la rhétorique ancienne et d'y vouloir vérifier les partitions oratoires. Il n'y a pas de plan : Henri IV, comme Montaigne, sait mieux ce qu'il dit que ce qu'il va dire. S'il est orateur, il l'est le plus souvent à l'improviste. Tantôt c'est dans le jardin des Tuileries (en décembre 1605) qu'il reçoit l'archevêque de Vienne, Pierre de Villars, qui vient lui apporter les doléances du Clergé, et il lui répond avec nerf et à propos sur un sujet dont il est plein : tantôt c'est au moment où il est à jouer avec ses enfants dans la grande salle du château

---

(1) On peut lire sur Henri IV, au tome V de *la France protestante*, de MM. Haag, une Notice biographique très-bien étudiée, mais construite comme un acte d'accusation au point de vue moral, religieux, politique. On y fait même des dernières années de Henri IV un tableau presque sombre. L'auteur ou les auteurs de cette Notice, au moment de la terminer, ayant conscience d'être allés trop loin, ne peuvent s'empêcher de dire : « *En admettant même que nous eussions un peu trop ombré le tableau*, notre portrait ne serait-il pas encore plus fidèle que celui qu'a tracé Scipion Dupleix?... » Mais il ne s'agit pas seulement d'être un peu plus exact que Scipion Dupleix ou d'être moins pastoral que l'abbé de Marolles, il s'agit d'être juste et de ne pas *ombrer* le tableau là où il n'y a pas d'ombre. M. Jung, dans tout son travail, a été évidemment sous la préoccupation de ce dur procès que continuent de faire à Henri IV les descendants de ceux dont il a quitté la religion.

de Saint-Germain (3 novembre 1599) qu'il voit entrer les députés du Parlement de Bordeaux, et il va à eux en leur disant : « Ne trouvez point étrange de me voir ici folâtrer avec ces petits enfants; je sais faire les enfants et défaire les hommes. Je viens de faire le fol avec mes enfants, je m'en vais maintenant faire le sage avec vous et vous donner audience. » Et comme il s'agit de l'Édit de Nantes sur lequel on essaye de le chapitrer, il les remet en peu de mots au pas et à la raison. Il faut donc prendre ces harangues pour de simples paroles assez exactement recueillies, où le maître (car Henri IV en est un) dit à sa manière à ceux dont il a besoin et qui lui résistent, qui lui viennent faire remontrance, des vérités parfois rudes, mais qu'il sait égayer d'un geste ou d'un sourire. Toutes ces harangues à des Parlements sont d'un roi qui ne badine pas ou qui ne badine qu'en paroles, qui ordonne, et qui a l'épée au côté. Louis XIV, s'adressant à son Parlement, n'était pas tendre, et le réduisait strictement à l'obéissance : Henri IV est un roi plus parlant et moins majestueux, mais il mène également son monde et le fait obéir. Il a le pouvoir absolu plus agréable, voilà tout. Aux députés du Clergé qui viennent de lui faire, et non sans arrière-pensée, un assez triste tableau de l'Église de France, il répond (28 septembre 1598) :

« A la vérité, je reconnais que ce que vous m'avez dit est véritable. Je ne suis point auteur des nominations; les maux étaient introduits auparavant que je fusse venu. Pendant la guerre, j'ai couru où le feu était plus allumé, pour l'étouffer; maintenant que la paix est revenue, je ferai ce que je dois faire en temps de paix. Je sais que la Religion et la Justice sont les colonnes et fondements de ce royaume, qui se conserve de justice et de piété; et quand elles ne seraient, je les y voudrais établir, *mais pied à pied, comme je ferai en toutes choses*. Je ferai en sorte, Dieu aidant, que l'Église sera aussi bien qu'elle était il y a cent ans; j'espère en décharger ma conscience, et vous donner contentement. *Cela se fera petit à petit : Paris* ne fut pas fait en un jour. Faites par vos bons exemples que le peuple soit autant excité à bien faire comme il en a été précédemment éloigné. Vous m'avez exhorté de mon devoir, je vous exhorte du vôtre. Faisons bien, vous et moi : allez par un chemin, et moi par l'autre : et si nous nous rencontrons, ce sera bientôt fait. Mes prédécesseurs vous ont donné des paroles avec beaucoup d'apparat, et moi, avec jaquette grise, je vous donnerai les effets. Je n'ai qu'une jaquette grise, je suis gris par le dehors, mais tout doré au dedans. »

Et s'il parle en des termes si hauts au Clergé, il saura bientôt parler non moins ferme à Messieurs de son Parlement de Paris venant lui faire, Achille de Harlay en tête, des remontrances sur le rétablissement des Jésuites. Cette dernière réponse, qu'on peut lire dans le Recueil de M. Berger de Xivrey à la date du 24 décembre 1603, a même les proportions d'un discours proprement dit, serré de raisons, et semé d'un bout à l'autre de traits vifs et graves.

Dans un fragment de Journal récemment publié par M. Read (1854), et où se lisent des conversations de Henri IV et du ministre protestant Chamier de Montélimar, pendant un voyage de celui-ci en cour, on voit comment Henri IV traitait d'autre part ses anciens coreligionnaires demeurés opiniâtres et ardents; il y employait un mélange de sévérité, d'adresse et de bons propos : on y saisit bien son procédé politique en action; mais il n'était qu'exact et véridique, lorsqu'il disait à ce ministre Chamier, dont il aurait voulu adoucir l'âpreté : « Qu'il ne demandait rien de lui que ce qui se doit d'un honnête homme; qu'il n'était pas, comme on disait, gouverné par les Jésuites, mais qu'il gouvernait et les Jésuites et les Ministres (calvinistes), étant le roi des uns et des autres. » Vrai roi de tous en effet, grand et admirable en ce qu'il devançait l'esprit des temps, dominant toutes ces haines qui l'entouraient, toutes ces passions de Gallicans, de Parlementaires, d'Ultramontains, de Huguenots, et au sortir d'une époque où l'on s'égorgeait et l'on s'entre-dévorait, forçant tous ses naturels sujets à subsister, bon gré mal gré, dans une paix et une garantie mutuelles!

Quand je me souviens de Henri IV, et pour me le résumer à moi-même au juste, sans pencher ni du côté de la tradition factice et arrangée, ni du côté de l'anecdote maligne et injurieuse à l'histoire, je tiens à me rappeler trois ou quatre points essentiels qui me le déterminent, en quelque sorte, dans les grandes lignes de sa nature morale et de son caractère politique. Il aimait le peuple, les gens de campagne, les pauvres gens. Il était sincère quand il disait à Messieurs du Parlement, le 19 avril 1597, après la perte d'Amiens : « J'ai été sur la frontière, j'ai fait ce que j'ai pu pour assurer les peuples; j'ai trouvé, y arrivant, que ceux de Beauvais s'en venaient en cette ville, ceux des environs d'Amiens à Beauvais. J'ai encouragé ceux du plat pays; j'ai fait fortifier leurs clochers, et faut que vous die, Messieurs, que les oyant crier à mon arrivée *Vive le roi!* ce m'était autant de coups de poignard dans le sein, voyant que je serais contraint de les abandonner au premier jour. » Mais ce sentiment d'homme et de roi pasteur de peuples n'ôtait rien à sa clairvoyance sur le fond de la nature humaine. Il la savait, surtout en de certains pays, ingrate et légère. A une procession du 5 janvier 1595, à laquelle il assista moins d'un an après son entrée dans Paris et aussitôt après l'attentat de Jean Châtel, il se vit une merveilleuse allégresse, et on n'entendait que cris de *Vive le roi!* Sur quoi, remarque L'Estoile, il y eut un seigneur près de Sa Majesté qui lui dit : « Sire, voyez comme tout votre peuple se réjouit de vous voir! » Le roi, secouant la tête, lui répondit : « C'est un peuple : si mon plus grand ennemi était là où je suis, et qu'il le vît passer, il lui en ferait autant qu'à moi, et crierait encore plus haut qu'il ne fait. » Cromwell ne dirait pas mieux ; mais, comme le caractère d'un chacun imprime aux mêmes pensées une diverse empreinte, Henri IV ne laissait pas de rester, à travers cela, indulgent et bon, et, qui plus est, de *gausser* l'instant d'après comme de coutume.

L'un des courts écrits qui font le mieux connaître la personne et le moral de Henri IV, ce sont les Mémoires du premier président de Normandie, Claude Groulard, de tout temps fidèle à ce prince, et qui nous a conservé un récit naïf des fréquents voyages et des séjours qu'il eut à faire auprès de lui. Dans l'un de ces premiers voyages à l'armée auprès du roi, pendant le siége de Rouen, en 1591, Henri, oubliant la gravité, se plaît à harceler le respectable président, cet homme de robe longue, et à se jouer de ses peurs en le voulant emmener aux tranchées : « Je le refusai, dit Groulard, comme n'étant de la profession des armes; (alléguant) qu'aussi bien je ne pourrais dire si elles étaient bien ou mal faites, et que s'il arrivait que je fusse blessé, je ne servirais que de risée et moquerie à ceux de dedans. Toutefois il ne perdait (occasion) à m'en faire instance, jusques à ce que j'eus le moyen de m'en défaire par une demande que je lui fis : s'il ne désirait pas être tenu et reconnu roi de France, et l'être aussi? Il me dit que oui. « *Apprenez donc à un chacun à faire son métier.* » Il se mit à rire et ne m'en parla du depuis. » — Henri IV, si différent en cela de Louis XIV, aurait eu besoin de temps en temps que quelqu'un le rappelât de l'espiéglerie à la dignité.

Le président Groulard était auprès de Henri IV à Saint-Denis en juillet 1593, au moment de l'abjuration. Il fut de ceux que le roi convoqua pour leur faire part de la résolution qu'il avait prise depuis quelques jours de se faire instruire, et finalement de son dessein d'embrasser la religion catholique. Le roi tenait ce

grave discours à ses officiers et gens de justice le 24;
la veille, il avait écrit ces mots plus lestes à Gabrielle :
« Ce sera dimanche (après-demain) que je ferai le saut
périlleux. » Ce mot a scandalisé à bon droit; mais il ne
faut jamais oublier que Henri IV, nonobstant les sentiments, avait une manière gaie involontaire de prendre
et d'exprimer même ce qu'il avait de plus à cœur et de
plus sérieux. Il y a deux choses, a remarqué Scaliger,
dont le roi n'était point capable, à savoir, de *lire* et de
tenir gravité. Quoi qu'il en soit, ceux dont il abandonnait la communion ont triomphé et triomphent encore
de cette parole légère, échappée alors dans le secret.

Entre les divers propos que le président Groulard a
recueillis de la bouche de Henri IV, il en est un qui le
peint bien dans son bon sens, dans son peu de rancune,
et dans sa connaissance pratique et non idéale de l'humaine espèce. Il s'agissait du prochain mariage du roi
avec une princesse de Florence, et comme Henri IV le
lui annonçait, le digne président répondit par une
comparaison érudite avec la lance d'Achille, disant
que cette maison réparerait ainsi les blessures qu'elle-
même avait faites à la France par la personne de Catherine de Médicis. « Mais je vous prie, se mit à dire là-
dessus Henri IV parlant de Catherine et l'excusant,
qu'eût pu faire une pauvre femme ayant, par la mort
de son mari, cinq petits enfants sur les bras, et deux
familles en France qui pensaient d'envahir la Couronne,
la nôtre et celle de Guise? Fallait-il pas qu'elle jouât
d'étranges personnages pour tromper les uns et les autres, et cependant garder comme elle a fait ses enfants,
qui ont successivement régné par la sage conduite d'une
femme si avisée? Je m'étonne qu'elle n'a encore fait pis. »
Je mets cette parole à côté de celles que Henri IV écrivait au landgrave de Hesse, au moment des intrigues re-
commençantes du duc de Bouillon (octobre 1605) : « Mon

cousin, j'ai voulu décharger mon cœur avec vous de toutes ces choses, afin que vous sachiez que, si ces entreprises et offenses m'ont fait monter à cheval et ont à bon droit ému mon courroux, elles n'ont pourtant changé ni altéré mon naturel ni mon inclination, *l'expérience que j'ai des choses du monde m'ayant appris d'être plus prudent que vindicatif en la direction des affaires publiques.* » Dans la modération et la clémence de Henri IV il entrait donc, sur un fonds premier de générosité et de bon naturel, une profonde connaissance de ce que peuvent les choses, de ce que valent les hommes, bien de la prudence et un peu de mépris. Il recouvrait ce mépris que d'autres grands politiques n'ont pas pris la peine de dissimuler.

Que si maintenant nous revenons à lui comme écrivain, nous ne devons jamais nous surfaire la valeur de ce titre ainsi appliqué; c'est un écrivain sans le savoir. Scaliger vient de nous dire que Henri IV était à peu près incapable de lecture, et d'Aubigné dit à peu près la même chose. Il est fort heureux qu'il ait lu Plutarque dans son enfance et par les soins de sa mère, car il ne l'aurait sans doute pas lu plus tard; il n'en aurait eu ni le temps ni la patience, et nous n'aurions pas cette charmante lettre, la plus jolie de celles qu'il adresse à Marie de Médicis, et qui est des premiers temps de son mariage (3 septembre 1604) :

« M'amie, j'attendais d'heure à heure votre lettre; je l'ai baisée en la lisant. Je vous réponds en mer où j'ai voulu courre une bordée par le doux temps. Vive Dieu! vous ne m'auriez rien su mander qui me fût plus agréable que la nouvelle du plaisir de lecture qui vous a pris. Plutarque me sourit toujours d'une fraîche nouveauté; l'aimer c'est m'aimer, car il a été l'instituteur de mon bas âge. Ma bonne mère, à qui je dois tout, et qui avait une affection si grande de veiller à mes bons déportements, et ne vouloir pas, ce disait-elle, voir en son fils un illustre ignorant, me mit ce livre entre les mains, encore que je ne fusse à peine plus un enfant de mamelle. Il m'a été comme ma conscience, et m'a dicté à l'oreille beaucoup de bonnes honnêtetés, et maximes excellentes pour ma conduite et pour le gouvernement des affaires. Adieu, mon cœur, je vous baise cent mille fois. Ce IIIe septembre, à Calais. »

Une telle lettre suffirait à faire la gloire du Plutarque d'Amyot, dont elle a toute la fraîcheur et les grâces souriantes, et elle y joint, comme écrite en mer par une douce brise, un reflet de la lumière et de la sérénité des flots. Maintenant est-il nécessaire d'ajouter que Henri IV savait un peu de latin; qu'il avait traduit, sous son précepteur Florent Chrétien, les Commentaires de César, et que sous un autre de ses précepteurs, La Gaucherie, il avait même appris par cœur deux ou trois sentences grecques? Peu importe. Ce qu'il avait surtout, et bien mieux que l'étude première et la discipline, c'était la source, le jet, l'esprit vif, ouvert, primesautier et perfectible, un tour particulier d'imagination, et c'est ce qui lui assure son originalité à côté des plus grands princes et capitaines qui ont bien parlé ou bien écrit.

César, le premier des écrivains de son ordre et le plus *comme il faut* des grands hommes, a réuni en lui tous les talents et tous les arts. Orateur, grammairien, poëte, le plus attique des Latins, quand il écrit des Mémoires sur ses guerres, il le fait « en un style si simple, si pur, si gracieux dans sa nudité même, qu'en ne voulant que fournir des matériaux aux historiens futurs, il a peut-être fait plaisir, dit Cicéron, aux impertinents et malavisés (*ineptis*) qui voudront à toute force y mettre des boucles et des frisures; mais à coup sûr il a détourné à jamais tous les bons esprits d'y revenir (*sanos quidem homines a scribendo deterruit*); car il n'est rien de plus agréable en histoire qu'une brièveté nette et lumineuse. »

Parmi les modernes, Louis XIV, quoiqu'on ait publié

ce qu'on appelle ses *Œuvres*, ne saurait être appelé un écrivain. Il parle, il est vrai, la meilleure des langues, et comme un roi qui méritait d'avoir Pellisson pour secrétaire et Racine pour lecteur. Lorsque l'Académie française, par l'organe de son directeur Tourreil, présenta pour la première fois son Dictionnaire à Louis XIV, elle lui disait : « Pourrions-nous, Sire, n'avoir pas réussi? nous avions pour gage de succès le zèle attentif qu'inspire l'ambition de vous satisfaire et la gloire de vous obéir. Il nous est donc permis de nous flatter que notre ouvrage explique les termes, développe les beautés, découvre les délicatesses que vous doit une langue qui se perfectionne autant de fois que vous la parlez ou qu'elle parle de vous. » Louis XIV méritait en partie ce compliment, en tant que parlant avec justesse et propriété la plus parfaite des langues; on dit qu'il contait à ravir; mais cette noble et régulière politesse manquait de saillie, de relief, d'images, d'imprévu, de ce qui fait la grâce et la popularité de la langue de Henri IV.

Le grand Frédéric, lui, était un roi essentiellement écrivain; et quand il écrivait en prose, sauf les germanismes inévitables, c'était un écrivain ferme, sensé, vraiment philosophe, plein de résultats justes et de vues d'expérience, et doué aussi par endroits d'une imagination assez haute et assez frappante. Il y a du talent dans ses Histoires, mais trop de mauvais goût se mêle à ses plaisanteries dans ses Lettres. Il existait dans l'antiquité, au temps d'Aulu-Gelle, des recueils de lettres du roi Philippe le Macédonien, père d'Alexandre : on les disait pleines d'élégance, de bonne grâce et de sens (*feruntur adeo libri epistolarum ejus, munditiæ et venustatis et prudentiæ plenarum*). La Correspondance de Frédéric ne mérite qu'une moitié de cet éloge. En tout, l'écrivain de profession domine en lui et diminue un peu l'écrivain-roi.

Napoléon a la grandeur dans le style comme en toute chose. Son horizon est toujours sévère. Il a la ligne précise, brève; ce n'est pas de l'atticisme comme chez César; il appuie davantage : c'est parfois comme la pointe du compas. Ses Proclamations ont créé un genre d'éloquence militaire et impériale; ses Histoires, et je parle surtout de sa Relation de la campagne d'Égypte, offrent des modèles de descriptions, de narrations, où pas un mot n'est à ajouter ou à retrancher, et que traversent de brusques éclairs de poésie. Il se borne au trait indispensable; hors de ses bulletins, qui ont l'appareil qu'exige le genre, il a le grandiose simple et le sérieux un peu sombre.

La première allocution militaire qu'on a de Henri avant Coutras peut se comparer à la première proclamation de Bonaparte en Italie. En arrivant à cette armée déguenillée qu'il allait rendre si glorieuse, et la passant en revue, Bonaparte disait :

« Soldats! vous êtes nus, mal nourris; le Gouvernement vous doit beaucoup, il ne peut rien vous donner. Votre patience, le courage que vous montrez au milieu de ces rochers, sont admirables; mais ils ne vous procurent aucune gloire, aucun éclat ne rejaillit sur vous. Je veux vous conduire dans les plus fertiles plaines du monde. De riches provinces, de grandes villes seront en votre pouvoir; vous y trouverez honneur, gloire et richesses. Soldats d'Italie! manqueriez-vous de courage ou de constance? »

Henri, avant Coutras, disait à ses cousins, le prince de Condé et le comte de Soissons, qui commandaient les deux ailes de la bataille :

« Vous voyez, mes cousins, que c'est à notre maison que l'on s'adresse. Il ne serait pas raisonnable que ce beau danseur (*le duc de Joyeuse*) et ces mignons de cour en emportassent les trois principales têtes, que Dieu a réservées pour conserver les autres avec l'État. Cette querelle nous est commune; l'issue de cette journée nous laissera plus d'envieux que de malfaisants : nous en partagerons l'honneur en commun. »

Et aux capitaines et soldats, touchant d'abord cette même corde de l'intérêt et du profit dans l'honneur, il disait :

« Mes amis, voici une curée qui se présente bien autre que vos butins passés : c'est un nouveau marié qui a encore l'argent de son mariage en ses coffres; toute l'élite des courtisans est avec lui. Courage! il n'y aura si petit entre vous qui ne soit désormais monté sur des grands chevaux et servi en vaisselle d'argent. Qui n'espérerait la victoire, vous voyant si bien encouragés? Ils sont à nous : je le juge par l'envie que vous avez de combattre; mais pourtant nous devons tous croire que l'événement en est en la main de Dieu, lequel sachant et favorisant la justice de nos armes, nous fera voir à nos pieds ceux qui devraient plutôt nous honorer que combattre. Prions-le donc qu'il nous assiste. Cet acte sera le plus grand que nous ayons fait : la gloire en demeurera à Dieu, le service au roi, notre souverain seigneur, l'honneur à nous, et le salut à l'État. »

Même à travers ce qu'il peut y avoir d'inexactement recueilli ou d'arrangé après coup dans la harangue de Henri, nous saisissons aussitôt les différences. Henri a de l'esprit, de la gaieté et de la familiarité dans l'esprit; il appelle l'ennemi *le nouveau marié, le beau danseur*, toutes choses qui supposent le sourire sous la moustache déjà grisonnante. Napoléon, lui, de l'arc vibrant de sa lèvre, lance sa parole d'acier et ne sourit pas.

M. Jung a très-bien saisi ce caractère du *talent* de Henri IV, si l'on peut ainsi parler, et ce mélange de saillie spirituelle, d'imagination rapide et de cœur. « Pour moi, écrit Henri à la reine Élisabeth (15 novembre 1597), je ne me lasserai jamais de combattre pour une si juste cause qu'est la nôtre; je suis né et élevé dedans les travaux et périls de la guerre : *là aussi se cueille la gloire, vraie pâture de toute âme vraiment royale, comme la rose dedans les épines.* » Ici, en écrivant à la vierge-reine, on peut croire qu'il s'était mis en frais d'images : à M. de Batz, son bon serviteur, il écrira tout naïvement (2 novembre 1587) : « Monsieur de Batz, je suis bien marri que vous ne soyez encore rétabli de *votre blessure de Coutras, laquelle me fait véritablement plaie au cœur*, et aussi de ne vous avoir pas trouvé à Nérac, d'où je pars demain, bien fâché que ce ne soit avec vous, et bien me manquera mon Faucheur par le chemin où je vas... » Cette blessure de M. de Batz, qui *fait plaie au cœur* de Henri, rappelle, selon la remarque de M. Jung, le mot célèbre de madame de Sévigné à sa fille : « *J'ai mal à votre poitrine;* » et l'expression la plus naturelle est celle de Henri. Montluc a parlé quelque part de cette antique qualité de la noblesse de France, à laquelle il suffit d'un petit souris de son maître pour échauffer les plus refroidis : « Et sans crainte de changer prés, vignes et moulins en chevaux et armes, on va mourir au lit que nous appelons le lit d'honneur. » Henri exprime ce même feu de dévouement en deux mots et en le peignant aux yeux. C'est dans une lettre à M. de Lubersac, et vers le temps de Coutras; toute la lettre est à citer :

« Monsieur de Lubersac, j'ai entendu par Boisse des nouvelles de votre blessure, qui m'est un extrême deuil dans ces nécessités. Un bras comme le vôtre n'est de trop dans la balance du bon droit ; hâtez donc de l'y venir mettre et de m'envoyer le plus de vos bons parents que vous pourrez. *D'Ambrugeac m'est venu joindre avec tous les siens, châteaux en croupe s'il eût pu.* Je m'assure que vous ne serez des derniers à vous mettre de la partie; il n'y manquera pas d'honneur à acquérir, et je sais votre façon de besogner en telle affaire. Adieu donc et ne tardez, voici l'heure de faire merveilles. Votre plus assuré ami, Henri. »

Châteaux en croupe, cela est amené et comme entraîné par la vivacité de l'action; mais, pour paraître naturel, en est-ce moins heureux?

C'est assez, et il ne faut pas attacher des commentaires trop longs à cet esprit si rapide et tout de rencontre. Le défaut de la thèse de M. Jung est de trop appliquer la méthode de Quintilien à Henri IV, de lui vouloir prendre la mesure comme à un Ancien, de trop diviser et subdiviser son esprit, sa manière de penser et de dire, de séparer dans des compartiments divers ce qui n'a jamais fait qu'un, et ce qu'il vaudrait mieux accepter sous sa forme naturelle; en un mot, de trop vouloir traiter comme un livre ce qui est un homme. En quelques endroits, il m'a semblé que l'auteur n'était pas encore assez rompu à cette langue française, qu'il manie d'ailleurs avec une ingénieuse finesse. Par exemple, il dira (page 92) que les brocards qu'on n'épargnait pas au jeune roi de Navarre au Louvre, dans les premières années de son mariage, lui apprirent la patience « et les *longs supports,* » au lieu de : à supporter longuement, etc. En deux endroits (pages 95 et 196) je vois le mot *luxure* appliqué couramment aux galanteries de Henri IV ou de sa femme, et ce mot, qui est du style ascétique ou biblique, n'est plus du langage ordinaire et bienséant. Dès longtemps on est trop homme du monde dans l'Université pour parler ainsi. Dans une lettre du 16 novembre 1580, lorsque Henri écrit à Mellon, gouverneur de Monségur : « Mellon, j'ai avisé d'envoyer le capitaine Marrac à Sainte-Bazeille; faites-le partir incontinent, sans amener pas un cheval et *le moins de goujats qu'il pourra :* vous savez combien la diligence est utile en ce fait, » M. Jung croit que c'est par mépris, par orgueil de race, que Henri aurait ici appelé *goujats* de simples fantassins, tandis que par ce mot il entendait seulement ce que chacun entendait alors, des *valets* de soldat qui surchargeaient les marches, et dont Maurice de Nassau s'appliqua le premier à débarrasser les armées. Mais, en insistant sur ces détails, je crains aussitôt d'être injuste; car il faudrait en même temps que je pusse faire remarquer combien il y a d'excellentes choses, et neuves et fines, et subtiles (au meilleur sens, au sens latin du mot), dans ce modeste ouvrage qui rend l'étude du même sujet plus facile à ceux qui viendront après.

Ce tome onzième de la première édition contenait une *Table analytique générale* pour les onze premiers volumes, car j'avais lieu de croire le Recueil des *Causeries* terminé à ce moment. Il n'était que ralenti et interrompu; bientôt, l'occasion recommençant, j'ai repris ma course et poursuivi de plus belle. La Table en question se trouvant donc inutile et devant être refaite pour être reportée plus loin à la fin du tome XV, j'ai ici une lacune à combler, et je le ferai au moyen de quelques morceaux non recueillis encore, d'articles déjà publiés ou inédits, et de pensées tirées de mon portefeuille.

Le libraire-éditeur Glaeser publiait, sous le titre de *Galerie Bonaparte*, une suite de portraits photographiés d'après nature, ou d'après les meilleurs originaux, des principaux membres de la famille de Napoléon. Des écrivains connus s'étaient chargés de faire les biographies qui devaient accompagner chaque portrait. Celui de S. A. I. la princesse Mathilde étant échu à M. Sainte-Beuve, il donna ce qui suit :

LA PRINCESSE MATHILDE

Elle a le front haut et fier, fait pour le diadême ; les cheveux, d'un blond cendré, relevés en arrière, découvrent de côté des tempes larges et pures, et se rassemblent, se renouent en masse ondoyante sur un cou plein et élégant. Les traits du visage nettement et hardiment dessinés ne laissent rien d'indécis. Un ou deux grains jetés comme au hasard montrent que la nature n'a pas voulu pourtant que cette pureté classique de lignes se pût confondre avec aucune autre. L'œil bien encadré, plus fin que grand, d'un brun clair, brille de l'affection ou de la pensée du moment, et n'est pas de ceux qui sauraient la feindre ni la voiler ; le regard est vif et perçant ; il va par moments au-devant de vous, mais plutôt pour vous pénétrer de sa propre pensée que pour sonder la vôtre. La physionomie entière exprime noblesse, dignité, et, dès qu'elle s'anime, la grâce unie à la force, la joie qui naît d'une nature saine, la franchise et la bonté, parfois aussi le feu et l'ardeur. La joue, dans une juste colère, est capable de flamme. Cette tête si bien assise, si dignement portée, se détache d'un buste éblouissant et magnifique, — se rattache à des épaules d'un blanc mat, dignes du marbre. Les mains, les plus belles du monde, sont tout simplement celles de la famille : c'est un des signes remarquables chez les Bonaparte que cette finesse de la main. La taille moyenne paraît grande, parce qu'elle est souple et proportionnée ; la démarche révèle la race : on y sent je ne sais quoi de souverain et la femme en pleine possession de la vie.

Le caractère est simple ; il est droit : rien dans l'ombre. Les violettes se cachent sous l'herbe : les petits de l'aigle aiment le soleil. Tout ce qui est duplicité, tortuosité, faux-fuyants, manége, tout ce qui ressemble de près ou de loin à de l'astuce ou à de la perfidie la révolte d'instinct, aujourd'hui comme au premier jour ; l'expérience ne l'a pas corrigée : elle s'étonne du mal, de tout ce qui n'est pas honorable ; elle a la faculté de l'indignation.

Elle a les amitiés longues, sûres, fidèles. Elle a besoin de confiance dans les relations : « J'ai besoin, dit-elle, de croire aux gens que je vois. » Ceux qui ont l'honneur de l'approcher, pour peu qu'ils l'aient connue en diverses rencontres, ont droit de parler de son cœur et des délicatesses qu'il lui suggère. Son premier mouvement est parfois impétueux, irrésistible ; il peut excéder. La probité de sa nature, si elle est avertie, s'arrête d'elle-même et se modère. Femme et princesse, elle admet, elle appelle la contradiction.

Son intelligence, son esprit tient de son caractère ; il a de l'élévation et de la simplicité. La bonne foi s'y marque comme partout. Sa pensée nette n'a jamais un instant de trouble, d'hésitation ; elle ne conçoit que ce qui est clair et ce qui s'explique clairement. Ne lui parlez pas de ces idées complexes, ambiguës, où il entre du pour et du contre, de ces pensées *entre chien et loup :* ces nuances, ces crépuscules d'idées n'existent pas pour elle. Elle est bien du Midi en cela : ce qu'elle comprend, elle le voit. Il fait nuit, ou il fait jour. C'est un ciel d'Italie tout d'azur, avec un horizon net et arrêté ; pas un nuage, pas une vapeur : le bleu pur et les lignes certaines.

Intelligence ferme et décidée comme elle est, ennemie du vague, allant droit au fait, droit au but, — Elle et son frère, le prince Napoléon, en cela semblables, — si l'on se permettait d'être observateur en les écoutant, on se plairait à retrouver en eux, pour le trait général et le contour, quelque chose de la forme et du *profil d'esprit* du grand Empereur leur oncle.

Née au seuil de l'Italie, à Trieste, dans l'exil, à l'époque de la plus grande proscription de sa race, la princesse fut emmenée dès l'âge de trois ans à Rome, où allaient se fixer pour plusieurs années ses augustes parents le roi Jérôme et la reine Catherine. Sans parler de sa gouvernante, la baronne de Reding, elle y reçut des soins particuliers d'une tante, la comtesse de Survilliers (née Clary). Dès l'âge de neuf ans, elle commençait à peindre. Ayant quitté Rome avec ses parents en 1831, elle passa le reste de son enfance et sa première jeunesse à Florence ; elle acheva de s'y nourrir et de s'y former dans la vue du beau ; elle copiait dans la galerie les chefs-d'œuvre des maîtres.

A quinze ans, ayant perdu sa mère, elle fut envoyée à la Cour de Wurtemberg, où on l'accueillit avec la plus tendre affection ; elle y contracta particulièrement avec sa cousine-germaine, qui est aujourd'hui la reine des Pays-Bas, une amitié de sœur. Après quelque temps de ce séjour à Stuttgard, elle revint à Florence.

Fiancée d'abord avec son cousin Louis-Napoléon, les destinées du prince appelé à l'Empire, et y marchant à travers maint hasard, vinrent rompre presque aussitôt, à son égard, ces projets et ces arrangements de famille.

On était en plein exil alors, et aucun moyen, même détourné, de rentrer en France ne semblait à dédaigner. A vingt ans, la princesse Mathilde fut mariée à un riche sujet russe, ami des arts, qui vivait habituellement en Italie. Proche cousine ou nièce, par sa mère, de l'empereur Nicolas, dont la mère était également une princesse de Wurtemberg, elle se trouva avoir ainsi contracté un lien de plus, mais un lien de sujétion, envers le puissant tzar. Deux fois elle visita la Russie. Dans un voyage que lui-même il fit en Italie, l'empereur Nicolas, qui s'intéressait à cette belle jeune femme du sang des Napoléon jetée sous son aile et presque sous sa serre, envisagea de près sa situation domestique, déjà compromise, et estima qu'elle ne pouvait longtemps se prolonger. Il lui promit dès lors sa protection à tout événement, et il tint parole. On peut croire que cela ne déplaisait pas à son orgueil d'avoir à protéger la nièce de Napoléon. Il mit, d'ailleurs, à toute cette relation beaucoup de délicatesse. Une fois, dans une fête, une cérémonie solennelle à Pétersbourg, il s'agissait pour toutes les personnes de la Cour de porter le costume russe national : cette condition, qui était de rigueur et ne souffrait pas d'exception, était pénible au cœur français, au cœur impérial de la princesse. Le sang lui en montait au front. Elle n'hésita pas et s'adressa directement à l'empereur qui comprit son scrupule et la releva de l'étiquette. Une autre fois, dans une revue de troupes, dans une petite guerre, il y eut un accident, je ne sais quelle funeste méprise. Des fusils avaient été chargés à balle; des coups de feu atteignirent des groupes de spectateurs : il se fit un grand tumulte. La princesse, au milieu de l'effroi et de la panique générale, garda son calme et son sang-froid : ce qui plut à l'empereur.

— Il présida et tint constamment la main par la suite aux arrangements qui furent réglés dans l'intérêt de la jeune femme, lors de la séparation des époux.

La princesse Mathilde lui en resta profondément reconnaissante. Elle a cette faculté, qui tient à l'énergie du cœur, de ne jamais oublier. Lorsque les événements vinrent changer la face de la France et la remirent elle-même à sa place sur les degrés du trône impérial, un de ses premiers soins, pour le commencement de l'année 1853, fut d'écrire à l'empereur Nicolas et de remplir envers lui ses devoirs d'usage à titre de parente; mais sa lettre portait naturellement la marque de sa situation nouvelle : il lui répondit (10 janvier 1853) :

« J'ai eu grand plaisir, ma chère nièce, à recevoir votre bonne et aimable lettre. Elle témoigne de sentiments aussi honorables pour vous qu'ils sont agréables pour moi ; puisque, suivant votre expression, la nouvelle fortune de la France est venue vous chercher, jouissez des faveurs qu'elle vous donne : elles ne sauraient être mieux placées que dans des mains aussi reconnaissantes que les vôtres. Je suis charmé d'avoir pu vous prêter mon appui en d'autres temps. A défaut de la protection dont vous n'avez plus besoin aujourd'hui, ce qui vous reste acquis de ma part, c'est l'affection que je vous porte, etc. »

Mais d'autres événements, bien imprévus, se précipitèrent : en moins d'un an, la guerre avec la Russie était résolue et sur le point d'éclater. Les sentiments d'une bonne et loyale Française, ceux de la nièce reconnaissante étaient désormais partagés et opposés. Que commandait le devoir? que conseillait la délicatesse? Un cœur droit n'a qu'à se consulter en pareille circonstance et à se bien écouter. La lettre du jour de l'an 1854 fut écrite sous cette inspiration du dedans qui sait démêler la ligne à suivre entre des obligations inégalement contraires et qui ne sacrifie rien de légitime. L'empereur Nicolas y répondit par une lettre qui touche de trop près à l'histoire pour que nous n'usions pas de la permission qui nous est donnée de la produire ici :

« Je vous remercie bien sincèrement, ma chère nièce, des nobles sentiments que m'exprime votre lettre. Un cœur tel que le vôtre ne saurait changer selon les phases mobiles de la politique. J'en avais la certitude; mais, dans la situation actuelle, je devais éprouver une satisfaction particulière à recevoir de bonnes et amicales paroles qui me parviennent d'un pays où, dans ces derniers temps, la Russie et son souverain n'ont cessé d'être en butte aux plus haineuses accusations. Comme vous, je déplore la suspension des bons rapports entre la Russie et la France, qui vient de s'accomplir, malgré tous les efforts que j'ai faits pour ouvrir les voies à une entente amicale. En voyant l'avénement de l'Empire en France, je me plaisais à espérer que le retour de ce régime pourrait ne point entraîner, comme une conséquence inévitable, celui d'une lutte de rivalité avec la Russie, et d'un conflit à main armée entre les deux pays. Plût au Ciel que l'orage prêt à éclater puisse se dissiper encore! Après un intervalle de plus de quarante ans l'Europe serait-elle donc destinée à servir de nouveau de théâtre à la reprise des mêmes drames sanglants? Quel en serait cette fois-ci le dénouement? Il n'est point donné à la prévoyance humaine de le pénétrer; mais ce que je puis vous assurer, ma chère nièce, c'est que dans toutes les conjonctures possibles, je ne cesserai d'avoir pour vous les sentiments affectueux que je vous ai voués, etc. » (9 février 1854).

J'ai, sans y prendre garde, anticipé sur les temps. La princesse, mariée en Italie en 1840 avec la qualité de Française et les droits qui lui avaient été, comme telle, reconnus et pleinement rendus par le Gouvernement français d'alors (disons-le à son éloge), put revenir en France dans le courant de l'année 1841. Tous ceux qui eurent l'honneur de la rencontrer dès lors se rappellent l'admiration et l'attrait qui rayonnait partout autour d'elle. La société, empressée à l'accueillir, se décorait et s'éclairait avec orgueil de cette belle et éblouissante Française que lui renvoyait l'Italie. La famille régnante fut parfaite en ces années pour la fille des Napoléon : la princesse Mathilde ne l'a jamais oublié; et depuis, dans une circonstance pénible où la politique impériale eut à exercer sur les biens de la maison déchue une de ces mesures d'État, commandées sans doute et nécessaires, elle et la duchesse d'Hamilton, n'écoutant que leurs sentiments particuliers et de leur propre mouvement, s'honorèrent par une démarche dont l'intention doit leur être comptée. Jamais, devant elle, un discours désobligeant pour ceux qui l'ont protégée et servie en d'autres temps n'est goûté ni toléré.

Elle servit les siens dès son retour; on aimait à faire réparation aux Napoléon en cette belle personne; mais elle sut très-bien distinguer le degré, le point juste, où la gratitude la mieux sentie pouvait aller; et en sachant gré des bons offices envers les présents, elle n'avait garde d'oublier ceux qui restaient captifs ou dans l'exil. En un mot, les Tuileries ne purent se parer d'elle, tandis que sa race, malgré tout, dans la personne de son chef, restait proscrite et déshéritée.

A ce moment, des amitiés vives et sincères se nouèrent tout naturellement entre elle et les hommes éminents ou distingués qui exerçaient ou disputaient le pouvoir avec tant d'esprit et d'éloquence. Ces amitiés ont été plutôt suspendues et interrompues que brisées par les événements qui suivirent, et qui jetèrent dans le mécontentement et le dénigrement toute une moitié de la haute société. Mais qu'un malheur, une perte cruelle vienne frapper un de ces anciens amis refroidis et devenus silencieux, la première pensée de la princesse Mathilde est de tenter cette ancienne amitié dont elle sent une part toujours vivante en elle, et de voir si on n'accueillera pas une parole de sympathie et de consolation. Un soir, elle était joyeuse, et semblait avoir eu dans la journée un bonheur; qu'était-ce donc? Un ancien ami avec qui elle se croyait brouillée et qu'elle savait blessé, mortifié et à jamais éloigné par la politique, avait passé près d'elle, près de sa voiture, n'avait point paru la reconnaître, et, l'instant d'après, en descendant, elle l'avait trouvé qui l'attendait pour lui prendre et lui serrer cordialement la main. Elle en avait éprouvé une vive et douce surprise, une joie sensible, visible, et qu'elle ne pouvait contenir.

Je ne sais de pendant à cette joie que celle dont le hasard me rendit témoin, un jour que la princesse recevait la nouvelle qu'une médaille venait de lui être accordée par un jury de province pour l'exposition de quelques-uns de ses dessins et tableaux (1). Le jury était en partie composé de républicains, disait-on : il n'y avait donc pas eu de faveur dans la récompense; et le front de l'artiste s'éclairait de satisfaction à l'idée de n'avoir pas seulement une qualité d'emprunt et de reflet, mais de valoir par soi-même quelque chose.

La princesse Mathilde est, en effet, artiste dans l'âme, et je me suis réservé exprès jusqu'à ce moment le plaisir de parler avec quelque détail de ce côté si caractérisé de sa nature. Élevée dans le pays de la lumière, des grands horizons, des belles formes et des nobles contours, elle avait reçu l'organisation la plus propre à en profiter et à s'en inspirer : le moule en elle était en parfait accord avec le spectacle et avec les images. Elle a le sens visuel et pittoresque remarquablement développé, et elle n'a cessé de le cultiver par l'étude et par le travail. Son bonheur, chaque jour, est de dérober quelques heures, et les meilleures de la matinée ou de l'après-midi, pour les consacrer à sa chère peinture. Alors, soit dans l'atelier élégant et curieux que le tableau d'un peintre d'intérieur a fait connaître au public, soit plutôt encore dans un atelier retiré et plus modeste où elle se rend tout à fait inaccessible, — là, devant des modèles, ou

(1) Deux jurys pourraient chercher à se reconnaître : celui de Nantes et celui de Metz. Il est question seulement ici de ce dernier.

ceux des maîtres ou ceux de la nature vivante, elle travaille et jette sur le papier ses aquarelles hardies et franches qui luttent de vigueur et d'éclat avec l'huile. Sa manière n'a rien de petit ni de léché, ni qui sente le faire de la femme; on croirait plutôt avoir devant soi les productions d'un jeune homme de talent qui s'exerce avec largeur et se développe. Elle passe tour à tour de la copie des maîtres à des études vivantes, soit à celles de modèles à caractère, soit aux portraits de ses amis. Après le plaisir de travailler, elle n'a rien de plus agréable que de visiter les grandes galeries, notre Musée du Louvre, et d'y revoir les chefs-d'œuvre; et si on lui parle des tableaux modernes qu'elle a chez elle et dont ses salons sont ornés : « Ici ce sont mes amis, dit-elle, mais là-bas ce sont mes admirations. »

Le goût de la princesse est classique : on a remarqué que le goût des princes l'est naturellement (1). Quoique le sien n'ait rien d'exclusif, elle fait grande acception des genres : elle maintient le premier rang dans son estime à la peinture d'histoire, et ne considère rien tant que la réunion des qualités que les compositions de cet ordre exigent. Elle goûte les chefs-d'œuvre du pinceau en tout genre, mais elle ne les classe pas indifféremment; elle ne met pas sur une même ligne et ne comprend pas dans une admiration égale et souveraine tout ce qui peut-être y aurait droit, je veux dire tout ce qui excelle. De là, autour d'elle, des sujets inépuisables et sans cesse renaissants de conversation et de contradiction qu'elle permet, ou, bien mieux, qu'elle provoque

---

(1) C'est La Bruyère qui a fait cette remarque, au chapitre *des Grands* : « Les princes, dit-il, sans autre science, ni autre règle, « ont un goût de comparaison; ils sont nés et élevés au milieu et « comme dans le centre des meilleures choses, à quoi ils rapportent « ce qu'ils lisent, ce qu'ils voient, et ce qu'ils entendent. Tout ce « qui s'éloigne trop de Lulli, de Racine et de Le Brun, est com-« damné. »

et qu'elle anime. Parmi les différents arts, ceux de la forme et du dessin sont, à ses yeux, les préférés; son goût, à cet égard, est même prédominant, et il entre un peu de condescendance pour ses amis et pour sa société dans ce qu'elle accorde à cet autre art si transportant et si ravissant, mais un peu vague d'objet et de moyens, à la musique.

On ne s'en douterait pourtant pas à voir le choix heureux des morceaux de musique instrumentale ou vocale qu'on lui doit d'entendre chaque hiver. Elle a pour amies de bien belles voix.

Littérairement, dans les lectures d'une ou deux heures qu'elle fait ou se fait faire chaque matin, il y a bien de la variété et il se mêle de toute espèce de choses, mais sa prédilection marquée est pour l'histoire.

On le voit, tout se tient et concorde dans cette organisation ferme et accomplie. Elle ne rêve en rien ni ne raffine. La subtilité en tout genre la choque et lui est antipathique; et dernièrement, à propos des écrits fort vantés d'une femme d'esprit, mais alambiquée, mais subtile et étrangement mystique, elle se refusait à comprendre qu'il fallût être aussi parfaite pour bien vivre et bien mourir : « L'un, disait-elle, est facile à faire avec un bon cœur et de la droiture, l'autre avec la résignation et la confiance. »

La princesse Mathilde passe régulièrement une moitié de l'année à Paris, et l'autre moitié à la campagne, au château de Saint-Gratien. A la voir l'hiver, chaque soir, dans le monde perpétuel et brillant qu'elle reçoit, toujours présente et toujours prête, parlant à chacun, variant l'accueil et l'à-propos, elle semble née pour la représentation : à la retrouver à la campagne, entourée de quelques amis toujours les mêmes, on dirait plutôt qu'elle est faite pour l'intimité, pour un cercle d'habitudes paisibles, riantes et heureuses. Elle ne porte dans aucune de ces deux vies si distinctes ni regret, ni fatigue, ni ennui de l'autre. Un de ses premiers soins, à Saint-Gratien, a été de faire élever dans l'église du village un monument convenable à l'illustre et modeste Catinat. Sa bonté envers les malheureux est connue; son nom, sa personne, sont populaires : elle a visité à Paris tous les asiles de la misère et de la souffrance en ce qui est de son sexe. Elle a fondé un établissement qui porte son nom, destiné aux jeunes filles incurables. — Il faut l'avoir vue, me dit-on, au milieu de cette enfance, partout ailleurs aimable, ici disgraciée, qui n'a que des laideurs et des misères à offrir : elle apparaît et console. — Sa maison est une sorte de ministère des grâces. Tout ce qu'elle peut solliciter et appuyer, elle le fait; elle considère cette charge, dit-elle, comme un des devoirs de sa condition.

Elle a, depuis un an, acheté en Italie, près du lac Majeur, une terre où elle va passer les dernières semaines de l'automne; elle y a retrouvé cette Italie, son premier amour, qu'elle avait connue si belle, mais enchaînée; elle l'a retrouvée libre, reconnaissante et saluant en elle la proche parente et comme l'ambassadrice de l'Empereur des Français. Elle a senti tout le prix et toute l'intention de ce sympathique accueil, et elle en a rapporté l'hommage à qui de droit, à celui qui, du fond de sa prudence, ne perd pas un seul instant de vue la consommation et la confirmation d'un si bel ouvrage.

On serait heureux d'avoir donné une idée, qui ne fût pas trop incomplète, d'une nature riche, loyale, généreuse, d'une personne qui, dans le plus haut rang, unit le don de beauté au feu sacré de l'art; qui a le courage de ses pensées et le charme de ses sentiments.

Comprendre ainsi la vie, quand on est des privilégiés du sort, accorder le moins possible aux opinions vaines, s'en remettre à l'impression vraie, à la lumière naturelle; distribuer ce qui vous est donné en surcroît; remplir sa part d'un rôle auguste, et mener une existence ornée, mais simple; jouir des arts, des élégances, de la nature aussi et de l'amitié, ce n'est pas seulement avoir un beau lot, ce n'est pas seulement savoir être heureuse, c'est répandre le bonheur et cultiver l'affection autour de soi.

On a de la princesse Mathilde un grand portrait en pied et d'apparat, par Édouard Dubufe; un beau profil au pastel, par Eugène Giraud; un buste en marbre, par Carpeaux. Charles Giraud (le jeune) a peint l'intérieur de l'atelier de la princesse, et le spirituel peintre d'animaux, Jadin, nous a rendu au naturel et avec finesse ses chiens favoris, ce qu'elle appelle sa *petite Meute*.

3 juillet 1862.

Un écrivain que je ne prétends nullement hostile par système ni méchant, mais qui s'est montré en ceci parfaitement léger, avait publié dans *le Siècle* (fin de janvier 1864) une espèce de portrait-biographie de moi tout à fait inexact, et dans le dessein, avant tout, de faire rire aux dépens de celui qu'on dépeignait. Je lus ce morceau, je me sentis piqué et je ripostai à l'instant par ce petit pastiche à la façon de La Bruyère, que j'envoyai immédiatement au *Constitutionnel* où il fut inséré le 3 février :

« Jeune homme, qui vous destinez aux Lettres et qui en attendez douceur et honneur, écoutez de la bouche de quelqu'un qui les connaît bien et qui les a pratiquées et aimées depuis près de cinquante ans, — écoutez et retenez en votre cœur ces conseils et cette moralité :

« Soyez appliqué dès votre tendre enfance aux livres et aux études; passez votre tendre jeunesse dans l'étude encore et dans la mélancolie de rêves à demi-étouffés; adonnez-vous dans la solitude à exprimer naïvement et hardiment ce que vous ressentez, et ambitionnez, au prix de votre douleur, de doter, s'il se peut, la poésie de votre pays de quelque veine intime, encore inexplorée; — recherchez les plus nobles amitiés, et portez-y la bienveillance et la sincérité d'une âme ouverte et désireuse avant tout d'admirer; versez dans la critique, émule et sœur de votre poésie, vos effusions, votre sympathie et le plus pur de votre substance; louez, servez de votre parole, déjà écoutée, les talents nouveaux, d'abord si combattus, et ne commencez à vous retirer d'eux que du jour où eux-mêmes se retirent de la droite voie et manquent à leurs promesses; restez alors modéré et réservé envers eux; mettez une distance convenable, respectueuse, des années entières de réflexion et d'intervalle entre vos jeunes espérances et vos derniers regrets; — variez sans cesse vos études, cultivez en tous sens votre intelligence, ne la cantonnez ni dans un parti, ni dans une école, ni dans une seule idée; ouvrez-lui des jours sur tous les horizons; portez-vous avec une sorte d'inquiétude amicale et généreuse vers tout ce qui est moins connu, vers tout ce qui mérite de l'être, et consacrez-y une curiosité exacte et en même temps émue; — ayez de la conscience et du sérieux en tout; évitez la vanterie et jusqu'à l'ombre du charlatanisme; — devant les grands amours-propres tyranniques et dévorants qui croient que tout leur est dû, gardez constamment la seconde ligne; maintenez votre indépendance et votre humble dignité; prêtez-vous pour un temps, s'il le faut, mais ne vous aliénez pas; — n'approchez des personnages le plus en renom et le plus en crédit de votre temps, de ceux qui ont en main le pouvoir, qu'avec une modestie décente et digne; acceptez peu, ne demandez rien; tenez-vous à votre place, content d'observer; mais payez quelquefois par les bonnes grâces de l'esprit ce que la fortune injuste vous a refusé de rendre sous une autre forme plus commode et moins délicate; — voyez la société et ce qu'on appelle le monde pour en faire profiter les Lettres; cultivez les Lettres en vue du monde, et en tâchant de leur donner le tour et l'agrément sans lequel elles ne vivent pas; cédez parfois, si le cœur vous en dit, si une douce violence vous y oblige, à une complaisance aimable et de bon goût, jamais à l'intérêt ni au grossier trafic des amours-propres; restez judicieux et clairvoyant jusque dans vos faiblesses, et si vous ne dites pas tout le vrai, n'écrivez jamais le faux; — que la fatigue n'aille à aucun moment vous saisir; ne vous croyez jamais arrivé; à l'âge où d'autres se reposent, redoublez de courage et d'ardeur; recommencez comme un débutant, courez une seconde et une troisième carrière, renouvelez-vous; donnez au public, jour par jour, le résultat clair et manifeste de vos lectures, de vos comparaisons amassées, de vos jugements plus mûris et plus vrais; faites que la vérité elle-même profite de la perte de vos illusions; ne craignez pas de vous prodiguer ainsi et de livrer la mesure de votre force aux confrères du même métier qui savent le poids continu d'une œuvre fréquente, en apparence si légère...

« Et tout cela pour qu'approchant du terme, du but final où l'estime publique est la seule couronne, les jours où l'on parlera de vous avec le moins de passion et de haine, et où l'on se croira très-clément et indulgent, dans une feuille tirée à des milliers d'exemplaires et qui s'adresse à tout un peuple de lecteurs qui ne vous ont pas lu, qui ne vous liront jamais, qui ne vous connaissent que de nom, vous serviez à défrayer les gaietés et, pour dire le mot, les gamineries d'un loustic libéral appelé Taxile Delord. »

PRÉFACE POUR LES *MAXIMES*

DE

LA ROCHEFOUCAULD

(Édition elzévirienne de P. Jannet)

1853.

M. Duplessis, que la mort a enlevé si inopinément et d'une manière si sensible pour sa famille et pour ses amis le 21 mai dernier (1), avait préparé cette Édition de La Rochefoucauld : c'est à lui qu'on en doit la distribution, l'ordre, les notes, toute l'économie en un mot ; il n'y manquait plus que quelques pages qu'il devait mettre en tête : on vient me demander, à son défaut, de les écrire et de le suppléer.

On a tant écrit sur La Rochefoucauld, et j'ai moi-même autrefois traité ce sujet avec tant d'application et de prédilection, que je serais embarrassé aujourd'hui d'y revenir, si le propre de ces grands et féconds esprits n'était pas d'exciter perpétuellement ceux qui les relisent et de renouveler les sources d'idées au voisinage des leurs.

(1) En mai 1853. — On a pu voir la Notice nécrologique de M. Duplessis à l'Appendice du tome IXe de ces *Causeries*.

La vie de La Rochefoucauld est difficile, et même, selon moi, impossible à traiter avec détail. Né en 1613, entré dans le monde à seize ans, toute sa première jeunesse se passe sous Louis XIII; c'est là qu'il est chevaleresque et romanesque, c'est là qu'il est dévoué, c'est là que son ambition première et généreuse se déguise à elle-même en pur amour, en sacrifice pour la reine persécutée, et se prodigue en mille beaux actes imprudents que Richelieu sut rabattre sans les trop punir. Nous ne faisons qu'entrevoir ce premier La Rochefoucauld, nous ne le connaissons pas. La Fronde, où il nous apparaît et où il se dessine, ne l'offre plus déjà qu'intéressé ouvertement et gâté. Son amour pour madame de Longueville n'est plus un amour de jeunesse, c'est une intrigue de politique autant et plus qu'un intérêt de cœur. La conduite de La Rochefoucauld pendant la Fronde, on peut l'affirmer en général, n'a rien de beau. Toutefois, après qu'on s'est emparé de ses propres aveux à lui-même, après qu'on a écouté sur son compte des adversaires tels que Retz et qu'on a recueilli leurs paroles, il n'y a plus qu'à passer outre sans insister. Un célèbre écrivain de nos jours, qui s'est récemment déclaré le partisan et le chevalier de madame de Longueville, M. Cousin, a intenté contre La Rochefoucauld un procès dont la seule idée me semble peu soutenable. Venir après deux siècles s'interposer entre une maîtresse aussi subtile et aussi coquette d'esprit, aussi versatile de cœur que la sœur des Condé et des Conti, et un amant aussi fin, aussi délié, aussi *roué* si l'on veut, que M. de La Rochefoucauld; prétendre sérieusement faire entre les deux la part exacte des raisons ou des torts; déclarer que tout le mal est uniquement d'un côté, et que de l'autre sont toutes les excuses; poser en ces termes la question et s'imaginer de bonne foi qu'on l'a résolue, c'est montrer par cela même qu'on porte en ces matières la ferveur d'un néophyte, qu'on est un casuiste de Sorbonne ou de Cour d'amour peut-être, mais un moraliste très-peu. Un Du Guet qui aurait été, par impossible, le confesseur ou le directeur des deux amants, un Talleyrand qui se serait vu, durant des années, leur ami intime, — l'un et l'autre, Talleyrand et Du Guet, mettant en commun leur expérience et les confidences reçues, seraient, j'imagine, fort en peine de prononcer. Laissons donc cette querelle interminable et toujours pendante entre madame de Longueville et M. de La Rochefoucauld. Celui-ci eut des torts, cela nous suffit; il en eut en amour et en politique; il manqua cette partie importante de sa vie, et, quand même la Fronde aurait obtenu quelque succès et aurait amené quelque résultat, il n'aurait encore donné de lui que l'idée d'un personnage brillant, mais équivoque et secondaire, dont la pensée, les vues et la capacité ne se seraient point dégagées aux yeux de tous.

Le mérite et la supériorité de M. de La Rochefoucauld sont ailleurs. Vaincu, évincé des premiers et des seconds objets de son ambition, rejeté dans son fauteuil par l'âge, par la goutte, par l'attrait de la douceur sociale et de la vie privée, il trouve à raisonner sur le passé, à en tirer des leçons ou plutôt des remarques, des maximes, qui s'appliquent aux autres comme à lui. Il se plaît à ce jeu, il se met à rédiger chaque pensée avec soin, et tout aussitôt avec talent : une sorte de grandeur de vue se mêle insensiblement sous sa plume à ce qui ne semblait d'abord que l'amusement de quelques après-dînées. Un peu de gageure s'y glisse encore; il y a un système qu'il soutient agréablement et sur lequel on lui fait la guerre autour de lui. Il tient bon, il se pique de le retrouver partout, même dans les cas les plus déguisés. Le philosophe, l'homme du monde, l'homme qui joue aux maximes, se confondent en lui.

Dans l'exquis et excellent petit livre qu'il laissa échapper en 1665, et auquel est à jamais attaché son nom, il faut tenir compte de ces personnages divers, et, selon moi, n'en point presser trop uniquement aucun.

A y voir un système, le livre de La Rochefoucauld ne saurait être vrai que moyennant bien des explications et des traductions de langage qui en modifieraient les termes. Sans doute il est vrai que l'homme agit toujours en vue ou en vertu d'un principe qui est en lui et qui le pousse à chercher sa satisfaction, son intérêt et son bonheur. Mais ce bonheur et cet intérêt, où le place-t-il? La nature a réparti aux hommes des dons singuliers, des facultés diverses, dont le mouvement se prononce avant même que la réflexion soit venue (1). C'est une des beautés et l'un des charmes de la jeunesse et du génie que de se produire et d'éclater avant tout raisonnement, et de s'élancer vers son objet par une impul-

---

(1) Saint Paul, parlant le langage de la Grâce, a dit, pour marquer cette diversité des conditions et des vocations : « Chacun tient de Dieu son don propre, l'un d'une façon, l'autre d'une autre. » (*Première Épître aux Corinthiens*, chap. VII, verset 7.) — Et dans son langage tout naturel, Homère, introduisant Ulysse déguisé sous le toit d'Eumée, lui fait dire : « J'aimais de tout temps les vaisseaux garnis de rames ; j'aimais les combats, les javelots acérés et les flèches, tout ce qui paraît triste et terrible à beaucoup d'autres. Tout cela me charmait, c'était ce qu'un Dieu m'avait mis dans le cœur : car chaque homme prend diversement plaisir à des œuvres diverses. » (*Odyssée*, XIV, 228.) — Ce que Virgile a traduit moins gravement par ces mots : *Trahit sua quemque voluptas*. — Et Homère a dit encore par la bouche du même Ulysse parlant à un jeune et beau Phéacien, qui l'avait offensé par ses paroles : « Ainsi donc les dieux ne donnent pas toutes les grâces à tous les hommes, ni la beauté, ni les qualités de l'esprit, ni l'éloquence. Car tel homme est disgracié de visage, mais un dieu répare sa figure en le couronnant d'éloquence, et le monde trouve un charme à le regarder : et lui, sûr de lui-même, il parle avec une pudeur toute de miel, et il brille parmi la foule assemblée, et lorsqu'il passe à travers la ville, chacun le contemple comme un dieu. Un autre, au contraire, est égal en beauté aux Immortels, mais la grâce ne couronne point ses paroles. » (*Odyssée*, VIII, 167.)

sion première irrésistible. Il est de grandes âmes en naissant, qui, sorties de belles et bonnes races longuement formées à la vertu, et qui, puisant dans cet héritage de famille une *ingénuité généreuse*, se portent tout d'abord vers le bien de leurs semblables avec tendresse, avec effusion et sacrifice. Ce sacrifice même leur est doux; cette manière d'être, qui mène souvent à bien des renoncements et des dangers, leur est chère : c'est là leur idéal d'honneur et de bonheur, elles n'en veulent point d'autre. Appellerez-vous amour-propre ce mobile qui les pousse? C'est, il faut en convenir, un amour-propre très-particulier et qui ne ressemble pas à ce qu'on entend communément sous ce nom.

Je sais bien que Fontenelle a dit : « Les mouvements les plus naturels et les plus ordinaires sont ceux qui se font le moins sentir : cela est vrai jusque dans la morale. Le mouvement de l'amour-propre nous est si naturel, que le plus souvent nous ne le sentons pas, et que nous croyons agir par d'autres principes. » La Rochefoucauld, de même, a dit avec plus de grandeur : « L'orgueil, comme lassé de ses artifices et de ses différentes métamorphoses, après avoir joué tout seul tous les personnages de la comédie humaine, se montre avec un visage naturel, et se découvre par sa fierté; de sorte qu'à proprement parler, la fierté est l'éclat et la déclaration de l'orgueil. »

Un des hommes qui ont le mieux connu les hommes et qui ont su le mieux démêler leur fibre secrète pour les gouverner, Napoléon, a fait un jour de La Rochefoucauld un vif et effrayant commentaire. C'était au bivouac de l'île de Lobau, dans l'intervalle de la bataille d'Essling à celle de Wagram. On préparait le second passage du Danube; Napoléon voit passer le général Mathieu Dumas, qui cherchait le maréchal Berthier : il l'arrête, le questionne sur plusieurs points de détail;

puis, tout d'un coup, changeant de sujet et se ressouvenant que Mathieu Dumas avait été des constitutionnels en 89 et dans l'Assemblée législative : « Général Dumas, vous étiez de ces enthousiastes (j'adoucis le mot) qui croyaient à la liberté? »

— « Oui, Sire, répondit Mathieu Dumas, j'étais et suis encore de ceux-là. »

— « Et vous avez travaillé à la Révolution comme les autres, par ambition? »

— « Non, Sire, et j'aurais bien mal calculé, car je suis précisément au même point où j'étais en 1790. »

— « Vous ne vous êtes pas bien rendu compte de vos motifs, vous ne pouvez pas être différent des autres; l'intérêt personnel est toujours là. Tenez, voyez Masséna : il a acquis assez de gloire et d'honneur, il n'est pas content; il veut être prince comme Murat et Bernadotte; il se fera tuer demain pour être prince. C'est le mobile des Français : la nation est essentiellement ambitieuse et conquérante (1). »

Certes, il ne se peut concevoir de dissection plus vive, plus pénétrante dans le sens de La Rochefoucauld, ni venant d'une main plus ferme et plus souveraine. Et pourtant quelque chose résiste à l'explication toute nue, telle qu'elle s'impose ici. Masséna, dans son héroïque défense d'Essling, obéissait moins au désir d'être prince qu'au noble orgueil de rester lui-même, l'homme de Gênes, l'opiniâtre et l'invincible, celui qui était fait pour justifier et surpasser encore la confiance que son Empereur mettait en lui. Tant que l'homme n'a pas, de son propre mouvement, dépouillé et disséqué sa fibre secrète à laquelle il obéit sans le savoir, ne la lui démontrez pas, ne la lui nommez pas : car il y a

---

(1) *Souvenirs du lieutenant général comte Mathieu Dumas* (1839), tome III, p. 363.

dans cette ignorance même une autre fibre plus délicate, si je puis dire, un nerf plus sensible, qui est précieux à ménager et qu'on ne coupe pas impunément. L'héroïsme militaire, d'ailleurs, vient surtout du sang et de la nature : ces cœurs de lion s'embrasent à l'approche du danger; ils ne se possèdent plus, ils se sentent dans leur élément. L'Ajax de l'Iliade, portant, pendant l'absence d'Achille, le poids de l'armée troyenne, ou Ney dans le feu de la mêlée à Friedland, laissez-les faire! Et vous, Fontenelle, ou monsieur de La Rochefoucauld, en ce moment, n'approchez pas!

N'approchez pas davantage de Milton aveugle au moment où, dans un hymne éthéré, célébrant la création ou plutôt la source incréée de la lumière, il la revoit en idée à travers sa nuit funèbre et laisse échapper une larme. De même n'approchez pas d'Archimède au moment où il oublie tout hormis son problème, et où il va se laisser arracher la vie plutôt que de se détourner de la poursuite de l'unique vérité à laquelle il s'attache et qui fait sa joie. N'approchez jamais de saint Vincent de Paul ravissant dans les bras de la charité l'enfant que sa mère abandonne, ou prenant pour lui la chaîne et la rame de l'esclave; ne le tirez point par son manteau, comme pour lui dire : « Je t'y prends à faire ton bonheur du salut d'autrui, au prix de ta gêne et de ton propre sacrifice, ô égoïste sublime! » — Que dis-je? ne m'approchez pas moi-même, lorsque, considérant d'un humble désir ce petit tableau hollandais, ce paysage de Winants, cette cabane de bûcheron à l'entrée d'un bois,

Pauperis et tuguri congestum cespite culmen,

une émotion dont je ne sais pas bien la cause me gagne et me tient là devant à rêver de paix, de silence, de condition innocente et obscure. Dans tous ces cas si divers, sans doute l'être humain cherche invariablement sa consolation, sa joie secrète et son bonheur; mais ne venez point parler d'amour-propre, d'intérêt et d'orgueil, là où le ressort en est si richement revêtu, si naturellement recouvert, et si transformé, qu'il ne peut plus être défini que le principe intime d'action et d'attrait propre à chaque être.

L'inconvénient du système de La Rochefoucauld est de donner pour tous les ordres d'action une explication uniforme et jusqu'à un certain point abstraite, quand la nature, au contraire, a multiplié les instincts, les goûts, les talents divers, et qu'elle a coloré en mille sens cette poursuite entrecroisée de tous, cette course impétueuse et savante de chacun vers l'objet de son désir. Pourquoi traduire partout en un calcul sec et ne présenter qu'après dépouillement et analyse ce qui est souvent le fruit vivant, et non cueilli encore, de l'organisation humaine, variée à l'infini et portant ses rameaux jusque vers les cieux?

J'ai dit le défaut qui doit être reconnu tel de ceux qui se payent le moins de chimères, et qui sont de la philosophie pratique de Montaigne et de La Fontaine, si voisine d'ailleurs de celle de La Rochefoucauld. Ce dernier, comme Machiavel, autre philosophe profond et plein de réalité, a trop donné à son observation si pénétrante et si durable la marque particulière des temps où il a vécu et qu'il a traversés. Mais, sous cette forme où il la présente, à l'usage d'une société élégante et d'une civilisation consommée, que de vérités sur les passions, sur l'amour, sur les femmes, sur les différents âges, sur la mort! Que de choses dites d'une manière unique et définitive qu'on ne peut qu'à jamais répéter! Les grandes choses, et qui sont simples à la fois, ont été dites de bonne heure : les anciens moralistes et poëtes ont dessiné et saisi la nature humaine dans ses principaux et larges traits; il semble qu'ils n'aient laissé aux modernes que la découverte des détails et la grâce des raffinements. La Rochefoucauld échappe à cette loi presque inévitable, et, dans ces matières délicates et subtiles, lui qui n'avait pas lu les Anciens et qui les ignorait, n'obéissant qu'aux lumières directes de son esprit et à l'excellence de son goût, il a, aux endroits où il est bon, retrouvé, soit dans l'expression, soit dans l'idée même, une sorte de grandeur.

Indépendamment de ses *Maximes*, on a de lui des *Réflexions diverses*, qui y tiennent de près, mais qui portent moins sur le fond des sentiments que sur la manière d'être en société. On a dit très-justement qu'on les pourrait aussi bien intituler : *Essai sur l'art de plaire en société* (1). Si M. de La Rochefoucauld avait voulu former un jeune homme à qui il se serait intéressé, le jeune duc de Longueville, à son entrée dans le monde, par exemple, il aurait pu lui faire lire ces pages pleines de conseils et de recommandations adroites, fondées sur la connaissance parfaite des esprits. Tous les contemporains sont d'accord là-dessus, M. de La Rochefoucauld était un des hommes qui causaient le mieux ; et il causait d'autant mieux qu'il n'avait rien de l'orateur. Les grands orateurs ont un torrent qu'ils portent aisément dans la conversation ; il est bien d'y faire par instants sentir l'éloquence, mais elle ne doit pas trop dominer. Autrement, on ne cause plus ; il y a un homme plus ou moins éloquent qui parle, qui est devant la cheminée comme à la tribune, et tous font cercle et écoutent. Le monde est plein de ces grands ou de ces demi-orateurs dépaysés. Telle n'était point autrefois la conversation de l'honnête homme dans la vie privée,

---

(1) Je ne discute point la question de savoir si ces *Réflexions diverses* sont certainement de La Rochefoucauld ; il me suffit qu'elles lui soient attribuées, qu'elles soient dignes de lui, et qu'elles expriment le meilleur goût et tout l'esprit de son monde.

selon M. de La Rochefoucauld, qui passe pour en avoir été le vrai modèle. Il accordait beaucoup plus aux autres ; il insinuait ses observations sans les imposer ; il ne fermait la bouche à personne ; il n'arrachait point la parole comme on le fait si souvent ; il savait que « l'intérêt est l'âme de l'amour-propre, » même en conversation ; que, si chacun ne pense qu'à soi et à ce qu'il va dire, il paralyse les autres ; que la meilleure manière de les ranimer et de les tirer de l'assoupissement ou de l'ennui, c'est de s'intéresser à eux et de toucher à propos les fibres qui leur sont chères. « Il est nécessaire, recommande-t-il, d'écouter ceux qui parlent. Il faut leur donner le temps de se faire entendre, et souffrir même qu'ils disent des choses inutiles. Bien loin de les contredire et de les interrompre, on doit, au contraire, entrer dans leur esprit et dans leur goût, montrer qu'on les entend, louer ce qu'ils disent autant qu'il mérite d'être loué, et faire voir que c'est plutôt par choix qu'on les loue que par complaisance. »

Il ne ressemblait en rien à cet illustre savant que tout Paris connaît (1), et qui, lorsqu'il vient y passer quelques mois, a tellement soif de parler (non de causer) qu'il s'arrange de manière à être difficilement interrompu. Cet illustre savant, qui fait ses phrases très-longues, a imaginé de ne reprendre haleine qu'au milieu et jamais à la fin de sa période. Comme on le respecte beaucoup, on attend qu'il ait fini pour glisser un mot; mais il a trouvé l'art de ne jamais finir ; car, ayant respiré en toute hâte au milieu d'une parenthèse, il repart et court de plus belle, si bien que la parole lui reste toujours, que sa phrase commencée dans un salon se continue dans un autre ; que dis-je ? elle irait ainsi de Paris jusqu'à Berlin ; et, comme il est grand voyageur, il y a telle

(1) Je puis maintenant le nommer : c'était Alexandre de Humboldt.

de ses phrases, en vérité, qui a pu faire avec lui le tour du monde. M. de La Rochefoucauld avait sa veine en causant et parlait volontiers de suite (1), mais il laissait les intervalles, et semblait aplanir l'accès à ce que chacun avait à dire.

Il avait pour principe « d'éviter surtout de parler de soi, et de se donner pour exemple. » Il savait que « rien n'est plus désagréable qu'un homme qui se cite lui-même à tout propos. » Il ne ressemblait point à ceux qui, en vieillissant, se posent avec vous en Socrates (je sais un savant encore (2), et aussi un poète (3), qui sont comme cela), vrais Socrates en effet, en ce sens qu'avant que vous ayez ouvert la bouche, ils vous ont déjà prêté de légères sottises qu'ils réfutent, se donnant sans cesse le beau rôle, que, par politesse, on finit souvent par leur laisser.

Il n'avait rien de celui qui professe. Avoir été professeur est un des accidents les plus ordinaires de ce temps-ci, nous l'avons presque tous été; tâchons seulement que le métier et le *tic* ne nous en restent pas. J'ai connu un homme qui était né professeur, il fut quelque temps avant de le devenir; un jour enfin, il eut une chaire, et put s'y installer dans toute son importance. Quelqu'un qui l'avait écouté pendant tout un semestre, et qui était plus attentif à l'homme qu'à ce qu'il débitait, fit de lui le Portrait suivant, pris sur nature :

« *Pancirole* professe, il est heureux; sa joue s'enfle plus qu'à l'ordinaire; sa poitrine s'arrondit, la couleur noir-cerise de sa joue est plus foncée et plus dense; il jouit. Il se pose, il commence sa phrase, il s'arrête. Nul

---

(1) Se rappeler sa Conversation avec le chevalier de Méré; je l'ai citée au long au tome III des *Portraits littéraires* (édit. de 1864), pages 119 et suiv.
(2) M. Biot.
(3) Béranger.

ne l'interrompt. Il se renverse sur sa chaise, il tourne la cuiller dans le verre d'eau sucrée et le prend dix fois par quarts d'heure, avec lenteur, aisance, dégustation. Il pose alors ses principes, il établit ses divisions; il considère, il tranche, il doute même quelquefois, tant il se sent à l'aise et sûr de lui-même. Au moment le plus grave du premier empire assyrien ou de l'ère de Nabonassar, il grasseye tout d'un coup en prononçant certains mots que tout à l'heure il prononçait bien. Il met d'une certaine manière sa langue entre ses dents et s'écoute. *Pancirole* est au comble; il professe, il est heureux (1). »

(1) Ce croquis, je le répète, a été fait d'après nature. Le savant qui y avait servi de modèle est mort depuis. J'ai vu bien des transformations de nos jours, mais je n'en ai jamais vu de plus curieuse ni de plus à contre-pied du vrai que celle qui s'est très-vite opérée, au sujet de ce docte personnage, le lendemain de sa mort. On en a fait un homme illustre (à la bonne heure!), non seulement un homme de grand savoir (ce qu'il était), mais d'un savoir bien digéré et élaboré (ce qu'il n'était guère), d'une critique saine et sûre et scrupuleuse (ce qu'il était encore moins); on en a fait même un homme de goût (il était précisément le contraire), et presque un écrivain léger et élégant; et ce que je n'admire pas moins, c'est qu'à ce prompt travail de métamorphose ont tous concouru à l'envi, par indifférence, par entraînement, par complaisance, par égard pour une veuve éplorée et attentive, pour un fils qui avait sa carrière à faire, ceux-là précisément qui savaient le mieux comme quoi tout cela n'était pas. — Je n'ai aucune raison aujourd'hui pour ne pas mettre le nom : *Pancirole*, c'est M. Charles Lenormant. — Et puisque j'y suis, j'épuiserai sur le compte du scientifique personnage les notes à la La Bruyère, que provoquait journellement l'audace ou le sans-gêne de sa suffisance : « Lenormant est de la race de ceux qui ne doutent de rien, qui tranchent sur tout et qui sont sûrs de leur fait en toute matière, qu'il s'agisse de l'ère de Nabonassar, de l'abbaye de Thélème ou de la transsubstantiation. » — Et encore : « Le mot que répète le plus souvent Lenormant dans son cours est celui d'*important* : Il est *important*, il serait *important*, un fait de la plus haute *importance*, etc. — C'est ce qu'on appelle en Italie un *facilone*, disait de lui Gérard le peintre, comme qui dirait un *facilitateur* (qui trouve tout facile, qui ne voit de difficulté à rien). C'est encore ce que Montesquieu appelle dans ses *Lettres persanes* le *décisionnaire universel*. »

Bien des gens, après avoir trouvé ce bonheur en chaire, continuent de se donner ce plaisir en conversation. M. de La Rochefoucauld n'eût jamais fait ainsi. Incapable de parler en public, rougissant, en quelque sorte, d'usurper seul l'attention, il avait le contraire du front d'airain, une pudeur qui sied à l'honnête homme assis à l'ombre, et qui dispose de près chacun à recevoir de sa bouche les fruits mûris, les conseils mitigés de son expérience.

Je veux faire une malice, qui n'est pas bien cruelle, à l'un de ses grands et outrés adversaires. M. de La Rochefoucauld, parlant ou écrivant des choses de la vie, se souvenant des choses du cœur et de ce monde des femmes qu'il connaissait si bien, n'aurait jamais fait comme Ménage éloquent ou comme le philosophe amoureux ; il ne se serait point écrié tout d'abord avec emphase : « *Nous sommes parvenu à découvrir toute une littérature féminine, aux trois quarts inconnue,* qui ne nous semble pas indigne d'avoir une place à côté de la littérature virile en possession de l'admiration universelle. » Sans compter qu'il n'est pas honnête de prétendre avoir découvert ce que beaucoup d'autres savaient et disaient déjà, cela n'est pas de bon goût d'emboucher ainsi la trompette à tout moment et de proclamer sa propre gloire en si tendre sujet. Pourquoi la trompette toujours, là où il suffirait d'un air de hautbois ?

M. de La Rochefoucauld, parlant de celle qu'il avait aimée, n'aurait pas commencé par décrire « ses cheveux d'un blond cendré *de la dernière finesse*, descendant en boucles abondantes, ornant l'ovale gracieux du visage, et *inondant d'admirables épaules, très-découvertes*, selon la mode du temps. » Et après cette description toute physique et caressante, et qui sent l'auteur du *Lys dans la Vallée*, il n'eût point déclaré tout aussitôt, en reprenant le ton du professeur d'esthétique qui se retourne vers la jeunesse pour lui faire la leçon : « *Voilà le fond d'une vraie beauté!* » M. de La Rochefoucauld n'a point de ces gestes de démonstration dans le style; il sait qu'on doit en être sobre partout, et qu'ils sont particulièrement déplacés en un tel sujet.

Parlant d'une beauté qui, dans l'habitude de la vie, avait « un certain air d'indolence et de nonchalance aristocratique, qu'on aurait pris quelquefois pour de l'ennui, quelquefois pour du dédain, » M. de La Rochefoucauld n'aurait jamais ajouté, en se dessinant, et en se caressant le menton : « *Je n'ai connu cet air-là qu'à une seule personne en France...* » Comme si celui qui écrit cela avait connu vraiment toute la fleur des beautés de la France. Mieux on a connu et goûté ces choses, moins on le proclame.

C'est le même écrivain qui dira de madame de Sévigné qu'elle est « une incomparable *épistolière*, » appliquant à ce charmant et libre esprit un mot de métier, qui ne convient qu'à Balzac, *épistolier* de profession en effet, et qui en avait patente. C'est le même qui, parlant de madame de La Fayette et de sa liaison avec M. de La Rochefoucauld, sur laquelle, dans ses lettres à Ménage, elle se taisait volontiers, dira : « C'était là, probablement, la partie délicate et réservée sur laquelle *la belle dame* ne consultait guère ses savants amis. » C'est lui qui, parlant de ce monde délicat des Longueville et des La Vallière, de leurs fragilités et de leur repentir, s'écriera tumultueusement : « *Ah! sans doute*, il eût mieux valu lutter contre son cœur, et, à force de courage et de vigilance, se sauver de toute faiblesse. *Nous mettons un genou en terre* devant celles qui n'ont jamais failli; mais quand à mademoiselle de La Vallière ou à madame de Longueville on ose comparer madame de Maintenon, avec les calculs sans fin de sa prudence mondaine et les scrupules tardifs d'une piété qui vient toujours à l'appui de sa fortune, *nous protestons de toute la puissance de notre âme*. Nous sommes *hautement* pour la sœur Louise de la Miséricorde et pour la pénitente de M. *de* Singlin et de M. Marcel. *Nous préférons mille fois l'opprobre* dont elles essaient en vain de se couvrir à la vaine considération, etc. » Ce monde poli eût été un peu étonné, le premier jour, de toutes ces protestations, de ces génuflexions, et de tout ce bruit en son honneur. Dans l'habitude de la vie, il fuyait le fracas du sentiment.

Il y a des critiques de bon sens (non de bon goût cette fois) qui disent et répètent à pleine bouche que c'est là le style du pur dix-septième siècle ; c'en est le simulacre peut-être à distance, mais non la vraie et naïve ressemblance, qui ne se sépare jamais de la convenance même. Il est possible que les mots soient tous de la langue du dix-septième siècle, mais les mouvements n'en sont point. Le style de M. Cousin, dans ces matières aimables, est plein de mauvais gestes.

« Il ne faut jamais, dit La Rochefoucauld, rien dire avec un air d'autorité, ni montrer aucune supériorité d'esprit. Fuyons les expressions trop recherchées, les termes durs ou forcés, et *ne nous servons point de paroles plus grandes que les choses* (1). »

Le défaut, précisément, de M. Cousin est l'exagération, et le propre de cette belle époque est la mesure.

Au moment où M. Cousin s'écria pour la première fois qu'il venait de découvrir la littérature des femmes au dix-septième siècle (15 janvier 1844), un critique qui ne pensait alors qu'à se rendre compte à lui-même de son impression particulière écrivit la note suivante :

« L'article de M. Cousin sur les femmes du dix-sep-

(1) N'est-ce point Goldsmith qui disait au docteur Johnson : « Convenez, docteur, que si vous aviez à faire parler de petits poissons, vous les feriez parler comme des baleines? »

tième siècle a eu grand succès : c'est plein de talent d'expression, de vivacité et de traits; pourtant c'est choquant pour qui a du goût (mais si peu en ont); il traite ces femmes comme il ferait les élèves dans un concours de philosophie; il les régente, il les range : Toi d'abord, toi ensuite! Jaqueline par-ci, la Palatine par-là! Il les classe, il les clique, il les claque. Puis, passant en un instant de l'extrême familiarité à la solennité, il leur déclare comme faveur suprême qu'il les admet. Tout cet appareil manque de délicatesse. Quand on parle des femmes, il me semble que ce n'est point là la véritable question à se faire, et qu'il serait mieux de se demander tout bas, non pas si on daignera les accueillir, mais si elles vous auraient accueilli. »

Quand M. Cousin aime une femme, il faut que l'univers en soit informé, il a le tumulte de l'admiration. Il aime madame de Longueville *ex cathedra*. — Oui, doublement *en chaire* (chair), a dit un plaisant en songeant à la description surabondante de certains attraits. Sans plaisanter, il y a bien des restes de pédagogie dans tout cela.

Si nous étions à l'hôtel Rambouillet, je poserais cette question : « Le livre de M. Cousin est-il de quelqu'un qui a connu les femmes, et qui les a aimées ? »

M. Cousin a traité si sévèrement M. de La Rochefoucauld, il a été envers lui d'une partialité si exagérée et si plaisante, qu'il a donné le droit à ceux qui goûtent ce parfait honnête homme de la vie privée, ce modèle de l'homme comme il faut dans la société, de s'informer des qualités délicates de l'adversaire. La Rochefoucauld termine son chapitre de la Conversation en disant : « Il y a enfin des tons, des airs et des manières qui font tout ce qu'il y a d'agréable ou de désagréable, de délicat ou de choquant, dans la conversation. » Cela n'est pas seulement vrai de ce qu'on dit en causant, mais de ce qu'on écrit sur ces choses du monde et de la société. Ce sont ces tons, ces airs et ces manières qui me choquent souvent chez M. Cousin à travers sa verve et tout son talent, et qui me font douter qu'il ait réellement pénétré par l'esprit autant que par l'enthousiasme et par l'érudition dans cet ancien monde. Cela dit, je m'empresse de reconnaître que son *à peu près*, comme tant d'autres *à peu près* qu'il a poursuivis dans sa vie, est très-éloquent.

Quand on y réfléchit, il est d'ailleurs tout naturel que, de même que M. de Lamartine n'aime pas La Fontaine, M. Cousin n'aime ni La Rochefoucauld, ni Hamilton (car il se prononce également et avec plus de vivacité encore contre ce dernier). Nos deux célèbres contemporains, par ces oppositions manifestes, ne font que déclarer leur propre nature, proclamer ce qui leur manque, et deviner dans le passé ceux qui les auraient finement pénétrés et raillés avec sourire, ou simplement critiqués par leur exemple. Ils s'affichent eux-mêmes par cette antipathie, devenue une théorie et presque une chevalerie chez M. Cousin, restée un instinct et une ingénuité première chez M. de Lamartine, et ils se jugent encore plus qu'ils ne jugent l'adversaire.

La Rochefoucauld, comme La Fontaine, triomphera. Plus on avance dans la vie, dans la connaissance de la société, et plus on lui donne raison. Notez que ces grands psychologistes, qui font fi de lui quant au système, ne sont à aucun degré moralistes. Ils ont leur homme intérieur qu'ils croient connaître et qu'ils préconisent, et ils ne voient pas les hommes comme ils sont. A chaque expérience qui se fait devant eux dans la vie, ils ferment les yeux et continuent leur démonstration après comme devant. Leur spiritualisme, tel même qu'ils le définissent et le circonscrivent, outrepasse déjà la nature humaine et en donne une idée plus spécieuse que vraie, et à bien des égards décevante. Ils ne veulent, disent-ils, qu'élever l'homme; mais ils ne l'avertissent pas. *Sursum corda!* s'écrient les plus comédiens d'entre eux d'un air d'inspirés et en parodiant le sacerdoce, et ils n'ont pas la sagesse d'ajouter : Regardez autour de vous et à vos pieds. Les chrétiens ne sont pas ainsi : en même temps qu'ils élèvent l'homme par l'idée de sa céleste origine, ils lui révèlent sa corruption et sa chute, et, dans la pratique, ils se retrouvent d'accord, moyennant ce double aspect, avec les observateurs les plus rigoureux. Les Bourdaloue, les Massillon, se rencontrent avec La Rochefoucauld dans la description du mal et dans la science consommée des motifs. Fénelon lui-même, Fénelon vieillissant, en sait autant que La Rochefoucauld et ne s'exprime pas autrement : « Vous avez raison de dire et de croire, écrivait-il à un ami un an avant sa mort, que je demande peu de presque tous les hommes; je tâche de leur rendre beaucoup et de n'en attendre rien. Je me trouve fort bien de ce marché; à cette condition, je les défie de me tromper. Il n'y a qu'un très-petit nombre de vrais amis sur qui je compte, non par intérêt, mais par pure estime; non pour vouloir tirer aucun parti d'eux, mais pour leur faire justice en ne me défiant point de leur cœur. Je voudrais obliger tout le genre humain, et surtout les honnêtes gens; mais il n'y a presque personne à qui je voulusse avoir obligation. Est-ce par hauteur et par fierté que je pense ainsi? Rien ne serait plus sot et plus déplacé; mais j'ai appris à connaître les hommes en vieillissant, et je crois que le meilleur est de se passer d'eux sans faire l'entendu... Cette rareté de bonnes gens est la honte du genre humain. » Ce témoignage de Fénelon me semble le meilleur commentaire de La Rochefoucauld.

1er septembre 1853.

— J'ai écrit plus d'une fois sur La Rochefoucauld. Dans la première Étude, et assez complète, que j'en ai donnée à la *Revue des Deux-Mondes* dès le mois de janvier 1840, et qui a été recueillie dans mon volume de *Portraits de Femmes* entre madame de Longueville et madame de La Fayette, je disais, après avoir raconté tous les incidents de monde et de société qui accompagnèrent et suivirent la publication des *Maximes* et dont le salon de madame de Sablé était le centre :

« Le succès, les contradictions et les éloges ne se continrent pas dans les entretiens de société et dans les correspondances ; les journaux s'en mêlèrent ; quand je dis *journaux*, il faut entendre le *Journal des Savants*, le seul alors fondé, et qui ne l'était que depuis quelques mois. Ceci devient piquant, et j'oserai tout révéler. En feuilletant moi-même les papiers de madame de Sablé, j'y ai trouvé le premier projet d'article destiné au *Journal des Savants* et de la façon de cette dame spirituelle. Le voici :

« C'est un traité des mouvements du cœur de l'homme qu'on peut
« dire avoir été comme inconnus, avant cette heure, au cœur même
« qui les produit. Un seigneur aussi grand en esprit qu'en naissance
« en est l'auteur. Mais ni son esprit ni sa grandeur n'ont pu em-
« pêcher qu'on n'en ait fait des jugements bien différents.

« Les uns croient que c'est outrager les hommes que d'en faire
« une si terrible peinture, et que l'auteur n'en a pu prendre l'origi-
« nal qu'en lui-même. Ils disent qu'il est dangereux de mettre de
« telles pensées au jour, et qu'ayant si bien montré qu'on ne fait les
« bonnes actions que par de mauvais principes, la plupart du monde
« croira qu'il est inutile de chercher la vertu, puisqu'il est comme
« impossible d'en avoir si ce n'est en idée ; que c'est enfin renverser
« la morale, de faire voir que toutes les vertus qu'elle nous en-
« seigne ne sont que des chimères, puisqu'elles n'ont que de mau-
« vaises fins.

« Les autres, au contraire, trouvent ce traité fort utile, parce
« qu'il découvre aux hommes les fausses idées qu'ils ont d'eux-mêmes,
« et leur fait voir que, sans la religion, ils sont incapables de faire
« aucun bien ; qu'il est toujours bon de se connaître tel qu'on est,
« quand même il n'y aurait que cet avantage de n'être point trompé
« dans la connaissance qu'on peut avoir de soi-même.

« Quoi qu'il en soit, il y a tant d'esprit dans cet ouvrage et une si
« grande pénétration pour connaître le véritable état de l'homme,
« à ne regarder que sa nature, que toutes les personnes de bon sens
« y trouveront une infinité de choses qu'*ils* (sic) auraient peut-être
« ignorées toute leur vie, si cet auteur ne les avait tirées du chaos

« du cœur de l'homme pour les mettre dans un jour où quasi tout
« le monde peut les voir et les comprendre sans peine. »

« En envoyant ce projet d'article à M. de La Rochefoucauld,
madame de Sablé y joignait le petit billet suivant, daté du 18 février
1665 :

« Je vous envoie ce que j'ai pu tirer de ma tête pour mettre dans
« le *Journal des Savants*. J'y ai mis cet endroit qui vous est si sen-
« sible...., et je n'ai pas craint de le mettre parce que je suis assu-
« rée que vous ne le ferez pas imprimer, quand même le reste vous
« plairait. Je vous assure aussi que je vous serai plus obligée, si
« vous en usez comme d'une chose qui serait à vous, en le corri-
« geant ou en le jetant au feu, que si vous lui faisiez un honneur
« qu'il ne mérite pas. Nous autres grands auteurs sommes trop
« riches pour craindre de rien perdre de nos productions..... »

« Notons bien tout ceci : Madame de Sablé dévote, qui, depuis
des années, a pris un logement au faubourg Saint-Jacques, rue de la
Bourbe, dans les bâtiments de Port-Royal de Paris; madame de Sablé, tout occupée, en ce temps-là même, des persécutions qu'on fait
subir à ses amis les religieuses et les solitaires, n'est pas moins très-
présente aux soins du monde, aux affaires du bel-esprit ; ces *Maximes*,
qu'elle a connues d'avance, qu'elle a fait copier, qu'elle a prêtées
sous main à une quantité de personnes et avec toutes sortes de mystères, sur lesquelles elle a ramassé pour l'auteur les divers jugements
de la société, elle va les aider dans un journal devant le public, et
elle en *travaille* le succès. Et d'autre part, M. de La Rochefoucauld,
qui craint sur toutes choses de faire l'auteur, qui laisse dire de lui
dans le *Discours* en tête de son livre, « qu'il n'aurait pas moins de
chagrin de savoir que ses *Maximes* sont devenues publiques, qu'il en
eut lorsque les *Mémoires* qu'on lui attribue furent imprimés ; » M. de
La Rochefoucauld, qui a tant médit de l'homme, va revoir lui-même
son éloge pour un journal ; il va ôter juste ce qui lui en déplaît. L'article, en effet, fut inséré dans le *Journal des Savants* du 9 mars ; et,
si on le compare avec le projet, l'endroit que madame de Sablé appelait *sensible* y a disparu. Plus rien de ce second paragraphe : « Les
uns croient que c'est outrager les hommes, etc. » Après la fin du
premier, où il est question des *jugements bien différents* qu'on a faits du
livre, on saute tout de suite au troisième, en ces termes : « L'on peut
« dire néanmoins que ce traité est fort utile, parce qu'il découvre,
« etc., etc. » Les autres petits changements ne sont que de style.
M. de La Rochefoucauld laissa donc tout subsister, excepté le paragraphe moins agréable. Le premier journal littéraire qui ait paru ne
paraissait encore que depuis trois mois, et déjà on y arrangeait soi-
même son article. Les journaux se perfectionnant, l'abbé Prévost et
Walter Scott y écriront le leur tout au long. »

Or, près de vingt ans après, M. Cousin, s'emparant du sujet

de madame de Sablé comme c'était son droit, mais ayant soin d'oublier que j'avais été l'un des premiers à puiser dans ce fonds des portefeuilles de Valant, affectant d'ignorer que j'avais à y revenir et à parler nécessairement et en détail de madame de Sablé dans mon ouvrage de *Port-Royal* qui importunait, je ne sais pourquoi, ce grand esprit, M. Cousin racontait la même anecdote que moi à l'occasion des *Maximes*; et voici en quels termes (*Madame de Sablé*, 2ᵉ édit., 1859, page 177) :

« Pour soutenir et achever la comédie, La Rochefoucauld demanda à madame de Sablé de lui faire un article dans le seul journal littéraire du temps, qui commençait à paraître cette année même, le *Journal des Savants*, et la complaisante amie écrivit un article qu'elle lui soumit. Elle y faisait en quelque sorte l'office de rapporteur ; elle exposait les deux opinions qui partageaient sa société, et à côté de grands éloges elle avait mis quelques réserves. Cela ne plut guère à La Rochefoucauld, qui pria madame de Sablé de changer un peu ce qu'elle avait fait. Celle-ci, à ce qu'il paraît, n'y put réussir, et elle adressa de nouveau son projet d'article à La Rochefoucauld, lui avouant qu'elle a laissé ce qui lui avait été sensible, mais l'engageant à user de son article comme il lui plairait, à le brûler ou à le corriger à son gré. Ce billet d'envoi, dont *on a donné* quelques lignes, mérite bien d'être *fidèlement* reproduit, parce qu'il est joli et qu'il éclaire les ombrages et les petites manœuvres de l'amour-propre de La Rochefoucauld :

« Je vous envoie... (ici M. Cousin donne le billet que j'avais déjà publié, en y mettant les quelques mots assez insignifiants que j'avais remplacés par des points, et il continue) :

« La Rochefoucauld prit au mot madame de Sablé ; il usa très-librement de son article, il supprima les critiques, garda les éloges, et le fit mettre dans le *Journal des Savants* ainsi amendé et pur de toute prévention à l'impartialité. »

Et à cet endroit, pour compléter sa découverte, M. Cousin met en note et en les présentant en regard le *projet* d'article et l'article imprimé, « afin, dit-il, qu'on en saisisse mieux les différences. »

Je le demande à tout littérateur de bonne foi ou, pour mieux dire, à tout homme honnête, est-ce que lorsqu'on s'empare ainsi d'une remarque, peu importante sans doute, mais qui a son prix et son piquant dans l'histoire littéraire, il est permis de le faire sans indiquer et mentionner celui qui vous a précédé et à qui on la doit? Il est bien vrai que M. Cousin fait une allusion vague à son prédécesseur quand il parle de ce billet d'envoi de madame de Sablé « dont *on* a donné, dit-il, quelques lignes. » Cet *on*, c'est moi-même; et comme s'il en avait trop dit, il a l'air tout aussitôt de se repentir de cette vague et inintelligible allusion en faisant entendre qu'il va lui-même publier le billet *fidèlement,* comme si ma reproduction n'avait pas été absolument fidèle et comme si elle laissait rien à désirer. Il a gagné à cette misérable petite supercherie d'être loué pour sa remarque ingénieuse par M. Daremberg, par M. Cocheris, dans les analyses qu'ils ont faites de l'ancien *Journal des Savants*; ces messieurs y ont été pris : et parmi les érudits scrupuleux, qui ne l'eût été en effet?

On observera encore cette contradiction amusante. M. Cousin n'aime pas M. de La Rochefoucauld; il se pique d'être lui-même d'une philosophie morale spiritualiste très-supérieure; il se réjouit, en cette occasion particulièrement, de surprendre le défenseur de la théorie de l'amour-propre en flagrant délit de vanité littéraire. Or, lui-même, que fait-il en cet instant? Il pousse l'amour-propre littéraire jusqu'à l'extrême petitesse et au procédé sordide, en refusant à un devancier et à un confrère la modeste mention qui lui est due. Lequel est le plus délicat de M. Cousin et de M. de La Rochefoucauld? Ah! philosophe spiritualiste, champion désintéressé de la morale du devoir, éloquent apôtre du Beau, du Bien et du Vrai, je te prends la main dans le sac; quand ta passion favorite est en jeu, tu ne te gênes pas plus que cela! Je n'en demandais pas davantage.

Ce procédé de M. Cousin est un des mille petits actes pareils qu'il s'est permis envers moi et envers d'autres, toutes les fois qu'il l'a jugé convenable. (Voir la brochure de M. Faugère intitulée : *Génie et Écrits de Pascal*, traduit de l'*Edinburg-Review*, Paris, 1847.) Ces réserves morales qu'on fait sur le caractère de M. Cousin laissent subsister tous les éloges qui sont dus à son merveilleux esprit et à son grand talent; mais on est affranchi désormais envers lui d'une admiration par trop respectueuse.

LETTRE

SUR L'ORTHOGRAPHE

Le Figaro eut un jour l'idée d'offrir en prime à ses abonnés un buvard ou sous-main dans lequel on avait fait tenir tout un petit Vocabulaire assez complet de la langue française. Le directeur du *Figaro* désira avoir mon avis sur ce sous-main dictionnaire, et me le fit demander par le jeune homme, auteur même de ce travail. Je répondis par la lettre suivante qui fut publiée.

15 mars 1867.

A M. H. de Villemessant.

Mon cher monsieur,

Vous me faites l'honneur de me demander mon avis au sujet de ce petit Vocabulaire français qui va se trouver si à propos sous la main de quiconque aura une lettre à écrire : en voulant bien m'adresser pareille question, vous vous êtes souvenu sans doute que je ne suis pas seulement un académicien, mais que je suis aussi un membre de la Commission du Dictionnaire. Charles Nodier, en son temps, avait souvent à donner de ces sortes de consultations que, tour à tour, il traitait avec son savoir varié ou qu'il éludait avec son aimable esprit. Je n'ai ni la plume ni le fonds de Charles Nodier; je suis fort peu grammairien, et, de plus, je sens qu'un disciple de Franklin, de cet ingénieux utilitaire, trouverait mieux que moi ce qui est à dire sur l'épargne du temps, sur la simplification des moyens, sur la mise de toutes choses en petite monnaie à l'usage de tous.

Et pourtant je n'en reconnais pas moins le prix d'une idée pratique. Si l'on m'avait dit, avant de me l'avoir montré, qu'il était possible de faire tenir un Dictionnaire, doublé même d'un extrait de grammaire, entre les feuillets d'un *sous-main*, je ne l'aurais pas cru; mais il n'y a plus de tour de force, petit ou grand, qui puisse étonner en notre âge industrieux. L'idée donc me paraît excellente; et je me figure très-bien une personne, une femme élégante, qui fait son courrier dans son boudoir devant témoins, pendant qu'on jase autour d'elle, et qui ne serait pas fâchée de pouvoir se fixer sur l'exacte orthographe d'un mot, sans se lever toutefois et se déranger, sans déceler son doute, sans avoir recours même au plus portatif et au plus maniable des dictionnaires : elle n'a, maintenant, qu'à tourner d'une main négligente et comme par distraction son papier; elle a l'air, tout au plus, de chercher le quantième du mois, et son œil est tombé précisément sur le mot qui faisait doute et qu'elle avait mal mis. Voilà la faute réparée.

Tout le monde, en effet, en est venu là aujourd'hui, de vouloir écrire correctement, décemment. Oh! qu'on en était loin encore du temps de ces *précieuses* si vantées! J'avais tout récemment l'occasion d'en faire la remarque. Ce n'est que dans la seconde moitié du dix-septième siècle que les femmes de la société se sont piquées d'honneur et se sont mises, dans l'usage ordinaire, à vouloir écrire convenablement. La génération antérieure à madame de Maintenon, à madame de Sévigné, écrivait les plus jolies choses, ou les plus raffinées, dans une orthographe abominable. Ces habituées de l'hôtel de Rambouillet, ces correspondantes de la célèbre madame de Sablé, et madame de Sablé elle-même, elles avaient, avec de très-beaux esprits, une orthographe de cuisinière. Madame de Bregy, une nièce du savant Saumaise, une précieuse des plus qualifiées, auteur d'un petit volume de *Pièces galantes*, félicitant un jour madame de Sablé sur son esprit à la fois et sur son potage qui était en renom, trouvait moyen de lui dire qu'elle quitterait volontiers tous les mets du plus magnifique repas de la Cour pour une assiettée de ce potage, à la condition de l'écouter tout en en mangeant ; cela est flatteur et spirituel, mais elle le lui écrivait en ces termes impossibles, dont je ne veux rien dérober :

« ..... Aujourduy la Rayne et madame de Toscane vont à Saint-Clou don la naturelle bauté sera reausé de toute les musique possible et d'un repas manifique don je quiterois tous les gous pour une ecuele non pas de nantille, mes pour une de vostre potage ; rien n'étan si delisieus que d'an manger an vous ecoutan parler. »

Une *ecuele de nantille* pour un *plat de lentilles*, et le reste : qu'en dites-vous ?

Et voilà le bel esprit de ces grandes dames, dans tout le scandale du texte. Cette lettre, qui n'est que l'échantillon de beaucoup d'autres, est datée du 19 septembre 1675. On peut la voir au long dans l'édition de Tallemant des Réaux donnée par M. Paulin Paris.

On en était là dans la première moitié du dix-septième siècle et dans le monde le plus raffiné : il y a de quoi rougir. Pas une étudiante de Murger ne voudrait écrire ainsi. En cela, comme en beaucoup d'autres choses, on en est resté longtemps au superflu avant de s'aviser du nécessaire. L'orthographe, c'est le nécessaire pour quiconque écrit. C'est en même temps la chose la plus délicate à conseiller, parce qu'il est de politesse qu'on la présuppose. Addison a dit que la propreté est une demi-vertu. Mais c'est aux mamans et aux bonnes de la faire pratiquer aux enfants; il semble superflu et il est presque de mauvais goût à un moraliste de venir la conseiller. On dira encore à une femme : *Soyez élégante;* mais comment lui dire : *Soyez propre?* Eh bien! l'orthographe est la propreté du style. Ces femmes très-élégantes, élevées dans la première moitié du dix-septième siècle, en manquaient, et madame de Bregy en est une bonne preuve. Personne, certes, ne les voudrait imiter en ce point.

Duclos, le philosophe cynique, soutenait un jour qu'on pouvait se permettre bien plus de libertés en paroles devant les honnêtes femmes que devant celles qui ne le sont pas; il était alors entre deux femmes de la Cour, et il se mit à leur faire un conte si fort et si salé que l'une d'elles s'écria : « Ah! pour le coup, Duclos, vous nous croyez par trop honnêtes femmes. » Que si l'on appliquait cela à la manière d'écrire, et si quelque docteur relâché venait à poser en principe que plus on a d'esprit et moins on est tenu à ces misères de l'orthographe, que ce sont choses à laisser à des plumes bourgeoises et que la marque de la supériorité consiste à ne pas se priver de ces licences d'autrefois, un exemple comme celui de madame de Bregy suffirait, certes, à dégoûter les moins susceptibles, à effrayer les moins timides, et il n'est personne qui ne s'écriât : « Dieu nous garde d'être jamais beaux esprits à ce point! »

Personne, aujourd'hui, ne veut donc se passer d'orthographe. C'est un signe de première éducation, et celles même qui n'en ont pas eu tiennent à s'en donner le semblant. Au pis, on prend un maître de français. Mais que cette parfaite orthographe, si on ne la possède par usage et d'enfance, est donc rare! Et je ne sais pourquoi je n'ai l'air de parler ici que des femmes : les hommes y manquent bien souvent. J'ai vu, j'ai reçu des lettres d'hommes, même les plus instruits d'ailleurs, des lettres pleines de sens ou de bonne information, et qui avaient de ces taches vraiment fâcheuses. Un savant qui passe pour orientaliste vous écrira, par exemple : « Le jour de *nôtre* arrivée... nous *causammes*... » Un autre, des plus experts dans la langue française romane, dans notre vieille langue du Moyen-Age, vous dénoncera dans un événement d'hier un fait « *grâve.* » Rien, à mes yeux, ne trahit son homme comme une faute d'orthographe. C'est presque toujours par une faute d'orthographe qu'on laisse passer le bout de l'oreille. Celui qui m'écrit qu'il a « de curieux *authographes* » peut savoir le turc ou le chinois, mais, à coup sûr, il n'a pas fait ses simples études classiques. Combien d'auteurs, même de nos jours, combien de critiques et de juges ou qui se donnent pour tels auraient besoin de se souvenir que l'orthographe est le commencement de la littérature! Un petit vocabulaire sous la main ne leur serait pas inutile. Je remarque avec plaisir dans celui que je parcours bon nombre de ces petits avis à l'usage des demi-habiles; je leur en souhaiterais un peu plus encore. Le cas où *notre* doit avoir un accent circonflexe pourrait être, par exemple, distingué de celui où il ne l'a pas. Mais, en attendant mieux, ce qu'on a fait me paraît très-bien. Dans un siècle où tout marche si vite, où tous sont appelés indistinctement et souvent à l'improviste, où l'on a à peine le temps de la réflexion à travers l'action, où il nous faut faire après coup ce par où il eût été plus simple de commencer, on ne saurait trop introduire dans l'esprit de notions exactes, n'importe comment, ni par quel bout, à bâtons rompus, aux moments perdus, par les moindres interstices d'une journée occupée ou distraite : en fin de compte tout se retrouve.

Mais que Mgr le public est donc heureux, pensais-je, et que c'est un grand personnage ! Ces soins qu'on prenait autrefois pour les fils de princes ou de grands seigneurs, pour Mgr le Dauphin en personne, on les a pour lui. On lui épargne toutes les difficultés, on va au devant de tous ses désirs ; on prévient ses méprises ou ses faux pas ; il a sous la main, en quelques minces feuillets, ce qui faisait autrefois la matière d'un in-folio. Puisse-t-il, ainsi servi en enfant de grande maison, possesseur de tant d'instruments exacts et commodes, muni de toutes les facilités, de toutes les promptitudes, en faire le meilleur usage ! C'est mon vœu toutes les fois que je vois se produire une amélioration matérielle, une innovation petite ou grande. Et si nous écrivons plus correctement, que ce soit pour exprimer surtout des sentiments droits ou des pensées justes. Mais, pardon ! ce n'est plus de la lexicographie ni de la grammaire ; je vais moraliser, si je n'y prends garde, et je sors de la question.

Veuillez agréer, mon cher monsieur, l'assurance, etc.

SUR *ADOLPHE*

DE

BENJAMIN CONSTANT

Dans un des articles de ce volume XI des *Causeries* (p. 289 et suiv.), on a vu la vérité sur *Werther*, la part de réalité qui s'y trouve combinée à des éléments poétiques et transformée par l'art. Un pareil travail critique serait à faire sur tous ces petits livres à la fois personnels et d'une personnalité poussée au type et à l'idéal, qui ont tant ému et occupé les lecteurs contemporains, — sur *René* et aussi sur l'*Adolphe* de Benjamin Constant. Quoique le caractère poétique soit moins marqué dans ce dernier roman, il y a eu de la part de l'auteur une grande habileté à fondre les éléments réels qui font la matière de son récit, avec les circonstances romanesques qui composent ou achèvent la physionomie de ses personnages. On sait presque aujourd'hui, cependant, à quoi s'en tenir sur ce fonds de vérité depuis les indiscrétions épistolaires de Sismondi qui a arraché les masques. Je savais dès longtemps beaucoup de ces choses que nous a dites Sismondi : cela me met à l'aise pour le compléter. Je donnerai donc ici, d'abord, une courte Préface qui m'a été demandée pour une nouvelle édition d'*Adolphe*, et j'ajouterai à la suite quelques-unes des notes que j'avais recueillies autrefois dans les conversations de madame Récamier.

Adolphe est un des petits chefs-d'œuvre de la littérature et de l'esprit modernes. Avec des nuances bien moins vives que *René*, c'est un petit livre qui en est l'é-

gal et comme le frère. *Adolphe* est un *René* plus terne et
sans rayons, mais non moins rare. Il n'a pu être écrit
qu'à la date d'une civilisation très-avancée, à l'arrière-
saison d'une société factice qui avait tout analysé, qui
avait raffiné sur les passions et qui, même en les poursuivant, s'en lassait vite et s'en ennuyait. L'homme qui
a écrit *Adolphe*, Benjamin Constant, ce produit le plus
distingué de la Suisse française, cet élégant musqué du
Directoire, ce tribun parisien croisé d'Allemand, était
une des natures les plus compliquées et les plus subtiles
qui se pussent voir. Il a lui-même retracé un coin de
son caractère au début d'*Adolphe*; mais il n'a pas tout
dit. Il avait, comme publiciste, des lumières, des doctrines ou des théories libérales et généreuses, des accès
et comme des poussées d'enthousiasme : tout cela ne
tenait pas dans le particulier; esprit aiguisé, blasé, singulièrement flétri de bonne heure par je ne sais quel
souffle aride, il se raillait lui-même, il se persiflait, lui
et les autres, par une sorte d'ironie fine, continuelle,
insaisissable, qui allait à dessécher les sentiments et les
affections en lui et autour de lui. Intelligence supérieure, il se rendait compte de tout; peintre incomplet,
il n'eût su tout rendre, mais plume habile, déliée et
pénétrante, il trouvait moyen d'atteindre et de fixer les
impressions intérieures les plus fugitives et les plus
contradictoires. Il a voulu exprimer dans *Adolphe* tout
ce qu'il y a de faux, de pénible, de douloureux dans
certaines liaisons engagées à la légère, où la société
trouve à redire, où le cœur, toujours en désaccord et
en peine, ne se satisfait pas, et qui font le tourment de
deux êtres enchaînés sans raison et s'acharnant, pour
ainsi dire, l'un à l'autre. La femme du roman, Ellénore,
est certainement la plus noble des *déclassées*; mais elle
n'en est que d'autant plus déclassée, et elle le sent, elle
en souffre. Son jeune ami en souffre pour elle, pour

lui-même. Après le premier charme passager de l'amour ou de la possession, toutes les inégalités se prononcent. Celle de l'âge n'est pas la moindre : Ellénore a dix ans de plus qu'Adolphe; elle l'aime trop, elle l'aime de ce dernier amour de femme qui n'est pas le moins tyrannique, elle l'en excède et l'en importune. Il a provoqué de sa part des sacrifices et un absolu dévouement dont presque aussitôt il ne sait que faire. En vain, il voudrait se dissimuler et lui cacher, à elle, son ennui, sa lassitude; elle n'est pas de celles qu'on abuse : nous assistons, dans une suite d'analyses merveilleuses de justesse et de vérité, à toutes les impuissances et à toutes les agonies convulsives de l'amour, à des reprises et à des déchirements réitérés et de plus en plus misérables. Cette Étude faite évidemment sur nature, et dont chaque trait a dû être observé, produit dans l'âme du lecteur un profond malaise moral, au sortir duquel toute fraîcheur et toute vie est pour longtemps fanée; on se sent comme vieilli avant l'âge. Lord Byron, jugeant *Adolphe* au moment où il parut, en 1816, écrivait dans une lettre à un ami :

« J'ai lu l'*Adolphe* de Benjamin Constant, et sa préface niant les gens positifs. C'est un ouvrage qui laisse une impression pénible, mais très en harmonie avec l'état où l'on est quand on n'aime plus, état peut-être le plus désagréable qu'il y ait au monde, excepté celui d'être amoureux. Je doute cependant que tous *liens* de la sorte (comme il les appelle) finissent aussi misérablement que la liaison de son héros et de son héroïne. »

A défaut de fraîcheur et de charme, il y a tant de vérité dans ce roman tout psycologique que, malgré les légers déguisements dont l'auteur a enveloppé son récit, on s'est demandé tout d'abord, quand le petit livre parut, quelle était cette Ellénore, car certainement elle avait vécu, et l'on n'invente pas de semblables figures.

La réponse de l'auteur et de ses amis aux questionneurs trop curieux fut alors fort simple. On répondit qu'Ellénore était une madame Lindsay, « la dernière des Ninon, » ainsi que l'a appelée Chateaubriand, et qui avait été l'amie, la maîtresse d'un des hommes de la société vers le temps du Consulat, de Christian de Lamoignon. Les situations, en effet, étaient bien les mêmes, et le cadre convenait par ses entours. Mais de plus indiscrets ont voulu chercher plus avant; et comme le héros du livre, Adolphe, est évidemment le portrait de Benjamin Constant lui-même, que celui-ci a bien eu l'éducation et la jeunesse qu'il donne à son personnage, qu'il a bien eu un père comme celui-là, d'apparence froide et sans confiance avec son fils, qu'il a bien réellement connu, dès son entrée dans le monde, une femme âgée, philosophe, telle qu'il nous la montre (madame de Charrière), on a voulu le suivre plus loin et trouver, dans les tristes vicissitudes de la passion décrite, des traces et des preuves d'une de ses propres passions et de la plus orageuse. On sait en effet qu'attaché de bonne heure à madame de Staël par un sentiment plus vif encore et plus tendre que l'admiration, il avait voulu, à une certaine heure et quand elle fut libre, l'épouser, lui donner son nom et qu'elle s'y refusa absolument : il lui aurait semblé, à elle, en y consentant, déroger à quelques égards, faire tort à sa gloire, et, comme elle le disait gaiement, désorienter l'Europe. Cela n'empêchait pas qu'elle ne tînt fort à lui par le cœur. L'amour-propre de Benjamin Constant, au contraire, fut blessé de ce refus, encore plus que son amour dès longtemps amorti par l'habitude. Des réveils bien cruels, pourtant, des déchirements et des scènes s'ensuivirent, dont les ombrages de Coppet auraient couvert et enseveli le souvenir, si l'un des hôtes de ce temps-là, M. de Sismondi, dans des Lettres posthumes, publiées depuis peu, n'était venu se faire indiscrètement l'écho du mystère et rendre témoignage fidèle devant la postérité. Le livre d'*Adolphe* avait paru, depuis quelques mois, à Paris, que Sismondi ne le connaissait pas encore ; il était alors en Italie, et il écrivait à son amie de Florence, la comtesse d'Albany, le 9 septembre 1816 :

« Il n'y a point de livre, Madame, que je désire voir comme le roman de M. de Constant ; il y a fort longtemps que j'en entends parler, même plus de deux ans avant qu'il ait songé à l'imprimer, et quoiqu'il l'ait lu à une moitié de Paris, quoique nous y ayons beaucoup vécu dans la même société, et que je lui sois réellement fort attaché, je n'ai jamais été d'aucune de ces lectures. J'ai lieu de croire qu'il y a plusieurs portraits d'originaux que j'avais vus, et qu'il ne se souciait pas de m'avoir pour témoin prêt à juger de leur ressemblance. »

Sismondi ne se trompait pas tout à fait ; Benjamin Constant le redoutait peut-être un peu, et moins pour sa sagacité que pour sa naïveté et sa candeur indiscrète. Le fait est que Sismondi a déchiré les voiles et arraché les masques. Après avoir reçu le livre, il écrivait à madame d'Albany, le 14 octobre 1816, — et cette lettre est devenue désormais le jugement et le commentaire inséparables d'*Adolphe* :

« ... J'ai profité du retard pour lire deux fois *Adolphe* ; vous trouverez que c'est beaucoup pour un ouvrage dont vous faites assez peu de cas, et dans lequel, à la vérité, on ne prend d'intérêt bien vif à personne. Mais l'analyse de tous les sentiments du cœur humain est si admirable, il y a tant de vérité dans la faiblesse du héros, tant d'esprit dans les observations, de pureté et de vigueur dans le style, que le livre se fait lire avec un plaisir infini. Je crois bien que j'en ressens plus encore, parce que je reconnais l'auteur à chaque page, et que jamais confession n'offrit à mes yeux un portrait plus ressemblant. Il fait comprendre tous ses défauts, mais il ne les excuse pas, et il ne semble point avoir la pensée de les faire aimer. Il est très-possible qu'autrefois il ait été plus réellement amoureux qu'il ne se peint dans son livre; mais, quand je l'ai connu, il était tel qu'Adolphe, et, avec tout aussi peu d'amour, non moins orageux, non moins amer, non moins occupé de flatter ensuite et de tromper de nouveau, par un sentiment de bonté, celle qu'il avait déchirée. Il a évidemment voulu éloigner le portrait d'Ellénore de toute ressemblance. Il a tout changé pour elle, patrie, condition, figure, esprit. Ni les circonstances de la vie, ni celles de la personne n'ont aucune identité; il en résulte qu'à quelques égards elle se montre dans le cours du roman tout autre qu'il ne l'a annoncée : mais, à l'impétuosité et à l'exigence dans les relations d'amour, on ne peut la méconnaître. Cette apparente intimité, cette domination passionnée, pendant laquelle ils se déchiraient par tout ce que la colère et la haine peuvent dicter de plus injurieux, est leur histoire à l'un et à l'autre. Cette ressemblance seule est trop frappante pour ne pas rendre inutiles tous les autres déguisements.

« L'auteur n'avait point les mêmes raisons pour dissimuler les personnages secondaires. Aussi peut-on leur mettre des noms en passant. Le père de Benjamin était exactement tel qu'il l'a dépeint. La femme âgée avec laquelle il a vécu dans sa jeunesse, qu'il a beaucoup aimée, et qu'il a vue mourir, est une madame de Charrière, auteur de quelques jolis romans. L'amie officieuse qui, prétendant le réconcilier avec Ellénore, les brouille davantage, est madame Récamier. Le comte de P. est de pure invention, et, en effet, quoiqu'il semble d'abord un personnage important, l'auteur s'est dispensé de lui donner aucune physionomie, et ne lui fait non plus jouer aucun rôle. »

Nous voilà maintenant édifiés autant que possible. L'anecdote d'Adolphe est à double fond. L'auteur a choisi dans deux histoires réelles; il a combiné, transposé, interverti à certains égards les situations et les rôles, mais pour mieux traduire les sentiments. Le petit chef-d'œuvre réunit le double caractère : art et vérité.

―――

Et maintenant je donnerai quelques pages extraites d'un cahier de notes et anecdotes commencé à la date du 31 décembre 1834, et où je disais au début :

« J'ai trente ans; je commence à redescendre la pente. Je veux noter ici, chemin faisant, mille petits détails que ma mémoire perdrait et qui me plairont un jour comme souvenirs. » Ces premières notes sont presque toutes relatives au monde de madame Récamier et aux personnages que j'y voyais ou qu'elle avait connus. Elle aimait à parler des années anciennes et à initier ceux qu'elle appelait ses jeunes amis aux confidences d'autrefois : « C'est une manière, disait-elle, de mettre du passé dans l'amitié. » C'est donc elle qui parle autant et plus que moi dans ce que je vais dire :

« La première passion de madame de Staël, à son entrée dans le monde, a été pour M. de Narbonne qui s'est très-mal conduit avec elle, comme font trop souvent les hommes après le succès. Mathieu de Montmorency avait été aussi fort touché, quoiqu'elle n'eût jamais été belle. Tout au commencement, avant sa dévotion, du temps de l'Assemblée constituante, il s'était montré fort épris; mais elle avait alors son goût déclaré pour M. de Narbonne. Depuis, dévot et à Coppet,

elle l'en plaisantait agréablement devant madame Récamier : « Voyez, Mathieu, lui disait-elle, maintenant
« nous ne demanderions pas mieux que de vous en-
« tendre. »

« Benjamin Constant devint épris de madame de Staël, lorsqu'elle était le plus en douleur de l'infidélité de M. de Narbonne (septembre 1794) : elle l'aime peu d'abord, mais il fait tant de désespoirs et de menaces de se tuer qu'il triomphe d'elle. A la mort de M. de Staël, il veut l'épouser ; elle refuse ou du moins y met la condition de ne pas changer de nom ; elle voulait faire dans le contrat ses réserves de grand écrivain en face de l'Europe et de la postérité : preuve de chétif amour. Il s'en pique ; déjà il ne l'aimait plus et avait eu des liaisons avec madame Talma (Julie) dont il a laissé un portrait si charmant. Il avait été attaché aussi à madame Lindsay. Il avait déjà vu et courtisé sa femme ou du moins celle qui le devint, et qui était mariée pour lors au général Dutertre. Il se retourna vers celle-ci, qui était de haute aristocratie (Charlotte de Hardenberg), pour se venger de l'aristocratie de madame de Staël et de ce soin d'un *nom*. Il épouse Charlotte secrètement (juin 1808), arrive avec elle en Suisse, près Coppet, à Sécheron, et envoie mander madame de Staël sans lui dire pourquoi. Elle accourt à l'auberge et est reçue par madame de Constant qu'elle traite fort mal en apprenant le mariage : ce qui l'impatiente le plus dans cette entrevue, c'est la fadeur allemande de cette personne à sentiments, qui ne savait que répéter à satiété : « C'est que Benjamin, voyez-vous,
« est si bon ! » Elle reprend son ascendant sur Benjamin Constant marié. Elle va à Lyon ; il la suit avec sa femme et passe son temps près d'elle, négligeant un peu madame de Constant. Tout à coup on vient apprendre à madame de Staël et à lui que sa femme s'est empoisonnée ; madame de Staël y court et trouve une femme

sur son canapé, qui se croit empoisonnée plus qu'elle ne l'est : scène ridicule. — Les scènes que madame de Staël n'épargnait pas vers ce temps à Benjamin Constant, la honte qu'elle lui faisait de ce mariage, l'idée qu'elle supposait à l'Europe et à l'univers lorsqu'on apprendrait cet éclatant divorce de leurs célèbres personnalités, tout cela était tel et agissait si fort sur la tête nerveuse de Benjamin Constant, qu'il y avait des moments où il s'estimait un monstre aux yeux de la terre : « Quand je « rentre dans Paris, disait-il sérieusement, je lève les « glaces de ma voiture, de peur d'être montré au doigt. » Mais le scepticisme reprenait vite le dessus. — Cependant madame de Staël avait bien ses distractions aussi, son cercle d'adorateurs, M. de Schlegel, M. de Sabran, M. de Barante...; elle aimait beaucoup ce dernier, dont elle avait mis quelques traits et quelques situations dans *Oswald;* mais il dérivait un peu vers madame Récamier... En mourant, elle ne témoigna aucun retour vif à Benjamin Constant qu'elle voyait pourtant tous les jours. Il passa une nuit près d'elle morte : mais pour cela la regretta-t-il profondément? Son cœur était bien usé.

« Et de tout temps les esprits de Benjamin Constant et de madame de Staël s'étaient convenus bien mieux que leurs cœurs; c'est par là qu'ils se reprenaient toujours...

« Benjamin Constant a laissé un roman qui fait suite à *Adolphe :* mais cela devient de plus en plus clairement son histoire. L'héroïne du nouveau roman est Charlotte, sa femme ; à la bonne heure ! mais ce ne peut être publié que plus tard. M. Pagès (de l'Ariége) en est, je crois, chargé. » — J'écrivais ceci au commencement de 1835.

NOTES ET PENSÉES

I

L'orgueil de la vie enivre aisément la jeunesse. Chaque génération à son tour est au haut de l'arbre, voit tout le pays au-dessous et n'a que le ciel au-dessus d'elle. Elle se croit la première, et elle l'est à son heure, pour un moment.

II

Un souverain, qui vient de monter sur le trône, et surtout de l'usurper, n'est pas plus jaloux de refondre toute la monnaie de ses prédécesseurs et de refrapper chaque pièce en circulation à son effigie, que les critiques nouveau-venus ne se montrent en général actifs à casser et à refrapper à neuf tous les jugements littéraires de leurs devanciers. Leurs successeurs leur rendront la pareille. Chacun, à son tour, se pique de régner.

III

Pour garder votre réputation devant la postérité et pour qu'elle s'étende, l'essentiel est que cette postérité croie avoir besoin de vous comme type, comme exemple, comme matière continuelle et commode à citations.

Cela vous perpétue plus encore que le mérite intrinsèque de votre œuvre.

En un mot, l'homme qui passe pour avoir eu le plus d'esprit, est celui qui a l'esprit de demain et d'après-demain.

IV

J'en suis venu, peut-être par excuse secrète pour ma paresse, peut-être par le sentiment plus approfondi du principe que *tout revient au même,* à considérer que quoi que je fasse ou ne fasse pas, travaillant dans le cabinet à un ouvrage suivi, m'éparpillant aux articles, me dispersant au monde, laissant manger mes heures aux fâcheux, aux nécessiteux, aux rendez-vous, à la rue, n'importe à qui et à quoi, je ne cesse de faire une seule et même chose, de lire un seul et même livre, livre infini, perpétuel, du monde et de la vie, que nul n'achève, que les plus sages déchiffrent à plus de pages; je le lis donc à toutes les pages qui se présentent, à bâtons rompus, au rebours, qu'importe? je ne cesse de le continuer. Plus la bigarrure est grande et l'interruption fréquente, plus aussi j'avance dans ce livre dans lequel on n'est jamais qu'au milieu; mais le profit, c'est de l'avoir lu ouvert à toutes sortes de milieux différents. (1844)

V

Salin est gentil, aimable, fin, il a de l'aménité; mais nulle vigueur réelle, nulle source puissante; il n'aurait en aucun temps, ni en aucune situation, rien créé. Il sait, il met en œuvre; il augmente sa provision grain à grain; c'est le plus progressif des esprits, car rien ne le retient à une idée comme à son centre. Il bâtit sur pilotis; il tricote ou ronge sa maille. — Il est minutieux, il a de petites affaires bien réglées; son temps est coupé menu; il cligne de l'œil et branle gentiment la tête d'un air résolu en vous parlant de ses petits arrangements, de ses principes politiques, ou de son petit dîner de trois heures; il vous répète pour la centième fois, quand vous lui demandez s'il est allé à telle soirée, qu'il ne va guère en soirée, qu'il passe ses soirs d'ordinaire chez une parente, qu'*on* lui joue un peu de musique pendant qu'il travaille. *Salin* est gentil, fidèle en amour, en amitié, en politique, fin en esprit; ses défauts sont d'être un peu vain innocemment sur ce point de l'amour, un peu menu sur tout le reste. *Salin* est petit.

VI

Qu'est-ce donc que les poëtes dévoués qu'on oppose aux poëtes égoïstes? me demandait un jour De Vigny... — *Turbidus*, lui répondis-je, est un poëte dévoué. Il a une idée, il conçoit un poëme : le voilà parti pour l'accomplir et l'exécuter. Il reste trois ans seul avec son idée, habitant et voyageant dans son idée, parcourant les monts, les champs de bataille, buvant aux fleuves qui se rapportent à son idée. Il a fini, il nous revient, il vous cherche en hâte. Il ne me trouve pas chez moi; il m'écrit et se plaint de ne me point rencontrer. — Eh! mon cher, patience! un moment, je vous prie. Vous avez été trois ans absent sans vous inquiéter de moi, sans m'écrire; vous voulez me posséder sur l'heure, à la minute et ne plus vous passer de ma vue. Moi qui n'ai pas bougé, je suis moins prompt et vous demande une demi-journée de répit après ces deux ans et demi de veuvage. — *Turbidus* me trouve enfin et m'embrasse, il me demande si je l'aime, et avec son cœur il m'ouvre bientôt son tiroir, son portefeuille. Il me lit son poëme, il le lit à plusieurs autres qu'il va trouver également et qu'il embrasse avec tendresse : il n'a pas cessé d'habiter dans son idée. Son poëme s'imprime; il a d'avance choisi les amis qui doivent en dire du bien dans les journaux; il les consulte sur l'impression, il les cultive tous les matins. Le poëme paraît, les articles paraissent aussi. Tout a été si bien calculé que les articles s'appuient coup sur coup, comme des salves successives. Le dernier canon de cette batterie parti, *Turbidus* part aussi; il nous quitte pour trois années encore. Il a une nouvelle idée, il va exécuter un autre poëme, après quoi il nous reviendra de nouveau, aussi fidèlement. *Turbidus* est un poëte dévoué... à son idée, à son poëme.

VII

Quintus Turbidus, et tous ces Dantes et Shakspeares manqués, ne sont nullement propres au commerce aimable de la vie, à la société douce et habituelle et fine, qui demande des esprits proportionnés : Dante, j'imagine, et à coup sûr Shakspeare y étaient propres; Pétrarque et Goldsmith et André Chénier, et Catulle en son temps, y étaient propres. Mais peste soit, dans la vie, de ces colosses manqués qui ne sont ni du premier ordre de génies, ni du second! ils se débattent et roulent dans les intervalles.

VIII

Les grands hommes littéraires, avides d'admiration, sont comme ces courtisanes célèbres qui épuisent successivement plusieurs générations de jeunesse et préfèrent toujours la dernière, la plus fraîche et vigoureuse. Vous leur avez tout donné, vous vous êtes diminué pour eux, mais vous êtes à bout, et à part les délicatesses et les finesses continuées de la louange que vous ravivez encore de temps en temps et que vous traînez agréablement en longueur, la plus grosse pièce est dévorée; vous êtes usé à leur endroit. A d'autres, à d'autres! Quand le pauvre Jean-Jacques dans sa jeunesse s'en revint d'un voyage entrepris pour sa santé, il trouva la place occupée; madame de Warens avait fait choix de ce grand diable, s'il vous en souvient, de celui-là qui menuisait toute la journée et frappait si fort. Voilà ce qu'il faut aux grands hommes avides; l'épigramme libertine qu'un poëte adresse aux belles dames de son temps semble faite pour eux. Entre Narcisse et Alcide, s'il y a à choisir :

Vous rougirez, mais vous prendrez Alcide!

IX

Un poëte par manie, par chimère, reste toujours poëte jusqu'à la fin; c'est incurable. *Liris* a commencé par de mauvais vers qui, trop bien recommandés par des amis trop serviables, ont trouvé et ruiné un libraire novice. On avait persuadé au pauvre diable que *Liris* allait être un second Lamartine, et il s'était mis en frais pour l'illustrer. Lui, *Liris*, sans autrement s'en émouvoir, il a fait imprimer recueil sur recueil, et toujours avec le même succès. De guerre lasse, enfin, il s'est mis à l'étude : il sait les langues, il sort même d'Europe, il explore l'Inde et voyage de temps en temps en Chine... par les livres, s'entend; on le croit revenu de sa chimère; on le prend en estime, on est près de le féliciter... Gardez-vous en bien! Après vous avoir longuement entretenu un soir de ses travaux, de ses projets, des Oupanichads, des Pouranas et du Chou-King, il vous apprend au moment de vous quitter, déjà debout, en vous serrant la main, — en grande confidence, — qu'il doit faire de tout cela un jour une immense composition en vers qui enrichira notre poésie, un seul et unique bouquet de toutes les fleurs à la fois de l'Orient! Il n'a pu y tenir, au dernier moment, il a laissé échapper son secret chéri. — Un malade de Bicêtre, qui avait eu autrefois la folie

d'être riche à millions, semblait guéri après des années ;
le médecin, la plume à la main pour signer son *Exeat*,
expliquait aux assistants et au directeur de la maison
comme quoi ce malade était guéri : celui-ci, du sourire
le plus gracieux, attendant que le docteur eût fini, se
tourna vers lui et lui glissa tout bas à l'oreille que, pour
le récompenser, il avait, aussitôt sorti, un million à son
service. — C'est le poëte.

X

Filis s'est amélioré moralement ; il est sérieux, il est
fidèle en politique à de certains principes ; il s'est marié
et a des vertus domestiques ; il pleure la mort d'un enfant, d'une mère, avec une douleur vraie et des larmes
abondantes qui sortent du cœur. De tout temps goûté
pour son esprit et son brillant, voilà que ceux même qui
avaient des préventions contre lui, l'estiment pour son
caractère ; on parlera bientôt de ses vertus. « *Filis* gagne
beaucoup, » dit-on de toutes parts. — Oui, vertus mondaines, acquises, estimables sans aucun doute ; — mais
demandez-lui un peu s'il n'a pas à se reprocher d'être
négligent, injuste, étouffant contre tel pauvre homme,
jeune encore, de savoir, de mérite (il le sait bien), mais
obscur et qui ne percera pas et qui n'écrit dans aucun
journal, et dont il n'a à espérer aucun éloge, à redouter
aucune attaque ; s'il ne le tient pas de son mieux en une
place inférieure, avec une sorte de négligence hostile,
parce que l'autre ne lui a pas assez fait la cour et ne
peut jamais s'en faire craindre ; demandez-lui combien
de temps cette iniquité durera, jusqu'à quand ce mauvais caprice ne sera pas lassé contre un homme de mérite sans monde et sans plainte... Et pourtant *Filis* s'a-
méliore, dit-on ; il a bien gagné, répétent avec sincérité
ceux dont il soigne l'opinion et qu'il ménage ; et au des-

sert, entre amis, si le discours tombe sur lui, on commence à parler de ses vertus. (1838)

XI

Chateaubriand n'aime pas ses enfants (en littérature), ni rien qui lui ressemble de près ou de loin. C'est au moins un ridicule.

XII

Dans le séjour que Chateaubriand fit à Genève après la Révolution de Juillet (1831-1832), il se mit dans l'esprit un matin que ce serait pour lui une belle mort, et bienséante, et grandiose, d'aller mourir sur le Mont-Blanc : *Ardentem frigidus Ætnam*, etc.; ou du moins il dit quelque chose qui le fit croire. Aussitôt cela su ou soupçonné, ce fut une surveillance infinie autour de lui : madame de Chateaubriand, madame Récamier étaient aux transes et se relevaient pour ne pas le perdre de vue; à peine sorti seul, on le faisait chercher et suivre, jusqu'à ce qu'on se crût bien sûr que la velléité sublime lui avait passé et que d'autres idées roulaient par la tête de ce grand arrangeur de phrases et de tableaux.

XIII

La Curée a été un pur accident dans la vie d'Auguste Barbier; il n'a fait, dans cette pièce et dans toutes celles d'à côté, qu'imiter et transporter de 93 à 1830 l'iambe d'André Chénier, avec ses crudités, avec ses ardeurs, empruntant du même coup la forme et le style, y mettant plus de verve que de finesse, grossissant les traits, élargissant et épaississant les teintes; et tout cela a paru aux ignorants une originalité de son cru et une invention.

— Barbier est l'aristocrate poétique le plus raffiné; il n'aurait dû faire que des *Pianto* et des sonnets artistiques, et il s'est trouvé poussé à cette débauche de *la Curée* trop rude pour lui, comme un fils de famille qu'on habille en *fort* un mardi de carnaval et qu'on pousse à la sublime ribotte.

— Barbier est inférieur au genre de talent qu'il a adopté; il n'est nullement en rapport avec cette grosse veine par la nature de son organisation grêle et chétive.

Il a du talent, mais il ne domine pas ce talent; il y va sans direction et en tâtonnant, il ne sait plus bientôt où il en est, il s'y noye presque, comme un homme qui voudrait marcher dans l'eau en y étant jusqu'au menton. Qu'on ait peu ou beaucoup de talent, il faut tâcher toujours de le dominer et d'y être supérieur.

C'est ce qui me fait dire de lui : Barbier, c'est un poëte *de hasard*.

— (Dans les derniers temps et dans ses reprises de publication depuis 1861, il a de plus en plus tâtonné, et l'on peut même dire qu'il s'est tout à fait égaré.)

XIV

Une chose remarquable, c'est combien d'hommes graves et sensés j'ai rencontrés, qui ont essayé de lire *Jocelyn* et qui n'ont pu en venir à bout. Carrel a exprimé dans un article (non signé) du *National* le désappointement et le dédain de ces esprits mâles. En revanche, les femmes, et tout ce qui leur ressemble, ont pris avec fureur au charmant poëme, et Lamartine a pu m'écrire, peu de jours après la publication, un petit billet en forme de bulletin, qui commence par ces mots : « *Jocelyn* triomphe d'heure en heure dans le cœur des femmes... »

XV

De Vigny dit de *Jocelyn :* « Ce sont des îles de poésie noyées dans un océan d'eau bénite. »

XVI

Lamartine, dans *Jocelyn* et dans la poésie privée, domestique, est toujours comme un roi qui se fait berger. La soie reparaît à tout instant par quelque bout, et quand il veut la cacher et prendre le détail agreste et réel, il n'a plus de mesure, il en met trop : trop de soie et trop de souquenille.

XVII

Segrais dit que c'est à l'occasion de Despréaux et de Racine que M. de La Rochefoucauld a établi sa maxime que « c'est une grande pauvreté de n'avoir qu'une sorte d'esprit, » parce que tout leur entretien ne roulait que sur les vers, et que hors de là ils ne savaient plus rien. On est bien guéri aujourd'hui de cette spécialité d'esprit; nos poëtes parlent de tout. M. de Lamartine aborde d'un pied léger, et avec cette fatuité innocente qui lui est propre, toutes les matières et y parle assez bien, mais en glissant. Si l'on nomme Bacon, il vous dit qu'il n'a jamais lu dans sa vie que cela; qu'il y a dix ans, vingt ans, qu'il ne fait qu'y penser, et il va à travers incontinent. S'il s'agit d'économie politique, il vous dit, les jambes étendues : « Avez-vous jamais mis le nez dans ce grimoire-là? Rien n'est plus amusant, rien n'est plus facile!... » Et il tranche au vif, avec une incroyable facilité, ma foi! — On parlait un jour de fermage, d'aménagement de terres; il disait qu'il allait partir pour les siennes : Ballanche lui demanda s'il s'y entendait : « Comment! si je m'y entends, mon cher ami! répliqua-t-il;.. mais je m'y entends *divinement!* » (1836)

Il écrit à quelqu'un, par forme de compliment sur quelque ouvrage : « Je n'ai jamais rien lu ni écrit de si délicieux. »

XVIII

La forme particulière de l'orgueil chez M. de La Mennais est celle-ci : Quand il lui vient pour la première fois une idée (papauté, souveraineté du peuple, etc.), à l'instant, il s'y attache comme au résultat le plus important, le plus fécond, et croit que le monde irait se perdant, s'il ne la communiquait immédiatement au monde. Comme il est bonhomme d'ailleurs, il se met donc aussitôt en branle pour opérer cette communication de sa découverte qui est l'unique salut universel. Pendant toutes ses marches et démarches et tout ce qu'il mène et démène, l'orchestre d'orgueil joue au fond, au loin, en lui, à la sourdine : « Je suis le sauveur, je suis le sauveur ! » — Cela fait toujours plaisir.

XIX

M. de La Mennais, crédule comme La Fayette ; chose remarquable, l'un étant tellement homme d'intelligence, et l'autre tellement homme du monde.

XX

Ce n'est plus par la logique, par l'induction, par la transformation progressive des idées qu'on peut expliquer les variations de l'abbé de La Mennais ou plutôt de *Monsieur* de La Mennais, car il n'est plus prêtre. Il y a eu en lui solution de continuité dans la région de l'intelligence ; et c'est par la physiologie, par le tempérament qu'il le faut expliquer. (1836)

XXI

M. de La Mennais est affecté d'une *incontinence* de pensée ; tout ce qui lui passe par l'esprit, il le dit aussitôt, il l'écrit : il ne garde rien.

XXII

Il y a des esprits ainsi faits qu'ils vous invitent toujours à la *foi*, quelle que soit leur foi à eux, dont ils changent : ce sont des *croyants* et des *apôtres* quand même : tel est M. de La Mennais, Buchez, etc., et toute une classe d'esprits-papes comme j'en ai connu plusieurs.

Je ne rencontre que gens qui me disent : « Vous ne croyez à rien ! » — « En effet, monsieur, puis-je répondre, car je ne crois pas à vous. »

Le pasteur Napoléon Peyrat, dans un livre de Souvenirs, intitulé : *Béranger et La Mennais* (1861), m'apporte un trait à l'appui de mon dire. La Mennais m'avait fait force avances depuis 1830, après mon recueil des *Consolations*, dans le monde de Victor Hugo d'abord, puis lorsqu'il fut à la tête de *l'Avenir*. J'avais payé ces bonnes grâces d'un esprit supérieur par un portrait littéraire et par des articles de la *Revue des Deux-Mondes*, à l'occasion de ses livres. Il m'avait chargé, sans que je l'en priasse, de l'impression de ses *Paroles d'un Croyant*. Mais comme il commençait à tourner et à changer du tout au tout, il m'était impossible de le suivre et de tourner avec lui, sans abdiquer tout caractère de critique; ce que je n'ai jamais fait. Je marquai ma limite et mon *holà* lors de sa publication des *Affaires de Rome*. C'en fut assez pour nous brouiller, au moins pendant un temps. Or, voici comment M. Peyrat, dans son livre, parle de cet incident :

« Depuis que M. de La Mennais donnait dans la dé-
« magogie, M. Sainte-Beuve, par une évolution con-
« traire, se retournait vers le pouvoir. Le tribun breton
« fut très-sensible à l'abandon du critique normand,
« dont les premières hostilités éclatèrent, je crois, con-

« tre les *Affaires de Rome*. — « Je l'ai rencontré depuis,
« disait-il, dans le quartier de l'Odéon ; il a d'abord bal-
« butié je ne sais quoi ; puis, tout interloqué, il a baissé
« la tête. Sa critique n'est que du marivaudage. »

Je pourrais répondre à M. Peyrat que d'abord je ne suis pas *normand*, et que sa demi-épigramme porte à faux. Je crois aussi que, si ma critique n'avait été que du *marivaudage*, M. de La Mennais n'aurait point paru si piqué ; j'ai reçu mainte lettre de lui où il me faisait l'honneur de parler de ma critique tout autrement. Je ne sais trop quelle mine j'eus en effet, quand je le rencontrai un jour devant l'Odéon : on ne se voit point soi-même ; mais certainement je ne baissai point la tête : ce n'a jamais été mon habitude. Que si réellement je parus embarrassé, ce dut être pour lui et non pour moi, n'ayant pas été le premier à le rechercher au début de notre liaison, l'ayant connu prêtre et qui disait encore sa messe, ultramontain et pur romain de doctrine, lui ayant rendu dans un camp, alors si différent, autant de bons offices littéraires que j'avais pu, n'ayant jamais été démagogue et le voyant, dans sa pétulance, m'enjamber et, comme au jeu de *saute-mouton*, passer par dessus ma tête pour aller tomber tout d'un bond de l'absolutisme dans la démagogie. Il y avait, en vérité, de quoi rougir pour lui au premier abord et la première fois qu'on se retrouvait nez à nez. Je ne serais pas étonné qu'en me quittant ce jour-là, La Mennais, toujours sûr de son fait et toujours prêcheur à la Savonarole, n'ait fait une sortie contre les gens tièdes qui *ne croient à rien*.

XXIII

Dans son dernier écrit publié à travers les verrous, M. de La Mennais déclare que décidément il n'a jamais rencontré de femme qui pût suivre un raisonnement sérieux durant plus d'un demi-quart d'heure. Ce sont des aménités de moine qu'il rend à madame Sand pour ses assistances de Clorinde.

XXIV

Il y a quelques années (1832 peut-être), M. de La Mennais s'en alla un jour avec M. de Montalembert dîner aux Roches chez M. Bertin l'aîné, pour y voir Victor Hugo qui y passait l'automne avec sa famille. Au soir, en s'en revenant, comme il faisait froid et que l'abbé, en petite redingote grise, n'avait pas de manteau, Janin lui jeta le sien et l'obligea de le garder. Ce manteau de Janin semble avoir eu sur le bon abbé tout l'effet merveilleux du manteau d'Élie sur Élisée; et c'est depuis ce moment que M. de La Mennais s'est laissé aller de plus en plus au *poëte* au lieu du *prêtre*, à l'artiste, au bon enfant, au camarade de Liszt et de George Sand. Janin a secoué son manteau sur lui.

XXV

Il faut à M. de La Mennais, pour auditeurs et familiers, ou des niais qui votent du bonnet (comme de Potter), ou des jeunes gens qui peuvent être savants spéciaux sur un point (comme Boré ou La Provostaye), mais simples et neufs sur le reste, ou des esprits hauts, raides et peu pénétrants, et flattés dans leur vanité d'une liaison illustre (comme Didier), ou des jeunes gens enthousiastes à tout prix et en avant *quand même* (comme Fortoul ou Liszt); en un mot, il lui faut et il aime le disciple, cette proie du grand homme. Sa conversation n'est qu'un admirable monologue, où il veut tout juste la réplique, aux courts intervalles de repos.

XXVI

Le disciple est une espèce particulière en son genre. Le disciple est grand d'ordinaire, droit, raide; il se tait, sourit, rougit. — Si vous vous brouillez avec le maître, garez-vous du disciple! Il est capable de vouloir se couper la gorge avec vous. Si le maître est astucieux et déloyal, le disciple est capable contre vous de toutes mauvaises menées et calomnies sourdes, et lettres anonymes. Si le maître est honnête (comme M. de La Mennais), le disciple avec qui vous étiez au mieux la veille se contente de passer devant vous en rougissant jusqu'aux oreilles, et sans vous saluer.

XXVII

Phanor est honnête, élevé de cœur, il a du talent, mais point d'originalité vraie; et quelle suffisance! Dès le premier jour où il arrive dans une maison, il se lance dans un sujet, il parle (fort bien) pendant une heure, sur l'Italie, sur Rome, sur les cathédrales. Imprimé, ce serait mieux encore. Des hommes distingués, considérables, sont là qui l'écoutent bouche close, sans qu'il leur soit possible de glisser un mot. Pendant qu'il parle ainsi sans discontinuer, d'une voix claire, les yeux baissés, une espèce de sourire vague à sa bouche (assez gracieux dans son dédain) annonce cette profonde et douce satisfaction, cette intime et parfaite certitude qu'il a de lui-même. Par bonheur, *Phanor* est religieux, catholique, il croit : sa foi est un beau voile à sa suffisance. *Phanor* a toujours été disciple de quelqu'un; il l'a été de La Mennais pour son catholicisme politique, de Hugo pour ses cathédrales. De qui l'est-il aujourd'hui? Il vient d'Allemagne; qui a-t-il vu? Je ne sais. Mais qu'importe le nom de son maître? Soyez sûr qu'il en a un. *Phanor* est né disciple. (1836)

XXVIII.

L'ambition ne m'est pas naturelle ; je me la suis inoculée à propos de ma candidature académique (1844). J'en éprouve assez pour la comprendre et la sentir en abrégé. Je ne l'ai pas à l'état de petite vérole, je l'ai à l'état de vaccine : je n'en resterai pas *gravé*.

XXIX

(Lors de la première candidature de Vatout à l'Académie.)

« Vatout, a dit Latouche, c'est un papillon en bottes à l'écuyère, un papillon en bottes fortes. » — Amitié à part, il est juste que Scribe soit à Vatout. Vatout, c'est l'idéal de l'esprit de dialogue du *Gymnase*, la pointe, le calembour du clerc de notaire spirituel. M. Dupin doit l'adorer ; car Vatout, c'est l'esprit de basoche qui se fait élégant : il doit être l'homme du monde idéal pour Dupin. — Un fonds d'idées très-commun, mais en très-belle humeur. — Il a tout l'esprit que peut comporter et concevoir la femme de l'agent de change ; c'est l'Hercule-Farnèse, l'Hercule-Boufflers de la finance, de la rue Laffitte, de la place Saint-Georges. Madame de Girardin elle-même est sur le chemin, et elle peut dire vrai quand elle déclare qu'elle ne connaît pas d'homme plus spirituel. — Hors de ce quartier-là, dans le monde des idées ou de la délicatesse, il n'est rien, il ne compte pas. — « Nommer M. Vatout, dit M. Royer-Collard, quelle plaisanterie faites-vous là à un homme de mon âge ! Sachez, monsieur, que je prétends nommer *quelqu'un*. »

XXX

(Ma candidature académique.) — Lettre à M... du 7 mars 1844 : « J'ai droit d'en vouloir à M. Flourens qui m'a leurré et croit m'avoir dupé : il se trompe. J'aurai du moins appris en tout ceci à le connaître. Je comprends désormais comment le disciple de Tracy dédie aujourd'hui ses livres contre Gall à la mémoire de Descartes, comment le disciple de Geoffroy Saint-Hilaire a passé à Cuvier. Je sais sa physiologie. Il ne devait pas me si bien recevoir ni me faire croire à un intérêt qu'il n'éprouvait pas... »

— Le *doucereux* Flourens, dit M. Molé; ne vous y fiez pas.

Quel joli portrait de lui on ferait, onctueux, brillant, transparent, avec son œil clair et félin, miroir de l'âme! Comme il apparaîtrait injecté au vif et visible à tous, même sans *garance!* —

O quoties et quæ nobis Galatea locuta est!

Oh! que de choses affectueuses, intimes, il m'a dites entre *quatre-z-yeux* et les portes closes! que d'épanchements familiers, presque touchants! — « Allons, à huit jours, j'espère bien vous dire *mon cher confrère*, » me répétait-il en me serrant tendrement la main, en ne voulant point absolument me la lâcher, et en me reconduisant jusqu'à la dernière marche de la dernière porte de son dernier escalier, *afin d'avoir le plaisir, le bonheur de me voir un peu plus longtemps.*

Flourens, au moment où il se promettait de ne pas me donner sa voix, me disait avec tendresse : « Je vous assure qu'il ne m'est jamais arrivé d'être reçu dans un Corps savant, sans éprouver en même temps une véritable peine, une peine très-vive, en songeant aux hommes de talent et de mérite qui se trouvaient évincés et ajournés par ma nomination : au milieu de ma satisfaction personnelle, j'en ressentais une sorte de douleur! » O sensibilité exquise de la part de celui qui a disséqué tant de chiens!

Montesquieu disait de je ne sais plus qui : « Il est si doux qu'il me fait l'effet d'*un ver qui file de la soie.* » — Flourens me fait l'effet d'une couleuvre plus ou moins innocente qui glisse sur l'herbe.

Flourens dit en causant : « Moi, monsieur, je suis toujours sincère. »

— Les mérites du savant et ses travaux subsistent : je laisse entrevoir l'homme tel qu'il m'est apparu.

XXXI

M. de Barante dit de Ballanche : « C'est un homme qui a toujours vécu dans le nuage, mais le nuage s'est entr'ouvert quelquefois. »

XXXII

M. de Barante arrive sur toute chose avec sa petite théorie qu'il formule aussitôt d'une manière épigrammatique et courte, et il n'en sort plus : il est bien doctrinaire en cela.

XXXIII

On parlait de Nodier et de Mérimée comme conteurs; on essayait de les définir : « Allons, dit quelqu'un, je vois bien d'après tout ce qu'on dit que Mérimée est meilleur *conteur*, et que Nodier était meilleur *hâbleur*. »

XXXIV

De Vigny a une première couche épaisse et luisante et comme un enduit d'amour-propre ; c'est dur à percer ; mais, une fois passé cela, on le retrouve spirituel et assez aimable.

XXXV

Aujourd'hui (14 juillet 1846) à l'Académie, il s'agissait des prix de vertu à donner; P.......... avait fait un bête de rapport, et chacun était en train d'en chicaner les conclusions. L'un préférait ce trait-ci, l'autre exaltait ce trait-là. Il y avait un maçon qui avait retiré d'un puits dans un éboulement plusieurs personnes. De Vigny demanda la parole et déclara que cette action lui paraissait d'un plus haut prix et, pour ainsi dire, une *perle d'une plus belle eau* que les autres. Cette *perle d'une belle eau* à propos de maçon et de puits a fait sourire. C'est du de Vigny tout craché.

XXXVI

Quinet m'écrit à propos du morceau de madame Sand sur Gœthe, Byron et Mickiewicz : « Cela est pitoyable et écolier : tout est faux ou plat. Qu'elle renonce donc à ces sujets ! » — Juste au même moment pour le même article, Magnin est dans une admiration qui ne se contient pas : Jouffroy de même.

XXXVII

Lamartine, dans son article de *la Presse* du 24 août (1840) sur la guerre et contre Thiers, ne cesse de rappeler en termes magnifiques et abondants ses précédents pronostics, tous vérifiés à ce qu'il prétend. Pour apaiser un peu cette soif d'avoir toujours prédit juste en politique, il devrait avoir derrière lui, comme l'antique Gracchus, son joueur de flûte qui lui chanterait à mi-voix son Hymne du duc de Bordeaux, qu'il a tant oublié :

> Il est né l'enfant du miracle !
> Héritier du sang du martyr !...

XXXVIII

L'autorité de Lamartine auprès des esprits réfléchis n'a pas gagné dans ces dernières années, il n'a pas même acquis grand crédit au sein de la Chambre malgré toute son éloquence ; mais, au dehors et sur le grand public vague, son renom s'étend et règne de plus en plus ; il le sait bien, il y vise, et bien souvent quand il fait ses harangues à la Chambre qui se montre distraite ou mécontente, ce n'est pas à elle qu'il s'adresse, c'est à la galerie, c'est aux gens qui demain le liront. « *Je parle par la fenêtre*, » dit-il expressivement. (1846)

XXXIX

Tocqueville m'a tout l'air de s'attacher à la démocratie comme Pascal à la croix : en enrageant. C'est bien pour le talent qui n'est qu'une belle lutte ; mais pour la vérité et la plénitude des convictions, cela donne à penser.

XL

Vigny a donné une nouvelle édition de *Cinq-Mars*, où il a mis son Discours de réception à l'Académie, en y ajoutant quelque réfutation de celui de M. Molé : « Mais, en le réfutant, je me suis bien gardé de le nommer, disait-il l'autre jour chez la princesse de Craon ; je me suis souvenu que Corneille et Racine avaient donné l'immortalité à certains critiques en les nommant. » — Il a dit cela sans rire.

XLI

Eugène Sue est bon quand il est gai ; il a là une veine naturelle qui est fort drôle et amusante. Pour des gens de bon sens et d'un goût sain, *le Morne au Diable* vaut mieux que ses *Mystères de Paris*.

XLII

Un barbier rasait un pair de France : on parlait du *Juif errant ;* le barbier, grand admirateur des *Mystères de Paris*, s'écria : « C'est bien mauvais, je ne reconnais pas mon *Sue*. »

XLIII

Le style de *Bariolus* a longtemps battu la campagne en habit d'Arlequin ; les années et l'expérience ont fini par lui donner une dose de bon sens et de pensée : — une dose bien frelatée encore.

XLIV

Villemain me dit un jour, il y a des années, dans la cour de l'Institut : « Je vieillis et vous ne *jeunissez* plus, faisons alliance ! » Cela voulait dire : « Louez-moi toujours, et je ne vous le rendrai jamais. »

XLV

L'autre jour, dans son *Journal* de Mâcon, Lamartine faisait un article qui commençait : *Le pauvre a faim, et la France a peur*, etc., et le reste sur ce ton d'éloquence. Est-ce plus vrai, plus sensé, plus à propos que quand il prophétisait, il y a vingt-cinq ans, sur le rejeton posthume de la légitimité et lui prédisait une destinée triomphante ?

Ces grands talents, sur tout sujet, ont besoin de chanter haut et fort ; le vrai s'en accommode comme il peut. (1846)

XLVI

Ce qu'il y a surtout dans Lamartine, c'est le talent immense, l'instrument merveilleux et le besoin d'en jouer : jeune, à une heure sublime de mystère et d'amour, dans ses premières *Méditations;* plus tard et déjà à l'état de sonate, dans les *Harmonies;* et aujourd'hui, encore à l'état de sonate, dans la lice oratoire.

— Mais il arrive à être politique, dit-on. — Oui, il arrive à le paraître : cela rentre dans le progrès de son talent et de sa sonate oratoire. Car, quand je dis sonate, j'entends une sonate de plus en plus assortie et appropriée. (Mars 1840)

XLVII

Ce qu'a été le *Lac* de Lamartine pour nous, la *Tristesse d'Olympio* l'est maintenant pour plusieurs. Et qui aime l'une de ces deux poésies, ne saurait aimer beaucoup l'autre.

XLVIII

Il en est des personnages célèbres comme des choses, la majorité des hommes ne les juge qu'à un certain point de perspective et d'illusion. Est-il bien nécessaire de venir ruiner cette illusion, et de les montrer par le dedans tels qu'ils sont, en leur ouvrant devant tous les entrailles? Je me le demande, et pourtant je le fais. — Je les ai peints assez souvent au point de vue littéraire et de l'illusion, tels qu'ils voulaient paraître, aujourd'hui je fais l'autopsie.

XLIX

Lamartine, historien, décrit les personnages au physique, leurs yeux, leurs lèvres, leurs narines; il y a du Balzac dans ces peintures qui sentent la chair.

Il se trompe et doit se tromper à tout moment sur ces détails, sur le *nez grec* qu'il donne à madame Roland et sur le reste. Quand il se trompe grossièrement (comme quand il fait mourir Target sur l'échafaud), on peut le relever; mais sur de menus détails on le laisse dire, et on se laisserait aller à le croire, si on n'avait pénétré son procédé d'inventeur. — Il donne à Robespierre un dogue, mais c'était un chien caniche qu'il avait. Et puis à quoi bon introduire ce chien dans l'histoire? — Quand Thiers, en tête de ses volumes, demandait pardon de donner le prix du savon et de la chandelle, cela avait un sens; ces détails matériels rentraient dans l'histoire; mais, chez Lamartine, c'est le procédé de Balzac appliqué en grand et dans la peinture à fresque.

L

Dans les *Girondins*, il y a pour tous les goûts, le *Temple* pour les royalistes, le Robespierre pour les montagnards, et ainsi pour les autres. Le jour de la publication, les journaux de toutes couleurs ont eu chacun leur fragment approprié. Quelque temps avant la publication, les aides de camp de Lamartine colportaient déjà des fragments en épreuves pour préparer et chauffer le succès. On avait soin de choisir selon les personnes. Alexis de Saint-Priest appelait cela plaisamment *des fragments à domicile*.

LI

J'ai fait autrefois ce vers, et j'ai eu raison :

Lamartine ignorant, qui ne sait que son âme!

LII

« Que m'importe! dit Lamartine quand on lui dit ses erreurs; *j'ai pour moi les femmes et les jeunes gens*, je puis me passer du reste. » — Oh! ce n'est pas ainsi qu'on écrit la grande et sérieuse histoire, celle qui est, comme dit Thucydide, une œuvre éternelle et à toujours, κτῆμα ἐς ἀεί.

LIII

Tout me prouve (malgré ce qui est dit plus haut et qui

subsiste) le grand talent déployé par Lamartine dans son Histoire; je m'amuse à recueillir des témoignages : les hommes qui ont vu la Révolution assurent que cela leur en rend l'*impression*, le mouvement, les tableaux (M. de Pontécoulant disait cela à M. de Broglie); ce dernier (M. de Broglie) me dit qu'il a trouvé dans cette Histoire bien plus d'esprit et de *vues* qu'il n'imaginait, et il n'est pas indulgent. La vérité de la critique serait dans l'assemblage et la concordance de toutes ces fractions de jugements.

LIV

Alexandre Dumas disait de Lamartine après *les Girondins* : « Il a élevé l'histoire à la hauteur du roman. » C'est bien le même Dumas qui disait : « Qu'est-ce que l'histoire ? C'est un clou auquel j'accroche mes tableaux. »

LV

Lamartine sur tous les points est convaincu, chaque jour, de contradiction et d'incohérence. Il parle à Marseille pour le libre-échange (septembre 1847), et on lui rappelle qu'il a précédemment prêché la doctrine contraire. Un jour, causant chez madame Récamier de l'impôt sur le sel, il dit toutes sortes de raisons à l'appui de cet impôt : que c'était une faible charge pour chacun, et un gros revenu pour le trésor. « Je suis charmé, lui dit M. de Chateaubriand, de vous entendre soutenir ces choses, car on m'avait dit que vous parleriez contre. » — « Ah! c'est vrai, répliqua Lamartine, ils sont venus me trouver et j'ai promis d'appuyer l'abolition de l'impôt; mais je suis convaincu qu'au fond il est moins onéreux qu'utile. » — Ainsi de tout; à l'Académie il n'en fait pas d'autres. Il apprend un jour que M. Pasquier a l'idée de se présenter et qu'il fait sonder ses amis; Lamartine lui écrit *de lui-même* une lettre dans laquelle il lui dit qu'il croit devoir se plaindre d'avoir été oublié parmi ceux sur qui on pouvait compter, qu'il n'a pas oublié, lui, qu'il a dû son entrée dans la carrière diplomatique à M. Pasquier (alors ministre des Affaires étrangères, 1820), qui le nomma sur la recommandation de madame de Broglie. Bref, il offre sa voix. M. Pasquier lui répond une lettre bien sentie et telle qu'en appelle un tel procédé. Le jour de l'élection, le voisin de Lamartine lui voit écrire sur son bulletin le nom d'Aimé Martin : « Mais je croyais que vous votiez pour M. Pasquier! » — « Bah ! répond Lamartine, je pense que mon vote lui serait inutile, il en a bien assez sans cela. » — Lors de l'élection d'Ampère, il vint voter pour un autre ; un quart d'heure après l'élection, il envoyait madame de Lamartine chez madame Récamier pour la féliciter de l'élection d'Ampère.

LVI

Tocqueville ne met jamais les pieds à l'Académie française; je le crois bien : personne n'est plus étranger que lui à cet ensemble de curiosités et d'aménités qui (les grands monuments à part) constituent, à proprement parler, la littérature.

LVII

Génin est un *tape-dur*, il a toujours besoin de taper sur quelqu'un. Quand ce n'est pas sur un poëte, c'est sur un jésuite; quand ce n'est pas sur un vivant, c'est sur un mort. Même quand il loue Molière, il a besoin de tomber sur La Bruyère. Ces gens-là manquent de l'aménité et de la légèreté, qui ne devraient jamais se séparer des qualités vraiment littéraires. (1846)

LVIII

Littré, homme d'un grand mérite, a un peu baissé dans l'estime de quelques bons juges, quand on l'a vu prendre si au sérieux Génin comme philologue

LIX

Je lis le chapitre de Nisard sur Descartes : toujours l'esprit français et sa glorification. Nisard est atteint d'une espèce de *chauvinisme transcendental.*

Chaque critique se *pourtrait* de profil ou de trois quarts dans ses ouvrages : Nisard, sous prétexte de maintenir et d'exalter l'esprit français, ne fait autre chose que de célébrer en tout et partout ses propres qualités.

Cette exaltation à toute force et à tout propos de *l'esprit français* par Nisard finit par impatienter et par jeter dans l'excès contraire. Il me fait penser à Voltaire qui disait en riant que, nous Français, « nous sommes la crème fouettée de l'Europe. »

LX

Il manque à *Trépidans* une demi-once de cervelle de plus pour être tout à fait un homme d'esprit. *Trépidans* a de la sensibilité, de l'instruction, du sens : mais quelle crainte qu'on ne s'en aperçoive pas assez tôt! quel besoin de le prouver à tous! quel peu d'assiette! Sur chaque point de la conversation, il se met en avant, il se précipite, il a tant à dire qu'il bégaie. Sur chaque nom un peu célèbre qui passe, il est le mieux informé : à qui en parlez-vous? il a des renseignements secrets, il en a par la femme de chambre, par le cocher, par l'apothicaire. Il branle la tête, se trémousse en parlant, et ricane d'une façon mystérieuse et qui s'entend elle-même. Il donne sur les nerfs, il impatiente. Mais qu'a-t-il? je lui parle, il me répond tout singulièrement : un rien l'a mortifié. — *Trépidans*, faute d'une demi-once de cervelle, est un petit esprit.

LXI

Musset a l'affectation et la prétention de la négligence : il a voulu rompre avec l'école dite *de la forme* dont il est sorti, et, en rimant mal exprès, il a cru nous donner une ruade. Sa ballade *Andalouse*, en certains endroits, était très-bien rimée, il l'a *dérimée* après coup de peur de montrer le bout de cocarde. Émile Deschamps, pendant ce temps-là, s'évertuait à *re-rimer* les ballades de Moncrif. *Sua quemque*...

LXII

Musset a un merveilleux talent de pastiche : tout jeune, il faisait des vers comme Casimir Delavigne, des élégies à l'André Chénier, des ballades à la Victor Hugo ; ensuite il a passé au Crébillon fils. Plus tard il a conquis quelque chose de très-semblable à la fantaisie shakespearienne, il y a joint des poussées d'essor lyrique à la Byron; il a surtout refait du *Don Juan*, et avec une pointe de Voltaire. Tout cela constitue bien une espèce d'originalité. *È pure*... On dirait de la plupart de ses jolies petites pièces et *sainètes* que c'est traduit on ne sait d'où, mais cela fait l'effet d'être traduit.

— Dans sa notice un peu précieuse, mais ingénieuse et poétique, mise en tête des premières éditions d'André Chénier, Latouche parlant des tendresses passionnées qui inspirèrent le chantre de Fanny et de Camille, avait dit :

« Amour, qui accables et soutiens les jours du poëte, nul peut-être n'était destiné à te rendre avec plus d'éloquence! Il prend sur sa lyre des accents d'une vérité déchirante, ce sentiment *qui tient à la douleur par un lien, par tant d'autres à la volupté.* »

On a reconnu la matière des vers célèbres de Musset :

> Amour, fléau du monde, exécrable folie,
> Toi qu'un lien si frêle à la volupté lie,
> Quand par tant d'autres nœuds tu tiens à la douleur !

L'apostrophe elle-même, si chère à Musset, se retrouve dans la prose de Latouche.

LXIII

Je ne connais pas de plus mauvais vers (entre les vers de poëtes distingués, s'entend), plus mal faits, plus au-dessous de leur réputation, plus médiocres de sentiments comme de facture et de rime, que les strophes ou couplets intitulés *le Rhin*, d'Alfred de Musset. Les nouveau-venus gobent tout et admirent de confiance.

LXIV

On outre tout. Il y a, dans le succès de Musset, du vrai et de l'engouement. Ce n'est pas seulement le distingué et le délicat qu'on aime en lui : cette jeunesse dissolue adore chez Musset l'expression de ses propres vices ; dans ses vers, elle ne trouve rien de plus beau que certaines poussées de verve où il donne comme un forcené. *Ils prennent l'inhumanité pour le signe de la force.*

— Il est honorable en France d'être mauvais sujet.

— Ils admirent maintenant tout Musset comme autrefois ils admiraient tout Delille, — sur parole. Mais, en fait de passion, on ne discerne en ce temps-ci que les gens qui crient à se tordre les entrailles.

— Quand Musset sent que sa verve traîne et commence à languir, il se jette à corps perdu dans l'apostrophe. Que ce soit au Christ, que ce soit à Voltaire, que cela s'accorde ou jure, peu lui importe, pourvu qu'il montre le poing à quelqu'un et qu'il lui crache à la face l'enthousiasme ou l'invective, et quelquefois les deux ensemble ! Cette violence de geste et de mouvement lui réussit toujours et couvre le néant du fond. Son *Rolla* n'est qu'une suite d'apostrophes ; on peut les compter.

LXV

Sur Alfred de Musset, extrait d'une lettre de Brizeux :

« Ce qui pourrait étonner, c'est cet engouement exclusif pour Musset. Nul ne l'aime mieux que moi en certaines choses ; mais trop souvent il vole (vous le savez) ; le plus souvent il me semble être le poëte des *lorettes* et faire la poésie de *Gavarni*. J'aime peu comme art la solennité des châteaux de Louis XIV, mais pas davantage l'entresol de la rue Saint-Georges : il y a, entre les deux, Florence et la nature. »

LXVI

On vient de mettre dans la *Revue des Deux-Mondes* (1er juin 1847) des vers de Musset : sur sept pièces, dont une traduite d'Horace, il y en a bien quatre d'inintelligibles ; de jolis vers isolés, mais sans liaison avec ce qui précède ou ce qui suit. La dernière pièce, qui est une parodie des *Tu* et des *Vous*, reste tout à fait inintelligible. Jamais la *solution de continuité*, qui est au fond du talent poétique de Musset, n'a été plus sensible ; il y a longtemps que cela existe pour qui sait réfléchir et veut se rendre compte ; ces lacunes ne sont pas nouvelles chez lui, mais les engoués n'y regardent pas de si près. — Dans son sonnet à Victor Hugo, lequel du moins est intelligible, quel salmigondis :

> Les bonbons, l'Océan, le jeu, l'azur des cieux,
> Les femmes, les chevaux, les lauriers et les roses !

Il y a peut-être des gens qui admirent cela. Ce n'est

que de la pure manière et de la fatuité. Quand on a aimé ou fait semblant d'aimer tant de choses et qu'on s'est noyé en ces mélanges, je demande ce qu'on peut aimer encore, et si, en se raccommodant avec un ancien ami, il y a garantie qu'à propos de bottes on ne se rebrouillera pas avec lui demain. Tout est devenu caprice et fantaisie. — Et dans le sonnet à Alfred Tattet, qu'est-ce que *l'épervier d'or dont mon casque est orné?* J'ai d'abord hésité à comprendre : je ne savais pas Musset un si vaillant et si belliqueux chevalier. Puis j'ai cru m'apercevoir qu'il ne s'agissait que de ses armes en peinture, de ses armoiries; et alors c'est de la franche sottise, même à un poëte, que de venir ainsi étaler son blason, — un blason tout fraîchement repeint. Le bon Musset-Pathay, père d'Alfred, ne le prenait pas de si haut, et on ne l'aurait pas cru un *fils des croisés*. Mais peu importe de savoir si Musset a ou non des quartiers? La sottise est de le dire, et c'en serait une chez un Montmorency même.

LXVII

Le style de Cousin est *grand*, il a *grand* air, il rappelle la *grande* époque à s'y méprendre; mais il ne me paraît pas original, rien n'y marque l'homme, l'individu qui écrit. Bossuet, par moments, ne parlerait pas autrement, et Cousin n'est pas Bossuet. J'aime que le style se ressente davantage des qualités originales et piquantes de l'individu, en un mot qu'il *sente l'homme*, comme dit un poëte. — Aussi quand on approche de Cousin, on trouve un tout autre homme que celui qui se donne à connaître par ses écrits, piquant, amusant, un peu comique, et l'on est tenté toujours de s'écrier en comparant : O le sublime farceur! — Toute une moitié, et la plus réelle, de ses qualités distinctives et de ses traits saillants n'est nullement représentée dans cette manière d'écrire.

LXVIII

Chateaubriand (en son bon temps) écrit bien moins purement, moins largement que Cousin, mais comme son style est à lui, qualités et défauts! comme lui seul sait le manier sans qu'on puisse le lui dérober. C'est l'épée de Roland. Aussi comme il agit sur ses contemporains! comme il a enfoncé sa lame, au lieu que le style de Cousin plane en quelque sorte sur moi et passe sur ma tête sans me toucher! — Je l'admire, mais il ne m'entre pas.

LXIX

Cousin est toujours dans l'exagération, et il est loin certes de manquer de bon sens; mais, pour trouver son bon sens, il faut prendre la *moyenne* de toutes ses exagérations, — ou mieux, il faut prendre le *centre de gravité* de toutes ses excentricités.

M. Royer-Collard disait de lui : « Sur les sept jours de la semaine, il y en a trois où il est absurde; trois autres, médiocre; mais un, où il est sublime. »

LXX

On ne connaît bien un homme que quand on a traversé sa passion : ceci répond aux amis et défenseurs de M. Cousin qui ont pris fait et cause pour sa moralité. Cousin n'aimait ni le luxe, ni la bonne chère, ni les femmes (malgré ses faux airs), ni beaucoup d'autres choses encore : on peut l'en louer si l'on veut; mais il aimait la domination, la prépondérance, et il n'était pas bon de le croiser ni de le côtoyer dans sa ligne à certains moments. Je laisse ses compétitions politiques et universitaires : il n'y supportait pas d'opposition et s'y aidait, dans la lutte, par tous les moyens : il aurait fallu entendre là dessus M. de Salvandy. Mais, pour m'en tenir à ses compétitions littéraires, il y était d'une rare intolérance. Le docteur Swift disait de Prior, qui causait trop et qui avait le ton dominant dans la conversation : « Le moyen de vivre avec M. Prior? il occupe seul tout l'espace, et il n'en laisse point pour remuer seulement les coudes. » M. Cousin était tel dans les sujets littéraires qu'il aimait et qu'il traitait : il ne souffrait point, je ne dirai pas de rivalité, mais de voisinage. Je l'avais devancé dans des études sur Pascal et sa sœur, sur madame de Longueville, etc. : il le savait; il avait tenu de moi-même le premier manuscrit où il lui fut donné de lire des lettres inédites de madame de Longueville. Je m'étais empressé de m'en dessaisir sur sa demande, y prenant mes notes en toute hâte. Mais lui, une fois amoureux de ses sujets, n'entendait point y avoir été devancé par personne; il prétendait bien les avoir découverts : il fit tout pour le faire croire au public. On ne saurait imaginer les petits moyens auxquels recourait ce grand esprit pour n'avoir point à citer les autres : obligé par décence et par un reste d'équité de mentionner leurs noms dans les numéros détachés de la *Revue des Deux Mondes*, il s'empressait de les effacer dès qu'il recueillait ses articles en volumes. Il ne citait en note que lui-même, renvoyant sans façon le lecteur, d'un livre de M. Cousin à un autre livre de M. Cousin. Ses procédés envers M. Faugère sont connus : il fit traduire un article de l'*Edinburgh-Review* sur Pascal, de manière à y grossir ses louanges et à supprimer les éloges donnés à M. Faugère, éditeur des *Pensées* : M. Amédée Pichot, qui était son voisin de campagne à Bellevue, et qui avait une arrière-pensée d'Académie française, reçut cette traduction tronquée des mains de M. Cousin et eut la faiblesse de l'insérer dans sa *Revue Britannique*. Ce même grand esprit (j'en rougis pour lui) ne voulait pas que son libraire, — le libraire Didier, — imprimât un livre de M. Livet sur les *Précieuses*, parce que les Précieuses relevaient jusqu'à un certain point de son domaine. Ah! ce sont des hommes de *grande vie* que ces princes de l'intelligence, et quand ils sont remuants comme l'était celui-ci, il ne fait pas bon être leur voisin ; ils empiètent à chaque instant sur vous. Ils sont toujours prêts à étendre la main et à confisquer sans remords ni scrupule la vigne de Naboth, pour peu qu'elle soit à leur convenance. Aussi, quand M. Janet plaide pour la moralité de M. Cousin, il est à côté : il déplace la question, et il ne prouve rien en disant qu'il n'a eu qu'à se louer du maître : lui, en effet, ne lui faisait pas concurrence, il était plus ou moins son disciple. Mais dès qu'on ne l'était pas et qu'on croissait en dehors de lui, dès qu'on suivait sa ligne avec indépendance et sitôt que cette ligne menaçait de croiser celle de M. Cousin ou même s'en rapprochait seulement, oh! alors, gare aux coups de coude! il n'y mettait nulle délicatesse, et quand on se permettait de lui faire observer qu'il n'était pas tout à fait dans son droit, il avait sa réponse toute prête, et il la fit un jour le plus effrontément du monde au nez d'un plaignant : « *Mon droit*, lui dit-il, *c'est ma passion.* » — Et plus gaiement (car il y mettait aussi de la gaieté), un jour, à quelqu'un qui voulait écrire sur un sujet dont il s'était occupé, et qui lui en faisait demander par un tiers son agrément, il répondit avec son merveilleux sans-gêne : « Il le peut; maintenant ça m'est égal; *j'aime ailleurs!* » Voilà une jolie parodie d'un mot de Corneille.

Tout cela dit, je continuerai de noter quelques souvenirs, quelques mots encore qui me reviendront çà et là, à l'occasion, et qui sont autant de traits pour la connaissance de ce grand et éloquent esprit et de ce médiocre caractère. Mais j'ai tenu à expliquer une bonne fois comment il s'est pu faire que je me sois trouvé légitimement délié envers lui des sentiments d'amitié respectueuse qui auraient gêné ma parole et retenu ma plume. Son procédé, à la longue, m'a rendu ma pleine liberté. J'ai bien osé écrire la vérité sur l'auteur du *Génie du Christianisme :* pourquoi ne la dirais-je pas sur l'auteur du *Beau,* du *Bien* et du *Vrai?* Voyons les hommes par l'endroit et par l'envers. Sachons ce que leur morale pratique confère ou retire d'autorité aux doctrines que célèbre et professe avec éclat leur talent. Or, jamais M. Cousin n'a fait consister sa morale à réfréner sa passion principale et actuelle : il n'a été sobre que des choses qu'il ne désirait pas.

LXXI

Le La Rochefoucauld est vrai presque partout où on l'examine, partout où il est donné de pénétrer ; les moralistes les plus consommés en viennent à juger comme lui après avoir bien connu l'homme : toujours et partout, regardez-y bien, on est dans l'intérêt, dans la vanité, dans l'amour de soi, quelles que soient les formes généreuses qu'affectent nos passions. Il n'y a que lorsqu'on entre par le cœur dans l'ordre chrétien, dans l'ordre de charité et de Jésus-Christ, qu'on sort du La Rochefoucauld ; il n'y a que le christianisme qui *renverse* l'homme : et encore il reste à savoir si ce renversement n'est pas lui-même une dernière forme, la plus subtile de toutes, le dernier tour de force et la *sublimité* de l'amour de soi. La Rochefoucauld, dans une page célèbre, la plus longue qu'il ait écrite, le prétend et m'a bien l'air de le prouver.

LXXII

La Rochefoucauld a contre lui tous les philosophes grandioses : il a osé mettre le doigt sur le grand ressort du joujou humain, et on ne le lui pardonne pas.

Il a aussi contre lui les hommes de gouvernement et d'action; mais la seule objection de ces derniers se réduit à ceci : « Pourquoi, diantre! aller mettre le doigt sur le ressort? laissez-le plutôt jouer sans le dire, et surtout laissez-nous en jouer. »

— Pour bien entendre La Rochefoucauld, il faut se dire que l'amour-propre, dans ses replis de protée et ses métamorphoses, prend parfois des formes sublimes.

LXXIII

La prétention de ceux qui habitent le premier étage dans la maison de l'amour-propre est de n'avoir aucun rapport avec ceux qui occupent le rez-de-chaussée. Ils ne pardonnent pas à La Rochefoucauld d'avoir fait voir qu'il y a un escalier secret de communication.

LXXIV

Cousin, il y a quarante ans, disait de Villemain ce mot que M. Royer-Collard répétait avec jubilation : « Villemain est un instrument, il a appris l'esprit, il le sait maintenant, il le parle à jour fixe. » — Ou encore : « Il sait son esprit, car il l'a appris. »

Et M. Royer-Collard ajoutait : « Si on l'ouvrait, on trouverait au dedans de lui un petit mécanisme ingénieux comme dans le canard de Vaucanson. »

— Ce ne sont pas ici des jugements, ce sont des éléments de jugements. J'interroge les témoins : la critique orale n'est pas toujours la critique écrite; elle est parfois le contraire : je tâche de les rapprocher ou de les opposer.

LXXV

Royer-Collard disait à l'un de ses familiers, dans une de ses dernières malices à l'adresse de Villemain : « Devinez ce que j'ai fait depuis que je ne vous ai vu

(1839) : j'ai pioché dans ces deux volumes que vous voyez (*Tableau du XVIIIe siècle*) pour tâcher d'y découvrir une idée qui lui soit propre, afin de tâcher de lui en faire mon petit compliment... Je savais bien d'avance que je n'y trouverais rien... Alors voici ce que je viens de lui écrire : « Je ne veux pas encore vous juger d'a-« près ces deux volumes : j'attends toujours votre *Gré-« goire VII*... » Et comme *Grégoire VII* ne viendra jamais, vous voyez que cela me laisse de la marge. » — Il disait encore, en lui appliquant un mot qu'on avait dit de Crébillon le tragique : « Il a fait, il fait et il fera toujours *Grégoire VII.* »

Et si l'on trouve que c'est là un jugement bien dur et fort injuste sur deux agréables et charmants volumes, qui avaient été autrefois une suite de leçons merveilleuses, et que c'est de plus une injustice par trop commode de la part d'un esprit supérieur, mais qui ne s'est jamais donné la peine de faire un livre, eh ! bien, que le tort en rejaillisse sur Royer-Collard lui-même et sur cette veine d'insolence hautaine à laquelle il s'abandonnait sans scrupule dans ses gaietés sérieuses.

Quelqu'un qui le connaissait mieux que personne disait de lui : « Sa raison a des gaîtés contre lesquelles il ne se tient pas assez en garde. » Et en effet, à ces heures-là, il était, on ne sait trop pourquoi, de ces deux ou trois personnes qui, dans une époque, se donnent licence de tout dire et à qui personne ne se croit le droit de répliquer. Le fait est qu'on ne lui a jamais *rivé son clou*, comme on dit.

LXXVI

La duchesse de Broglie disait de Villemain, émancipé de Decazes et arborant à l'envi les principes élevés et les sentiments libéraux : « Après tout, ce n'est qu'un affranchi. »

LXXVII

Chez Villemain la pensée se présente comme tellement distincte de la phrase qu'elle lui semble extérieure : pour qualifier Cousin, il l'appelle un « *penseur éloquent.* »

C'est comme si on l'appelait, lui, un « *phraseur élégant.* »

LXXVIII

Un modeste et fin professeur de rhétorique (Loudierre) disait de Villemain : « Il n'a jamais su que prendre la queue. » En effet, il n'a jamais pris l'initiative d'une idée; mais, quand les autres y étaient, il était alerte à y courir, et il y faisait *flores*.

LXXIX

M. Royer-Collard disait : « Guizot un homme d'État ! c'est une surface d'homme d'État ! »

Et encore : « Ses gestes excèdent sa parole, et ses paroles sa pensée... S'il fait par hasard de la grande politique à la tribune, soyez sûr qu'il n'en fait que de la petite dans le cabinet. »

LXXX

Tout ce qu'écrit M. Guizot est ferme et spécieux, d'une médiocrité élevée. Cela lui coule de source. Nul effort : c'est son niveau. Mais ne lui demandez pas davantage : ni profondeur, ni originalité vive, ni vérité neuve, etc.
— La flamme manque à ses écrits, même dans les meilleures pages : il ne l'a eue que par la contradiction, à la tribune et dans le feu de l'action oratoire.

— Je me plais à recueillir l'opinion de ces hommes qui se connaissent si bien, et à les surprendre se jugeant les uns les autres. Ainsi Villemain spirituel et malin, parlant un jour de Guizot dont le style, quand il écrivait autrefois, manquait de couleur et d'éclat, et qui n'y est arrivé que graduellement par la chaleur qu'il apportait dans sa parole publique, disait : « Je l'ai vu bien ardent, bien passionné dans ces luttes de tribune. Il me faisait l'effet de Robinson Crusoë lorsqu'il veut faire des vases de terre à l'épreuve du feu, et qu'il s'aperçoit tout-à-coup que le vernis leur est venu à force de chaleur, par la fonte du gravier qui était mêlé à l'argile et qui a sué à travers les pores : c'est ainsi qu'un jour le vernis s'est trouvé venu à son style et à sa parole par l'excès de chaleur qu'il y mettait. » — En effet, en 1829, on disait du style de Guizot qu'il était *pâteux*.

LXXXI

Madame Swetchine a eu un orage de jeunesse ; elle avait inspiré une grande passion au comte de Strogonoff, un des hommes les plus aimables de la Russie, et elle l'avait aussi ressentie.

On ne s'en douterait pas en lisant sa *Vie* par M. de Falloux ; ces gens-là masquent et suppriment la nature.

LXXXII

Il y a des esprits essentiellement *mous* comme Degérando, comme Lacretelle : ils traversent des époques diverses en se modifiant avec facilité et même avec talent ; mais ne demandez ni à leurs œuvres, ni à leurs souvenirs, aucune originalité ; ils versent sur tout une teinte monotone et fade, et ne savent en rien marquer les temps auxquels ils ont assisté. Degérando ne sent pas que Royer-Collard a été un événement en philosophie, et Lacretelle, que Guizot en a été un en histoire.

L'image n'est pas belle, mais ces sortes d'esprits ne sont pas seulement mous, ils sont *filants comme le macaroni*, et ont la faculté de s'allonger indéfiniment sans rompre.

Ce serait tout à fait abuser de la flatterie des mots et s'énoncer *académiquement* que de les appeler *perfectibles*.

LXXXIII

Ampère, comme érudit, manque de rigueur, et comme écrivain, de couleur. Avec cela, prenez-le comme curieux et causant de tout, il a bien de l'instruction et de l'agrément.

LXXXIV

Tout le feu d'Ampère se passe dans la recherche, et il ne lui en reste rien pour l'exécution. En cela, il n'est pas artiste.

LXXXV

Aujourd'hui 13 septembre 1846, j'ai achevé la lecture des Lettres de Rancé, et j'ai traduit une idylle (la quatrième) de Théocrite. Croisons nos plaisirs.

LXXXVI

Quand je vois combien la plupart de ceux qu'on appelle savants sont peu propres à pénétrer la vie du présent, je me demande si ce qu'ils nous disent du passé, est quelque chose de réel.

Niebuhr, lisant à Bonn le discours de Sauzet dans le procès des ministres, Polignac, Peyronnet, Chantelauze, etc., disait à un ami : « Ce M. Sauzet est un homme d'une haute portée... » Ainsi jugent ces grands historiens, de près et à bout portant. Transposez la bévue, substituez à un individu une *gens romana*, prolongez la déviation de lunette jusqu'à Tarquin l'ancien, et vous aurez quelque grande découverte, toute neuve, et d'autant plus sûre que nul, à cette limite, ne la pourra contredire.

LXXXVII

Maine-Biran était plus nécessairement et plus foncièrement métaphysicien que Royer-Collard.

LXXXVIII

Tous les auteurs, qui ont commencé à écrire, il y a une vingtaine d'années, sont aujourd'hui (1846) dans leur entier développement. Leur activité a été proportionnée à ce que demande le siècle : il serait difficile de les suivre chacun, surtout ceux qui ont combiné la littérature et l'industrie. Balzac, Dumas, Sue, Soulié, — il faudrait, rien que pour dénombrer leurs œuvres, cette *poitrine de fer* et ces *cent voix* que réclament les poëtes épiques, quand ils commencent le dénombrement des héros. Nos héros ici ont fait, à leur manière, des prouesses. *Les Mystères de Paris, Monte-Christo, la Closerie des Genêts*, sont des batailles gagnées, je ne puis le méconnaître ; mais ce sont de ces batailles dont la civilisation ne profite pas.

LXXXIX

Cousin dit en parlant du livre de De Maistre contre Bacon : « Je ne lui aurais pas donné ce soufflet moi-même, mais je ne suis pas fâché qu'il l'ait reçu. » C'est ce qu'on dirait, si on l'osait, de tous les soufflets donnés à de grands noms.

XC

De Vigny, au sujet de mon article sur les Poésies inédites d'André *de* Chénier, comme il affecte de dire, m'écrivait : « Vous m'avez vraiment alors consolé de sa mort, puisqu'il est vrai que ce qu'il avait là était cette grosse chose nommée *Hermès*. Il allait se gâter, on le savait bien là-haut, et l'on a mis un point à sa phrase quand il l'a fallu. » (Février 1839). — Lui aussi, il n'est pas fâché de donner en passant non pas un soufflet, mais une chiquenaude, à André Chénier.

XCI

Tocqueville a le style triste. — Ballanche a un style pontifical.

XCII

Piscis n'écrit plus; à force d'improviser, il a oublié ce qui est de la plume. Quand il écrit, ses phrases interminables, à enfilades de parenthèses, ne présentent plus aucun courant, la parole et l'accent n'étant plus là pour le déterminer; on ne sait plus où trouver les verbes, tout comme en allemand; il faut mettre le doigt sur le sujet, et avec l'autre doigt chercher le verbe dix lignes plus bas en enjambant, sans quoi l'on flotte dans une grande flaque d'eau douce qui ne vous porte plus en aucun sens. Et voilà pourtant ce qu'on appelle un écrivain classique! Ce n'est qu'un charmant causeur et professeur. (1839)

XCIII

Bien des honnêtes gens sont comme le Sommeil au XIVe livre de *l'Iliade*, quand Junon veut le séduire pour qu'il aille endormir Jupiter; elle lui offre un beau *trône d'or*, et il refuse : elle lui offre Pasithée dont il est amoureux, et il oublie tout, il succombe.

X..., le critique intègre, refuse la croix d'honneur, comme il eût fait les présents d'Artaxerce; mais une bouteille de rhum, surtout si elle est du bon cachet, le séduit.

XCIV

On a beau dire que l'esprit est impénétrable, qu'il est immatériel : une vaste mémoire trop bien meublée ne laisse pas d'y prendre la place des idées originales.

— Si une grande mémoire a ses avantages, elle a bien ses infirmités.

Quand l'esprit de Villemain a été une fois assailli par une citation, il n'en démord plus; rien n'y fait; cette citation domine tout et ne laisse jour en lui ni à l'observation ni au raisonnement. Il vous cite et *re*-cite encore son passage sans vouloir rien entendre à quoi que ce soit.

XCV

M. Thiers sait tout, parle de tout, tranche sur tout. Il vous dira à la fois de quel côté du Rhin doit naître le prochain grand homme, et combien il y a de clous dans un canon. Voilà les défauts : il faut dire le bien. Thiers est l'esprit le plus net, le plus vif, le plus curieux, le plus agile, le plus perpétuellement en fraîcheur et comme en belle humeur de connaître et de dire. Quand il expose, il n'est pas seulement clair, il est lucide. (1841)

XCVI

Lors de la dissolution du ministère du 6 septembre (Molé, Guizot), il s'agissait, après le rejet de la loi de disjonction et l'infirmité silencieuse de M. Gasparin, ministre de l'intérieur, de remplacer ce dernier. M. Molé aborde M. Guizot en disant : « Eh bien! qui mettons-nous au ministère de l'intérieur? » Alors, de ce geste et de ce ton qui ne sont qu'à lui, Guizot répond : *Je le prends.* — La dissolution du Cabinet s'ensuivit.

Tout enfant, Guizot était de même. Son père voulut un jour leur donner deux pommes, à son frère Jean-Jacques et à lui, mais l'une était plus grosse. Guizot étendit la main et dit : *Je la prends.* Même ton, même geste. C'était déjà comme pour le ministère.

XCVII

M. de Broglie, qui a de l'esprit sous son mérite, disait

en parlant des chansons de Béranger : « C'est bien, c'est dommage que ce soit obscur. » — Ou encore : « Il a su porter l'obscurité jusque dans la chanson. »

XCVIII

Une fois, à un journal auquel travaillait Planche (*l'Artiste*, je crois), on envoya, la veille du numéro, au soir, un article de lui à l'imprimerie; les imprimeurs dirent qu'ils n'auraient jamais le temps de composer un article si tard; mais, sitôt qu'ils apprirent que c'était de Planche, ils se ravisèrent en disant que son dernier article, inséré dans le dernier numéro, n'était pas encore *décomposé*, et que, comme M. Planche se répétait sans cesse, il y avait nécessairement déjà un grand nombre des phrases du nouvel article qui étaient toutes composées. Cette remarque des honnêtes typographes, faite sans malice et à laquelle ils devaient une économie de travail, est la critique littéraire la plus sanglante du style de Planche, tout en formules pédantesques et algébriques, et du rabâchage le plus fastidieux : *Nous sommes forcé de convenir; — Il nous est impossible de ne pas déclarer; — On ne saurait méconnaître,* etc. (Voir un quelconque de ses articles.)

XCIX

M. de Bissy était un beau vieillard, à beaux cheveux blancs, qui, entendant parler sans cesse de la Révolution et de Bonaparte, s'impatientait et répétait avec le même geste par lequel on chasse les mouches : « La Révolution, ça n'est pas vrai! Bonaparte, ça n'est pas vrai! » La tête du bonhomme était un peu déménagée; et madame de Fitz-James prenait en vain toutes les peines du monde pour lui expliquer comme quoi Bonaparte et la Révolution étaient en réalité advenus. — Presque tous les hommes à un certain âge, et même ceux qui passent pour le moins dérangés d'esprit, en viennent à être comme ce bon M. de Bissy et à se dire comme lui des choses et des hommes qui contrarient leurs idées : « Cet homme-là, cette chose-là, ça n'est pas vrai ! » (1837)

C

Balzac, — le romancier qui savait le mieux la corruption de son temps, et il était même homme à y ajouter.

CI

J.-J. Ampère, — cet homme d'esprit qui causait avec tant d'agrément et qui professait d'une manière si pénible.

CII

Le baron Charles Dupin : — Ni chair, ni poisson; un savant ou demi-savant qui, depuis près de cinquante ans, parle de tout, se mêle de tout, rabâche de tout, et qui ne sait pas une seule chose à fond ni tout à fait bien, avec précision et supériorité (1).

(1) Ceci n'est qu'un trait; voici une variante plus développée et plus étudiée : car ces messieurs les savants ou demi-savants frottés de rhétorique, qui se prodiguent en écrits, en harangues, en cours publics, ne sauraient être privilégiés; ce sont des auteurs; ils relèvent, eux aussi, de la critique littéraire et de la peinture morale. Donc un cousin de Timon, à l'issue d'une des improvisations polytechniques et philanthropiques de M. Charles Dupin, et après l'avoir essuyée dans toute sa longueur, écrivait :

« Le baron C. D. : — Un homme qui, depuis cinquante ans, professe, disserte, expose, rapporte à satiété, inonde toutes les chaires et les tribunes, colporte dès le matin ses répétitions de lectures à domicile; toujours affairé, toujours ruisselant, ou du moins exsudant en tout temps, en toute saison, une légère moiteur oratoire; également prêt sur tout sujet, un robinet toujours ouvert, usé, sempiternel et monotone; coulant et collant; d'une opiniâtre fadeur, soit qu'il approuve et qu'il loue, soit qu'il regimbe et se lamente; qui parle de tout, se raccroche à tout, généralise et banalise à propos de tout sans

CIII

J'appelle Quinet le *Vaticinateur :* il a de la fougue et bien des obscurités, mais aussi des éclairs qui percent la nue, comme les oracles.

CIV

M. de Chastellux (l'auteur de la *Félicité publique* et sur qui Villemain est en train d'écrire une Notice académique) était l'*engoué* par excellence à une fin de siècle où l'illusion enlevait toutes les têtes et où l'on était lancé comme des cerfs-volants. Il portait cela en tout. Un soir qu'il revenait de la Comédie française où il avait vu débuter une actrice appelée Thénard, il dit en entrant chez madame de Staël : « Je viens de voir une nouvelle actrice qui a joué *admirablement*. » — « Ah! c'est un peu fort, dit madame de Staël; j'y étais, et je trouve qu'elle n'a pas bien joué du tout. » — « Mais, reprit M. de Chastellux, elle me semble s'être très-bien tirée de telle et telle scène, » et il essayait de les indiquer. Madame de Staël persista, et une ou deux per-

savoir une seule chose vraiment bien et la posséder à fond ; — sans poids réel, sans autorité de ton ou de figure ; une mine de vieux jeune homme à longs cheveux gris, un vieux cadet qui n'a jamais été un maître. — « Est-il possible, me disait un jour M. Fould qui le voyait depuis une heure se démener et gesticuler sans être écouté ni entendu, est-il possible qu'un homme, à son âge, se donne tout ce mal inutilement? » — J'allais oublier le dernier mot qui le résume : l'homme de France le plus ennuyeux ! »

— On m'assure qu'il n'a pas toujours été tel et que dans sa jeunesse il a pu faire illusion même à de bons juges. Statisticien académique, ce genre mixte dans sa nouveauté lui a valu bien des éloges qu'on ne lui marchandait pas trop. Un jour qu'on disait devant Royer-Collard que Charles Dupin dans son zèle n'était pas exempt de quelque charlatanisme : « N'est pas qui veut charlatan comme lui, » répliqua l'oracle, plus indulgent cette fois que de coutume. Mais ce premier brillant, s'il l'a jamais eu, n'était qu'à la surface et n'a pas tenu longtemps.

sonnes qui revenaient du théâtre se joignant à elle, M. de Chastellux finit par se rabattre à dire : « Que voulez-vous? *la pauvre diablesse a fait ce qu'elle a pu.* » C'est là que, de rabais en rabais, cette grande admiration vint aboutir.

Je ne sais si Villemain osera raconter ce trait dans son Éloge académique : il le faudrait pourtant, sous peine de ne pas peindre l'homme.

CV

Buffon avait écrit le morceau sur *le Cygne,* un des rares morceaux où il laisse percer de la sensibilité : un jour il le lut en compagnie, et, en finissant, tout d'un coup, pour la première fois, il s'aperçut de l'application qui se pouvait faire à lui des derniers mots si touchants, si solennels : « Toujours, en parlant des dernières œuvres d'un beau génie qui s'éteint, on dira : *C'est le chant du cygne.* » (Comme Bossuet à la fin de l'Oraison funèbre du grand Condé.) — Il s'aperçut alors de cette application manifeste et entra à l'instant dans un silence triste, grave et prolongé, que partagèrent tous les assistants. Il ne fut pas très-longtemps à mourir après cela.

CVI

On a fort parlé de l'*abîme* de Pascal qu'il voyait toujours près de lui. Cet abîme se retrouve sous plus d'une forme chez plusieurs. Chez madame Du Deffand, c'était la crainte de l'*ennui* qui était son abîme à elle, et contre ce vide son imagination cherchait sans cesse des préservatifs et comme des *parapets* dans la présence de ceux qui pouvaient lui être agréables. — Manzoni craint également et a son abîme; il craint d'*être seul* et a besoin d'avoir toujours quelqu'un auprès de lui : c'est chez lui peur de se trouver mal, anxiété nerveuse insupportable. (1845)

CVII

Le bon M. Cassat, un ancien ami de Brune, un journaliste des premiers temps de la Révolution, le rédacteur du *Journal de la Ville et de la Cour*, âgé de près de 90 ans et se trouvant depuis près de trois mois à l'agonie, comme suspendu au bord de la mort, disait à Olivier de Lausanne : « Mon pauvre Olivier, je n'ai pas le don de mourir. »

CVIII

Une grande aversion présente est souvent le seul signe d'un grand amour passé. Quand madame de Vintimille voyait entrer dans son salon un homme qu'elle avait aimé et qu'elle n'aimait plus, elle n'y pouvait tenir et, fût-on en janvier, elle ouvrait la fenêtre.

Madame de Coislin, elle, avait pris un autre parti : elle leur demandait leur nom, et avait l'air de ne pas les connaître.

CIX

Michaud était journaliste jusqu'au bout des ongles. Il les avait fort noirs, les ongles. Sa femme disait de lui : « Quand il va au bain, il met des gants de peur de se laver les mains. »

CX

Campredon était un général du génie, un de ces hommes d'esprit, de sens et de critique, comme il y en avait dans cette grande armée (comme Haxo et quelques autres généraux spirituels et observateurs); il était très lié avec M. Pasquier et camarade de jeunesse. Au retour de la campagne d'Austerlitz, il alla dîner chez M. Jullien avec M. Pasquier et deux ou trois amis. Tous étaient dans l'enthousiasme des victoires. Campredon les écouta et dit : « C'est très beau en effet, mais *il a une manière de gagner les batailles qui finira par lui en*

faire perdre, et de sérieuses, et qui amèneront sa ruine. »
On s'étonne, et il dit ses raisons : « Son plan était des plus téméraires, et il a fallu un concours singulier de circonstances et de fautes de la part de l'ennemi pour qu'il réussît. Si les Autrichiens s'étaient un peu moins pressés, et si les Russes s'étaient un peu plus hâtés, tout manquait. Il est vrai qu'il a d'admirables inspirations sur le champ de bataille, mais quand il faut s'en aller, ce n'est plus le même homme ; il n'entend rien aux retraites. » Ainsi parlait Campredon à ses amis, le lendemain des prodiges d'Austerlitz.

CXI

M. Molé a une manière très aimable et très flatteuse quand il me parle de certaines personnes qu'il a autrefois connues : « Oh ! je suis certain qu'il vous aurait plu singulièrement et que vous vous seriez convenus ! » Cette garantie qu'il me donne d'amitiés si distinguées dans le passé est une façon indirecte de jugement qui chatouille bien agréablement le cœur. C'est ainsi qu'il m'a dit pour M. de Bausset (l'évêque d'Alais), pour M. de Melzi (de la Consulte italienne), pour l'abbé de Damas. Je consigne ici ces noms d'amis d'autrefois dont il m'est garant. C'est la plus délicate des flatteries : il s'y entend.

CXII

Saint-Lambert vieux était morose, gourmand, un peu en enfance ; madame d'Houdetot le surveillait, et l'empêchait de manger ce qui lui aurait fait mal ; elle disait : « Je suis l'intendante de ses privations. »

CXIII

Véron, repu et gorgé de tout, disait spirituellement : « Je manque de privations. »

CXIV

Avec M. de La Fayette, on est toujours dans l'alternative de le trouver ou plus fin ou moins intelligent qu'on ne voudrait.

CXV

Rien n'égale le succès qu'eurent dans leur temps les romans de madame Cottin. Elle-même elle a excité de grandes passions. M. de Vaines si spirituel s'est tué pour elle; il avait 76 ans environ; amoureux et apparemment aimé, il s'aperçut qu'il n'était plus capable d'être heureux. De désespoir il prit le poison de Cabanis et mourut. Michaud aussi fut amoureux d'elle. Vers la fin elle s'engoua d'Azaïs qu'elle avait rencontré dans un voyage aux Pyrénées et qu'elle prenait pour un Platon. Elle n'était pas belle, ni même agréable; blonde, un peu sur le roux, parlant peu, ayant l'air d'être toujours dans les espaces; mais elle avait de l'âme, du feu, de l'imagination.

Madame Cottin s'est tuée à Palaiseau d'un coup de pistolet dans un jardin, — comme un homme.

CXVI

Une petite iniquité philosophique s'est introduite et s'est consacrée depuis 1817 et dans les années suivantes. M. Cousin, pour désigner l'École adverse du dix-huitième siècle qui rattachait les idées aux sensations, l'a dénommée l'École *sensualiste*. Pour être exact, il eût fallu dire *sensationniste*. Le mot de *sensualiste* appelle naturellement l'idée d'un matérialisme pratique qui sacrifie aux jouissances des sens; et si cela avait pu être vrai de quelques philosophes du dix-huitième siècle, de La Mettrie ou d'Helvétius par exemple, rien ne s'appliquait moins à Condillac et à tous les honorables disciples sortis de son École, les idéologues d'Auteuil et leurs adhérents, les Thurot, les Daunou, la sobriété même. Mais il est toujours bon de flétrir en passant son adversaire; il lui en reste quelque chose. C'est ce qui est arrivé ici. Une probité philosophique plus scrupuleuse que celle de M. Cousin se fût privée d'un tel moyen; mais en pareil cas l'audacieux personnage n'y regardait pas de si près.

CXVII

Après un de ces articles de la *Revue des Deux Mondes*, dans lesquels M. Guizot va se louant dans son passé et se congratulant sans cesse lui-même avec une confiance et une sérénité croissantes, on demandait à madame de Boigne ce qu'elle en pensait : « Que voulez-vous ? dit-elle; M. Guizot, ce matin-là, s'est trouvé par hasard content de lui. »

CXVIII

On ne doit accueillir qu'avec la plus grande méfiance tout ce que Villemain nous a donné des conversations de M. de Narbonne avec Napoléon. C'est refait de tête et de mémoire, et en vue de la circonstance présente. Ce n'est pas plus vrai que le *Conciones* ou le *Dialogue de Sylla et d'Eucrate*. Le procédé est le même, et l'intention plus louche. Villemain est un rhétoricien, le contraire d'un esprit sincèrement historique et d'une nature vérace.

CXIX

Napoléon, dans sa dernière maladie à Sainte-Hélène, rêvait, comme dans un délire martial, de rencontrer là haut, dans un Olympe pareil au ciel d'Ossian ou aux Champs Élysées de Virgile, tous ses anciens compagnons d'armes et ses lieutenants, Kléber, Desaix, Lannes, etc., de causer guerre avec Condé, Turenne, Annibal, ses égaux dans le passé : — « A moins, disait-il en souriant, qu'on ne s'effraie aussi là haut de voir tant de militaires rassemblés. » — Murger, malade et à la veille de sa mort dans la maison de santé, rêvait de faire là haut, avec de gentils et malins esprits, un *Figaro* comme il n'y en avait jamais eu : — « A moins, ajoutait-il en souriant mélancoliquement, que le bon Dieu ne le fasse saisir. »

C'est le même sentiment : pour un philosophe, tous les hommes sont des hommes.

CXX

Marchand, le fidèle serviteur de Napoléon, l'homme exact et véridique, me dit qu'on a un peu exagéré (et Thiers lui-même) le côté religieux de Napoléon mourant. Ah! le besoin de faire de l'effet, de compléter le drame! bien peu d'esprits y résistent, et surtout quand le talent y trouve son compte. Mais, en fait, le témoignage de l'homme vrai est celui-ci : « On a exagéré, et on a fait Napoléon plus préoccupé de ces choses qu'il ne l'a réellement été. »

CXXI

On causait devant Villemain du docteur Johnson. Je dis ce que tout le monde sait, que Johnson était un grand critique. Villemain m'arrêta, et, selon sa préoccupation habituelle, me fit remarquer que *de nos jours* il manquerait bien des choses à Johnson pour être un grand critique. Je répondis que le vrai talent savait vite se mettre au courant de ces conditions nouvelles; mais ce que je ne dis pas et ce que je pensai, ce fut ceci : « Johnson avait un *bon jugement* et l'*autorité* nécessaire pour le faire valoir, qualités essentielles à tout critique et que les critiques de nos jours paraissent, au contraire, trop oublier; car, avec tous leurs beaux et brillants développements, ils trouvent souvent le moyen de n'avoir ni *jugement* ni *autorité*. » Villemain, dans ses jugements contemporains, n'a jamais été que flatterie et complaisance. Du bon sens *sterling*, voilà ce qu'avait Johnson, et c'est à quoi toutes les malices et les fines ironies ne suppléent pas.

CXXII

Villemain est toujours dominé par la nature puissante qu'il a en face de lui : Hugo le fascine.

CXXIII

Il faut avoir connu Villemain dans le temps où, jeune, il avait tout son succès, où il sentait qu'il conquérait par son esprit une position plus grande qu'il n'aurait pu d'abord espérer, et où il avait à monter encore. Il avait le vent en poupe, et il voguait à pleines voiles. Son amour-propre comblé, quoiqu'il n'ait jamais été satisfait, ne le rendait pas alors aussi malheureux que depuis et le tenait constamment en haleine. Il eut là de beaux jours, de brillantes et merveilleuses soirées. *Il faisait sentir l'éloquence dans la conversation, et cela sans excès, sans passer la mesure.* (Ce dernier mot est de Salvandy.)

CXXIV

Villemain a presque toujours le premier aperçu juste ; mais, si on lui laisse le temps de la réflexion, son jugement *qui n'est pas solide* prend peur, et il conclut à faux ou du moins à côté.

CXXV

Nous causions hier de Villemain avec Cousin. Celui-ci me disait : « C'est chez lui un conflit perpétuel entre l'*Intérêt* et la *Vanité*. » — « Oui, repartis-je, et c'est d'ordinaire la *Peur* qui tranche le différend. »

CXXVI

Lamartine, allant voir M. Royer-Collard en 1842, lui

disait, en terminant l'entretien : « La France est à la veille de se jeter dans mes bras. »

Et Royer-Collard, le voyant sortir et le prenant pour un halluciné, disait : « L'orgueil béat qui s'adore ! »

— Précédemment et dans les premiers temps où Lamartine commençait à se produire en dehors de la poésie et à se lancer dans la politique, après son retour d'Orient, mais quand il ne semblait encore viser qu'au Grandisson, Royer-Collard définissait ainsi son air, sa façon noblement cavalière d'entrer en tous sujets : « M. de Lamartine semble toujours dire : Voyez ! la vertu est aimable. »

CXXVII

Il peut se faire de grandes choses de nos jours, de grandes découvertes par exemple, de grandes entreprises; mais cela ne donne pas à notre époque de la grandeur. La grandeur est surtout dans le point de départ, dans le mobile, dans la pensée. En 89 on faisait tout pour la patrie et pour l'humanité; sous l'Empire, on faisait tout pour la gloire : c'étaient là des sources de grandeur. De nos jours, même quand les résultats semblent grands, ils ne se produisent que dans une vue d'intérêt, et ils se rattachent à une spéculation. C'est là le cachet de notre temps.

CXXVIII

La vanité de ce temps-ci a un caractère à elle, qui la distingue de la vanité des époques précédentes : elle se combine avec l'*utilité*. Autrefois un homme de lettres était vain, il pouvait l'être jusqu'à la folie. Aujourd'hui, tout fou qu'il puisse être, il songe à son gain à travers sa vanité. L'autre jour, dans un journal, on annonçait qu'un mariage venait d'unir deux personnages étrangers illustres par leur naissance; la femme descendait, je ne sais à quel degré, de la reine Marie Leckzinska, et l'homme avait aussi je ne sais quelle descendance ou parenté royale; puis tout aussitôt on ajoutait : « M. de Balzac était l'un des témoins de ce mariage. » C'est bien, voilà un romancier qui se décrasse, me disais-je; il a la vanité aristocratique, il va chercher ses rois en Bohême, rien de plus innocent. — Mais, en retournant la feuille du journal, je vis en grosses lettres aux annonces la mise en vente de la *Comédie humaine de M. de Balzac*, etc. Ainsi la nouvelle pompeuse n'était qu'une réclame. Elle poussait à la vente. — O vanité sordide! c'est bien celle de notre temps.

CXXIX

Venir nous dire que tout poëte de talent est, par essence, un grand *penseur*, et que tout vrai *penseur* est nécessairement artiste et poëte, c'est une prétention insoutenable et que dément à chaque instant la réalité. C'est depuis qu'ils ont cette prétention que l'expression de *penseur* revient si souvent avec une affectation ridicule dans le vocabulaire des poëtes.

CXXX

Quelques sottises qu'on fasse ou qu'on dise de nos jours, pourvu qu'on ait un certain talent et une certaine audace, on s'en tire, et, comme dit M. Mohl, on *ne se coule plus*. — C'est que tous ces gens-là portent sur eux constamment des vessies de précaution, remplies d'air et de belles paroles, et voilà pourquoi ils ne se coulent pas.

CXXXI

On peut unir certaines qualités estimables ou même éminentes d'esprit ou d'action, la dialectique, l'art de la guerre, le technique dans les divers arts, etc., avec une absence complète de tact et de sentiment des relations humaines. On peut avoir son talent et sa valeur spéciale, et n'être pas moins fâcheux, insolent, grossier, choquant pour les autres, un *animal* en un mot dans la vraie acception, comme tant d'animaux (témoin le castor) qui ont aussi leur talent. Il faudrait à cette espèce d'hommes dans le lieu, dans le cabinet ou l'atelier où ils vaquent à leur talent, une porte de sortie qui donnât, non sur le salon, mais sur l'écurie. On peut s'en servir comme outils, on doit se garer d'eux comme personnes.

CXXXII

L'histoire (même littéraire) transmise est presque toujours factice : à nous de briser la glace, pour retrouver le courant.

CXXXIII

Le Saint-Simonisme que j'ai vu de près et par les coulisses m'a beaucoup servi à comprendre l'origine des religions avec leurs diverses crises, et même (j'en demande bien pardon) Port-Royal et le christianisme. Ainsi pour les expériences physiques : vous faites des mélanges dans un matras, et cela aide à comprendre les météores.

CXXXIV

Chaque époque a sa passion, sa maladie ; il est bon que les jeunes gens l'aient : on a sa petite vérole dont on reste plus ou moins gravé, et puis c'est fini. Le pire est de vivre en un temps qui n'a pas sa maladie nette, sa passion. On cherche, on étouffe : le bouton franc ne peut sortir. Exemple : ce pauvre F......, venu entre le libéralisme, le romantisme et l'humanitarisme, n'a jamais pu choisir ni se dépêtrer : il a eu et il a encore ses trois petites véroles en une, permanentes et confluentes.

CXXXV

M. Dubois (du *Globe*) serait plus qu'un homme de talent, s'il y avait persistance en lui, s'il mettait bout à bout tous les fragments et les éclats successifs de son talent. Mais il a toutes les nuits des espèces d'attaques nerveuses et de somnambulisme qui font tout manquer. Il recommence chaque matin d'être grand homme, mais son génie fait *fausse couche* en dormant. Son esprit est comme un acier trempé, mais d'une trempe un peu aigre; à tout coup l'épée perce, mais casse, et il faut la refaire.

CXXXVI

« M. Royer-Collard n'a rien de ce temps-ci, disait-on; tour de pensée et langage, il est tout d'une autre époque ! » — Pardon ! M. Royer-Collard, tout comme M. Ingres, est encore de ce temps-ci, ne serait-ce que par le soin perpétuel de s'en garantir. Leur style, à eux deux, est *marqué*. Nicole ou Raphaël autrefois y allaient plus uniment. On touche encore à son temps, et très-fort, même quand on le repousse.

CXXXVII

Je n'ai jamais vu d'homme aussi dépourvu de *jugement* proprement dit, et ayant aussi peu la juste mesure des choses que Charles Nodier.

— Nodier passait d'engouements en engouements, mais à la superficie et sans y tenir. Pendant un temps, c'était pour Latouche qu'il raffolait; il lui accordait le génie, tous les talents. « C'est fort heureux, disait sa fille (la spirituelle madame Ménessier), que Dieu ait fait le monde, car autrement ce serait M. de Latouche qui l'aurait fait. »

CXXXVIII

Lamartine, chaque matin, soit qu'il écrive ou soit

qu'il pérore, improvise, et cette improvisation ne lui coûte aucun effort ; au contraire, elle lui fait plaisir, et lui donne le sentiment de son talent, de sa verve. Il a en effet ce que les Bouddhistes demandent dans leurs prières, *la facilité dans l'effort*. Il se fait donc plaisir tous les matins en dépensant son fluide oratoire. Ce libertin de Voltaire a remarqué que faire des idées pour celui qui pense, c'est un peu un plaisir pareil à celui de faire des enfants. Produire ses idées avec tout un appareil brillant et sonore, et les voir à l'instant courir le monde, c'est encore plus enivrant que de penser tout seul dans son cabinet ; Lamartine s'excite donc et s'enivre, chaque matin, de cette improvisation facile et brillante qui lui donne la sensation de sa fécondité inépuisable et lui rend l'illusion de la jeunesse.

CXXXIX

Un de mes amis m'écrit sur *les Girondins* :

« J'ai lu *les Girondins* : triste livre où miroitent et tournoyent dans un voluptueux éblouissement toutes les ivresses du cœur, tous les orgueils de la raison, toutes les magies de l'art, tout l'enthousiasme des dogmes. Nul homme, à ce qu'il me semble, ne s'était jusqu'à ce jour aussi intrépidement assis devant le clavier de la Providence pour en presser de ses doigts les touches mystérieuses et pour y moduler au gré de ses aventureuses fantaisies sur le thème des événements. Qui eût dit à ce poëte au temps où sa Muse rêveuse couvait ses hymnes dans le repli des vallées : « Un jour viendra où le forum sera trop désert, et l'enceinte des villes trop étroite pour l'agitation de ta voix ? »

— J'entends définir le livre de Lamartine : L'histoire de la Révolution vue *dans les imaginations* du temps. C'est assez vrai.

CXL

M. Molé dans l'action est, m'assure-t-on, d'une extrême faiblesse; il est d'une méfiance, d'une susceptibilité qui entrave les affaires; il a des nerfs comme une femme; mais dans le conseil et dans le *devis* des choses il a la clairvoyance, la justesse de coup d'œil : c'est là qu'est sa supériorité. — En cela, bien supérieur à Guizot.

M. Molé est ombrageux.

M. Molé me faisait remarquer que si Thiers était distingué en conversation, il manquait d'élévation en écrivant, et que sitôt qu'il voulait y viser, il tombait dans le commun. Et voilà que l'autre jour, chez Thiers, comme on causait de M. Molé, on se mit à remarquer que, s'il avait la conversation distinguée, il devenait aisément commun dans sa parole publique et dans ses discours de tribune. C'est ainsi que les hommes se contre-jugent réciproquement, et peut-être que les deux jugements sont vrais, si l'on entend, par le commun de M. Molé, un certain *commun élégant.*

CXLI

Continuons de nous donner cette vue : les rivaux jugés par les rivaux.

Thiers dit de M. Guizot : « Guizot est un grand orateur, un grand homme de tribune... Mais n'allez pas vous étonner! en politique Guizot est *bête.* » Cela veut dire que comme homme d'État, comme ministre, Guizot manque d'idées, et c'est juste.

En revanche, Guizot dit de Thiers qui voit de loin et qui de près s'engoue et n'y voit goutte : « Mon cher, vous devinez et vous ne voyez pas. »

CXLII

La Bruyère dit qu'il admire combien l'homme est

cruel pour l'homme. Hier, j'ai dîné chez madame de Boigne à Châtenay; il y avait MM. Pasquier, Decazes, d'Argout, Dumon, etc.; madame de Boigne a demandé ce que devenait M. de Cubières (1). Quelqu'un a raconté qu'il était dans sa terre, qu'il avait demandé un *port d'armes*, un *permis de chasse*, et qu'on le lui avait refusé. Madame Decazes fit seule entendre une sorte de parole de pitié qui ne trouva point d'écho. On trouva tout simple que cet homme, ancien général, ancien ministre de la guerre, ne pût pas même porter un fusil pour chasser dans son parc. M. de Cubières, autrefois, était de presque tous ces dîners du dimanche à Châtenay avec ces mêmes hommes; et tous ces hommes-là sont modérés, obligeants et d'une grande douceur de civilisation. (1847)

CXLIII

Le meilleur avantage d'une réputation qui vous répand dans le monde est d'y pouvoir choisir ses amis, ses habitudes, d'y bien voir toutes choses d'une bonne place. Il y a un proverbe anglais qui dit à peu près : « Ayez votre place dans la loge, et vous entrerez ensuite au parterre ou à la galerie. »

CXLIV

Le nom de M. Royer-Collard était comme une position respectable qu'il importait d'occuper pour couvrir tout le développement de la philosophie éclectique; Cousin l'a bien senti, et il s'est couvert de M. Royer-Collard à tout prix, même quand ce dernier grognait le plus.

CXLV

La dissidence entre Cousin et M. Royer-Collard était

---

(1) L'ancien ministre, condamné avec M. Teste par la Cour des Pairs.

réelle et même à quelques égards profonde. Cousin prenait tous les soins pour la recouvrir et pour se maintenir le disciple avoué de celui dont il croyait que son école avait besoin pour patron. Cependant il y avait des moments où le vieillard peu commode grondait. Un jour, à l'Académie, que dans une discussion (sur saint Augustin, je crois), Cousin avançait une opinion différente de celle que venait d'exprimer M. Royer-Collard, et que, redoublant de précautions et de respects, il disait *mon maître*, celui-ci l'interrompit brusquement : « *Monsieur, il y a longtemps que je l'ai été,* » donnant à entendre qu'il ne répondait pas de tout ce que Cousin avait professé depuis.

M. Royer-Collard pensait de plusieurs des *Arguments* du *Platon* de Cousin, que souvent c'était autre chose que Platon.

CXLVI

Mérimée me dit une chose fort juste et fort délicate : « Dans le peu que je fais, je rougirais de ne pas m'adresser à ceux *qui valent mieux que moi,* de ne pas chercher à les satisfaire. » Là en effet est le cachet de tout noble et sincère artiste. On peut se tromper, mais il faut viser à satisfaire ses égaux (*pares*) ou ses supérieurs, et non pas écrire pour ceux qui ont moins de goût et d'esprit que nous ; en un mot, il faut viser en haut et non en bas. Or, ce dernier but semble désormais le seul que poursuivent la plupart de nos grands auteurs. « Ne me lisez pas, dit Lamartine à quiconque lui parle des *Girondins,* je n'écris pas pour vous, mais pour les ateliers, pour le peuple. » Et *tutti quanti*...

CXLVII

S..., suborné par le style de Lamartine, se tue à me dire que son *Histoire* est pleine de talent et que cela aurait eu le plus magnifique succès en *feuilletons;* que cela est composé, coupé admirablement en vue du *feuilleton*, de manière à satisfaire un jour celui-ci, un autre jour celui-là, à tenir tout le monde en suspens. J'accorde en effet que ce livre classe M. de Lamartine encore au-dessus de l'auteur des *Mystères de Paris*. Belle louange pour un historien !

CXLVIII

Cousin a une éloquence qui fait qu'on lui pardonne toujours tout, dès qu'on l'entend ; en revenant de dîner chez Thiers (31 octobre 1847), il me dit, au milieu d'un torrent de choses vives et justes, ces quelques mots que je retiens :

« Guizot a compris son rôle ; c'est un admirable *metteur en œuvre ;* il *s'est collé au roi* et il dure.

« Que manque-t-il à Thiers, à ce *lierre incomparable* que nous quittons ? Un chêne auquel il s'attache. Tant qu'il n'aura pas trouvé ce chêne-là, tous les vents l'agiteront. C'est un grand orateur politique, ce n'est pas un homme d'État.

« Guizot se perd par la stérilité, et Thiers par l'abondance. »

— « Ce que c'est que de durer, disait-il encore ; voyez M. Pasquier ! S'il était mort il y a vingt-cinq ans, il aurait laissé la réputation d'un homme du monde lancé dans la politique, d'un *Martignac en second,* sachant parler en public deux heures de suite et tenir une assemblée sans conclure, flexible, assez intrigant, libertin, avec deux ou trois actes fâcheux ou ridicules dans sa vie (l'affaire Malet par exemple). Mais le voilà qui vit, qui survit ; après 1830, incertain, craignant, n'osant ni donner de l'avant comme M. de Broglie, ni se tenir dans la nuance Mortemart, embarrassé de ce qu'il dirait, il accepte la présidence de la Chambre des Pairs comme moyen de ne pas parler, comme expédient. Tant que l'émeute gronde, il tremble. L'ordre renaît, c'est alors qu'il retrouve toute sa valeur; son jugement excellent, n'étant plus troublé par la peur ni traversé par l'intérêt, s'applique aux choses avec calme, avec étendue et lucidité; son caractère obligeant fait merveille. Retranché dans sa dignité inamovible, il est le *médiateur* entre les partis, avec physionomie ministérielle, mais bienveillant pour tous. Juge, il est l'âme des procès, des commissions; il prend sur lui la responsabilité du premier avis qu'il donne toujours excellent. Enfin, à cette heure, si l'on demande quel est l'homme de France qui jouit de plus de considération, on répondra : « C'est le chancelier. »

Tous ces jugements de Cousin, je ne les donne ici qu'*ad referendum* et sous toutes réserves; mais comme ils sont spirituellement donnés, et avec feu, avec jeu et action!

CXLIX

Cousin pense et redit chaque fois de Guizot que ce n'est qu'un admirable *metteur en œuvre* : il lui refuse toute invention. En politique, c'est trop évident ; sa politique étrangère n'est autre que celle de Louis-Philippe. Mais Cousin pense qu'il est ainsi, même pour ses travaux d'historien : « Il n'a écrit, dit-il, aucun ouvrage, il n'a fait aucun cours, dont l'idée ne lui ait été primitivement suggéré : *la nymphe Egérie était M. de Broglie.* » — Ceci me paraît un peu violent.

CL

Cousin montrait sa bibliothèque à quelqu'un : « Fleury à côté de Bossuet! s'écria-t-il; et pourtant quelle distance! mais il n'y a rien entre deux (1). » Quel parfait

(1) C'est le cas de rappeler le mot de Quintilien : « *Aliud proximum esse, aliud secundum.* »

jugement et qui caractérise Fleury! Cousin est plein de ces mots qui sont justes à la volée.

CLI

Cousin a du mime, du comédien en lui.

Lamartine, un jour, après avoir été témoin de la mimique de Cousin, dit : « Il y a du Bergamasque dans cet homme-là. » — Pas mal pour quelqu'un à qui l'on a contesté tout sens critique.

CLII

Lamartine a appelé Rabelais « ce grand *boueux* de l'humanité. » — Et d'autre part : « Rabelais de qui découlent les Lettres françaises, » a dit Chateaubriand.

Et c'est ainsi que « tout dit a son contredit, » selon le proverbe.

CLIII

Décembre 1847. — Ce qui vient de se passer en Suisse contre les Jésuites montre bien à nu, dans un exemple brut, comment procède la *justice sociale*. C'est souvent au moyen d'injustices particulières qu'elle va à son but, c'est sur des débris qu'elle se fonde. Il y a là aussi des voies d'*expropriation* pour cause d'utilité publique : sans quoi les vieilles idées, comme les vieilles masures, demeureraient toujours et gêneraient la route. Car il est des esprits si paresseux et si immobiles qu'ils ne feraient pas d'eux-mêmes un pas, quand ils vivraient une éternité. Si un beau jour quelque empereur chrétien n'avait pas abattu de vive force le reste d'idoles et de petits temples qui restaient debout dans les campagnes, il y aurait encore, à l'heure qu'il est, d'honnêtes gens qui adoreraient Jupiter et Cérès : *Panaque Silvanumque patrem!*... Mais quand l'idée nouvelle qui s'empare de la société s'est établie, s'est répandue et presque universalisée, il arrive qu'un matin l'immense majorité s'impatiente de voir encore debout ce qui ne vit plus à ses yeux, et alors, sans trop s'inquiéter du motif, sans prendre même la peine de colorer le prétexte. elle fait quelque *querelle d'Allemand* à ce reste de vieille opinion insolente, et quelquefois innocente, qui l'offusque et qui la gêne. De là un revers de main violent, et ces injustices de détail dont souffrent de près et saignent les cœurs honnêtes. La force sociale, dans ces sortes de remuements, est sourde; elle agit comme ferait une loi physique. Chaque crise sociale, comme chaque Époque de la Nature, n'enfante qu'en détruisant. Il y a, tant que dure la transition, des interrègnes et des suspensions de la justice ordinaire; cette justice, telle que l'entendent les cœurs réglés, ne recommence à être écoutée qu'au sein d'un même régime, et dans les limites de sa durée. — Ne pas comprendre ces choses, c'est n'avoir jamais porté son regard hors de la vallée où l'on vit.

CLIV

Quand Thiers est retourné à Marseille (en 1846 ou 1845), on lui a fait grand accueil, et au collége où il a été élevé on a recherché ses anciennes notes; on y a trouvé : *Intelligent et insubordonné.* Il rappelle cela en plaisantant comme une vieille devise.

CLV

Madame Sand peut faire encore bien du chemin avant d'arriver en fait d'idées sociales là où madame de Charrière est allée droit sans phrase et du premier coup.

CLVI

Thiers cause avec verve de la littérature du dix-septième siècle (12 décembre 1847); il met au-dessus de tou, Bossuet, Molière et Racine; La Fontaine après, mais fort au-dessous; madame de Sévigné à un très-haut rang près d'eux ; mais il déclare *en baisse* Fénelon et même Corneille. On se récrie. Il parle de Corneille un peu comme il parle de Puget, comme il parle de Jean-Jacques, et le trouve déclamatoire. Il a le goût du naturel, dit-il, dès le ventre de sa mère, et l'âge n'a fait que l'y confirmer : « Quand je suis venu à Paris, j'étais bien pauvre, plus pauvre que je ne puis dire ; j'allai au *Constitutionnel* où Étienne, sur la recommandation de Manuel, me plaça, me fit faire des articles ; mon premier article fit quelque bruit ; le lendemain on m'appointa, on me donna plus qu'aux autres ; ce qui me fit là bien des ennemis. Léon Thiessé ne me l'a jamais pardonné que quand je fus devenu ministre de l'intérieur et qu'il était préfet. Eh bien ! Tissot, qui était alors une autorité, s'avisa, tout classique qu'il était, de dire je ne sais quoi sur *Esther* ; je le relançai si vertement, moi nouveau venu, qu'il en fit deux jours après un article au *Constitutionnel*, sur la *Jeunesse du jour*. C'était notre conversation qui lui en fournit le sujet. — Je fus présenté au baron Louis ; tout d'abord il me parla de la liberté du commerce ; j'arrivais tellement avec les idées que j'ai eues depuis, que je bataillai à l'instant ; je ne le traitai pas comme j'avais traité Tissot, parce qu'il était un autre homme et un lion à se défendre, mais je bataillai bravement et tant que je pus. Tel j'étais dès mon arrivée, et ces idées que la nature m'avait données toutes faites, l'âge n'a fait que me les confirmer chaque jour. »

En parlant de Corneille, il demande pardon à son ami Cousin qui vient de sortir : « ... Mais mon ami Cousin, ajoute-t-il, dit souvent bien des folies ; *il ferme les yeux, et il s'imagine qu'il voit des statues.* »

Au reste, ces opinions exprimées par Thiers ne sont curieuses et ne font autorité que pour témoigner de sa propre nature. Ces esprits si fertiles et si en train à toute heure ne sont pas faits pour recevoir une impression impartiale des autres; ils ne les goûtent qu'autant qu'ils y rencontrent leurs idées personnelles, et ils repoussent tout ce qui s'en éloigne. A aucun moment, ils ne sont assez vacants et assez au repos pour se laisser faire et pour ne pas secouer la balance.

Thiers ne goûte ni Corneille, ni Jean-Jacques, ni madame de Staël : un jour il disait en riant : « Enfin j'aime tant le naturel, qu'il n'est pas jusqu'à ce *plat* de Dupin à qui je ne pardonne toujours toutes les fois que je le vois, parce qu'il est naturel. »

CLVII

Thiers a dans sa nature un courant de l'esprit léger et rapide de l'antique Massilie.

CLVIII

Il ne faut pas avoir le talent trop empressé quand on est critique; autrement dès que l'on commence à lire quelque chose, voilà le talent qui part, qui se jette à la traverse, et l'on n'a pas fini de juger.

CLIX

Ces natures si rapides de Thiers et de quelques autres sont comme des torrents qui bruissent et n'écoutent pas, qui rejettent tout ce qui se présente de biais et ne reçoivent que ce qui tombe dans le fil du courant, qui ne montrent que l'écume de leur propre flot et ne réfléchissent pas le rivage.

O toi, lac immense, vaste et calme miroir de Gœthe, où es-tu?

CLX

Thiers vient de soutenir à la Chambre la lutte de l'Adresse. — Ses trois grands et magnifiques discours sur les *finances*, sur l'*Italie* et sur la *Suisse*, sont ce qu'il a jamais dit de mieux comme orateur politique, de même que son septième volume de l'*Histoire de l'Empire*, est ce qu'il a fait de mieux comme historien. On ne rend pas assez de justice à cette histoire; peu de gens la lisent comme il faut, en détail, les cartes sous les yeux ; ce n'est pas là un de ces livres dont on prend idée en le parcourant. — Thiers est à cette date (février 1848) dans la plénitude de sa maturité et de son développement; et il a gardé toute la vivacité de la jeunesse.

Guizot, à la tribune, répond bien à Thiers; mais ses discours, à la lecture, ont quelque chose de sec et de stérile, de tout opposé à la fertilité d'idées de son adversaire. Guizot a pour lui l'*action* oratoire, le *jeu*; mais, lu, cela perd beaucoup. Guizot arrange, systématise le passé; mais il n'a pas d'ouverture à l'horizon.

CLXI

Musset a dit dans *la Coupe et les Lèvres :*

> Vous trouverez, mon cher, mes rimes bien mauvaises :
> Quant à ces choses-là, je suis un réformé;
> Je n'ai plus de système, et j'aime mieux mes aises;
> Mais j'ai toujours trouvé honteux de cheviller... etc.

Je ferai remarquer que, pour l'exactitude du sens, il ne faudrait pas dire un *réformé*; car les *réformés*, c'étaient précisément ceux qui prétendaient à bien rimer et à réformer la poésie, et les réformés en religion, les calvinistes, n'étaient pas non plus des plus coulants. Musset a voulu dire un *relâché*; mais il est fâcheux, au moment où l'on s'affranchit de la règle pour mieux dire ce qu'on pense, de dire le contraire. — Trouvant cette épigraphe de Musset en tête d'un recueil nouveau de poésies, j'écris au jeune poëte : « Je ne sais pourquoi vous donnez à croire par votre épigraphe que vous êtes en fait de poésie un *réformé*, comme dit M. de Musset.

ou mieux, un *relâché* comme il aurait fallu dire. Vos rimes en général sont bonnes; vous sentez l'art, et vous vous plaisez à en tresser les délicatesses. M. de Musset qui est un poëte de grand talent a jugé à propos d'affecter, à un certain moment, la négligence : cela peut être une grâce de plus chez lui, mais il faut la lui laisser et, en général, imiter le moins possible les défauts des autres, et même leurs qualités... »

CLXII

Les amis jugés par les amis. — Au sortir d'une conférence de l'abbé Lacordaire, M. de Montalembert disait : « Quand on vient d'entendre ces choses, on sent le besoin de réciter son *Credo!* »

Après avoir entendu un discours de M. de Montalembert, l'abbé Lacordaire disait : « Cet homme sera donc toujours le disciple de quelqu'un! »

CLXIII

Ceux qui, en tout sujet, ont par l'éloquence une grande route toujours ouverte, se croient dispensés de fouiller le pays.

CLXIV

Ceux qui ont le don de la parole et qui sont orateur ont en main un grand instrument de charlatanisme : heureux s'ils n'en abusent pas!

CLXV

Les grands acteurs prennent-ils, doivent-ils prendre leur rôle au sérieux, ou faire semblant? sont-ils dupes ou fripons? Les Anciens appelèrent le comédien ὑποκριτής, d'où nous avons fait *hypocrite*. Ceci tranche la question. J'irai plus loin : tout artiste à la longue, tout grand artiste est hypocrite, comédien, en ce sens qu'il se domine et se possède en se livrant; et aussi en cet autre sens qu'il juge et connaît par les deux bouts cette humanité qu'il charme.

CLXVI

Il a manqué à Rachel d'avoir pour vis-à-vis un homme, un grand talent d'acteur, un Talma. La nature avait peut-être moins fait d'abord pour Talma que pour Rachel. Elle, elle s'est déclarée d'emblée et du premier jour : lui, il lui a fallu des années pour mûrir et se former. Mais aussi il avait bien autrement de sérieux et de moralité comme artiste; toujours occupé de son art, y ramenant tout, s'y perfectionnant par l'usage du monde et par le commerce des grands hommes. C'est ainsi qu'il est allé grandissant jusqu'à la fin et plus beau que jamais dans ses derniers rôles, fussent-ils de pièces secondaires et de poëtes médiocres : il les achevait et les accomplissait. Quant à Rachel, elle n'a jamais été mieux que dans sa première manière et pendant les toutes premières années. Bientôt la femme nuisit en elle à l'artiste; je veux dire que son genre de vie, au lieu d'aider à son talent, y nuisit. Sa fureur de plaisirs lui retirait de ses forces. C'était un Alfred de Musset dans son genre. Elle se tua en dehors de son art : les facultés physiques, excepté aux beaux et sublimes endroits, la trahissaient dans la continuité du rôle. Elle manquait aussi de ce que j'appelle la moralité d'artiste et qu'avait à un si haut degré Talma. Elle savait trop bien qu'elle jouait la comédie. En rentrant de chanter *la Marseillaise* avec un si saisissant effet, elle disait dans la coulisse : « La farce est jouée. » La nature de Talma était autrement probe : il vivait dans ses personnages, et aussi l'impression qu'il a laissée chez tous ceux qui l'ont vu est-elle autrement profonde et d'un ordre plus historique (si je puis dire) que les prodiges passagers de Rachel.

— Talma tirait parti de tout pour son art; en toute situation, il observait la nature. Lorsqu'on exécuta les quatre sergents de la Rochelle, il habitait Brunoy et y venait de Paris presque tous les jours. La famille Duveyrier habitait alors ce qu'on appelait le petit château; Talma passait devant, quand il revenait de Paris. Il y entra ce jour-là. On était dans l'attente après le jugement; c'était la préoccupation universelle. Dès que Talma entra, M. Duveyrier père lui demanda : « Eh bien ! les *quatre* de la Rochelle ? » — « Exécutés d'hier, » répondit Talma. Une grande tristesse s'empara de toutes les personnes présentes; la conversation n'alla plus que par monosyllabes : on était sérieusement patriote en ce temps-là. Tout d'un coup, Talma, se levant et sortant sans dire adieu, se retourna au seuil de la porte et lança de son verbe le plus tragique ces admirables vers du rôle d'Auguste qu'il étudiait pour le moment et qu'il s'apprêtait à représenter : il y donna l'accent le plus actuel, le plus pénétré, s'inspirant du sentiment de la situation même et faisant de cette noble emphase cornélienne la plus saisissante des réalités :

> Mais quoi ! toujours du sang et toujours des supplices :
> Ma cruauté se lasse et ne peut s'arrêter :
> Je veux me faire craindre et ne fais qu'irriter.
> Rome a pour ma ruine une hydre trop fertile;
> Une tête coupée en fait renaître mille;
> Et le sang répandu de mille conjurés
> Rend mes jours plus maudits et non plus assurés.

Et il sortit sans dire un mot de plus.

CLXVII

Ne croyez pas (hors des cas très rares) à l'improvisation : tout ce qui est bien a dû être prévu et réfléchi.

Démosthène méditait ses harangues et faisait provisi[on]
d'exordes ; M. de Talleyrand prévoyait à l'avance [ses]
bons mots, que la circonstance lui tirait ensuite à l'i[m]-
promptu ; si Bonaparte, dans les revues, savait nomm[er]
chaque soldat par son nom, c'est qu'il s'était couché [la]
veille en étudiant à fond ce qu'on appelle les *Cadres* [de]
l'armée.

Tout est comédie, et toute comédie a eu sa répétiti[on.]

CLXVIII

Après une conversation avec l'aimable Doudan, [je]
conçois qu'on pourrait faire un joli Essai dont le su[jet]
serait :

N'entre-t-il pas une certaine part de grossièreté da[ns]
tous les personnages puissants qui ont la faculté d'e[n]-
traîner les masses, et même dans les talents littérair[es ?]
(Cherchez des noms).

CLXIX

Aujourd'hui, pour peu qu'un auteur ait une qual[ité]
et un talent, on lui accorde toutes ses prétentions.

CLXX

De nos jours, l'exemple de Napoléon a fasciné les [es]-
prits et faussé les jugements, même en littérature. [La]
force et l'activité avant tout ! Livrez beaucoup de [ba]-
tailles, livrez-en à tort et à travers, dussiez-vous [les]
perdre. Les batailles perdues, à la longue, vous ser[ont]
comptées presque autant que les batailles gagnées.

CLXXI

La femme qui se fait auteur, si distinguée qu'elle s[oit,]
et même plus elle l'est, perd son principal charme [qui]
est d'être à un et non à tous.

CLXXII

Si j'avais un jeune ami à instruire, je lui dirais :
« Aimez une coquette, une dévote, une sotte, une grisette, une duchesse, n'importe qui vous voudrez, vous pourrez réussir, et la dompter et la réduire; mais si vous cherchez quelque bonheur dans l'amour, n'aimez jamais une Muse. Là où vous croirez trouver son cœur, vous ne rencontrerez que son talent. »

CLXXIII

Il est tel auteur peu estimé chez qui on pourrait trouver de jolis vers, de jolis détails : par exemple Dorat. Mais pourquoi s'est-il allé loger tout d'abord à un si vilain étage?

CLXXIV

Flourens me disait en parlant de Biot : « Il manquait de génie et de bonté. Ces deux points réservés, il avait toutes les qualités secondaires, des mérites de finesse et d'observation sans nombre. »

CLXXV

Il en est du caractère moral comme de la physionomie physique : la nature trace d'abord un certain dessin plus ou moins original en nous; ce dessin va creusant et le plus souvent grossissant avec les années : les plus délicats sont ceux qui conservent la ligne fine en même temps que profonde.

CLXXVI

Dans l'âge mûr, on arrive naturellement à être moins superficiel, mais en même temps il devient plus difficile d'être léger.

CLXXVII

Le talent de la plupart des hommes se termine par un défaut qui se prononce et marque de plus en plus en vieillissant.

CLXXVIII

Renouveler les choses connues, vulgariser les choses neuves : un bon programme pour un critique.

CLXXIX

Exprimer ce que nul n'avait encore exprimé et ce que nul autre que nous ne pourrait rendre, c'est là, selon moi, l'objet et la fin de tout écrivain original.

Avec cela on n'a pas besoin d'avoir toutes sortes de lecteurs, mais seulement des lecteurs qui vous sentent et vous goûtent : les autres n'ont que faire de vous.

CLXXX

En fait de vers rien de contestable et de mobile comme le goût. Chaque génération de jeunes gens qui survient dit : *Mes vers sont les plus beaux*, comme ils disent : *Ma maîtresse est la plus belle*.

CLXXXI

Il y a une infection de goût qui n'est pas compatible avec la droiture et l'honnêteté de l'âme.

CLXXXII

Quand les Lettres ne rendent pas ceux qui les cultivent tout à fait meilleurs, elles les rendent pires.

CLXXXIII

Il y a des gens qui appellent *rancune* l'impression indélébile que fait sur une âme fière un procédé d'indélicatesse et d'improbité. Je nomme ainsi la calomnie.

CLXXXIV

Veux-tu te venger, ô Poëte, des railleries de l'imbécillité et des insultes de la haine? Grave-les dans ton cœur, n'y réponds jamais. Fais ton œuvre, poursuis comme sans entendre, et pourtant aie en toi l'aiguillon d'avoir entendu. Va, deviens grand; conquiers l'autorité parmi les âges; que tes paroles gagnent en poids chaque jour, et qu'une fois, tout à la fin, un mot de toi, sorti lentement, n'ait qu'à tomber sur cette race des abjects *Mévius* pour qualifier leur nom dans l'avenir... Mais alors, ce mot, vieillard auguste et clément, tu ne le prononceras pas!

CLXXXV

Fontenelle trouvait que cette admirable Eglogue de Virgile (*Silène*) était *bizarre*. Oh! que c'est bien cela! Ce jugement de Fontenelle a été contesté par les classiques, mais qui ne le faisaient que par admiration convenue et sans rien sentir en ceci de la portée de leur culte. Et, en effet, toute la calamité de la poésie française, tout son dénûment d'art est dans ce mot de Fontenelle qui est bien le mot d'un Français. Nous autres dits romantiques, ce brave André Chénier en tête, nous avons essayé de pratiquer cette grande manière d'art, selon nos forces, et nous sommes restés aux yeux du grand nombre *bizarres*. Courage, courage pourtant, et nous vivrons!

CLXXXVI

Tout individu, à côté de l'époque dont il est contemporain, et en tant qu'il s'en détache pour la considérer, me fait l'effet d'être sur un petit rivage le long d'un grand fleuve. Le fleuve roule d'un cours vaste et continu. Une fois sortis de la première enfance, nous courons le long de notre petit rivage dans le même sens que le grand fleuve, et plus vite que lui : nous le devançons. Plus tard, la jeunesse se faisant sérieuse, nous courons encore, mais de manière à ne le devancer que de peu : nous l'accompagnons. Puis notre pas insensiblement se lasse, notre petit rivage se rétrécit, le grand fleuve coule toujours, et à un moment, sans que nous puissions le suivre, il emporte avec lui la flottille des navires, de plus en plus nombreux, que nous voyons avec étonnement s'éloigner et qui peu à peu nous fuit.

CLXXXVII

Chaque génération littéraire ne date naturellement que d'elle-même. On ne commence à regarder à sa montre que du moment où l'on prend la file. On ne fait commencer le bal que du moment où l'on entre dans la danse.

Pour celui qui a vingt ans ce jour-là, les *Tristesses d'Olympio* feront l'effet du *Lac* de Lamartine.

Il faut bien de la fermeté et de l'étendue dans l'esprit pour que le jugement triomphe de ces impressions.

CLXXXVIII

Qu'est-ce que la vérité? — Nous sommes de pauvres esquifs qui ramons sur la mer sans fin. Nous montrons quelque reflet de lumière sur la vague brisée, et nous disons : *C'est la vérité.*

CLXXXIX

Un homme qui a mal vécu n'a plus autorité dans les questions de destinée humaine et de haute vérité, car il a tout bas intérêt à une certaine solution plutôt qu'à une autre; il est juge et partie.

Un homme qui a bien vécu se sent plus libre dans sa solution : l'est-il davantage?

CXC

Le bonheur moral et la vérité sous trois formes : Platon au Sunium (l'humanité un jour de jeunesse et de soleil), — Lucrèce ou Épicure sur le promontoire de la sagesse (un grand naufrage dont, tôt ou tard, on fera soi-même partie) : *Edita doctrina*, etc. — Saint Paul ou Jésus, le sermon sur la montagne (circoncision des cœurs, — médiocrité de la forme, beauté rentrée et du fond). — Une quatrième forme, le scepticisme qui comprend tout, qui se métamorphose tour à tour en chacun, et qui conçoit la pensée humaine comme *le rêve de tout et comme créant l'objet de son rêve* (Montaigne, Hume)...

CXCI

(Du temps que j'étais bibliothécaire). — A la Mazarine, j'ai sous les yeux deux sortes d'objets qui me font continuellement l'effet d'un *memento mori :* cette multitude de livres morts et qu'on ne lit plus, vrai cimetière qui nous attend; et cet énorme globe terrestre où l'Europe et la France font une mine si chétive en regard de ces immenses espaces de l'Afrique et de l'Asie, et de cette bien plus immense étendue d'eau qui couvre presque tout un hémisphère. De mon fauteuil, je vois tout cela, et je tourne une page de plus de mon Gabriel Naudé. (1841)

CXCII

Quand la mémoire humaine est trop chargée, elle fait faillite.

CXCIII

Chaque étude en elle-même, pour peu qu'on y entre un peu avant, est infinie, *innombrable*.

L'humanité passe son temps à détruire, à raser le passé, à tâcher de l'abolir ; puis, quand on en est bien loin et qu'il est trop tard, à tâcher de le retrouver, de le déterrer et à vouloir s'en ressouvenir. Les moindres débris, les moindres bribes qu'elle en ressaisit la transportent. La difficulté fait le mérite.

CXCIV

Pauvres humains ! dans nos petites monades intérieures, nous réfléchissons à souhait selon nos vœux, selon nos rêves, selon nos raisonnements les plus chers, des perspectives infinies : elles n'ont de réalité qu'en nous, elles s'évanouissent avec nous.

CXCV

Vous qui êtes appelé à écrire sur l'art, rappelez-vous bien ceci :

La vie humaine, la vie sociale a existé sous toutes sortes de formes au complet et avec son charme : quand elle s'est évanouie, rien n'est si difficile que de la ressaisir. Mais gardons-nous de la nier.

CXCVI

Il y a plus d'activité humaine qu'il n'y a de matière. De là tant de gens qui sont occupés à faire quelque chose de peu ou de rien. De là tant de fausses sciences, de toiles d'araignée : métaphysique, rhétorique, érudition vaine, etc. Ce ne sont que des arts qui s'allongent et s'amplifient tant qu'ils peuvent pour occuper, faire valoir et faire vivre l'ouvrier.

CXCVII

On ne saurait se le dissimuler, les absurdités d'un temps deviennent l'objet sérieux des études d'un autre temps; et comme on ne veut pas avoir l'air de s'appliquer gravement à des absurdités, on suppose à celles-ci des raisons secrètes et des lois profondes qui n'y furent jamais. On leur prête un grand sens qu'elles n'ont pas eu.

C'est là un art, peut-être nécessaire, pour mettre quelque ordre dans le fouillis des opinions humaines; c'est une méthode créée pour permettre de les étudier. Sachons seulement en rabattre à part nous, *in petto*.

CXCVIII

Il n'est que de vivre : on voit tout et le contraire de tout.

CXCIX

J'ai beaucoup joué et beaucoup rêvé dans ma vie : arrivé au terme, je pense.

CC

Édouard Turquety est mort à Passy en novembre 1867. J'ignorais sa mort, lorsque M. Asselineau me fit demander (sans me dire l'occasion ni l'objet) ce que je pensais de lui comme poëte. Je répondis par cette lettre, qui est l'expression la plus naturelle de ma pensée :

« Mon cher ami, Troubat me dit que vous désirez mon avis sur Turquety. Je vous le donnerai, mais je ne l'ai jamais écrit ailleurs. Turquety n'a rien d'original ; il a débuté vers 1829 avec assez de douceur ; il imitait les élégies de Nodier, il y mettait de l'harmonie, — mais de la pensée et du sentiment, très-peu. Nodier l'a payé alors de son imitation par un de ces articles de louange exagérée et banale qu'il n'accordait pas toujours aux vrais talents. Turquety est un Breton *doux* et francisé. Plus tard il s'est fait un genre par ses poésies catholiques où il y a une certaine onction et de la pureté. Quand on lui demandait ce qu'il faisait, il répondait en ce temps-là : « Je *catholicise* de plus en plus. » Il disait cela sans sourire. Les catholiques l'ont pris très au sérieux quelque temps. Ses poésies ont eu des éditions. Il a correspondu avec madame Swetchine. Cela a duré tant bien que mal jusqu'à la date du 2 décembre. A cette époque, il a eu l'idée malheureuse de faire imprimer une satire où étaient raillés et insultés de la manière la plus vulgaire les députés et les généraux battus ce jour-là (1). Son pamphlet publié à Paris a dû avoir un contre-coup et faire un effet épouvantable à Rennes où il habitait. C'est à la suite de cette incartade que Turquety a quitté sa province et est venu habiter Paris, Passy. Il a des goûts simples et domestiques. Il s'est un peu confit dans les poëtes du seizième siècle. Il a fait sur quelques-uns d'entre eux des articles dans le *Bulletin du Bibliophile.* Ses articles, d'ailleurs élégamment écrits, sont dénués de toute vue critique neuve et de toute originalité. En somme, vers ou prose, ce n'a été qu'une doublure assez élégante. Rapprochement singulier! le bon Géruzez, qui lui-même a résumé élégamment et avec assez de justesse l'histoire littéraire du passé, mais qui ne compte pas comme critique contemporain, s'est épris d'un bel amour pour Turquety; il faisait pour lui seul une exception entre tous les poëtes de la nouvelle École : un tel choix juge le critique et le

---

(1) *Les Représentants en déroute ou le Deux Décembre,* poëme en cinq chants, par Édouard Turquety, 1852.

poëte : ils s'appareillaient tous deux. Le bon Géruzez en effet n'a jamais eu, en fait de poésie contemporaine, que deux vues saillantes : l'une qu'on était à la veille d'une réhabilitation de Delille, l'autre que Turquety était le plus parfait et le seul vraiment élégant des poëtes romantiques. Sur quoi quelqu'un a eu ce mot assez juste : « Turquety, c'est le Géruzez de la poésie. » Je vous dis tout. Mais si vous voyez l'homme, si vous rencontrez Turquety en personne, vous vous assurerez que la vraie élégance, — je parle de celle de l'esprit, — il ne l'a pas. Il m'a adressé une fois des vers, et je lui ai répondu par une pièce qui est dans mon Recueil de poésies. Je n'aurais pas volontiers écrit en prose sur lui ; car les vrais éloges qu'on se plaît à accorder à un poëte original, je n'aurais pu les lui donner, pour être sincère, qu'avec parcimonie et mesure. — Vous avez toute ma pensée... »

CCI

L'élégance, l'élégance ! quand l'élégance n'atteint pas la grâce, ce n'est rien du tout.

Dans la poésie française, elle n'y atteint presque jamais.

CCII

On dit souvent : « Si tel Recueil de poésies de M. ou de madame N..., au lieu de paraître en 1839, avait paru dix ans plus tôt, il aurait valu une brillante réputation à l'auteur. » Rien n'est plus faux que cette manière de raisonner, et plus au rebours de la vraie critique. Celle-ci au contraire se pose ainsi la question : « Le volume de M. ou de madame N... est assez bon aujourd'hui que certains procédés de couleur et de rhythme sont vulgaires; mais l'auteur l'aurait-il fait, il y a dix ans? et quelle espèce de Recueil aurait-il alors composé? » Et l'on arrive ainsi à des conclusions plus modestes! Oh! la critique contemporaine serait trop facile autrement, et si l'on n'y mettait à chaque pas la perspective. (1839)

CCIII

Je ne sais comment la postérité s'en tirera, mais avec la cohue de critiques et de chroniqueurs qui s'abattent chaque matin sur tout sujet, on va de bévue en bévue, de contre-vérité en contre-vérité; et cela se lit, et cela passe, et cela sera donné un jour comme des témoignages de contemporains!

L'un nous dit que personne ne ressemble tant pour les *pensées* à M. Joubert que M. Géruzez; que M. Géruzez est un second M. Joubert!!

L'autre dira que M. de Salvandy avait toujours un *Horace* dans sa poche et qu'il aurait été reconnaissable rien qu'à cela, comme Condorcet!

Un autre, faisant le portrait de Roger de Beauvoir, pour qu'on n'en ignore, le montrera décidément *blond*. Or c'est de lui que madame de Girardin avait pu dire précisément, en un jour de flatterie, que « c'était Alfred de Musset *en cheveux noirs.* »

Un autre racontera qu'Alfred de Musset, s'en revenant avec M. Biot jusqu'à la porte de ce dernier, a dit tel bon mot, — comme si Alfred de Musset avait jamais pu accompagner M. Biot. Etc., etc.

On ne sait plus la valeur des mots. Alloury accorde à Mignet pour son Éloge de Portalis (*Journal des Débats* du 30 mai 1860) entre autres qualités, l'*atticisme*. C'est le contraire du vrai. Lysias, Xénophon, sont des attiques : en français, madame de Caylus, madame de La Fayette sont des modèles d'atticisme. Quant à Mignet, il a de l'*apprêt*, un apprêt sentencieux et académique.

Il appuie beaucoup trop pour être attique. Alloury a voulu dire *politesse* ou *élégance ornée*.

L'atticisme! on abuse de ce mot. Dans un très-bon article des *Débats* sur le *Patelin* publié par Génin (29 février 1856), je vois qu'on lui accorde aussi l'*atticisme* de langage. Je ne m'étais jamais figuré Génin, homme d'esprit et de mérite d'ailleurs, comme un écrivain *attique*. L'atticisme, chez un peuple, et au moment heureux de sa littérature, est une qualité légère qui ne tient pas moins à ceux qui la sentent qu'à celui qui écrit.

Mais, je le répète, il n'y a plus de critique précise; on abuse des mots, on brouille les éloges. Voici dans le *Journal de l'Instruction publique* (19 septembre 1855) un professeur qui, dans une énumération d'ouvrages et d'auteurs, en venant à mentionner le *Voyage autour de mon jardin* d'Alphonse Karr, le fait en ces termes : « Le *Voyage autour de mon jardin* du SAVANT, SPIRITUEL et JUDICIEUX Alphonse Karr. » Que dira-t-on de plus de Bayle ou de Nicole? — L..., dans *le Moniteur* (28 avril 1862), loue Saint-Marc Girardin de sa « forme brillante et *chaleureuse*. » C'est un contre-sens. Saint-Marc Girardin, vif, piquant, spirituel, est le contraire du *chaleureux*. Je lis dans un autre journal (*Revue des Cours publics*, 1ᵉʳ mai 1865), que le même Saint-Marc a de la *bonhomie* et de la *rondeur*, quand il parle dans sa chaire : ils prennent son sans-gêne adroit, sa familiarité vive, coquette, stimulante, pour de la rondeur. On confond tout. — Un autre jour, dans *le Moniteur* (22 mai 1855), à propos de Cuvillier-Fleury et de sa critique estimable, on le louera pour « son esprit juste, *gracieux*, *ironique* au besoin, mais avec *indulgence*. » — Enfin, autant de contre-vérités. Oh! le goût, le jugement, le sens critique, *subtile, acre judicium*; la louange qui tombe juste; ne pas dire précisément le contraire de ce qui est! ne pas choisir le nom opposé à la qualité!

Rien de plus rare que ce vrai goût dans l'expression chez quelques-uns des écrivains même qui se sont posés récemment en amis et en défenseurs du goût classique et de l'ancienne simplicité. Leur langue les trahit, et ils sont grossiers sans s'en douter. M. Ponsard, voulant louer Homère et nous l'expliquer au vrai, nous dira : « Ce *bavardage poétique* me charme. » Il se flattera de n'avoir pas fait comme André Chénier qui « a reculé, dit-il, devant la *brutalité* d'Homère. » Brutal toi-même! Il ne s'aperçoit pas que cette *brutalité* et ce *bavardage* qu'il accorde à son poëte sont des sottises; Homère est naturel et n'est pas brutal, et c'est le critique qui l'est et qui manque à la délicatesse en employant un tel mot.

CCIV

Les hommes, en général, n'aiment pas la vérité, et les littérateurs moins que les autres. En revanche, ils aiment fort la satire, ce qui est bien différent : mais la vérité, c'est-à-dire cet ensemble non arrangé de qualités et de défauts, de vertus et de vices, qui constituent une personne humaine, ils ont toute la peine du monde à s'en accommoder. Ils veulent leur homme, leur héros tout d'une pièce, tout un : ange ou démon! C'est leur gâter leur idée que de venir leur montrer dans un miroir fidèle le visage d'un mort avec son front, son teint et ses verrues.

Je regrette d'être obligé de revenir à la charge sur de Vigny, mais les faux éloges qu'on lui a donnés à propos d'une publication posthume ne sauraient passer sans mot dire et sans qu'on fasse des réserves au nom de la vérité. Les notes suivantes écrites au jour le jour ne sont que des traits pris sur nature.

— De Vigny adonise son style, et il idolâtre son œuvre. Il croit avoir renfermé dans son poëme soi-disant philosophique, *la Sauvage*, toute la quintessence de la philosophie de l'histoire et le produit net de la pensée politique de ce siècle et de tous les siècles. Il gonfle ainsi chacune de ses productions, et, à force de la contempler, il finit par y voir tout un monde. On l'a dit très-spirituellement, s'il osait il écrirait *Poëme épique* en tête d'un sonnet.

— De Vigny exhale tous les matins une petite atmosphère à son usage; il s'en enveloppe et s'en revêt; il y vit, il y habite tout le jour, il s'y glorifie comme dans son nimbe; il s'y conserve merveilleusement et la porte partout avec lui. Mais quand il cause avec les autres, cette petite atmosphère les suffoque tant soit peu, leur donne sur les nerfs, et, pour moi, elle m'asphyxie.

— « C'est le Boissy de l'Académie, » disait l'autre jour M. de Noailles, en sortant d'une de ces séances particulières où Vigny, s'opiniâtrant sur une question incidente, sur une vétille, avait *scié* son monde.

Combien de fois, en l'entendant à l'Académie, n'ai-je pas fait, en causant à l'oreille de mon voisin, cette observation que le pédantisme ne tient pas à l'habit ni à la robe, et que, comme l'a remarqué Nicole, c'est un vice d'esprit et non de profession ! De Vigny, quoique poëte, gentilhomme et militaire, était pédant, bien réellement pédant. Il ne voulait pas perdre ni laisser tomber à terre une seule des miettes de son esprit.

— Lorsqu'il arrivait à de Vigny de parler de la grande fortune de sa famille ruinée par la Révolution, sa mère l'interrompait en lui disant : « Mais, Alfred, tu oublies qu'avant la Révolution nous n'avions rien. »

— De Vigny a demandé à l'Empereur à Compiègne, devant témoins, d'être le professeur qui apprendrait à *lire* au Prince impérial, alors tout enfant. Tout le monde des invités l'a entendu, ce matin-là. — Ceci répond à de maladroits éloges qu'on a cru devoir donner au poëte, sur un point où il n'y avait pas lieu.

— A propos de la candidature académique de M. de Vigny, on a beaucoup parlé aussi de la réception que lui fit M. Royer-Collard. Je suis à même de dire ce qui en est, M. Royer-Collard m'en ayant parlé un jour et m'ayant raconté comment les choses s'étaient passées.

M. de Vigny avait prié le très-aimable et spirituel Hippolyte Royer-Collard de parler de lui à son oncle; mais, dans son impatience, il n'attendit pas la réponse à cette première ouverture. Il se présenta un matin chez M. Royer-Collard qui se trouvait en ce moment dans son cabinet en conversation ou conférence avec M. Decazes et M. Molé. Je crois qu'Andral, le docteur, son gendre, y était aussi. M. de Vigny, à qui on le dit, n'insista pas moins pour qu'on fît passer sa carte, assurant que, sur le simple vu de son nom, il serait reçu. M. Royer-Collard, à qui son neveu n'avait rien dit encore, sortit de son cabinet un peu contrarié et vint trouver M. de Vigny dans l'antichambre ou la salle à manger, pour s'excuser de ne pouvoir le recevoir en ce moment. Le colloque suivant s'engagea à peu près dans ces termes : — « Mais je suis M. de Vigny, monsieur. » — « Je n'ai pas l'honneur de vous connaître. » — « M. votre neveu a dû vous parler de moi. » — « Il ne m'a rien dit. » — « Je me présente pour l'Académie; je suis l'auteur de plusieurs ouvrages dramatiques représentés..... » — « Monsieur, je ne vais jamais au théâtre. » — « Mais j'ai fait plusieurs ouvrages qui ont eu quelque succès et que vous avez pu lire. » — « Je ne lis plus, monsieur, je relis. » — On était en hiver, la pièce n'était pas chauffée. « Je sentais que je m'enrhumais, » me disait M. Royer-Collard, qui, la porte entr'ouverte, avait un pied dans une chambre et l'autre pied dans l'autre; il abrégeait donc et brusquait la conversation, que M. de Vigny, au contraire, maintenait toujours. En me racontant la chose à peu près dans ces termes, M. Royer-Collard m'exprimait, je dois le dire, son regret d'avoir été si rude avec un homme de talent; mais il s'excusait sur l'intempestif de la démarche et sur l'insistance. Il ne fut, d'ailleurs, nullement contraire à l'entrée de M. de Vigny à l'Académie, et, s'il assista à la séance d'élection, je suis persuadé qu'il vota pour lui, ainsi que MM. Molé, de Barante, Cousin et ses autres amis.

De Vigny a raconté cette conversation à sa manière; on la trouve dans les notes publiées par M. Ratisbonne. En acceptant même sa version, on s'étonne de cette confiance en soi-même et de cette naïveté à se louer. Il y a des habitudes et des formes que M. de Vigny était plus à même que personne de connaître. On n'est pas impoli parce qu'on ferme sa porte le matin et que l'on ne peut recevoir une personne qui se présente à l'improviste: l'indiscrétion est de vouloir forcer la porte et de dire au domestique : « Sachez que, quand on verra que c'est moi, j'entrerai. » Je n'ai jamais conçu la nécessité que l'esprit, le talent, même le génie, fussent revêtus et comme enduits d'une légère couche luisante de sottise.

Horace Walpole a dit : « La sottise est comme la petite vérole; il faut que chacun l'ait une fois dans sa vie. » Bien, une fois; mais qu'on ne l'ait pas toujours et à l'état fixe.

— Voici le pendant de la conversation de de Vigny et de Royer-Collard; car M. de Vigny était coutumier du fait.

La scène se passe à la Bibliothèque impériale, au bureau des prêts, un mardi ou vendredi, c'est-à-dire l'un des jours où par exception, en vertu d'un article du réglement, les livres ne sortent pas.

K.... le préposé à ce bureau est brusque, excellent

homme d'ailleurs, obligeant : les jours réservés, il est très-occupé à mettre ses registres au courant, et nullement oisif.

M. de Vigny arrive et demande à faire inscrire quelques ouvrages pour les emporter.

K.... répond : « C'est aujourd'hui vendredi, on ne prête pas de livres. »

De Vigny : « *Savez-vous qui je suis?* » (Mais il faut le voir disant cela, et de quel ton, de quelle lèvre!)

« Non, » dit K.... — « Je suis le comte Alfred de Vigny. » — « Qu'est-ce que ça me fait? » dit K.... — Et M. de Vigny part. Ce ne fut pas plus long que cela. — Notez qu'ayant affaire à tout homme de mérite et qui se serait présenté autrement, K...., après l'observation faite, aurait tâché de le contenter. Notez encore qu'à la manière dont M. de Vigny se nommait, le titre de *comte* se cumulait certainement sur sa lèvre avec l'amour-propre du poëte.

— Ampère, chaque fois qu'il rencontrait de Vigny, ne pouvait s'empêcher, disait-il, de se rappeler les vers de Boileau dans la satire du *Dîner ridicule* :

> Il est vrai que Quinault est un esprit profond,
> A repris certain fat *qu'à sa mine discrète*
> *Et son maintien jaloux j'ai reconnu poëte.*

— De Vigny a tous les genres de fatuité, et cela se marque de plus en plus chez lui en vieillissant. A l'un de ses mercredis, mademoiselle D., jeune personne de vingt-cinq ans, fille de tête et d'esprit, l'était allé voir; elle le trouva seul; ils entrèrent en conversation, et il se mit pour la troisième fois à lui parler de dessins qu'on lui avait rapportés d'Orient, de Constantinople, et à les lui montrer. Pendant qu'ils étaient, lui et elle, debout à les regarder, on sonne : Vigny prend une mine grave, et dit à la demoiselle : « Mademoiselle, quelqu'un vient, remettons-nous ; *il importe qu'on nous trouve assis.* » — Mademoiselle D. le regarda d'un air étonné et eut peine à ne pas lui envoyer un éclat de rire au visage. Observez qu'ils se connaissent à peine, et qu'ils ont toujours été sur le pied de la cérémonie. Mais de Vigny se croit très-dangereux, au point de craindre de le trop paraître.

— Tout cela concorde, on le voit. Louons donc le talent, mais sachons ce qu'était l'homme dans sa dernière forme.

CCV

Je disais autrefois : Génin me raille pour n'avoir pas dit assez de bien de Condorcet, et Veuillot m'insulte pour n'avoir pas dit assez de bien de Bonald : allons, j'ai chance d'être dans le vrai : *inter utrumque tene.*

M. Veuillot se prend encore à m'attaquer : c'est bon signe.

J'ai eu très-peu de relations avec M. Veuillot. Un jour, ayant eu l'occasion de lui procurer quelques lettres inédites du comte Joseph de Maistre pour une édition qu'il préparait, le libraire Vaton me fit dîner avec lui, et je trouvai un homme d'une grande douceur apparente et avec tous les dehors de la politesse. Une autre fois, je le rencontrai chez M. Bonnetti à la suite d'un dîner où l'on avait réuni l'abbé Gerbet, non encore évêque, l'abbé de Cazalès, etc. Sur ces entrefaites, comme il m'arriva d'écrire sur M. de Bonald un article fort respectueux d'ailleurs, mais qui parut à M. Veuillot non-seulement insuffisant, mais attentatoire pour l'un de ses saints, il me fit une algarade dans son journal ; il m'en fit une autre aussi à propos de Rabelais que j'avais eu le tort, en revanche, de trop admirer. Bien plus tard, commençant dans *le Constitutionnel* la série des *Nouveaux Lundis*, j'avais cru pouvoir m'occuper de

M. Veuillot, alors sans journal et mis à pied, comme on dit. Je ne lui épargnais pas les objections quant au fond des idées et aussi pour les procédés de polémique qui lui sont familiers; mais la part faite au talent y était assez large pour qu'il parût satisfait, ou du moins il me l'écrivit. Depuis lors, nos relations étaient muettes et à distance, lorsque, à propos des scènes du Sénat des 29 mars et 21 juin 1867, il jugea à propos de m'adresser une sorte d'encyclique (14 et 15 août) dans son journal *l'Univers*, qu'il avait ressuscité depuis peu. Je n'aurais pas lieu de trop me plaindre, car je n'y suis pas précisément insulté; mais M. Veuillot, selon son usage, n'a pu résister à la tentation du burlesque, et il a voulu me tourner en ridicule. Pour mieux y réussir, il a supposé une mienne biographie fantastique, et j'y relève le paragraphe suivant :

« M. Sainte-Beuve a eu des peurs bleues, je veux dire *rouges*, car telle est de nos jours la couleur des belles peurs. Ce fut après février 1848. Il se crut impopulaire et s'exila. En ces passes lugubres, toute la France s'amusa un moment de son hégire à Lausanne. Il est aujourd'hui aux cimes de la popularité, et c'est surtout son courage que l'on admire, cette belle qualité française. Il craignit Caussidière et Sobrier, mais il ne craint pas Jésus-Christ. Il soutient que Jésus-Christ n'est point Dieu. Rien ne fait tant de plaisir à ceux qui n'en sont point convaincus, car ce doute ne laisse pas de les gêner en une multitude d'occasions, etc. »

J'abrége le raisonnement, et je me contenterai de faire remarquer que M. Veuillot, en ce seul passage, prouve qu'il n'a nul souci de la vérité; car en ce qui me concerne il y a autant d'erreurs que de mots. Tous ceux qui m'ont vu en février 1848 savent quels étaient mes sentiments, et de quel air j'observais jour par jour les événements et les hommes. Je n'ai nullement quitté Paris après février. Conservateur alors à la Bibliothèque Mazarine, je m'étais promis seulement de donner ma démission, ce que j'ai mis à exécution quelques mois après, afin de ne point rester fonctionnaire sous un régime qui m'avait paru, dans une circonstance personnelle, assez peu aimable et ne présentant point de garantie. J'ai refusé les réparations que ce régime m'offrait, comme par exemple d'aller, en compagnie de mon ami Ampère, faire des examens en province pour l'École administrative, fondée au Collége de France : j'ai jugé plus digne de me passer de ces témoignages publics de confiance. Il est absurde de dire que je suis allé à Lausanne professer en cette année 48 ; et une pareille bévue trahit une entière ignorance, au moment même où l'on se pique d'esquisser ma biographie. C'est en 1837, c'est-à-dire *onze* années auparavant que je suis allé à Lausanne faire un cours sur *Port-Royal*. *Toute la France* (qui avait d'ailleurs alors bien autre chose à faire que de penser à moi) n'a donc pu *s'amuser*, en 1848, de mon *hégire* à Lausanne. Ce n'est qu'au mois d'octobre suivant, c'est-à-dire plus de six mois après le 24 février, et sous le régime relativement fort pacifié du général Cavaignac, que j'ai accepté ou même sollicité, pour vivre de ma littérature, une place de professeur à l'Université de Liége. Un homme délicat, s'il daignait entrer dans les motifs qui me déterminèrent, trouverait sujet à me féliciter plutôt qu'à rire : mais M. Veuillot a un grand fonds de gaieté. Comment veut-il, toutefois, nous persuader qu'il a examiné en conscience, qu'il a scruté et contrôlé les faits d'il y a dix-huit cents ans, qui concernent la biographie de Jean, Pierre ou Paul, ou même de Jésus, et que la créance qu'il y attache a quelque valeur, quand on le voit se méprendre si grossièrement sur une biographie d'hier, là où il lui suffisait d'interroger le premier témoin à sa portée ? Et qu'il ne dise pas que la biographie d'un apôtre ou d'un homme-Dieu ne saurait se comparer à celle d'un homme de nos jours. *L'amour de la vérité est un*, et celui qui ment sans vergogne pour mieux faire ses gorges chaudes aux dépens d'un honnête homme, son contemporain, nous montre qu'il ne doit pas être bien scrupuleux, ni difficile en preuves, quand il s'agit de ses saints et oracles dans le passé.

CCVI

Il n'existe pas proprement de biographie pour un homme de lettres, tant qu'il n'a pas été un homme public : sa biographie n'est guère que la bibliographie complète de ses ouvrages, et c'est ensuite l'affaire du critique-peintre d'y retrouver l'âme, la personne morale. Il est quelques points, cependant, que je tiendrais à bien établir, en ce qui touche surtout l'origine de mes relations avec les écrivains célèbres de ce temps. Dans l'ouvrage, d'ailleurs exact et bienveillant, qui a pour titre : *Victor Hugo raconté par un témoin de sa vie*, il est dit :

« En octobre 1826, M. Victor Hugo publia une réimpression de ses premières *Odes*, augmentée d'Odes nouvelles et de *Ballades*, avec une préface qui arborait résolûment le drapeau de la liberté littéraire. Les partisans des règles établies se jetèrent avec violence sur la préface et sur les vers, qui eurent aussi leurs partisans, moins nombreux, mais aussi énergiques.

Il y avait alors un journal auquel le nom de ses rédacteurs, MM. Guizot (1), Dubois, Jouffroy, Cousin, etc., donnait une certaine importance, surtout dans les salons. *Le Globe*, universitaire et gourmé, avait pour les novateurs une sorte de bienveillance protectrice. Il s'interposait entre les combattants, enseignant le progrès à droite et la modération à gauche. M. Dubois fit un article plus chaleureux que l'auteur ne l'avait attendu, et presque enthousiaste, de l'Ode intitulée *les Deux Iles*.

« M. Victor Hugo ne fermait jamais sa porte, même pendant ses repas. Un matin, il déjeunait, quand la domestique annonça M. Sainte-Beuve. Elle introduisit un jeune homme qui se présenta comme

(1) M. Guizot n'a jamais été un des rédacteurs du *Globe*; il n'y était que par ses amis.

voisin et comme rédacteur d'un journal ami : il demeurait rue Notre-Dame-des-Champs, et il écrivait dans *le Globe. Le Globe* ne s'en tiendrait pas, dit-il, à un seul article sur *Cromwell;* c'était lui-même qui ferait les autres. Il avait demandé à s'en charger, redoutant un retour de M. Dubois, qui n'était pas tous les jours d'une humeur si admirative et qui redeviendrait bien vite professeur. L'entrevue fut fort agréable, et l'on se promit de se revoir, ce qui était d'autant plus facile que M. Victor Hugo allait se rapprocher encore de son critique et loger lui-même rue Notre-Dame-des-Champs. »

Tout ceci n'est point parfaitement exact, et voici comment les choses se sont passées. J'écrivais au *Globe* dès l'origine (1824), mais je ne commençai à y faire des articles qui pouvaient mériter quelque attention que dans le courant de 1826. M. Dubois, mon ancien professeur et le directeur du journal, ne m'y employait d'abord et ne m'y appliquait qu'à de petits articles, comme un élève : ces moindres articles de moi étant signés des initiales S.-B., il serait facile à tout biographe d'y suivre mes tâtonnements, et, si l'on veut, mes progrès. Un certain jour M. Dubois me dit : « Maintenant vous savez écrire, et vous possédez votre instrument. » C'est vers ce temps-là (le 8 juillet 1826) que je rendis compte du *Cinq-Mars* de M. de Vigny, dont le côté historique si faux m'avait choqué, bien que je n'eusse point méconnu le talent de quelques scènes romanesques; mais je ne m'y étais pas laissé séduire. Un matin que j'allais voir M. Dubois, il me montra sur sa table les deux volumes d'*Odes et Ballades* qu'il venait de recevoir et dont il me proposa de rendre compte : « C'est de ce jeune barbare, dit-il, Victor Hugo, qui a du talent, et qui de plus est intéressant par sa vie, par son caractère; je le connais et je le rencontre quelquefois. » J'emportai les volumes, et quelques jours après je vins lire à M. Dubois mon article, en lui disant que je n'avais pas trouvé l'auteur si barbare. L'article parut dans *le Globe* du 2 janvier 1827, et c'est même à cette occasion que Gœthé, qui recevait *le Globe,* disait, le jeudi soir 4 janvier, à Eckermann, qui l'a noté dans son Journal : « Victor Hugo est un vrai talent sur lequel la « littérature allemande a exercé de l'influence. Sa jeu- « nesse poétique a été malheureusement amoindrie par « le pédantisme du parti classique, mais maintenant le « voilà qui a *le Globe* pour lui : il a donc partie ga- « gnée. » Victor Hugo, étant allé remercier M. Dubois, sut de lui mon nom, mon adresse, et vint pour me voir sans me rencontrer. Le hasard voulait que je demeurasse, sans le savoir, porte à porte avec lui : il habitait alors rue de Vaugirard, au n° 90, et moi, je demeurais avec ma mère même rue, au n° 94. Au vu de sa carte, je me promis bien de lui rendre sa visite, ce que je m'empressai de faire le lendemain matin à l'heure du déjeuner. L'entrevue fut fort agréable en effet, mais il n'est pas exact de dire que je sois venu lui offrir de mettre *le Globe* à sa disposition. Cela n'eût point été en mon pouvoir, et d'ailleurs, dès ma jeunesse, j'avais toujours compris la critique autrement. Je ne me suis jamais offert ; j'ai attendu qu'on vînt à moi. Il ne put être question non plus, dans cette visite, d'articles à faire sur le *Cromwell* qui n'avait point paru, et dont je n'entendis une lecture que quelque temps après. Mais ce qui est très-vrai, c'est qu'à dater de ce jour commença mon initiation à l'École romantique des poëtes. J'y étais assez antipathique jusque-là à cause du royalisme et de la mysticité que je ne partageais pas. Les quelques vers que j'avais faits étaient de sentiment tout intime, avec des inexpériences de forme et de style. Je les avais gardés pour moi seul, ne sentant aucun juge véritable auprès de moi. La conversation de Victor Hugo m'ouvrit des jours sur l'art et me révéla aussi les secrets du métier, le *doigté,* si je puis dire, de la nouvelle méthode. Il eut bientôt mes confidences. Un heureux hasard fit encore que, quittant la rue de Vaugirard le printemps suivant, j'allai demeurer rue Notre-Dame-des-Champs au n° 19, en même temps que Victor Hugo, quittant sa rue de Vaugirard, venait également se loger en cette même rue, alors toute champêtre, au n° 11. Les relations de voisinage se changèrent vite en intimité, et chaque jour, depuis lors, je me sentais dériver, sans m'en défendre, de cette côte un peu sévère et sourcilleuse du *Globe*, vers l'île enchantée de la Poésie.

CCVII

Tout en étant du groupe romantique le plus étroit, je n'abandonnai point tout à fait, de 1828 à 1830, la collaboration du *Globe*; j'en étais moins fréquemment; j'avais bien quelquefois maille à partir avec mon ancien maître, M. Dubois, on me croyait bien un peu fou par moments, ou du moins très-engoué : on se le disait quand j'avais le dos tourné, je le savais; je tenais bon, tout en regimbant à la rencontre; mais, malgré tout, nous avions des alliés dans la place, Leroux, Magnin; les autres n'étaient point hostiles, et la cause romantique gagnait chaque jour. Quand la Révolution de juillet éclata, il se fit subitement un grand vide dans la rédaction. La plupart des rédacteurs, arrivant d'emblée au pouvoir ou s'en approchant, sentirent qu'ils pourraient difficilement rester journalistes, et l'idée malencontreuse d'arrêter court et de dissoudre le journal entra aussitôt dans leur esprit. Leroux et quelques autres ne furent point de cet avis, et ils me demandèrent dans cette crise le secours plus fréquent de ma plume : j'étais jeune, vif, ardent, vacant; je ne demandais pas mieux. Pendant les trois mois qui suivirent la Révolution de juillet, je fis nombre d'articles de tout genre, mais je ne perdais point de vue la poésie et nos chers amis les poëtes. C'est ainsi que dans le numéro du 19 août 1830, vingt jours après la Révolution, nous insérâmes dans *le Globe* une pièce de vers de Victor Hugo ; et dans les volumes de *Victor Hugo raconté par un témoin de sa vie*, l'auteur a cru devoir citer tout au long l'article du journal qui venait à propos en aide au poëte et garantissait le libéralisme de ses sentiments auprès des générations modernes. Voici cet article du *Globe*, cet *en-tête* qui est de moi :

« La poésie s'est montrée empressée de célébrer la grandeur des derniers événements ; ils étaient faits pour inspirer tous ceux qui ont un cœur e. une voix. Voici M. Victor Hugo qui se présente à son tour, avec une audace presque militaire, son patriotique amour pour une France libre et glorieuse, sa vive sympathie pour une jeunesse dont il est un des chefs éclatants ; mais en même temps, par ses opinions premières, par les affections de son adolescence, qu'il a consacrées dans plus d'une ode mémorable, le poëte était lié au passé qui finit, et avait à le saluer d'un adieu douloureux en s'en détachant. Il a su concilier dans une mesure parfaite les élans de son patriotisme avec ces convenances dues au malheur ; il est resté citoyen de la nouvelle France, sans rougir des souvenirs de l'ancienne ; son cœur a pu être ému, mais sa raison n'a pas fléchi : *Mens immota manet, lacrymæ volvuntur inanes*. Déjà, dans l'*Ode à la Colonne*, M. Hugo avait prouvé qu'il savait comprendre toutes les gloires de la patrie ; sa conduite, en plus d'une circonstance, avait montré aussi qu'il était fait à la pratique de la liberté : son talent vivra et grandira avec elle, et désormais un avenir illimité s'ouvre devant lui. Tandis que Chateaubriand, vieillard, abdique noblement la carrière publique, sacrifiant son reste d'avenir à l'unité d'une belle vie, il est bien que le jeune homme qui a commencé sous la même bannière continue d'aller, en dépit de certains souvenirs, et subisse sans se lasser les destinées diverses de son pays. Chacun fait ainsi ce qu'il doit, et la France, en honorant le sacrifice de l'un, agréera les travaux de l'autre. » (Suivait la pièce de vers de Victor Hugo : *A la jeune France*.)

Je suis tout fier aujourd'hui en relisant cet article : dans un détroit difficile et toujours assez périlleux à franchir, je faisais comme le pilote côtier qui donne son coup de main, et qui aide le noble vaisseau à doubler l'écueil ou à trouver la passe. Cet article nous amena des démarches du côté des amis de Chateaubriand. J'avais prononcé le mot malsonnant de *vieillard*, un peu tôt peut-être. Le monde de madame Récamier s'alarma; M. Lenormant vint trouver Leroux et lui dire que M. de Chateaubriand n'était peut-être pas aussi décidé qu'on le disait à une retraite absolue; que ses amis ne désespéraient pas de le faire revenir sur une détermination première. On sait la suite, et je n'ai voulu en tout ceci que revendiquer l'honneur de l'article du *Globe*, cité au tome deuxième, page 341, de *Victor Hugo raconté par un témoin de sa vie*.

FIN DU TOME ONZIÈME.

TABLE DES MATIÈRES

	Pages.
Journal de DANGEAU *(tomes I et II)* I	1
II	18
Œuvres de CHAPELLE *et de* BACHAUMONT	36
MONTLUC I	56
II	71
III	90
Lettres sur l'Éducation des filles, par MADAME DE MAINTENON	105
De la Poésie de la nature, de la Poésie du foyer et de la famille. SAINT-LAMBERT, *Roucher, etc.*	121
WILLIAM COWPER, *ou de la Poésie domestique* I	139
II	159
III	178
La Divine Comédie de DANTE, *traduite par M. Mesnard*	198
LE PRÉSIDENT HÉNAULT, *ses Mémoires*	215
CHARRON I	236
II	254
Instruction générale sur l'exécution du Plan d'Etudes, par M. Fortoul	271
WERTHER, *Correspondance de* GŒTHE *et de Kestner*	289
Journal de DANGEAU *(tomes III, IV, V)*	316
Une Réception Académique en 1694 d'après Dangeau	333
HENRI IV *écrivain, par M.* EUGÈNE JUNG I	351
II	369
LA PRINCESSE MATHILDE	389
Riposte à Taxile Delord	401
Préface pour une édition de LA ROCHEFOUCAULD	404
Lettre sur l'orthographe	426
Sur ADOLPHE *de* BENJAMIN CONSTANT	432
Notes et Pensées	441

FIN DE LA TABLE.

Paris. — Imp. E. CAPIOMONT et Cie, rue des Poitevins, 6.

www.ingramcontent.com/pod-product-compliance
Lightning Source LLC
Chambersburg PA
CBHW051352230426
43669CB00011B/1618